ZIZINE,

PAR

CH. PAUL DE KOCK.

ÉDITION ILLUSTRÉE DE 31 VIGNETTES PAR BERTALL.

PRIX : **1** FRANC **10** CENTIMES.

PARIS,
PUBLIÉ PAR GUSTAVE BARBA, LIBRAIRE-ÉDITEUR,
8, RUE CASSETTE, 8.
Toute traduction ou contrefaçon est interdite en France et à l'étranger. (Propriété de l'Éditeur.)

ZIZINE

PAR

PAUL DE KOCK

CHAPITRE I. — L'Ours de Château-Thierry.

Je n'ai pas besoin de vous dire que Château-Thierry est une jolie petite ville située sur la rive droite de la Marne, à vingt lieues de Paris environ ; qu'elle s'élève en amphithéâtre sur les bords de la rivière ; que de nombreux bateaux, qui passent incessamment devant ses murs pour aller approvisionner Paris, lui donnent de la gaieté et l'aspect d'une ville très-commerçante ; enfin, que c'est la patrie du célèbre fabuliste Jean de la Fontaine, qui cachait son esprit sous un air bête, bien différent en cela de nos écrivains modernes. Vous savez tous cela aussi bien que moi, et, dans le cas où vous ne le sauriez pas, un dictionnaire géographique vous l'apprendrait.

Ce que vous n'êtes pas obligé de connaître, c'est la société de Château-Thierry ; mais si vous avez habité une petite ville de province, il vous est facile de vous en faire une idée : le tableau est, à peu de chose près, le même partout. On y est curieux, bavard, médisant ; les gens nobles, quand il y en a, ne se voient qu'entre eux ; les autorités n'invitent que les gens riches, la haute

M. Vadevant, premier instrumentiste du concert de madame Blaumignon.

bourgeoisie qui forme la seconde classe ; la dernière se compose des petites gens, des artisans, des prolétaires (mot qui fait fortune depuis quelques années) ; et chacune de ces classes se tient serrée, séparée, envieuse l'une de l'autre, et enchantée lorsqu'il court une histoire, un caquet qui permet aux calomnies d'aller grand train. Enfin l'aristocratie y règne avec tant de force, que dans la rue deux voisins ne se salueront pas, s'ils ne sont point admis dans les mêmes réunions. Le noble penserait déroger en saluant le bourgeois, et celui-ci craindrait de se compromettre en causant avec le prolétaire. Vous devez en convenir, c'est bien là le monde d'une petite ville ; j'en sais même quelques grandes, tout proche de Paris, où l'on est bien ridicule, où il y a le quartier de la haute société, comme Paris a son faubourg Saint-Germain.

Cette pauvre aristocratie que l'on a voulu anéantir, saper dans sa base, que l'on a mise en accusation, puis tournée en ridicule, on a beau faire, on la retrouve toujours ; elle est dans le palais comme dans la mansarde ; elle existe à la ville comme au village : on peut abolir le mot, mais on ne saurait détruire la chose. Si dans le salon d'un duc ou d'un marquis elle vous semble régner en despote, vous la retrouverez également chez le banquier, où le gros capitaliste regarde avec dédain le petit négociant, où la femme de l'agent de change veut que sa toilette écrase celle de la femme du courtier en marchandises; vous la verrez encore dans le salon de ce bourgeois, où le chef de bureau prend un ton protecteur avec le simple commis, où l'épouse d'un entrepreneur ne veut pas causer avec la femme d'un artiste; entre marchands, celui qui vend en magasin regardera d'un air dédaigneux le petit boutiquier; entre artisans, celui qui a un habit neuf et de l'argent dans ses poches voudra imposer sa loi, et qu'on l'écoute comme un oracle; enfin il n'est pas jusque chez notre portière où la cuisinière du premier étage, et qui a quatre cents francs d'appointements, voudra avoir la meilleure place près du poêle; quand elle arrive, chacun se dérange avec respect, et la femme de ménage du cinquième est souvent obligée de causer debout, parce que les cordons-bleus ne lui offrent pas un siége. Et il y aura toujours chez les hommes le besoin de commander, de se pousser, d'avancer; s'il en est qui restent en arrière, c'est qu'ils ne peuvent faire autrement, faute de courage et de capacité. Quant à cette égalité dont on parle tant, je ne l'ai trouvée nulle part. Ah! si, pourtant, dans les *omnibus*... et encore les gros y écrasent-ils les petits.

Revenons à Château-Thierry et entrons dans le salon de madame Blanmignon. C'est une riche propriétaire qui voit ce qu'il y a de mieux dans la ville. Madame Blanmignon est veuve d'un avoué qui a été député de son département; elle jouit de quinze mille francs de revenus; elle a quarante-neuf ans, mais comme elle a aussi les cheveux teints, les sourcils teints, les joues peintes et les lèvres pommadées, il est assez difficile de deviner au juste son âge. Il y a des personnes qui lui donnent soixante ans, d'autres qui ne lui en croient que trente. Le fait est que madame Blanmignon a l'air d'une aquarelle très-vigoureuse de tons.

Le salon est grand et meublé avec élégance; je n'ai pas besoin de vous dire qu'il y a un piano. Désormais un salon sans piano c'est une jolie femme sans corset.

Mais les siéges sont rangés en cercle devant la cheminée; les dames et les demoiselles sont assises; les hommes sont debout ou appuyés sur les chaises de ces dames; il y a là de drôles de figures; il y en a de jolies. Les modes sont celles de Paris, elles y sont même suivies avec plus de rigueur que dans la capitale, mais elles n'y sont pas portées avec cette grâce, cette coquetterie et cette aimable désinvolture qu'on ne trouve qu'à Paris. Là règnent l'étiquette, la cérémonie et tout son ennuyeux cortége. Les hommes parlent à demi-voix et ne rient que du bout des lèvres; les dames se toisent, s'inspectent, et ne rient pas du tout; les jeunes personnes n'osent pas se permettre de rire un mot haut sans l'autorisation de leurs mamans, et, au milieu de tout cela, madame Blanmignon sourit, salue, fait asseoir, offre un tabouret pour mettre sous les pieds, ce qui amène toujours une discussion de cinq minutes.

— Je ne le prendrai pas, madame.
— Oh! si, je vous en prie.
— Je n'en ai nul besoin.
— C'est égal, vous seriez mieux.
— Votre tapis est déjà si doux.
— Je veux que vous mettiez vos pieds sur ce tabouret...
— En vérité, madame Blanmignon, vous me gâtez, je suis confuse...
— On ne saurait, madame, prendre trop de soins de vous... Là... mettez vos pieds... est-il assez haut?
— Il est parfait.

D'après cet échantillon de conversation pour un tabouret, vous devez penser qu'un sujet intéressant doit occuper toute la soirée. C'est ce qui paraissait s'annoncer dans un groupe d'hommes qui causaient avec feu dans un coin du salon. Madame Blanmignon, voulant que le plaisir devînt général, se permit alors d'élever la voix en disant:

— Eh! mon Dieu, messieurs, comme vous voilà tous... causant avec chaleur. Ne pouvez-vous nous faire part de ce qui vous occupe si fort?... Je pense que les dames peuvent, sans être indiscrètes, demander le sujet que vous traitez. Voyons, monsieur Vadevant, c'est vous qui portiez la parole tout à l'heure... c'est vous qui allez nous dire ce dont il s'agit.

M. Vadevant est un homme entre deux âges, de petite taille, mais qui serait assez bien tourné, si son abdomen ne menaçait déjà de s'écarter des règles de la proportion. Sa figure est positivement celle d'un poupard bien frais, bien rose, et qu'un enfant serait enchanté d'embrasser. M. Vadevant a toujours le sourire sur les lèvres, mais c'est un sourire tant soit peu narquois, et ses yeux petits, mais assez vifs, brillent sans cesse d'une expression de curiosité qui semble vouloir percer dans votre âme, dans votre pensée, ou tout au moins dans votre poche.

Fils d'un riche négociant de Troyes, M. Vadevant s'était trouvé, à la mort de son père, possesseur d'une jolie fortune. Il avait voulu l'augmenter par des spéculations, et il était pour cela rendu à Paris,

où il avait mis de l'argent dans des assurances, dans des raffineries de betteraves, et jusque dans les inodores. Mais le jeune Vadevant n'avait pas été heureux dans ces entreprises. Son esprit curieux et moqueur ne l'avait pas servi dans la capitale, où il avait rencontré des gens plus fins que lui. Après avoir passé une douzaine d'années à Paris, et avoir perdu les deux tiers de sa fortune, M. Vadevant avait senti qu'il était temps de s'arrêter, et il était venu se fixer à Château-Thierry, où, avec cinq mille francs de rentes qui lui restaient encore, il pouvait faire figure et être reçu dans les principales réunions. Ajoutez à cela qu'il était garçon, position bien précieuse en province, où toutes les demoiselles rêvent mariage, et où, par conséquent, elles regardent les célibataires d'une façon très-provoquante.

Interpellé par madame Blanmignon, M. Vadevant se tourne vers les dames, sourit de manière à montrer ses trente-deux dents qui sont blanches et fort soignées, puis se balance sur ses hanches en répondant:

— Mon Dieu! mesdames, l'objet qui nous occupe le mérite peut-être fort peu... Nous parlions de l'ours... eh eh eh!... vous savez, l'ours...

Ici les éclats recommencent; les dames y prennent part; une seule s'écrie:

— Qu'est-ce que c'est donc que l'ours?... Mon Dieu! est-ce qu'il y en a un dans la ville?

— Ah! madame Duboucher n'est pas au fait, reprend Vadevant, parce qu'elle a été longtemps absente de notre pays. Vous saurez, belle dame, que par l'ours nous désignons un étranger... un inconnu, qui est venu se loger, il y a près de trois ans, dans notre ville, et qui, depuis ce temps, on ne connaît guère plus que le jour de son arrivée.

— En vérité!... oh! voilà qui est bien singulier... bien curieux...

— C'est M. Boullardin qui lui a donné ce sobriquet d'ours, et, en honneur, jamais nom ne fut mieux mérité.

M. Boullardin, grand et gros homme d'une cinquantaine d'années, et qui se croit un des beaux esprits de l'endroit, parce qu'il est employé à la mairie, au bureau des naissances, murmure d'une voix rauque et caverneuse, qui a l'air d'appartenir à un ventriloque:

— Ma foi!... oui, je l'ai appelé ours!... sans chercher!... j'aurais dit chameau la même chose...

— Est-il méchant! est-il satirique, M. Boullardin, reprend Vadevant en se retournant d'un air moqueur vers le gros employé, qui, très-content de ce qu'il vient de dire, se frotte les mains en regardant sa femme.

— Mais enfin, messieurs, comment est-il fait cet ours, puisque ours il y a? reprend madame Duboucher; vous devez cependant savoir quelque chose sur sa personne... sur sa manière de vivre... mettez-moi donc au courant, moi qui ne sais rien.

— Parlez, monsieur Vadevant, dit la maîtresse de la maison, c'est vous qui êtes, je crois, le plus au fait.

— Moi... mais non... je n'en sais pas plus que ces messieurs... cependant, si vous le désirez, belle dame, je vais dire ce que j'ai observé et recueilli.

M. Vadevant entre alors dans le cercle qui se resserre. Les hommes viennent aussi l'entourer, et chacun semble disposé à écouter avec plaisir même ce qu'il sait déjà: mais l'ours était un sujet de curiosité pour tous les habitants de Château-Thierry, et chaque fois qu'il était question de lui on était tout oreilles, dans l'espérance d'apprendre quelque chose de nouveau sur cet homme mystérieux.

M. Vadevant, après avoir gracieusement promené ses regards sur toutes les dames et s'être adossé à la cheminée, commence sa narration.

— Il y a trois ans à peu près... oui, c'était en mil huit cent trente et un... et nous sommes en mil huit cent trente-quatre. Je crois que c'était également au mois de mars...

— Non, c'était en février, dit M. Boullardin... toute la ville faisait des beignets... oh! oh!...

Et le gros monsieur se caresse le menton, enchanté de ce qu'il vient de dire.

— En février... c'est possible... reprend Vadevant; oui, je me rappelle que je m'étais déguisé en Espagnol au bal de monsieur le sous-préfet... bal qui fut très-brillant, et où l'on servit des glaces à discrétion!... Pardon, je reviens à mon ours... comme on dit au théâtre des Variétés, à Paris, dans je ne sais plus quelle pièce.

— Dans *Pourceaugnac*, peut-être? reprend Boullardin.

— Ah! mon cher monsieur Boullardin!... vous faites tort à vos connaissances, vous n'ignorez pas que *Pourceaugnac* est de Molière!...

— Oh! moi, je mêle tout cela... *Pourceaugnac*, *Monsieur de Crac!... la Dame-Blanche!*... je n'aime pas le spectacle, je m'y endors... ma femme aussi... N'est-ce pas, madame Boullardin?...

Madame répond par un signe de tête, et M. Vadevant, qui écoutait en souriant les balourdises de l'employé, reprend alors la parole:

— Je vous disais donc, madame, que c'était au mois de février 1831; un voyageur arriva en chaise de poste accompagné d'un homme... son domestique sans doute: ce voyageur s'informa sur-le-champ s'il y avait dans la ville une petite maison à louer. On lui en indiqua plusieurs, entre autres celle qui appartient à M. Tricot, et qui est à l'extrémité de la ville. L'étranger alla voir cette maison ; sa position presque isolée, parut lui plaire, sur-le-champ il loua cette demeure qui était toute meublée... il en paya une année de loyer d'avance...

— Paya-t-il vraiment une année d'avance ? dit un vieux monsieur tout maigre, à figure décharnée, et qui, assis dans un coin du salon, n'avait pas encore ouvert la bouche.

— Oui, monsieur Benoît, il paya... Oh ! j'en suis assuré ! je le sais de M. Tricot lui-même ; et depuis ce temps il a toujours payé fort régulièrement ses six mois d'avance... Il loue la maison huit cent francs, je le sais aussi...

— C'est donc un homme riche, que cet inconnu ?

— Ah ! voilà la question : est-il riche ?... et s'il a de la fortune, où l'a-t-il gagnée ?... voilà ce qu'on ignore. On s'attendait à ce que le nouveau venu ferait des visites à ses voisins... aux autorités... aux notables de la ville, qu'il aurait quelques recommandations et tâcherait de se faire présenter dans nos sociétés... Pas du tout : voilà mon étranger qui s'enferme chez lui, où il ne reçoit personne, qui ne sort que p ur se promener hors de la ville, qui ne parle à personne, et, quand on cherche à lui adresser la parole, répond d'un ton si brusque, si sec, que l'on n'a pas envie de recommencer, parce qu'alors il faudrait se fâcher, se disputer peut-être, et vous sentez bien qu'on ne veut pas se compromettre avec un inconnu !... Si bien que le nom d'ours, que lui a donné si spirituellement M. Boullardin, lui est parfaitement appliqué.

— Ours !... ourson !... c'est moi qui l'ai nommé, répète M. Boullardin en regardant sa femme.

— Mais c'est un homme mal élevé... une brute, que cet inconnu ?

— On ne peut pas dire qu'il ait l'air d'une brute... C'est un homme qui doit avoir cinquante ans...

— Oh ! non...

— Oh ! si... Et plutôt davantage même...

— Je gage qu'il n'en a pas quarante-huit...

— Vous n'avez donc pas remarqué que ses cheveux noirs sont gris ?...

— Qu'est-ce que cela prouve ? à vingt ans, moi, je me suis trouvé un cheveu blanc.

— Moi, dit une petite vieille dame mise avec beaucoup de coquetterie, c'est la peur qui m'a fait blanchir... j'avais les cheveux comme du jais ; mais un soir... dans la rue... un insolent osa m'insulter... me prendre... la taille... je m'évanouis, et en revenant à moi, j'étais grise !

— Oh ! dit à demi-voix M. Boullardin, si j'avais fait blanchir toutes les femmes auxquelles j'ai pris la taille et...

Un regard sévère de son épouse fait taire l'employé qui finit sa phrase entre ses dents.

— Notre ours, reprend Vadevant, n'a pas absolument mauvaise tournure...

— Est-il laid ?...

— Non...

— Oh ! pardonnez-moi !... il est affreux... une figure effrayante et sinistre...

— Pas du tout... sa figure est fort belle au contraire.

— Moi, je vous dis qu'il a l'air d'un conspirateur...

— C'en est peut-être un.

— Moi, dit un tout jeune homme, je ne l'ai vu qu'une fois, et c'était la nuit, mais il m'a semblé que ses yeux brillaient comme ceux d'un chat...

— C'est peut-être un vampire !... dit le vieux monsieur décharné.

— Il en a plutôt l'air lui-même, murmure Vadevant en se tournant pour rire.

— Ah ! mon Dieu ! monsieur Benoît, ne nous dites pas de ces choses-là... nous ne dormirions pas de la nuit ! Mais l'autorité devrait avoir les yeux sur ce monstre !...

— Moi, dit madame Blanmignon, si je le rencontrais le soir, je suis certaine que j'aurais des attaques de nerfs ; et pourtant je ne l'ai jamais vu... mais l'idée que je m'en fais est horrible. Un homme qui ne reçoit personne, ne va chez personne, ne parle à personne... ce doit être quelque grand criminel qui se cache.

— Comment l'appelle-t-on ? dit madame Dubouchet ; car enfin il signe ses quittances à M. Tricot.

— Il signe Guerreville, dit Vadevant.

— Guerreville... C'est singulier ! le nom est assez distingué ?...

— C'est sans doute un faux nom qu'il aura pris.

— Je parie qu'il s'appelle *Abracadabra*... oh ! oh ! dit M. Boullardin en riant bien bêtement.

— Mais savez-vous, messieurs, que c'est fort désagréable pour notre endroit qu'un indi idu si suspect l'ait choisi pour son refuge... Est-ce qu'on ne pourrait pas tâcher d'expulser ce monsieur de notre ville ?

— Il est certain qu'il y fait tache, dit Vadevant en se regardant dans la glace au-dessus de la cheminée, et se montrant ses trente-deux dents.

— L'autre jour, dit un monsieur qui n'avait encore parlé qu'avec les autres, et qui rougit déjà parce qu'il veut dire quelque chose seul ; l'autre jour... je sortais dans l'intention de prendre l'air... et voilà que... j'ai vu... ou cru voir... c'est-à-dire je crois que j'ai manqué de rencontrer l'inconnu... dit l'Ours.

— C'est joli, ce que Desbouilleaux vient de nous raconter ! dit M. Vadevant en se penchant vers une dame assez gentille et qui se mordait les lèvres pour ne pas éclater de rire. Pendant ce temps, ce monsieur qui a tant de peine à s'exprimer en public se retire bien vite derrière d'autres personnes en essuyant deux gouttes de sueur qui tombent de son front.

Madame Dubouchet, qui n'est pas encore satisfaite de ce qu'elle vient d'apprendre, adresse de nouvelles questions à ses voisins et à M. Vadevant :

— Je ne conçois pas que l'on n'ait point su quelque chose de plus positif touchant cet homme, dit-elle, il faut que l'on s'y soit mal pris. Car enfin il a des domestiques... on les fait causer.

— Impossible, madame : d'abord il n'a pour tout domestique que celui qu'il a amené avec lui. C'est une autre espèce d'ours, qui probablement veut singer son maître ; un grand efflanqué qui se tient roide comme un Cosaque... qui ne cause avec personne... pas même avec les bonnes du quartier, qui ne va jamais chez les marchands de vins, et dont le plus grand plaisir est de fumer, assis sur le banc de pierre qui est devant la porte de leur demeure.

— Je gage que ce sont des républicains, dit le vieux Benoît en frappant avec importance sur sa tabatière.

— Moi, dit Vadevant, je me suis cru une fois sur le point de savoir quelque chose... Le domestique était assis et fumait devant sa porte ; je passais en me promenant... Je crois même que je passais exprès devant la maison de l'Ours. En voyant le valet il me vient à l'idée un expédient assez ingénieux... Je feins, en marchant, de faire un faux pas... de me tourner le pied ; puis, ayant l'air de ne plus pouvoir marcher, je vais m'asseoir sur le banc, près du domestique... C'était assez adroit qu'en pensez-vous ?

— Très-adroit... très-spirituel !...

— Eh bien ! mon butor, au lieu de s'empresser de m'offrir d'entrer chez son maître ou d'aller me chercher quelques secours, se leva en secouant sa pipe, et rentra dans la maison, dont il ferma brutalement la porte sur lui.

— C'est affreux ! s'écrie madame Blanmignon, c'est un trait digne d'un cannibale !

— Et comme le proverbe dit : tel maître, tel valet, j'en tire la conséquence que le maître est aussi dépourvu d'humanité que son domestique... Et puis, que signifient tous ces mystères ?... On leur fait à dîner chez le pâtissier Godart ; on le leur porte tous les jours... C'est le domestique qui paye le mémoire, qui donne pour boire au garçon... Dernièrement Marguerite, la cuisinière de madame Déchalard, s'y est présentée, par mon avis, et sous le prétexte qu'elle n'était pas en service, pour demander si on voulait la prendre... Le valet était apparemment sorti, car c'est le soi-disant M. Guerreville qui a ouvert à Marguerite. Mais si vous saviez comme il l'a reçue !... Ah ! la pauvre fille s'en souviendra !... Lui laissant à peine le temps de s'expliquer, il l'a mise à la porte en permettant même de la pousser par les épaules, parce qu'il trouvait qu'elle ne sortait pas assez vite !

— Oh ! c'est horrible !...

— C'est épouvantable !

— C'est même graveleux ! dit Boullardin en regardant sa femme.

— Maltraiter cette pauvre Marguerite... qui fait si bien les crèmes grillées !...

— Pas du tout que ma cuisinière, murmure le vieux Benoît.

— Messieurs, dit madame Blanmignon, il faut nous coaliser, nous liguer tous pour débarrasser la ville de ce vilain ours. Est-ce votre avis ?

— Oui, oui ! disent tous les hommes en avançant la main comme pour jurer, tandis que les dames approuvent du bonnet.

— Mais que ferons-nous ?... quel moyen emploierons-nous pour forcer notre homme à déguerpir ?... Voyons... il faut chercher...

— Si on allait sonner du cor tous les jours sous ses fenêtres ?...

— Oh ! cela incommoderait également les habitants des maisons voisines.

— Si on jetait des pierres dans ses carreaux ? dit un jeune écolier en riant.

— Non, ceci n'est pas permis, dit madame Blanmignon ; il ne faut employer que des moyens licites.

Le monsieur qui a sué à grosses gouttes, pour avoir déjà voulu dire quelque chose, avance sa tête entre un groupe, en balbutiant :

— Si... on... si... si on...

Tous les yeux se tournent alors vers l'orateur ; il devient écarlate et va se recacher derrière les autres en murmurant :

— Non... Ça ne vaudrait rien.

— Eh mais, dit M. Boullardin en poussant de gros rires, il y a un moyen bien naturel... qui serait de déposer de vilaines choses devant sa porte... oh ! oh !

— Ah ! fi... fi, monsieur Boullardin, où allez-vous penser à pareilles choses !... nous ne sommes plus au carnaval...

1.

— Je l'ai trouvé... Je tiens le moyen, s'écrie Vadevant en se frappant le ventre, le front et les mains.
— Oh! voyons... voyons vite! s'écrie-t-on de toutes parts en entourant le petit monsieur.
— Eh parbleu! un charivari!... donnons-en un à l'Ours... Donnons-lui-en deux... dix, vingt, si cela est nécessaire. Ce monsieur aime le calme, la solitude, le silence; il doit détester les charivaris; les nôtres feront bien vite leur effet, et, lassé de les entendre, l'Ours déguerpira, et ira s'établir ailleurs.
— Bravo!... bravo!...
— Parfaitement imaginé, répète-t-on de tous côtés. Oh! ce M. Vadevant est un homme bien précieux, il a de l'esprit comme quatre!
— Si c'était comme quatre de la force de Desboulleaux, cela ne prouverait pas grand'chose.
— Eh bien, à quand le charivari, messieurs? demande madame Blanmignon, qui semble une des plus acharnées contre l'Ours de la ville.
— Parbleu! ce soir même, répond Vadevant; le temps est beau... nous voilà réunis, avec ces messieurs, en assez grand nombre... Pendant que ces dames vont se chauffer ou faire leur partie, nous allons donner notre premier concert en plein air, et nous reviendrons raconter à ces dames ce qui en sera résulté. Êtes-vous de mon avis, messieurs?
— Oui, oui! s'écrient la plupart des hommes. Mais M. Boullardin s'abstient de répondre; comme employé à la mairie, il craindrait de se compromettre en faisant partie d'un charivari.
— Il ne s'agit plus que de se procurer les instruments nécessaires, dit Vadevant. Madame Blanmignon veut-elle bien mettre sa batterie de cuisine à notre disposition?
— Oh! de grand cœur, messieurs; prenez chez moi tout ce qui vous semblera bon pour abasourdir ce vilain homme, pour lui briser le tympan, afin qu'il parte bien vite...
— Bravo! madame Blanmignon. Je vote des félicitations à madame Blanmignon pour le patriotisme qu'elle déploie dans cette affaire.... je me propose de lui faire des vers sur ce sujet... Mais d'abord aux armes! messieurs, aux armes!...
Chacun répète le cri poussé par Vadevant, et le suit à la cuisine. Le vieux Benoît, M. Boullardin et deux autres messieurs, qui ne sont plus d'âge à faire leur partie dans un charivari, restent seuls au salon avec les dames; mais bientôt les musiciens improvisés reviennent avec leurs instruments, et alors ce sont des éclats de rire comme depuis longtemps on ne s'en était pas permis dans le salon de madame Blanmignon.
L'un tient une casserole sur laquelle il frappe avec une écumoire; un autre a deux fers à repasser dont il se sert comme de cymbales; celui-ci frappe d'une pelle sur une pincette; celui-là joue des castagnettes avec des morceaux d'assiettes cassées; le timide Desboulleaux remue comme un possédé les chaînes d'un tourne-broche qu'il a passées autour de son corps; le jeune écolier frappe sur une poêle avec une cuillère à pot; enfin M. Vadevant s'est emparé d'une énorme bassinoire dans laquelle il a mis des clous et de la ferraille, de manière qu'en la secouant cela produit un tintamarre infernal.
— Délicieux!... charmant! disent les dames; c'est à mettre en fuite tous les ours de Berne! Nous aurions bien du malheur si cela ne nous délivrait pas de celui de Château-Thierry.
— Allons, messieurs, en marche! dit Vadevant; je réclame l'honneur d'aller à votre tête et de donner le signal du charivari; mais surtout un grand silence jusqu'à ce que nous soyons arrivés devant la demeure de l'Ours. Il faut que cela le surprenne comme la foudre... Ça fera bien plus d'effet.. En avant!
Tous les charivaristes se disposent à suivre Vadevant, lorsque le bruit de la sonnette se fait entendre.
— Qui peut nous arriver si tard? dit madame Blanmignon.
— Qui que ce soit, je réponds qu'il sera des nôtres, dit Vadevant. En ce moment la porte du salon s'ouvre, et la domestique annonce:
— Monsieur le docteur Jenneval.
Un homme de trente-six ans, d'une figure agréable et spirituelle, d'une tournure élégante et distinguée, ne tarde pas à paraître; il va saluer la maîtresse de la maison et de la société, n'ayant pas encore remarqué le singulier armement de ces messieurs.
— C'est le cher docteur! s'écrie Vadevant. Oh! j'avais bien dit que celui-ci arriverait des nôtres... Allons, docteur, vite; prenez une casserole, ou tout au moins deux porte-mouchettes.
— Eh! que signifient tous ces apprêts, messieurs? dit le docteur en examinant les objets que portaient les musiciens; allez-vous jouer une charade, un proverbe, une symphonie?...
— Mieux que cela, nous allons donner un charivari, et qui fera du bruit dans le pays!...
— Un charivari?...
— Sans doute... Allons, prenez donc un instrument, vous viendrez avec nous.
— Mais encore faut-il que je sache à qui vous donnez un charivari...
— Ah! si vous n'arriviez pas si tard, docteur, dit madame Blanmignon, vous seriez au fait de tout... Mais on ne peut plus vous avoir...

— Pardon, madame, c'est que j'ai dû aller voir M. Guerreville qui était indisposé, et...
— M. Guerreville! s'écrie-t-on de toutes parts; vous venez de chez M. Guerreville... l'étranger... l'inconnu... l'ours?...
— Oui, mesdames, répond le docteur en souriant: et voilà même plusieurs fois que j'y vais.
— Oh! c'est trop drôle, dit Vadevant, et c'est à lui que nous allons donner un charivari...
— A lui?...
— Oui, docteur; car enfin c'est un fort vilain homme, n'est-ce pas?... une espèce de sauvage... très-malhonnête, et dont la conduite est fort louche... un être insociable... qui met les cuisinières à la porte... qui ne salue personne dans la rue... un ours enfin?
— Je crois que vous êtes dans l'erreur, monsieur Vadevant; par le peu que j'ai vu de M. Guerreville, je l'ai jugé tout différemment. On peut désirer vivre dans la solitude, et ne pas avoir pour cela tous les défauts.
— Allons, le docteur plaisante!... il badine, j'en suis sûr... Moi, j'en suis toujours pour ce que j'ai dit sur l'ours... inconnu... et je persiste dans mon intention de lui donner un charivari... N'est-ce pas, messieurs?
Ces messieurs, qui ne voulaient pas s'être armés pour rien d'une pincette ou d'une casserole, étaient fort disposés à suivre Vadevant, qui déjà marchait vers la porte, tenant sa bassinoire comme s'il portait un drapeau.
Le docteur les regarde en souriant et se contente de leur dire:
— Je ne m'oppose pas à votre charivari, messieurs, mais je vous engage seulement à attendre quelques minutes... afin que M. le sous-préfet, que j'ai laissé chez M. Guerreville, ait eu le temps de le quitter... car je suppose que vous ne voudriez pas aussi lui donner un charivari.
Il est difficile de rendre l'effet que ces mots viennent de produire; les figures s'allongent, les fronts se plissent, plusieurs visages pâlissent; c'est un étonnement, une stupeur générale; ces messieurs sont restés immobiles et comme frappés de la foudre, ayant encore leur casserole ou leur chaudron en l'air.
Madame Blanmignon a éprouvé une révolution telle que ses sourcils se déteignent et qu'une de ses joues se dépouille de tout son vermillon; elle s'efforce de se remettre, mais sa voix est fortement émue en disant au docteur:
— Est-ce bien possible?... ne nous trompez-vous pas, mon cher monsieur Jenneval? Comment!... M. le sous-préfet va... chez cet étranger?
— Oui, madame... j'ai l'honneur de vous répéter que je viens de les laisser ensemble; et d'après ce que j'ai pu entendre de leur conversation, à laquelle d'ailleurs ils ne se mettaient aucun mystère, il paraît que M. Guerreville et notre sous-préfet sont été autrefois fort liés... ce sont d'anciens amis... ils se sont rencontrés par hasard à la promenade, il y a quelques jours, se sont reconnus, et voilà comment il se fait que l'un est allé voir l'autre.
Pendant cette explication du docteur, il fallait voir les charivaristes se débarrasser furtivement de ce qu'ils avaient pris pour instruments: l'un glissait sa poêle sous un canapé, l'autre mettait sa casserole sous un fauteuil; un troisième poussait sa pincette sous le piano, celui-ci mettait les fers à repasser dans sa poche, enfin, en quelques minutes, ces messieurs avaient eu les mains nettes, excepté Vadevant, qui, porteur d'une énorme bassinoire, n'avait pu trouver moyen de la fourrer quelque part, et qui même n'osait pas trop la remuer, parce qu'au moindre mouvement qu'il se donnait, la ferraille qu'il avait mise dans la boîte de cuivre faisait un bruit que chacun trouvait maintenant fort désagréable.
— C'est bien singulier!... c'est bien étonnant! reprend madame Blanmignon; il paraîtrait alors que nous nous sommes trompés... qu'on nous a fait de faux rapports sur ce M. Guerreville... Puisque monsieur le sous-préfet va chez lui, est son ami... et va le voir... certainement ce doit être alors un personnage fort distingué... n'est-ce pas, docteur?
— Madame, c'est aussi mon opinion. Mandé près de M. Guerreville, parce qu'il était souffrant, je ne l'ai encore vu que cinq ou six fois, c'est bien assez pour reconnaître que c'est un homme comme il faut, qui a des connaissances, de l'esprit. A la vérité, son premier abord n'est point aimable: M. Guerreville est naturellement brusque et, je crois, emporté; je lui soupçonne ensuite un fonds de chagrin qui a pu aigrir son caractère; mais quand on le connaît un peu... quand on cause avec lui, il est facile de démêler que, sous cette apparence de sévérité, il cache une âme sensible, et un cœur juste et généreux.
— Ce pauvre homme!... vous croyez qu'il a un secret chagrin? s'écrient plusieurs personnes.
— Moi, je m'en étais toujours doutée, dit madame Blanmignon, et, dans le fond de mon âme, je m'intéressais à lui... Car je n'ai jamais cru toutes les fables que l'on débitait sur son compte.
— Voilà ce que vous venez nous rapporter des histoires de cuisinières, dit Boullardin en s'adressant à M. Vadevant.
Celui-ci, toujours fort embarrassé de sa bassinoire, se décide à la déposer au milieu du salon, en s'écriant:
— Si j'ai rapporté quelques propos... qui, du reste, étaient connus

de tout le monde... du moins ce n'est pas moi qui me serais permis, le premier, de donner l'épithète d'ours à ce respectable inconnu.

Boullardin est pétrifié ; car, étant attaché à la mairie, il se croit gravement compromis pour avoir appelé ours un ami de M. le sous-préfet ; déjà même il se voit destitué, et il baisse les yeux, sans oser regarder sa femme ; mais tout à coup, apercevant la bassinoire, il s'écrie d'un air triomphant :

— J'ai appelé ours cet honorable étranger... je l'avoue... car il n'y a aucun mal à cela... Par ours, je n'entendais pas dire bête... j'entendais amateur de la retraite... ami du calme et de la paix... je lève la main que je n'ai jamais entendu autre chose par ours... Mais, d'ailleurs, ce qui prouve manifestement que je n'eus jamais l'intention d'insulter ce monsieur, c'est que je n'ai pris aucune part au charivari projeté... j'en prends tout le monde à témoin... et j'ai toujours blâmé le charivari... oh ! oh !

— Eh, monsieur ! s'écrie Vadevant, qui est-ce qui n'a pas vu que le charivari n'était qu'une plaisanterie... une scène que nous jouions ?... qui est-ce qui peut croire que nous aurions été vraiment courir par la ville, armés de batterie de cuisine ?... fi donc !... moi, messieurs, je déclare que je n'aurais pas seulement pu descendre l'escalier avec cette bassinoire, qui était d'une lourdeur assommante...

— Oui, oui ! s'écrie madame Blanmignon, ces messieurs ont voulu nous faire rire un moment, et voilà tout... Mais le docteur croira sans peine que tout ceci n'était qu'un jeu, un badinage...

— Moi, madame, je croirai tout ce qu'on voudra, répond le docteur en souriant d'un air tant soit peu incrédule, et je vous assure que je ne pense déjà plus au charivari.

— Très-bien, s'écrie Vadevant, n'y pensons plus... Moi, je propose une contredanse... un galop... j'offre même de chanter une romance.

L'offre de Vadevant allait être acceptée, et déjà il s'approchait du piano, lorsqu'un bruit de chaînes, qui part d'un coin du salon, attire l'attention de toute la société. On écoute, on se regarde ; les dames ont déjà peur ; enfin un jeune homme s'approche d'un rideau de croisée, duquel semble partir le bruit ; il le tire, et montre aux regards de la compagnie le timide M. Desboulleaux, qui s'était retiré là dans l'espérance de se dépêtrer des chaînes du tourne-broche qu'il avait passées autour de son corps, et qui n'était pas encore parvenu à s'en débarrasser.

M. Desboulleaux rougit jusqu'au blanc des yeux, et s'entortille encore plus dans ses chaînes, lorsqu'il se voit l'objet de l'attention générale. Toutes les figures redeviennent sérieuses, parce qu'on voit que la situation de ce monsieur de nouveau rappeler le charivari ; et madame Blanmignon lui dit d'un ton très-sec :

— Que faites-vous donc là, monsieur Desboulleaux ?...

— Madame... je cherchais à me débarrasser de la chaîne du tourne-broche, que j'avais prise pour faire plus de train... dans le charivari que...

— Prendre le tourne-broche et sa chaîne !... Oh ! mon Dieu ! peut-on avoir de telles idées... voilà qui est de bien mauvais goût... Par grâce, monsieur Desboulleaux, reportez tout cela à ma cuisine... Je ne veux plus que l'on mette ainsi ma maison au pillage.

M. Desboulleaux traverse le salon, honteux et confus, en traînant ses chaînes après lui, comme un spectre d'Anne Radcliff ; et on pense bien qu'il ne revient pas au salon. La compagnie essaie ensuite de former une contredanse ; mais personne n'était en train de sauter : l'événement du charivari avait bouleversé tous les esprits, et on ne tarde pas à prendre congé de madame Blanmignon.

Chapitre II. — Une Partie d'échecs.

Quinze jours environ s'étaient écoulés depuis la soirée au charivari donnée chez madame Blanmignon, soirée qui avait fait abonder les cartes de visite chez la personne que l'on appelait auparavant l'*Ours de Château-Thierry*, et qui maintenant était nommée partout *l'illustre inconnu*.

Dans un petit salon, meublé simplement, mais ciré et frotté avec beaucoup de soin, deux personnes étaient assises devant une petite table, sur laquelle était disposé un jeu d'échecs. Il était environ deux heures de l'après-midi ; un bon feu pétillait dans la cheminée, près de laquelle les joueurs d'échecs étaient assis.

L'un d'eux était un homme approchant de la cinquantaine, mais auquel on n'aurait pas donné cet âge, quoique son front soucieux et l'expression de son regard annonçassent de longues souffrances, et que ses cheveux noirs grisonnaient fortement vers les tempes. Sa taille était haute et bien prise, sa démarche habituellement noble et fière. Ses traits réguliers avaient une expression imposante, et ses yeux bruns intimidaient d'abord ; mais en le regardant longtemps on était rassuré, et la pâleur, l'air de tristesse répandu sur toute cette physionomie, devaient plutôt inspirer l'intérêt que la crainte.

Ce personnage était M. Guerreville, cet homme dont l'humeur misanthrope avait donné lieu à tant de conjectures ; il était enveloppé dans une riche robe de chambre ; sa tête était couverte d'un bonnet de drap garni de fourrures, et ses pieds enfoncés dans des pantoufles également fourrées. Tout en jouant aux échecs, ses yeux se portaient assez fréquemment sur une pendule placée sur la cheminée, puis il semblait écouter si personne ne venait.

L'autre personnage était le docteur Jenneval, avec lequel nous avons déjà fait connaissance, et dont l'arrivée chez madame Blanmignon avait mis fin au charivari.

— Prenez garde ; votre tour est en prise, dit le docteur après un assez long silence et au moment où M. Guerreville s'apprêtait à jouer.

— Ah ! c'est juste, docteur, je ne le voyais pas... Mais vous êtes généreux, vous ne voulez pas surprendre votre adversaire... Vous l'avertissez afin qu'il se défende.

— Est-ce qu'il n'en doit pas toujours être ainsi ? un homme d'honneur attaque-t-il son ennemi avant que celui-ci soit en garde ?

— Non, sans doute !... mais ce principe, respecté par des combattants, devrait l'être aussi dans le monde... et on y fait tout le contraire. On agit sourdement, on intrigue. Pour faire du mal, on n'avertit pas celui auquel on tend un piège !...

— Convenez aussi qu'il y a bien des choses dont on ne pourrait pas avertir celui auquel cela porte préjudice... Tenez, par exemple... quand on fait la cour à une jolie femme... on n'a pas l'habitude d'en prévenir son mari...

Le docteur riait, et semblait désirer que la réflexion fit aussi rire M. Guerreville, mais celui-ci se contente de secouer la tête en murmurant :

— Vous avez raison, docteur ; mais alors faut-il encore se montrer tel que l'on est, ne point cacher ses goûts, ses penchants, ne point baisser les yeux près de la femme dont on aspire à faire la conquête, et affecter un jargon réservé, des principes de vertu bien sévères, lorsqu'au fond du cœur on a toutes les faiblesses humaines. Ce que je déteste le plus, c'est l'hypocrisie : il faut avouer ses défauts comme ses qualités ; alors, du moins, on avertit son monde, et tant pis pour celles que l'on séduit, si elles s'en repentent après !... Mais il y a si peu de gens qui aiment la franchise !... Les hommes veulent être flattés, flagornés !... Les femmes veulent qu'on les adore, ou du moins qu'on le leur dise !... Tenez, docteur, il n'y a pas plus d'un mois que je vous connais, et si je n'avais pas été malade, il est probable que je ne vous aurais jamais vu, parce que je voulais vivre dans la solitude... Mais je ne me repens pas d'avoir fait votre connaissance, car je vous crois franc et loyal, et sauf un léger penchant à la plaisanterie sur les sujets les plus graves...

Ici le docteur s'incline en souriant.

— Mais les hommes ne peuvent être parfaits !... reprend M. Guerreville, vous avez donc, je crois, tout ce qu'il faut pour faire un ami, et même un bon médecin... Si je vous dis cela, c'est que je le pense, je ne fais jamais de compliments, moi ; mais permettez-moi de vous donner un conseil !... Vous le permettez, docteur ?

— Bien mieux, je l'écouterai avec reconnaissance.

— Oh ! ce n'est pas un conseil, et vous ne savez pas encore ce que je veux vous dire. Eh bien ! si vous voulez faire des progrès dans votre art, appliquez-vous surtout à lire sur les physionomies, à pénétrer les secrets de l'âme que souvent la bouche ne veut pas ou n'ose point avouer.... On guérit plus par la parole que par des drogues ; quand le moral est tranquille, les maux physiques sont rarement dangereux.

— Il y a longtemps que je sais cela ! dit le docteur en souriant.

— Ah ! alors je ne vous apprends point.

— Par exemple, monsieur Guerreville, croyez-vous donc que je ne devine pas que la pâleur de votre visage, l'altération des traits proviennent plutôt d'un fonds de chagrin que d'un dérangement dans votre système économique. Je ne vous ai point demandé vos secrets... parce que je n'ai pas l'habitude de chercher à connaître ce qu'on veut cacher.

— Vous avez tout aussi bien fait, docteur, car je ne vous les aurais pas dits. Non que je vous juge indigne de ma confiance, parce qu'il y a des choses que l'on n'aime point à dire... que l'on veut garder dans son sein, et que toutes les consolations de l'amitié ne sauraient guérir ou faire oublier !...

En prononçant ces dernières paroles, la voix de M. Guerreville s'est graduellement affaiblie, ses regards se sont baissés vers la terre, et un profond soupir s'échappe de sa poitrine.

Un long silence s'écoule : enfin M. Guerreville passe sa main sur son front et se tourne vers le docteur en lui disant :

— Eh bien !... nous ne jouons plus ?

— J'attendais que vous y fussiez mieux disposé, répond Jenneval.

— Ah ! vous êtes trop complaisant ! dit le convalescent en tendant sa main au docteur. Je ne trouverais pas beaucoup de personnes douées de votre patience... Et, au fait, c'est une ennuyeuse partie à faire que celle de quelqu'un dont de tristes pensées rendent à chaque instant distrait ou maussade.

— Elle me plaît à moi ; pendant que vous faites vos réflexions, ne suis-je pas aussi le maître de faire les miennes ?

— C'est juste ; vous convenez que je fais fort bien de ne pas aller dans le monde : là, on ne veut que des gens gais, aimables, causeurs, et c'est assez naturel : à quelqu'un qui viendrait dans une réunion joyeuse pour se tenir à l'écart, pousser des soupirs et ne répondre que par monosyllabes, on dirait : Vous auriez mieux fait de rester chez vous.

— On ne le lui dirait pas, mais on le penserait.

— Et on aurait raison. Échec à la reine, docteur.

La partie continue pendant quelque temps ; enfin le docteur prononce le fatal : Échec et mat.

— Je suis vaincu, dit M. Guerreville en repoussant la table et se rapprochant du feu. Cependant je crois être aussi fort que vous... Mais j'ai trop de préoccupation. Ah ! docteur, il est souvent bien difficile de se distraire. A propos, comment me trouvez-vous aujourd'hui ?

— Mais bien... Je vous ai guéri autant que j'ai pu le faire ; car, ainsi que vous le disiez vous-même tout à l'heure, c'est l'âme aussi qu'il faudrait pouvoir traiter... Et vous vous voulez garder vos chagrins pour vous seul.

— Vous connaissez-vous en physionomies, docteur ?

— Je l'ai cru jadis... mais trop d'exemples m'ont prouvé que je n'étais encore qu'un écolier dans cette science. Au reste, les actions sont souvent aussi trompeuses que le visage.

— Les actions... Voilà la première fois que je vous entends dire cela.

— C'est que presque toujours on juge l'action sans chercher à remonter au motif qui l'a fait commettre. Voulez-vous me permettre de vous citer deux faits historiques assez curieux et qui sont à l'appui de ce que j'avance ?

— Très-volontiers ; je vous écoute.

Le docteur rapproche aussi sa chaise du feu et commence sa narration :

— Je fus mandé, il y a quelques années, par la femme d'un ouvrier ; son mari était fort malade. Je lui donnai mes soins depuis quinze jours, j'allais régulièrement voir cet homme ; je trouvais sa femme constamment assise près de son lit, le soignant, le veillant avec un zèle qui ne se ralentissait pas d'une minute, et presque toujours les yeux mouillés de larmes. Pauvre femme ! me disais-je, comme elle aime son mari ! voilà le modèle des épouses. Cependant, un soir, comme je sortais de chez son malade, une voisine, amie de la maison, descendit avec moi et me demanda ce que je pensais de l'état de l'ouvrier. Il n'y a plus d'espoir, lui répondis-je, cet homme ne peut pas en revenir ; avec beaucoup de soins, il ira peut-être quelques jours de plus, mais il est impossible de le sauver. Je n'ai pas encore cru devoir dire cela à sa pauvre femme, dont je crains le désespoir ! Voyez s'il y a moyen de la préparer à cet événement. La voisine ne manqua pas d'aller rapporter ce que je lui avais dit ; mais jugez de mon étonnement, lorsque, le lendemain matin, je reçus le prix de mes visites avec un papier contenant ces mots : « Puisque mon mari ne peut pas en revenir, il est inutile, monsieur, que vous veniez davantage. » Ne pouvant en croire ce que je venais de lire, je me rends comme à l'ordinaire chez mon malade : c'est la femme qui m'ouvre ; elle s'écrie :

— Mais, monsieur, je vous ai averti que ce n'était plus la peine de venir.

— Madame, lui dis-je, on ne laisse pas mourir quelqu'un sans lui donner des soins jusqu'au dernier moment.

— C'est comme vous voudrez, monsieur, mais certainement je ne payerai plus de visites et je n'achèterai plus de drogues, puisque mon mari ne doit pas s'en tirer.

— Cela ne m'empêchera pas de venir le voir, madame.

— A votre aise, monsieur... Ce pauvre cher homme... Je m'en vais tout de suite vendre ses outils ; puisqu'il n'en reviendra pas, je lui ai pas besoin de garder cela. Et voilà, monsieur, quelle était cette femme que j'avais cru le modèle des épouses ; elle le soignait, elle le veillait que l'homme qui la faisait vivre, elle ne pleurait que du chagrin de ne plus le voir travailler, et du moment qu'elle avait acquis la certitude que son mari ne lui serait plus d'aucun secours, elle lui avait retiré son amitié.

— Oui, voilà des actions bien trompeuses ; et votre autre exemple, docteur.

— C'étaient encore de pauvres gens dont j'étais le médecin, des artisans qui avaient un fils qu'ils aimaient beaucoup ; ce fils, qui jusqu'à dix-neuf ans s'était assez bien conduit et avait toujours été soumis aux volontés de ses parents, changea bientôt de caractère et devint en peu de temps un fort mauvais sujet ; il fréquentait les marchands de vins, ne voulait plus travailler, et plusieurs fois même répondit par des injures aux remontrances de son père ! Ce fut ainsi qu'il atteignit sa vingtième année et le moment de sa conscription ; il tomba au sort et dut partir ; mais le jour même où il devait rejoindre son corps, jugez de ma surprise en voyant paraître chez moi le jeune homme ; il s'avança vers moi d'un air embarrassé, et me dit d'une voix émue : « Monsieur, mes parents vous aiment, ils ont confiance en vous... et ils ont raison ; mais aussi je sais que je puis me fier à vous, et c'est pour cela que je veux vous avouer... ce que je n'ai dit à personne. » Tout étonné déjà du changement que je remarquais dans les manières, dans le ton de ce jeune homme, je l'engageai à s'expliquer, et il me dit alors : « Mes parents sont bien pauvres, mais ils n'ont que moi de fils, et ils m'aiment beaucoup ; plusieurs fois je les avais entendus, sans qu'ils s'en doutassent, parler de l'époque où il me faudrait tirer à la conscription, et alors ils avaient dit : Nous vendrons, nous engagerons tout ce que nous possédons, nous ne mangerons, s'il le faut, que du pain pendant longtemps, mais nous ne laisserons pas partir notre fils ; car c'est un bon garçon, qui nous aime autant que nous le chérissons. Ah ! monsieur, je ne puis pas vous dire ce que j'é-

prouvais alors, mais je ne voulais pas réduire mes parents à la misère ; les supplier de me laisser partir, de renoncer à leur généreuse résolution, c'eût été inutile, je le sentais. C'est alors que je formai le projet de les abuser, que je cessai de travailler, que je courus les cafés, les estaminets ; que, n'écoutant plus leurs remontrances, j'osai même leur parler avec insolence. Ils furent trompés, ils me crurent incapable de me corriger ; le moment de tirer au sort était arrivé, et ils me laissèrent partir. Je leur ai dit adieu... mais sans les détromper encore... car ils seraient capables de vouloir me racheter. Cependant, monsieur... si j'étais tué en Espagne, où l'on dit qu'on va se battre, il me serait bien cruel d'emporter au tombeau la haine de mes parents. Alors... oh ! mais alors seulement, dites-leur ce que j'ai fait, et qu'ils sachent que leur fils n'était pas indigne de leur tendresse. Le pauvre garçon pleurait en prononçant ces mots : je lui ouvris mes bras et le pressai longtemps sur mon cœur ; car, moi aussi, je lui devais une réparation ; moi aussi, je l'avais cru, d'après sa conduite, un fort mauvais sujet.

— Voilà un exemple qui console de l'autre, dit M. Guerreville ; mais, malheureusement, je crois que les premiers sont les moins rares.

En ce moment on ouvre la porte du salon ; un grand gaillard, de trente ans au plus, coiffé d'une casquette de toile cirée et habillé avec un pantalon à la hussarde et une veste de chasse boutonnée jusqu'au menton, s'avance vers le maître de la maison et s'arrête devant lui en portant le revers de sa main à sa casquette, ainsi qu'un soldat qui salue un officier.

C'était Georges, le domestique de M. Guerreville : ce garçon avait été soldat, il en avait conservé cette habitude d'obéissance prompte et passive qui devient rare chez les domestiques ; il était aussi d'une extrême propreté, qualité de rigueur chez les militaires ; enfin il n'était ni bavard, ni curieux : tout cela faisait pardonner le peu de capacité de son esprit et sa médiocre intelligence dans toute autre partie du service.

— Eh bien ! Georges, avez-vous été à la poste ? demande M. Guerreville en voyant paraître son domestique.

— Oui, monsieur ; mais il n'y a pas de lettres pour vous.

— Plus de nouvelles !... plus rien... voilà six ans bientôt... et cependant quelquefois j'espère encore. Mais je vois bien que tout est fini... Oh ! c'est cruel pourtant de vivre dans cette attente continuelle... et d'être toujours déçu dans ses espérances !

M. Guerreville avait prononcé ces mots à demi-voix, mais avec un accent si malheureux que le docteur s'était senti prêt à voler dans ses bras pour tâcher de le consoler ; mais il n'avait pas osé, car les regards de son nouvel ami étaient devenus si sombres, si pensifs, qu'il avait craint de troubler ses méditations.

Georges était toujours au milieu du salon, et debout devant son maître.

— Que faites-vous là ? s'écrie bientôt M. Guerreville en regardant son domestique avec impatience.

— C'est que j'ai quelque chose à remettre à monsieur... encore des cartes qu'on m'a données pour lui. Et Georges présente plusieurs cartes à son maître, puis sort du salon au pas accéléré.

M. Guerreville a pris les cartes avec humeur, il porte les yeux dessus, puis les jette au feu en disant : Vadevant... Boullardin... Desbouleaux... est-ce que je connais tout cela, moi !... est-ce que ces gens-là ne me laisseront pas tranquille ?... Quelle fureur ont-ils, depuis quelques jours, de m'envoyer à chaque instant leurs cartes !...

Le docteur Jenneval ne peut retenir un éclat de rire en voyant brûler les noms des principaux membres de la société qui se réunissent chez madame Blanmignon. M. Guerreville se tourne vers lui en disant :

— Cela vous fait rire de me voir brûler ces cartes ?...

— Oui... car je me rappelle... oh ! mais je ne dois pas vous dire cela !

— Parlez donc, docteur. Oh ! si vous saviez combien maintenant je suis indifférent à tous les propos du monde !...

— Eh bien, il y a quelque temps on ne vous appelait que l'Ours, dans toute la ville, parce que chacun était piqué de vous voir préférer la solitude à la société. Mais depuis que l'on a su que M. le sous-préfet était de vos amis, oh ! les dispositions ont changé à votre égard !... Vous le voyez, on fait les premiers pas, on dépose la carte chez vous... oh ! vous êtes en faveur !

M. Guerreville essaie de sourire en répondant :

— Heureux les gens qui peuvent s'occuper de tous ces petits propos de société !... c'est que ceux-là sans doute n'ont pas une grande peine dans le cœur ! Au reste, docteur, dans quelques jours j'aurai cessé d'être un objet de curiosité pour les habitants de cette ville.

— Comment ! auriez-vous le dessein de la quitter ?

— Oui... je vais aller habiter Paris...

— Pour longtemps ?

— Oh ! probablement.

— Cela me fâche... car j'avais du plaisir à vous voir... et je me flatte que vous me jugez assez bien pour croire que ce plaisir était désintéressé.

M. Guerreville prend la main de M. Jenneval et la serre affectueusement en répondant :

— Oui, certes, je vous crois; et moi aussi j'aimais à me trouver avec vous.

— Et puis, dit le docteur, vous savez que l'état perce toujours; et je vous avoue que je me flattais de pouvoir... à la longue, vous guérir de votre mélancolie.

— Oh! jamais... jamais!... Il y a des peines qui ne peuvent s'oublier; eh! d'ailleurs... ce n'est pas chez moi mélancolie... haine du monde... c'est... que j'aime mieux penser à ce qui cause ma souffrance que d'essayer de m'en distraire.

— Mais il serait possible que j'allasse aussi m'établir à Paris. Vous savez que je vous ai dit souvent que le séjour de cette petite ville me convenait peu. Dans le cas où j'irais à Paris, me permettez-vous de vous aller voir ?

— Je vous en prie alors. Comme je n'aime pas le séjour des hôtels garnis, je me hâterai de prendre un logement; dès que j'en aurai arrêté un, je vous enverrai mon adresse.

— Vous me le promettez?

— Je vous le promets.

Le docteur s'est levé; il serre de nouveau la main à M. Guerreville, et ne tarde pas à prendre congé de lui.

CHAPITRE III. — Bal à la sous-préfecture.

La soirée au charivari avait fait événement dans Château-Thierry; on avait réclamé la discrétion du docteur, et toutes les personnes qui se trouvaient ce soir-là chez madame Blanmignon s'étaient promis le plus rigoureux silence sur cette aventure : c'est ce qui fait que le lendemain, avant midi, toute la ville était informée de ce qui s'était passé la veille à la réunion de la dame Blanmignon.

Ceux qui n'avaient point pris part au charivari interrompu ne manquaient pas de le critiquer sévèrement. Suivant eux, la proposition de M. Vadevant était d'une inconvenance choquante, et, loin d'y prêter les mains, madame Blanmignon devait en empêcher l'exécution.

Ensuite, comme en passant de bouche en bouche les petits événements font la boule de neige, on en vint bientôt à dire que M. Vadevant et plusieurs messieurs de sa société avaient parcouru la ville toute la nuit en faisant un tintamarre infernal. On les avait entendus; plusieurs vieilles femmes aussuraient même les avoir vus portant des chaudrons, des marteaux, des massues et jusqu'à des armes à feu.

Et leur intention était d'assourdir le respectable M. Guerreville (toute la ville savait aussi que M. le sous-préfet avait été faire visite à l'inconnu), et la conduite des charivaristes était d'autant plus coupable que l'intéressant étranger venait d'être indisposé, et que le bruit horrible que l'on voulait faire autour de sa maison pouvait irriter ses nerfs, échauffer son sang et peut-être causer sa mort.

Et dès que chacun eut fait ses commentaires sur cette histoire, Vadevant ne rencontra plus que des visages sévères; ses connaissances tournaient la tête pour ne point le saluer; on semblait le fuir comme un lépreux; il avait beau chercher à s'excuser en s'écriant : Je ne portais qu'une bassinoire, et d'ailleurs nous ne sommes pas sortis de chez madame Blanmignon.

On lui répondait : Vous aviez mis dans votre bassinoire du poids de cinquante livres... vous êtes sorti... toute la ville vous a entendu. Eh! que vous avait fait cet homme... un ami de M. le sous-préfet! Ah! c'est impardonnable.

Vadevant, désespéré, fut huit jours sans sortir de chez lui, n'osant pas même se mettre à sa fenêtre. Il prit de la tisane pour faire croire qu'il était malade et se rendre intéressant.

M. Desbouilleaux fut réellement incommodé et obligé de se mettre, pendant quinze jours, à l'eau de riz.

Madame Blanmignon suspendit ses réunions et oublia pendant trois jours de peindre ses cheveux, ses sourcils et ses joues.

Les autres compromis s'abstinrent de se montrer en société.

Enfin, M. Bouillardin, qui avait donné le premier le sobriquet d'Ours à M. Guerreville, contremanda un habit neuf dont son tailleur venait de lui prendre mesure.

Ce qui avait surtout augmenté l'effroi des personnes impliquées dans cette affaire, c'est que l'on savait que M. le sous-préfet en était instruit et qu'il avait mandé près de lui le docteur Jenneval pour se faire donner, sans doute, de plus grands détails.

Bientôt une autre nouvelle vint faire travailler les esprits : M. le sous-préfet allait donner un grand bal. Ordinairement les personnes de la société de madame Blanmignon avaient l'honneur de recevoir des invitations de la sous-préfecture; mais cette fois on se disait : Il est bien certain que tous ceux qui se sont permis de se moquer de l'honorable ami du sous-préfet ne seront pas invités à son bal.

En effet, les invitations arrivaient aux élus, et les charivaristes n'en recevaient point.

— Nous allons au bal du sous-préfet, répétait-on avec affectation devant M. Vadevant ou M. Desbouilleaux; ce sera superbe, dit-on, et une société choisie... épurée... pas une seule personne qui fasse tache...

Les malheureux disgraciés s'éloignaient la tête basse, le nez long; quelques-uns pleuraient en rentrant chez eux.

Mais quelques jours après, tous ceux qui n'osaient plus se montrer, de crainte qu'on ne se moquât d'eux, reparurent radieux, rayonnants, le front haut et le sourire sur les lèvres comme autrefois.

Ils pouvaient se faire voir maintenant : ils avaient reçu aussi leur invitation au bal de la sous-préfecture; ils couraient le dire partout, ils ne parlaient plus que de cela en répétant d'un air malin : Ce sera parfaitement composé... société choisie... épurée...

Les autres étaient surpris, interdits; ils se disaient entre eux : C'est singulier,... comment, M. le sous-préfet daigne les inviter!... Mais il faut... peut-être à cet bal leur réserve-t-il quelque bonne leçon.

En attendant on faisait de grands préparatifs de toilette; les derniers invités surtout voulaient être magnifiques pour faire honneur au bal du sous-préfet. M. Boullardin avait de nouveau commandé son habit neuf, et il avait voulu aussi une culotte de velours, malgré les représentations de sa femme qui trouvait que cela dissimulait trop ses avantages.

Ce qui piquait aussi la curiosité, c'est que l'on pensait que M. Guerreville, malgré son goût pour la solitude, viendrait peut-être au bal de son ami le sous-préfet. Jamais jour ne fut attendu avec plus d'impatience, jamais fête n'avait causé d'avance autant d'émotion, donné lieu à tant de conjectures.

Enfin cette grande soirée arrive : on se rend en superbe tenue à la sous-préfecture; quelques-uns des invités n'ont pas le cœur tranquille, et l'on doit deviner que ce sont les charivaristes; cependant ils se font bonne contenance et affectent d'avoir toujours le sourire sur les lèvres. M. le sous-préfet fait les honneurs de son bal avec beaucoup d'aménité, il est aimable avec tout le monde; les esprits craintifs se rassurent, et puis celui que l'on redoutait, l'étranger mystérieux, M. Guerreville, n'est point là.

Les danses commencent : Vadevant se met en place et ne la quitte pas; il invite les dames les plus laides et saute devant elles comme un pantin; tout cela afin de se mettre dans les bonnes grâces du sous-préfet. M. Boullardin croit qu'il y va de son intérêt de ne point laisser passer un plateau de glaces ou de gâteaux sans en accepter; enfin le timide Desbouilleaux a fait aussi un effort sur lui même, il a voulu s'essayer dans un galop, et il a tellement marché sur les pieds de sa danseuse qu'elle en a eu assez avant d'avoir fait le tour d'un salon.

Le docteur Jenneval est de la fête; il ne danse pas, mais il se promène, il observe; il sourit souvent, surtout en regardant danser M. Vadevant.

Tout s'était bien passé; le bal avait été fort animé et promettait de l'être encore, lorsqu'on vient suspendre les danses pour conduire et placer les dames à une table immense sur laquelle le souper était servi avec profusion de surtouts et de bougies. Toutes les dames étaient assises; les messieurs, debout derrière elles, admiraient le coup d'œil en attendant que le départ de ces dames leur permît de faire mieux encore que d'admirer le souper. M. le sous-préfet faisait les honneurs de sa table, et n'entendait de tous les côtés que des compliments sur l'élégance de sa fête.

Mais un petit monsieur bien laid, bien maussade, et qui s'était flatté de vivr nystifier la société de madame Blanmignon, se glissa alors derrière la chaise de l'amphitryon, et, saisissant un moment de silence, qui n'était troublé que par le bruit des fourchettes et des couteaux, se mit à dire à haute voix :

— Monsieur le sous-préfet..... votre soirée est délicieuse, mais je m'attendais à y rencontrer M. de Guerreville... car on m'a dit que ce monsieur avait l'honneur d'être de vos amis...

Ces mots ont produit une vive sensation parmi la société : les uns lèvent la tête, regardent, attendent avec curiosité la réponse de M. le sous-préfet; les autres baissent les yeux, rougissent et ne savent plus quelle contenance tenir. Vadevant rentre son menton dans sa cravate, il voudrait pouvoir y cacher tout son visage; Boullardin renverse sa tabatière de sur les épaules de sa femme, derrière laquelle il se tenait constamment; madame Blanmignon porte à son nez une cuillerée de charlotte russe, au lieu de la mettre dans sa bouche; enfin Desbouilleaux laisse tomber sur la robe d'une dame une part de compote qu'elle l'avait chargé de lui faire passer.

— Ah! vous savez que M. Guerreville est de mes amis? répond enfin le sous-préfet en jetant un coup d'œil malin sur ses convives.

Le petit vilain monsieur craint aussi d'avoir dit une bêtise, et il marmotte entre ses dents :

— Je sais... c'est-à-dire, monsieur le sous-préfet, on m'a dit... on a cru savoir... du reste, je ne me permets pas de rien affirmer.

— Eh bien! monsieur, on ne s'est pas trompé; oui, je connais M. Guerreville depuis fort longtemps... J'ignorais son séjour dans notre ville; je fus charmé de l'y retrouver; j'aurais été flatté, je l'avoue, de le posséder à cette réunion... mais M. Guerreville a résisté à mes instances... et d'après le peu qu'il m'a dit, j'ai senti que je ne devais pas insister. Du reste, j'ai appris qu'il avait couru sur son compte dans notre ville quelques mauvaises plaisanteries...

Ici Boullardin appuie ses mains sur les épaules de sa femme, n'ayant plus la force de se soutenir, et Vadevant parvient à rentrer toute sa bouche dans sa cravate.

Le sous-préfet continue :

— Je ne vois pas pourquoi un homme serait en butte aux sarcasmes

de la société, parce qu'il désire, lui, vivre dans la solitude... Nous avons eu des hommes de beaucoup de mérite qui n'aimaient pas le monde...
— Jean-Jacques Rousseau ne pouvait pas le souffrir! murmure Vadevant en sortant un peu de sa cravate.
— Et on n'est pas toujours un méchant homme, répond M. le sous-préfet, parce qu'on fuit la société; mais il y a des personnes qui pour un bon mot médiraient de leur père.

Boullardin tire les oreilles de sa femme, il ne sait plus ce qu'il fait.
— On a même été jusqu'à me dire qu'il y avait eu un charivari de proposé pour engager mon ami Guerreville à quitter notre ville...

Ici tous les yeux se portent sur les personnes qui se sont trouvées chez madame Blanmignon. Vadevant ne laisse plus voir que son nez; il se fait un silence général, les fourchettes, les cuillers et les bouches restent inactives.

Madame Blanmignon a quarante-neuf ans, mais comme elle a les cheveux teints, les joues peintes et les lèvres pommadées, il est assez difficile de deviner au juste son âge.

Le sous-préfet reprend d'un ton presque sévère :
— Mais je n'ai point voulu croire à de tels propos. Comment supposer en effet que des gens comme il faut, des personnes bien élevées, aient eu le projet de commettre une action... qui est toujours blâmable!... et d'en rendre victime un homme qui ne leur a rien fait, qui leur est inconnu... et qui peut-être par sa position dans le monde a droit à leurs égards, à leur considération, à leur respect ?

Le sous-préfet appuyait avec emphase sur ces mots; le docteur Jenneval se mordait les lèvres pour ne point éclater de rire, et autour de la table on se disait à demi-voix :
— L'inconnu est un grand personnage... — un ancien ministre, — un agent plénipotentiaire, — un gros capitaliste, — un général, — un ambassadeur, — un comte, un duc, un prince.

— Je le répète; je n'ai rien cru de tout cela, dit le sous-préfet en reprenant un air aimable; d'une simple plaisanterie on aura fait un monstre; mais je déteste la médisance : union et oubli, c'est ma devise; et comme je désire surtout voir l'union et la paix régner dans notre petite ville, j'espère qu'il ne sera plus question de cette affaire.

Ces paroles font renaître la gaieté sur les visages. Vadevant sort entièrement son menton de sa cravate; Boullardin lâche les oreilles de sa femme en lui promettant de lui acheter une belle paire de pendants pour la dédommager du mal qu'il lui a fait, et Desboulleaux se promet de risquer un second galop, s'il trouve danseuse qui consente à galoper avec lui.

Les dames ont quitté la table; les hommes les remplacent et font honneur au souper en faisant assaut de tout l'esprit dont ils sont capables. Ils fêtent le champagne de la sous-préfecture, et M. Boullardin, qui désire se remettre tout à fait en faveur, lève son verre en s'écriant :

— A la santé de monsieur le sous-préfet et de son auguste famille!
Ce toast est répété avec tout l'enthousiasme que peut causer le champagne; ensuite ces messieurs retournent dans la salle du bal; et les danses, les valses, les galops recommencent : on est d'une gaieté folle, qu'aucune crainte ne vient plus troubler depuis que le sous-préfet a prononcé ces mots : union et oubli. Paroles superbes, en effet, que tous les hommes devraient méditer et mettre en pratique; mais il y a comme cela tant de choses qu'on devrait faire et qu'on ne fait pas!

Cette brillante et joyeuse nuit a fini pourtant, puisqu'il faut que tout ait une fin. C'est dommage lorsque l'on s'amuse. Après cela, si l'on s'amusait continuellement, cela finirait peut-être par ennuyer. Le mal est à côté du bien, la tristesse près de la gaieté, l'ennui à côté du plaisir; tout cela est pour faire ombre au tableau. Ce doit être une bien monotone existence que celle où on n'a rien à désirer.

Chacun avait regagné sa demeure; les jeunes personnes en calculant le nombre des contredanses qu'elles avaient dansées : pour le lendemain d'un bal, c'est une grande satisfaction de pouvoir dire à ses amies :
— J'en ai dansé plus que toi.

Les dames se rappellent l'effet produit par leur toilette, puis certains regards, ou quelques petits mots dont il était inutile de faire confidence à leurs maris; ceux-ci de leur côté se rappelaient peut-être avec complaisance l'effet de leur galanterie près de quelques dames. Chacun enfin amusait sa marotte, son penchant favori.

Or le penchant favori de Vadevant était la curiosité, et tout en rentrant chez lui, et se fourrant dans son lit pour y chercher le repos nécessaire après une nuit au bal, il ne cessait de penser à ce que M. le sous-préfet avait dit en parlant de M. Guerreville. Il se répétait ces mots : « C'est un homme qui par sa position dans le monde a droit à nos égards, à notre considération, à notre respect. »

Et Vadevant se creusait la tête pour deviner quel pouvait être le rang de ce mystérieux personnage. Le docteur Jenneval semblait instruit; mais le docteur était fort discret, et d'ailleurs dans plusieurs occasions il avait plaisanté aux dépens de la curiosité de Vadevant; il n'y avait donc pas espoir de rien savoir par lui.

Vadevant ne dormit presque pas, et le lendemain dans la journée il fit porter sa carte chez M. Guerreville en se disant :
— Cela ne peut pas faire de mal.

Au bout de quelques jours, nouvelle carte; mais cela ne l'avançait à rien. M. Guerreville ne lui avait même point fait mettre la sienne.

Vadevant n'est pas homme à se rebuter, il veut absolument faire la connaissance de l'ami du sous-préfet. Il se promène pendant plusieurs jours devant la maison habitée par M. Guerreville; il se flatte que celui-ci sortira, et alors il trouvera bien moyen d'entrer en conversation. Cet espoir est encore déçu. M. Guerreville ne sort plus, et Vadevant en est pour ses factions.

Enfin il se décide à tenter un grand moyen! Un matin, après son déjeuner, il s'habille avec beaucoup de soin et se met en route pour aller lui-même faire une visite à cet homme mystérieux, chez lequel il brûle d'être admis.

Chemin faisant, Vadevant se disait :
— Après tout, ce monsieur est trop bien élevé pour ne point me recevoir; je vais me présenter à lui... sous le prétexte... Diable! quel prétexte?... Ah!... j'ai entendu dire qu'il cherche à acheter une maison... et j'en connais beaucoup à vendre. Je n'ai rien entendu dire de tout cela; mais une fois en présence de ce monsieur, la conversation s'engage... je me flatte d'être bien aussi aimable que le docteur Jenneval... Cet inconnu est charmé de mes manières, et il m'engage à revenir le voir... cela ira tout seul : frappons.

Vadevant frappe, car il est arrivé devant la demeure de M. Guerreville; une grosse fille, rouge et joufflue, vient lui ouvrir.
— Tiens! je ne lui connaissais pas cette servante-là, se dit Vadevant; mais je la préfère à son grand escogriffe de domestique.

Et souriant d'un air aimable à la grosse fille, Vadevant fait un pas en avant en lui disant :
— Pourrais-je avoir l'honneur de parler à votre maître ?... c'est pour une affaire qui l'intéresse... et si je ne suis pas indiscret en ce moment...
— Oh! oui, monsieur, c'est ben facile, répond la servante; monsieur est là haut qui déjeune... mais vous pouvez monter tout de même...
— Il déjeune! dit Vadevant, je crains alors d'avoir mal pris mon temps... et je n'ose me permettre...
— Allez donc... allez donc... monsieur n'est pas gêné pour manger devant le monde; montez au premier, vous le trouverez.

Vadevant ne se fait pas répéter ces mots; il monte l'escalier, charmé de la facilité avec laquelle M. Guerreville se laisse aborder, et regrettant de n'être pas venu plus tôt. Arrivé au premier, il se trouve sur un palier, et ne sait par quelle porte entrer; il écoute un moment : un bruit de bouteilles le guide; il se redresse, arrange sa cravate, son col, ôte son chapeau, et ouvre une porte en s'inclinant presque jusqu'à terre et en murmurant :
— Un million d'excuses, monsieur, si je suis importun!
— Eh ben !.... à qui en a-t-il donc avec son million d'excuses, ce-

lui-là? répond d'une voix enrouée un gros père à la figure noircie par le charbon, et qui, assis devant une table, vidait sa troisième bouteille.

Vadevant lève les yeux, il regarde la personne qui est devant lui, et devient rouge de colère en voyant qu'il a salué jusqu'à terre un homme auquel dans la rue il ne parlerait pas ; un gros rustre connu dans la ville pour son ivrognerie, et qui a amassé en portant du charbon la fortune qu'il boit.

— C'est M. Guerreville que je demande ! s'écrie le petit homme en se redressant avec insolence et remettant son chapeau, et certainement ce n'est pas à vous que j'ai affaire.

— Eh ben !... pourquoi venez-vous chez moi ?... C'est égal, voulez-vous boire un coup ?...

— M. Guerreville ne demeure donc plus ici ?

— Qu'est-ce que c'est que ce monsieur-là ?

Jeune élégant de Château-Thierry, habitué des réceptions de madame Blanmignon.

Vadevant impatienté quitte la chambre, descend et va dire à la servante :

— Pourquoi me laissez-vous monter ?... C'est M. Guerreville que je demande... je n'ai pas besoin de charbon, moi !

— Vous ne m'avez pas dit cela... vous m'avez demandé mon bourgeois...

— Son bourgeois !... Mais enfin savez-vous où est allée demeurer la personne qui habitait cette maison avant vous ?

— Ah ! le monsieur qui était ici... avec son domestique ?

— Oui... eh bien !

— Ils sont partis pour Paris... d'après ce que j'ai entendu dire du moins.

— Partis pour Paris ! s'écrie Vadevant en s'éloignant, je me suis présenté trop tard !... C'est égal... j'irai encore à Paris... j'y ferai un voyage d'agrément pour tâcher d'y trouver ce M. Guerreville.

Chapitre IV. — Des Écriteaux.

Quelques jours après la conversation qu'il avait eue avec le docteur Jenneval, M. Guerreville avait dit à Georges de faire leurs malles, et le lendemain une chaise de poste les conduisait à Paris.

Chemin faisant, Georges, qui était dans la voiture avec son maître, avait bien laissé échapper quelques exclamations de joie, mais il les avait réprimées aussitôt, de crainte de déplaire à M. Guerreville. C'est que Georges n'avait jamais été à Paris. Né en Bretagne, enrôlé comme soldat, son régiment n'avait pas été une seule fois en garnison dans la capitale pendant tout le temps que Georges avait porté le fusil ; ensuite il était entré au service de M. Guerreville au moment où celui-ci, après avoir longtemps voyagé, était allé demeurer à Château-Thierry, où l'on avait passé trois ans.

Chaque fois que l'on s'arrêtait pour changer de chevaux, Georges jetait des regards autour de lui, pour tâcher d'apercevoir déjà quelque chose qui lui annonçât l'approche de la grande ville. Mais Paris ne se fait pas entendre de loin comme la mer, et souvent à une demi-lieue de la capitale tout est encore silence, solitude et pauvreté.

Heureusemetn pour Georges, le trajet de Château-Thierry à Paris n'est pas long. L'ex-soldat se vit bientôt au milieu d'un monde nouveau : les boutiques, les voitures, les passants, tout l'étonnait, l'étourdissait, il se croyait ivre, lorsqu'il entra avec son maître dans un bel hôtel de la rue Richelieu.

M. Guerreville prit un appartement qui avait vue sur la rue, et Georges se dit :

— Monsieur ne se trouvera pas bien ici ; lui qui aimait tant le calme, la solitude, il ne pourra pas reposer.

Et le lendemain matin, en entrant chez son maître, il se permet de lui dire :

— Monsieur n'a pas dû bien dormir ici ; on entend trop de bruit dans la rue.

— Je suis au fait du bruit de Paris, répond M. Guerreville en souriant : ah ! mon pauvre Georges... je suis né dans cette ville... son bruit, son monde, ses plaisirs firent longtemps mes délices... Cela te surprend, Georges ; parce que aujourd'hui je suis triste et sédentaire, tu as peine à concevoir que j'aie pu être gai, étourdi, comme les jeunes gens que tu vois passer là... sous nos yeux, et dont la seule occupation semble être de se faire voir et de rire de ce qu'ils voient. Mais je fus jeune aussi... et je ne valus pas mieux qu'un autre... peut-être même valais-je moins. Cependant je ne cherchais pas à me faire passer pour meilleur que je n'étais... et c'est une qualité de ne point cacher ses défauts ; il y a tant de gens qui au contraire veulent se donner des vertus qu'ils n'ont pas !

Le monsieur qui loge au second dans la maison de monsieur Fourré.

M. Guerreville semblait plutôt se parler à lui-même et faire des réflexions tout haut que dire cela à son domestique. Néanmoins Georges écoutait respectueusement, et attendait que son maître eût fini de parler pour lui demander s'il voulait déjeuner.

M. Guerreville se hâte d'achever sa toilette, et à la grande surprise de Georges, après avoir déjeuné, il prend son chapeau et sort.

— Il paraîtrait que nous ne mènerons pas ici la même vie qu'à Château-Thierry, se dit Georges en voyant son maître s'éloigner. Nous ne vivrons plus comme des loups... j'aime mieux ça... c'est plus agréable de fumer en société.

L'intention de M. Guerreville n'était point en effet de vivre à Paris dans la retraite ; en se déterminant à venir habiter cette ville, il voulait encore tenter de retrouver une personne dont depuis longtemps il attendait en vain des nouvelles : cette personne, il l'avait cherchée déjà à Paris, puis dans divers pays; il avait voyagé pendant trois ans dans l'espérance de la rencontrer, et désespéré de ne pouvoir y parvenir, il s'était retiré à Château-Thierry, où pendant trois ans aussi, livré à ses peines, à ses ennuis, il se flattait pourtant encore quelquefois qu'une heureuse nouvelle viendrait mettre un terme à ses chagrins; mais, après une longue et inutile attente, il n'avait pu résister au désir de retourner à Paris, car tout lui faisait présumer que c'était là que devait être la personne qu'il cherchait. Il y a un vieux proverbe qui dit : *Cherchez, et vous trouverez.* Le proverbe est essentiellement faux, car il y a mille choses que j'ai fort souvent cherchées sans jamais pouvoir les trouver; et cependant je vous prie de croire que ce n'est point la pierre philosophale ni l'eau de jouvence que je cherchais. M. Guerreville n'était pas plus heureux, et il se disait :

— Comment trouver dans Paris quelqu'un qui s'y cache sous un nom que l'on ignore? Comment s'orienter dans cette ville immense, où l'on peut à chaque instant passer sans le savoir près de la demeure de la personne qu'on va chercher bien loin?

Il faisait ces réflexions en marchant au hasard dans Paris; cependant ses yeux rencontraient à chaque instant des écriteaux affichés ou accrochés devant des maisons; il songe qu'il ne veut pas rester dans un hôtel garni, que par conséquent il lui faut se chercher un logement; puis il pense aussi que pour découvrir quelqu'un dans une grande ville, les écriteaux sont d'excellents auxiliaires, et il rend grâce à la Providence, qui vient de lui envoyer un moyen auquel il ne songeait pas. Et puis d'ailleurs visiter des appartements à louer, c'est tout à la fois un passe-temps et une occasion de voir de singuliers tableaux : pour un observateur c'est un excellent moyen de s'instruire. Quand vous n'avez rien à faire, que vous vous promenez sans but déterminé, que vous voudriez vous distraire, et ne vous sentez pas le courage de rien entreprendre pour cela, croyez-moi, lecteur, usez de ce moyen ; il n'a rien que d'innocent, n'est point coûteux, et ne fatiguera que vos jambes; à Paris il y a toujours des logements à voir : vous ne ferez point trente pas dans une rue ou sur les boulevards sans apercevoir des écriteaux, et il y en a dont la rédaction est fort drôle. Je ne parle pas ici de l'orthographe!... à Paris on ne s'arrête pas à cette bagatelle, les enseignes sont là pour le prouver. Peu importe aux badigeonneurs en lettres l'opinion que les étrangers doivent avoir de notre ignorance; ces messieurs, qui s'intitulent artistes, savent mouler des lettres en ronde ou en bâtarde sur la porte d'une boutique, mais ne se sont jamais occupés de la grammaire : après cela, comme il y en a beaucoup qui se font payer à tant la lettre, ceux-là veulent gagner le plus possible, et ils écrivent *épicier* avec deux *p*, deux *s* et un *t* à la fin.

Revenons aux appartements à louer. Vous me direz peut-être : Je n'ai pas envie de déménager... mais qu'importe? cela n'empêche pas d'aller voir des logements. Vous verrez tant de choses en n'ayant l'air de ne regarder que des localités! tableaux d'intérieur, scènes de famille, dames en négligé, quelquefois mieux encore ; puis le monsieur qui a de l'humeur à être dérangé lorsqu'il travaille; la jeune fille qui en a bien plus, parce qu'elle prenait sa leçon de musique et que son jeune professeur lui chantait autre chose que la gamme; et la cuisinière qui murmure de quitter son rôti, qui va brûler; et la rentière qui craint que les chercheurs de logements ne soient des filous (ce qui arrive quelquefois), et les suit dans toutes les chambres sans les perdre une minute de vue ; puis, quand ils sont partis, vont s'assurer si sa montre, son argenterie et son secrétaire sont encore à leur place; et les pauvres honteux qui dînent avec un seul plat bien frugal, et se servent de couverts d'étain... Oh! ceux-là, on est bien fâché de les avoir trouvés à table, on a soin de ne pas regarder leurs couverts, qu'ils tâchent de cacher sous leurs assiettes; on passe sans avoir l'air de remarquer leur plat de pommes de terre, qu'ils se dépêchent de manger en disant bien haut et avec affectation :

— Le poulet était bon! il était excellent, le poulet!

Voyez que de choses vous promettent les écriteaux, et je ne vous en ai pas cité la centième partie. Sans entrer, vous pouvez encore vous amuser aux bagatelles de la porte. Regardez ici, vous lisez : *Bel appartement de garçon, avec cave, orné de glaces* ; plus loin : *Grand appartement avec écurie et remise fraîchement décoré* ; et sur un autre : *Beau cabinet garni sur le derrière, qui vient d'être remis à neuf.* Depuis plusieurs jours M. Guerreville sortait aussitôt après son déjeuner, et jusqu'à l'heure de son dîner passait tout son temps à voir des logements.

Arrêtons-nous avec lui devant une maison de la rue Montmartre. Au-dessus de la porte cochère se balancent des écriteaux. M. Guerreville entre et aperçoit à gauche la loge du portier ; il frappe à un carreau, on ne répond pas, mais on lui fait signe de tourner le bouton d'une clef : il ouvre et passe sa tête; il est tenté de la retirer aussitôt, une forte odeur de choux, d'ail et de cuir l'avait pris en même temps au nez et à la gorge. Il y avait dans un espace de cinq pieds environ deux enfants qui se roulaient à terre, une femme qui en allaitait un troisième tout en écumant sa marmite ; enfin un homme sale, jaune et hideux de figure, qui posait un talon à une botte en fredonnant :

> Rendez-moi ma patrie
> Ou laissez-moi mourir!

M. Guerreville se décide pourtant à humer les vapeurs qui sortent de la loge, et, tout en se demandant à lui-même comment il peut y avoir des enfants qui s'élèvent dans cette atmosphère, il fait au portier la question d'usage :

— Qu'avez-vous à louer dans cette maison?

Le portier se retourne dessus une planche qui lui sert d'établi, et commence, suivant l'habitude de ses pareils, par toiser la personne qui lui adresse cette question ; après cela il se décide à répondre :

— Nous avons plusieurs *locals*, des grands et des *moilliens* ; ça dépend de ce que monsieur veut y mettre... Mon épouse, prends garde au petit... il va rouler dans la marmite.

En effet, la portière se penchait tellement pour soigner sa soupe aux choux, que son nourrisson, qui s'était détaché du sein, menaçait d'aller tenir compagnie à un énorme morceau de lard qui s'obstinait à remonter sur l'eau.

— Est-ce qu'on ne peut pas voir les logements? dit M. Guerreville.

— Pardon, monsieur, on peut les voir tout de même... je vas alors vous conduire, parce que le *proprilliétaire* exige que nous conduisions nous-mêmes les personnes... c'est une faiblesse de sa part... pour que nous *fissions* voir les agréments du local... Mon épouse, prends garde au petit... il aimera le lard ce guerdin-là!

Le portier quitte sa botte, tâche de trouver un chemin à travers ses marmots et les savates qui encombrent la loge, et paraît enfin devant M. Guerreville, qui ne peut s'empêcher de sourire en le voyant debout ; assis, cet homme paraissait être d'une taille ordinaire ; mais debout, il n'était pas si grand qu'un balai : toute sa personne était dans son torse; ses jambes et ses cuisses s'apercevaient à peine ; ce qui n'empêchait pas le portier-savetier de se dandiner en marchant comme un tambour-major.

— Est-ce un local de ménage, que monsieur veut?...
— Mais peut-être...
— Ah! bon!... avec cuisine?
— Sans doute.
— Ah! bon. Mon épouse... veille au petit... Monsieur a-t-il des enfants?

A cette question, M. Guerreville ne peut réprimer un brusque mouvement qui fait peur au portier ; il lui répond sèchement :

— Que vous importe si j'ai des enfants? aurez-vous bientôt fini vos questions?

— Excusez, monsieur, si je vous demande ça, c'est que le *proprilliétaire* n'aime pas les enfants, il a la faiblesse de dire que cela fait des dégâts dans les maisons...

— Comment se fait-il alors qu'il vous conserve pour portier?

— Ah! c'est vrai, c'est juste... elle est bonne la remarque... mais, voyez-vous, mes mioches ne sortent pas de ma loge ; ils y sont consignés... jamais hors de la loge... sinon en avant le tire-pied... aussi ces enfants-là sentiront le choux comme les lapins de cabaret... Voulez-vous venir, monsieur?.. Mon épouse, prends garde au petit!

M. Guerreville suit le portier, qui s'est enfin décidé à monter l'escalier. Ils arrivent au premier étage.

Le portier s'arrête en souriant d'un air malin et dit :

— C'est pas ici... tenez, voyez la plaque sur la porte... c'est un avoué qui demeure là... Par ce côté c'est l'étude... des comm s qui travaillent... Oh! comme des chevaux... à ce que dit mon épouse, qui vient quelquefois à l'étude porter de la tisane aux jeunes gens... ils consomment beaucoup de tisane les jeunes clercs... ils sont souvent enrhumés ; mais le maître travaille également.... oh! ferme! c'est pourtant un jeune homme aussi ; mais il veut gagner de l'argent, il s'est buté à ça... il vient de se marier... et il aura payé l'étude avec la dot de sa femme ; une petite qui est pas trop belle et pas trop bonne... Je l'entends souvent de ma loge crier après la cuisinière... Ah! bon, que je dis, le temps est à l'orage... histoire de rire!... Du reste, l'avoué, son mari, n'a pas l'air plus gai qu'il ne faut ; il y a qui prétendent qu'il s'ennuie de sa femme et de sa charge... Eh! eh!... il était si gai avant d'être avoué! c'était le premier clerc de l'étude, il chantait toute la journée et faisait même des brins de vaudeville pour le grand Opéra. A c't'heure il ne chante plus ; mais il a un beau fauteuil en cuir rouge et une robe de chambre en pure perse, à ce que dit mon épouse.

M. Guerreville écoute tout cela avec la patience la plus exemplaire, et comme quelqu'un qui, dans l'espoir d'entendre une nouvelle qui l'intéresse, se résout à causer avec un bavard impitoyable.

Le portier s'est presque mis à cheval sur la rampe, et il va continuer son discours, lorsque la porte de l'étude s'ouvre : un jeune homme sort avec une liasse de papiers sous le bras ; le concierge lui dit aussitôt :

— Monsieur Benjamin, je vous tiens par le talon, je n'ai plus que cinq ou six clous à votre soulier à enfoncer dedans.

— Très-bien, monsieur Fourré, rappelez-vous que vous me les avez promises pour demain matin.

— Oui, monsieur Benjamin, chose promise, chose ressemelée, je ne connais que ça.

M. Fourré, puisque nous savons maintenant que c'est le nom du portier, se penche vers M. Guerreville en ajoutant :

—C'est un des chevaux de l'étude... oh Dieu! trotte-t-il celui-là!... il en use de ces semelles!... aussi je suis toujours sur ses talons !... mais il a la faiblesse de vouloir que je lui mette des clous... fi donc!... mauvais genre!... ça dure trop... Voulez-vous me suivre, s'il vous plaît?... Ah! Dieu! j'ai peur que mon épouse ne se néglige sur le petit!....

Et M. Fourré met la moitié de son corps en dehors de la rampe, en criant à tue-tête :

— Athénaïs, prends ben garde au petit!

On arrive au second étage; là, le portier s'arrête devant une porte, et se dispose à sonner, lorsque par réflexion il se tourne vers M. Guerreville en lui disant :

— A propos! avez-vous des chiens?

— Non.

— Ah bon! c'est que c'est encore une faiblesse du *proprilliétaire* de prétendre que les chiens occasionnent des choses désagréables dans les escaliers... il a infiniment de faiblesses, cet homme!... ça s'est enrichi en vendant du bois à brûler, et c'est plus susceptible qu'un marquis de pure noblesse!... Mais vous me direz, nous sommes tous mortels! Je vais sonner.

— Un moment, dit M. Guerreville, quel est le logement que vous allez me faire voir?

— C'est le beau, le grand, six pièces et une cuisine... qui tourne... deux entrées avec des tourneaux à la prussienne. Douze cents francs, et le sou par livre, plus l'éclairage de l'escalier, qui est à part.

— Cet appartement est habité?...

— Oui, par des gens comme il faut : un mari, son épouse, une cuisinière et une petite bonne pour agrafer les robes de madame... qui a toujours l'air d'étouffer. Le mari *jousse* à la Bourse, d'après ce que j'ai entendu rapporter; mais, comme il a bien vingt-cinq ans de plus que sa moitié, qui est jeune et jolie, ça lui donne un peu de tintouin. Cet homme a la jalousie dans la tête!.. il revient quelquefois *énopénément* quand on le croit à *jousser* à la Bourse. Il a même du vague dans le regard en me demandant s'il est venu quelqu'un; et moi, vous entendez bien que je réponds toujours non, quand même c'est oui... la petite femme est si généreuse!... elle comble ma famille de cadeaux... de frugalités... et puis, vous comprenez... nous sommes tous mortels. Du reste, elle est fièrement fâchée de déménager, la dame!... mais c'est le mari qui l'a voulu, parce qu'il a remarqué en face un nouveau voisin, un jeune homme, beau brun, avec des moustaches qui lui font tout le tour du cou; et ce jeune homme est toujours à la fenêtre quand madame s'y met!... une voulez-vous!... histoire de rire.

Le portier sonne; une jeune bonne ouvre; M. Fourré ôte sa casquette de loutre, et salue d'un air aimable :

— Bonjour, mamzelle Laïde; faites excuse, mamzelle Laïde, c'est pour le logement... peut-on voir?

— Oui, monsieur Fourré, vous pouvez entrer.

— Je vous tiens le pied, mamzelle Laïde... vous savez... ce petit point à votre joli soulier de prunelle aile d'hanneton... Ah Dieu! queu petit pied vous avez pour chausser ça!... c'est histoire de dire qu'on a un pied, voilà tout.

Mademoiselle Laïde répond à ce compliment par un éclat de rire, et M. Guerreville entre dans l'appartement.

On traverse une antichambre, une salle à manger, puis un salon élégamment décoré, sans avoir encore aperçu personne. Cela semble contrarier le portier, qui dit à la jeune femme de chambre :

— Est-ce que vos bourgeois sont absents? je ne les ai pourtant pas vus sortir.

— Monsieur et madame sont dans la chambre à coucher.

— Ah bon!... et ça ne les dérangera pas qu'on y entre?...

— Non, certainement! je vous dis monsieur et madame.

— C'est juste! toujours espiègle, mamzelle Laïde.

M. Guerreville s'empresse de déclarer qu'il ne tient pas à voir la chambre à coucher; mais déjà le portier a ouvert une porte à gauche, et quand il a vu le monsieur et la dame qu'il savait trouver là, il se retire, et frappe sur la porte en criant :

— Peut-on entrer?... faites excuse, reprend M. Guerreville en quittant la chambre : M. Fourré est obligé de le suivre, ce qu'il ne fait qu'à regret et en murmurant :

Un monsieur d'un certain âge est assis à quelques pas d'une jeune et jolie femme qui n'a que le défaut d'avoir un peu trop d'embonpoint, mais dont les traits réguliers rappellent ces jolies figures que Dubuffe met peut-être un peu souvent, dans ses tableaux, que l'on est toujours bien aise de rencontrer, quand elles sont animées.

La dame répond d'un air agréable au profond salut de M. Guerreville, qui s'excuse de la déranger. Le mari ne peut réprimer un mouvement d'impatience, et à son air d'humeur on voit qu'il donne au diable les chercheurs de logements. M. Fourré les regarde tous les deux, puis sourit à mademoiselle Laïde.

— Il y a de grandes armoires, dit le portier, pour retenir M. Guerreville qui salue et s'éloigne déjà.

— C'est bien, je n'ai pas besoin de les voir.

— Mais vous n'avez pas vu par là, monsieur... c'est un cabinet de toilette. Peut-on y entrer, mademoiselle Laïde?...

— Je vous répète que c'est inutile, reprend M. Guerreville en quittant la chambre : M. Fourré est obligé de le suivre, ce qu'il ne fait qu'à regret et en murmurant :

— Hom! pauvre cher homme!... t'auras beau déménager, va!...

— La cuisine est en face! s'écrie le portier quand il se retrouve sur le carré avec M. Guerreville.

— C'est bon, je sais ce que c'est qu'une cuisine, et je ne tiens pas à voir celle-ci.

— Diable! vous n'êtes guère curieux... moi, si je cherchais un logement, je voudrais voir jusque sous les lits... Eh ben! le local vous plaît-il?

— Je verrai, je réfléchirai...

— La dame est gentille, n'est-ce pas? et généreuse; si son mari n'avait pas été là, je suis sûr qu'elle m'aurait donné queuque chose. Entre nous, c'est un despotisme que cet homme-là... Monsieur veut-il à c't'heure voir le petit logement?

— Volontiers.

— Adieu! mamzelle Laïde... ah! elle n'est pas là : c'est égal... elle est assez *chouette*, la femme de chambre!

On arrive au troisième étage, M. Fourré montre une porte en disant :

— Ce n'est pas là; à cet étage les *locals* sont entrecoupés. Ici reste un employé à la ville avec son épouse, des gens entre deux âges; le mari s'en va tous les matins à neuf heures, et rentre à quatre heures et demie : c'est *recta* ; depuis quatre ans qu'il loge dans la maison, j'ai remarqué qu'il n'a pas varié de cinq minutes dans ses rentrées et ses sorties : c'est un homme réglé!... Le soir, il va au café, jusqu'à neuf heures : le dimanche seulement, il se permet de ne rentrer qu'à dix. La femme est tout le portrait de son mari... on dirait sa jumelle... elle va chaque jour faire son marché à onze heures, elle revient à midi ; ensuite, vous ne la feriez pas sortir pour voir le Bœufgras. Oh! c'est qui peut s'appeler des gens bien estimables!

— Et en face? demande M. Guerreville, qui paraît ne point se lasser d'écouter.

— En face, c'est le logement que je vas vous montrer : c'est une autre chanson!... on tire le cordon avec ceux-là... Mettez-vous dans la tête une grosse veuve qui a deux filles et qui donne des soirées dans lesquelles elle fait jouer de la musique à ses demoiselles... un carillon d'enfer! ça tape sur leur piano que je pourrais danser dans ma loge ; ça reçoit toute sorte de monde, et toute la soirée il faut ouvrir la porte pour ces gens-là; encore si c'était généreux! je Jirais : nous sommes tous mortels!... mais je ne connais pas la couleur de sa monnaie, et quelquefois à minuit il y a encore soirée chez eux ; on danse, on chante, une vie de possédés enfin : c'est la mort des portiers que ces gens-là. On dit la mère reçoit tant de monde dans l'espoir de marier ses filles ; mais qui est-ce qui en voudra ? Je suis sûr que c'est pauvre comme Job, ça n'a pas seulement une femme de ménage : c'est ses filles qui font tout, la cuisine, les chambres, les souliers... et puis ensuite ça se pavane... on va taper sur le piano pour se donner un genre de *virtulose*, comme dit mon épouse. Oh! ça me fait suer, moi... je vas sonner... Ah! j'oubliais : avez-vous des chats?

— Non.

— Ah! bon, c'est que le *proprilliétaire* a encore la faiblesse de détester les chats, vu qu'il dit que cet animal n'est point inodore.

M. Fourré se pend à la sonnette et carillonne comme s'il voulait la casser : une jeune personne d'une vingtaine d'années vient ouvrir ; elle a les cheveux à moitié relevés avec un peigne qui n'a plus que trois dents ; elle tient d'une main un fer à papillottes, et de l'autre une tartine de pain et de beurre ; elle est en camisole, quoiqu'il soit près de trois heures de l'après-midi.

— Nous venons voir le logement, dit le portier d'un air insolent et sans mettre seulement la main à sa casquette.

— Eh bien, voyez! répond la demoiselle ; et faisant une demi-pirouette, elle laisse là ceux qui ont sonné, et s'éloigne en mangeant.

— Ça n'a pas le moindre usage de la politesse, dit M. Fourré ; heureusement je connais les plus petits recoins de la maison. Venez, monsieur, et marchez à votre aise... Oh! vous pouvez faire du bruit, il n'y a pas besoin de se gêner ici.

M. Guerreville suit le portier tout en observant l'impertinence de cet homme avec les locataires qui ne lui donnent point la pièce ; mais en voyant la manière dont est tenu l'appartement de la veuve et de ses filles, il est porté à croire qu'il y a quelque chose de vrai dans les propos de M. Fourré.

La salle à manger n'est pas encore balayée : au milieu de la chambre sont des souliers et des croûtes de pain ; sur une table un grosse natte en cheveux traîne à côté d'une bouteille de cirage anglais.

M. Fourré repousse avec son pied les savates qui se trouvent sur son chemin, et regarde M. Guerreville en murmurant : Qu'est-ce que je vous avais dit... c'est gentil!... c'est là de la propreté!... Si mon épouse voyait ça, elle frémirait d'indignation, elle qui ne peut pas se sentir une puce sur le corps sans se mettre aussitôt nue comme un verre, ou de chasser l'insecte. Oh! mais c'est rien encore... nous allons avoir la suite.

Le portier ouvre une porte, c'est celle de la chambre à coucher de ces dames : les lits ne sont pas faits, des corsets et des bas sont restés sur des chaises ; enfin certains meubles indispensables, qui devraient être cachés, sont placés comme en évidence sur le marbre des tables de nuit.

M. Fourré tire de sa poche une tabatière en ferblanc et prend plusieurs prises avec affectation et murmurant :
— Ah! Dieu de Dieu!... on a bien raison de dire que le tabac est le consolateur de l'homme... En usez-vous, monsieur?

M. Guerreville repousse la tabatière qu'on lui présente, et le portier la remet dans sa poche en disant : Faut que vous soyez enrhumé du cerveau alors.

Une énorme dame, d'une cinquantaine d'années, coiffée d'un immense turban rouge, comme pour aller au bal, mais habillée du reste comme pour aller au marché, est en train de se faire lacer ses brodequins ; la jeune personne qui a ouvert est à genoux devant la grosse dame, elle a déposé sur le plancher sa tartine de beurre, et sue à grosses gouttes pour parvenir à faire une jambe fine à madame sa mère.

M. Guerreville prononce quelques mots d'excuse et veut se retirer ; la grosse maman s'y oppose en s'écriant : Restez donc, monsieur... l'appartement n'est pas encore fait, mais vous savez ce que c'est qu'un ménage... Serre, ma bonne, serre toujours... Nous avons eu une soirée lyrique hier; mes filles ont chanté... on est sorti très-tard... Laure, tu ne serres pas assez, ma chère amie... Regardez, monsieur, voyez, ne vous gênez pas.

Et la grosse maman lève sa jambe un peu plus haut, de manière à laisser voir une masse qui n'a plus rien d'un mollet, puis s'adresse de nouveau à sa fille :
— Laure, ta sœur est-elle à son piano ? il faut qu'elle répète son air de *Beniousky*; car elle le chantera ce soir devant un professeur du Conservatoire :

Quel nouveau jour pour moi, quel heureux changement!

Ah! que c'est beau! Dieu, que c'est beau!... ça ne vieillira jamais, cela... Serre donc, ma chère amie !

Pendant que la dame au turban parlait, on entendait le son d'un piano dans une pièce à côté. M. Guerreville ne veut pas s'arrêter dans la chambre à coucher, quoique la grosse maman lui dise encore : Regardez à votre aise, monsieur, je vous en prie. Il passe dans le salon.

Une jeune personne, coiffée à la ferronnière, était au piano et chantait en s'accompagnant: l'arrivée d'un étranger ne la fait pas cesser, au contraire, elle semble vouloir déployer tous ses moyens : c'est à faire éclater les vitres. M. Fourré sourit d'un air moqueur en disant à demi-voix : Quand je vous affirmais que je l'entends de ma loge!...

M. Guerreville ne se soucie pas d'assister au concert, et il va s'éloigner, lorsque la grosse maman, qui semble décidée à le poursuivre, arrive chaussée d'un brodequin et d'une pantoufle, suivie de sa fille Laure qui a la bouche pleine et un nouveau croûton à la main.
— Eh bien, monsieur, comment trouvez-vous cela ? dit la grosse dame en s'adressant à M. Guerreville. Celui-ci croit qu'elle veut parler du logement et lui répond :
— C'est un peu haut.
— Comment haut... monsieur; mais c'est le ton de l'Opéra, ma fille est toujours d'accord avec lui !
— Ah! pardon, madame ; j'avais cru que vous parliez de cet appartement; mademoiselle votre fille chante fort bien.
— N'est-ce pas, monsieur ? elles sont toutes deux excellentes musiciennes. L'aînée joue aussi des castagnettes... hier au soir elle s'est déguisée en Andalouse pour aller à un bal moyen-âge... bal d'un très-grand ton ; et toute la soirée, en dansant, elle n'a pas cessé de jouer des castagnettes et de faire aller ses bras comme dans un boléro ; c'était ravissant !
— Je le crois, madame.
— Je donne très-souvent des bals : quand on a des demoiselles, il faut bien les répandre dans le monde ; on s'amuse beaucoup chez moi !...

On voit que la grosse maman, séduite par la tournure et l'air distingué de M. Guerreville, brûle d'envie de l'inviter à ses soirées ; mais celui-ci ne lui en laisse pas le temps; il s'inclinant profondément, il sort suivi du portier, pendant que la fille cadette fait un point d'orgue, et que l'aînée se bourre de pain et de beurre.
— N'est-ce pas que ça fait du drôle de monde ? dit le portier quand on est sur le carré. M. Guerreville se contente de sourire en répondant :
— Est-ce là tout ce que vous avez à me faire voir ?
— Dame... oui, car je suppose que vous ne voulez pas loger au quatrième... où ça fait mansarde... à côté de monsieur Fluttmann, un garçon tailleur.. un bon enfant, un Allemand : c'est dommage qu'il ait la faiblesse de vouloir jouer de la flûte; dès qu'il est rentré, il prend son instrument. Heureusement il rentre tard et s'en va de bonne heure, sans quoi on n'aurait pas fermé l'œil que

Soyez sensibles à nos peines!...

Il joue toujours *la même air* !...

M. Guerreville ne juge pas nécessaire de monter plus haut, il commence à redescendre l'escalier, et le portier lui suit en disant :
— A côté de Fluttmann, par exemple, nous avons un *artisse* ; mais dans le bon style, un peintre... Si monsieur avait queuque besoin d'un peintre, je lui recommande celui-là ; je suis très-lié avec lui : c'est ce qu'on peut dire un vrai *artisse*.
— Dans quel genre?
— Oh! dans tous les genres, ça lui est égal. Il fait des portraits avec de l'huile, des enseignes, des paravents, tout ce qu'on veut ; c'est un homme qui aime son art comme j'aime un soulier de satin ! c'est rempli de talent ! Il m'a fait le portrait de mon petit dernier, suspendu au sein de sa mère : c'est parlant! ça donne envie de pleurer.

On était presque au haut de l'escalier quand le portier se met à dire :
— Quant au petit logement à louer... oh ! c'est habité par une jolie femme... je dis femme ou fille... quoiqu'on se fasse appeler madame. Mais nous autres qui connaissons ce que c'est que le monde... on ne nous en fait pas accroire... Il vient un beau jeune homme la voir souvent..., c'est queuque histoire romanesque... une femme séduite qui se cache peut-être sous un faux nom... c'est si commun dans Paris !...

Depuis quelques instants, M. Guerreville écoutait avec beaucoup plus d'attention. Enfin il s'arrête et se retourne vers le portier en lui disant :
— Quel âge peut avoir cette femme ?
— Quel âge!... ah! dame, voyez-vous, c'est jeune encore... mais la figure est déjà fatiguée... On a, je crois, des chagrins, parce que depuis quelque temps le beau jeune homme vient moins souvent... Moi, je remarque tout ça sans avoir l'air.
— C'est une femme distinguée?...
— Distinguée?... comment vous entendez ça?
— Je veux dire, ce n'est point une ouvrière, elle ne travaille pas... n'a point d'état?
— Je ne lui en connais *aucune* !
— Conduisez-moi, je veux voir ce logement.

M. Guerreville a déjà remonté un étage ; le portier le suit en murmurant :
— Ah ça, mais dites donc... c'est que ça commence à me fatiguer, de me promener dans la maison... Puis vous dites qu'il vous faut un grand appartement, et à présent vous voulez voir deux petites chambres de rien du tout !

M. Guerreville monte toujours sans faire attention aux réflexions du portier, qui se décide cependant à le suivre tout en criant:
— Attendez-moi donc au moins!... Diable ! il n'est point poussif ce monsieur !

Arrivés au quatrième étage, M. Fourré veut recommencer ses observations, ses bavardages; mais M. Guerreville ne lui en laisse pas le temps.
— Où demeure cette jeune femme ? dit-il d'une voix altérée et en secouant fortement le bras du portier.
— C'te jeune dame... voilà sa porte... là, c'est Fluttmann; là, c'est...
— Allons, monsieur, frappez, frappez donc !.

Ces mots sont dits d'un ton qui ne permet pas au portier d'hésiter encore ; il s'incline, ôte même sa casquette et va frapper à la porte qu'il a désignée sans oser souffler un mot.

Une espèce de femme de ménage ouvre la porte ; M. Guerreville voit bien que ce n'est pas la maîtresse du logis, il balbutie quelques mots sur le motif qui l'amène, et sans attendre qu'on lui réponde, sans savoir si ce n'est pas indiscret d'entrer, il traverse une chambre, un petit couloir, et pénètre enfin dans une autre pièce, où une jeune dame est assise devant une cheminée.

A la brusque entrée de M. Guerreville, la jeune femme a tourné la tête vers lui : il a pu la contempler à son aise... mais déjà le feu qui animait ses regards a disparu pour faire place à une expression de tristesse et de découragement, il a laissé retomber sa tête sur sa poitrine en balbutiant :
— Ce n'est pas elle !
— Eh bien ! monsieur... vous allez, vous allez!... vous ne pouvez pas avoir le temps de rien voir comme ça !

C'était M. Fourré, qui arrivait après M. Guerreville, ne concevant rien à la manière brusque avec laquelle celui-ci était entré jusqu'au fond de l'appartement ; mais après avoir fait quelques excuses à la jeune dame, M. Guerreville repousse le portier et se hâte de quitter le petit logement.
— Il me semble, monsieur, dit Fourré, que ce n'était pas la peine de me faire remonter quatre étages, et d'entrer chez cette dame pour en ressortir sans avoir rien regardé !... Je défie bien que vous sachiez s'il y a des armoires là-dedans... Vous me direz : nous sommes tous mortels ! mais j'ai ma soupe à manger, moi.
— Encore une espérance détruite ! dit tristement M. Guerreville en s'appuyant un moment contre la rampe du palier.
— Vous avez détruit queuque chose chez c'te jeune dame !... vous avez cassé un carreau peut-être?...

M. Guerreville se dirige vers l'escalier sans répondre au portier.

CHAPITRE V. — La petite Fille.

Une petite fille de six ans à peu près montait le quatrième étage, au moment où M. Guerreville mettait le pied sur la première marche pour le descendre.

L'enfant était vêtue bien pauvrement et peu chaudement pour la saison ; un béguin de toile brune couvrait sa tête ; une robe rapiécée en plusieurs endroits, un tablier noir bien usé composaient toute sa toilette, et ses pieds tout mignons étaient déjà enfermés dans des sabots.

La petite tenait sous son bras un pain rond de quatre livres : ce poids devait être lourd pour elle ; cependant elle semblait fière de le porter, et le regardait avec complaisance. Arrivée sur le carré, elle baisse la tête en voyant du monde, et se dirige vers un autre petit escalier obscur et ressemblant à une échelle de moulin, qui était dans un coin du palier.

M. Fourré arrête l'enfant en lui disant :

— Ah ! petite, dis donc à ton père que le *proprilliétaire* veut son argent !... Que diable ! Jérôme se moque du monde... parce qu'il est malade, il croit qu'on ne pensera plus aux termes qu'il doit ; on vendra ses meubles, s'il ne paye pas... Dis-lui ça de ma part.

L'enfant regarde le portier en faisant une petite mine moitié honteuse, moitié craintive ; puis elle disparaît vivement en grimpant à l'échelle de moulin.

M. Guerreville, qui d'abord n'avait pas fait attention à l'enfant, l'a regardée lorsque le portier lui a parlé ; il examine cette petite figure si blanche, si rosée, si mignonne, ces traits délicats et fins, autour desquels se jouent de jolies boucles d'un châtain clair ; et il est surpris de l'expression réfléchie qui est répandue sur cette physionomie si jeune. Cette petite fille n'avait point les traits réguliers, ni les joues vermeilles : ce n'était point un de ces gros anges bouffis, dont on est convenu de dire, c'est un bel enfant ! ni une de ces têtes parfaites que les peintres aiment à placer dans leurs tableaux : c'était une petite fille pâle, délicate, sérieuse, que beaucoup de gens n'auraient pas remarquée, et que d'autres peut-être auraient trouvée laide, mais qui était charmante pour ceux qui savaient lire dans sa physionomie.

M. Guerreville est resté quelques moments pensif, puis il se dirige vers l'échelle de meunier ; le portier court à lui en s'écriant :

— Eh ben ! monsieur... où allez-vous donc ?... c'est pas par là qu'on descend...

— Je voudrais voir ce Jérôme... ce pauvre homme dont vous venez de parler... le père de cette petite fille...

— Vous voulez voir les galetas !... ah ben ! c'est une autre espèce de plaisanterie alors... Est-ce qu'à présent vous voulez louer une méchante chambre absolument sous les toits, avec fenêtre en tabatière... un grenier enfin... comme j'en ai pour mettre mes provisions ?

— Ce grenier est donc à louer ?

— A louer ! si on veut !... Vous pensez ben qu'on n'a guère l'espoir de louer ça à des gens comme il faut... et pour les pauvres gens, merci, ça ne paye pas, témoin Jérôme le porteur d'eau ; aussi le *proprilliétaire* va le renvoyer ; il aime mieux avoir cette chambre pour y mettre sécher du raisin ou des haricots verts, que de la voir occupée sans que ça lui rapporte rien ; il a raison, cet homme ; et puis, c'est agréable en hiver de manger des haricots verts... on les enfile, on les pend après une corde... par chapelets.

— Conduisez-moi près de ce Jérôme, dit M. Guerreville en faisant signe au portier de passer devant lui ; mais M. Fourré fait au contraire quelques pas vers le grand escalier en disant :

— Je vous dis que vous ne louerez pas une mauvaise chambre dans les gouttières... c'est donc pour vous amuser ? mais ma loge et mon épouse me réclament... descendons.

— Conduisez-moi près de ce Jérôme, répète M. Guerreville d'une voix animée déjà par la colère et en jetant sur M. Fourré un regard courroucé.

Le portier passe alors devant lui en portant la main à sa casquette et en murmurant :

— Au fait... si vous n'avez jamais vu de galetas... c'est curieux à voir comme autre chose... donnez-vous la peine de me suivre ; mais prenez garde de vous cogner, car on ne voit pas clair du tout par ici.

Le portier monte l'espèce d'échelle qui conduit aux greniers ; ce chemin est si étroit, qu'une personne seule peut y passer ; il n'y a ni rampe, ni corde pour se tenir ; mais comme on frôle le mur à droite et à gauche, on ne peut tomber de côté. Aucun jour n'éclaire cet escalier, qui est fort roide.

— Infamie de chemin !... dit M. Fourré, qui vient de se cogner la tête contre le mur... c'est un véritable casse-cou !...

— Comment cette petite fille peut-elle passer par ici sans tomber ? dit M. Guerreville.

— Oh ! les enfants... c'est comme les chats, ça grimpe partout... Prenez garde, monsieur, nous v'là en haut... attendez, je vas frapper, ça fait que vous verrez clair quand on ouvrira la porte.

Le portier frappe, on ouvre une porte : c'est la petite fille qui paraît et semble presque effrayée en revoyant le portier et le monsieur qu'elle a déjà rencontrés.

— Nous venons voir le local de ton père, dit M. Fourré d'un air goguenard ; quand je dis local, je dis bien honnête !... je pourrais dire le chenil... Par ici, monsieur... mais baissez-vous, car ça fait mansarde presque partout.

M. Guerreville suit le portier, et il pénètre dans une mauvaise chambre, dont l'aspect misérable lui serre le cœur. Là, point de papier pour cacher les murailles et les poutres qui forment le plafond, point de rideaux à l'espèce de fenêtre en tabatière, par laquelle vient le jour ; un méchant grabat, une table, quelques chaises, un petit buffet en bois blanc, qu'on a un peu ciré ; voilà tout l'ameublement de cette chambre. Mais dans une encoignure, on a cloué quelques planches du bas en haut, pour ménager une séparation, qui forme comme un petit cabinet. Là, est un petit lit d'enfant ; ce lit est en bois de noyer, bien propre, bien luisant ; il est surmonté d'une baguette qui forme flèche, et sur laquelle sont jetés des rideaux en toile verte, qui peuvent envelopper la couchette et garantir du jour qui tombe perpendiculairement dans ce triste réduit.

Un homme d'une cinquantaine d'années est couché dans le lit qui est dans la chambre ; sa taille et ses bras nerveux semblent accuser un homme vigoureux, mais son teint est jaune et ses yeux sont rougis par la fièvre. Cependant sur ses traits fortement prononcés, on ne lit ni abattement ni tristesse ; on voit que le malade lutte avec courage, avec patience contre la maladie, et que l'espérance ne l'a pas abandonné.

Après avoir ouvert la porte, la petite fille est allée se rasseoir tout contre le lit du malade, dont elle prend la main qu'elle garde dans les siennes en cherchant à lire dans ses yeux l'impression que produit sur lui la visite inattendue qu'il reçoit.

Jérôme, le porteur d'eau, a levé un peu la tête, comme pour saluer, et porte la main à son bonnet de coton en disant avec un accent auvergnat assez prononcé :

— Excusez, messieurs, si je ne me lève pas pour vous recevoir... mais dame... c'est pas ma faute... je voudrais bien le pouvoir...

— Je serais très-fâché de vous causer le moindre dérangement, brave homme... et si j'avais pensé que ma présence pût vous gêner en quelque chose, je ne serais pas entré chez vous.

Le ton poli et amical avec lequel M. Guerreville vient de dire ces mots étonne Jérôme ; il est tout stupéfait qu'un homme dont la mise et toute la personne annoncent un rang distingué, daigne lui parler avec tant de bonté : la petite fille sourit à l'étranger ; son effroi est déjà dissipé.

M. Fourré, qui a l'air de ne pas comprendre qu'on puisse craindre de déranger un porteur d'eau, s'est jeté sur une chaise et se dandine en arrière en s'écriant :

— Dieu ! que c'est vilain ici !... eh bien, Jérôme, nous sommes donc toujours malade ?

— Eh ! mon Dieu, oui, monsieur Fourré, ce sont les forces qui ne veulent pas revenir.

— C'est fâcheux, c'est d'autant plus fâcheux, que pendant ce temps-là on ne travaille pas, on ne gagne rien... et les loyers courent toujours...

— Je voudrais bien pouvoir courir comme eux ! dit l'Auvergnat en essayant de sourire.

— Vous avez encore fort mauvaise mine, Jérôme, vous êtes très-jaune !... Ecoutez donc, nous sommes tous mortels !... et on meurt beaucoup cette année...

M. Guerreville se sentait envie de tirer les oreilles au portier, il se contient pourtant et s'approche du malade.

— Y a-t-il longtemps que vous êtes alité ?

— Plus de trois semaines, monsieur ; c'est comme une fluxion de poitrine que j'ai eue, je crois... Mais, quoi qu'en dise M. Fourré, je suis très-bien que je suis ici, et j'espère que bientôt je pourrai reprendre mes seaux.

— C'est un rude état que celui de porteur d'eau !

— Ah ! quand on y est fait on n'y pense pas... faut ben qu'un homme travaille !... j'étais si content quand je gagnais de quoi nous nourrir, et que je pouvais de temps en temps rapporter queuque joujou à c'te pauvre petiote !...

— Ah ! oui, voilà de l'argent bien employé ! dit le portier en aspirant d'un air d'importance une prise de tabac. Acheter des poupées, des petits ménages à cette petite fille... comment peut-on avoir des faiblesses comme ça !... encore, c'est que ce n'était pas de ces jouets à deux sous que vous achetiez... c'était de superbes poupées à vingt-cinq sous !...

— Ah ! écoutez donc, monsieur Fourré ; c'est que je trouve qu'il n'y a rien de trop beau pour ma Zinzinette, ma petite fille... mon petit ange !... ma petite garde aujourd'hui... Ah ! j'aurais voulu lui acheter de bien plus belles choses !...

— Vous auriez bien mieux fait de mettre cet argent-là de côté pour payer votre terme !... on ne serait pas obligé de vous mettre à la porte, de vendre vos meubles... ce qui est toujours fort désagréable dans une maison bien tenue.

— Me chasser... vendre mes meubles ! dit Jérôme en essayant de se lever à demi, tandis qu'un léger coloris venait ranimer ses traits abattus. Comment ! on aurait la cruauté... mais je payerai, monsieur Fourré, je payerai tout, quand je pourrai travailler.

— Calmez-vous, brave homme, dit M. Guerreville en se rapprochant du lit. Rien de tout cela n'arrivera... ce portier ne sait ce qu'il dit !...

— Je ne sais ce que je dis ! répond M. Fourré en hochant la tête. Vous verrez que monsieur, qui n'a pas, comme moi, la confiance du *proprilliétaire*, va m'apprendre ses intentions ! Elle est bonne celle-là !...

Sans paraître seulement entendre ce que dit le portier, M. Guerreville passe sa main sur la joue de la petite fille, et, tout en la caressant, dit à l'Auvergnat :

— C'est votre seule enfant?
— Oui, monsieur.
— Et vous l'aimez bien, n'est-ce pas?
— Si je l'aime... ah ! c'est mon petit trésor... Pauvre enfant! depuis que je suis malade, c'est elle qui a soin de moi, qui me donne à boire... qui descend chercher le pain , et tout ce que je lui dis. C'est pourtant bien jeune... ça n'a que six ans et demi, mais il y a déjà dans cette petite tête-là plus d'esprit et de raisonnement que dans beaucoup de plus vieilles !...

M. Guerreville ne répond rien, il est retombé dans ses réflexions ; sa tête s'est baissée sur sa poitrine et une profonde douleur se peint sur tous ses traits.

Le porteur d'eau et l'enfant le regardent avec intérêt et n'osent pas souffler. Pendant ce temps, le portier est allé fureter dans tous les coins et regarder particulièrement dans l'espèce de cabinet où est le lit de l'enfant.

Enfin M. Guerreville pousse un profond soupir en disant à Jérôme :

— Votre fille est près de vous... vous pouvez l'embrasser, la serrer dans vos bras... Ah ! il y a des gens qui envieraient encore votre grabat... votre pauvreté !...

— Est-il possible de se priver comme ça pour un enfant ! s'écrie M. Fourré en sortant sa tête de derrière les planches. Il y a trois bons matelas bien mollets dans le lit de la petite... et puis le père couche sur une mauvaise paillasse !...

— Si ça me convient comme ça, monsieur le portier, dit Jérôme avec impatience ; il me semble que je suis bien le maître de me coucher comme je veux ; pour moi qui ne suis ni délicat, ni difficile , je me trouve toujours bien ! Mais cette petiote !... oh ! il faut qu'elle soit douillettement, voyez-vous ; car elle est si mignonne, si fragile , que la moindre des choses la blesserait!

— Ne dirait-on pas que c'est l'enfant d'un prince !... J'aime mes enfants , mais certainement je suis incapable de me priver pour eux... Ah çà, monsieur, vous avez eu le temps de voir cette chambre, il faut que je descende, moi... si elle vous convient, pour cinquante francs vous l'aurez, et nous pendrons la crémaillère aux haricots verts ailleurs.

— Est-ce que monsieur a envie de louer ici? dit Jérôme en regardant M. Guerreville ; mais celui-ci se contente de lui faire un signe de tête négatif.

— Je ne sais pas de quoi monsieur a envie, dit le portier, mais je sais que voilà assez longtemps qu'il se fait montrer presque toute la maison et il ne m'a pas encore donné de denier adieu... Ah ! mon Dieu, je crois que j'entends la voix de mon épouse dans la cour.

Le portier passe sa tête en dehors de la porte au-dessus du petit escalier.

Une voix aigre criait dans la cour :

— Fourré ! est-ce qu'on t'assassine là-haut... descendras-tu aujourd'hui... Fourré !...

— Me voilà , chère amie , me voilà... je vais descendre !... crie le portier en jetant son corps en avant ; puis il se retourne et regarde M. Guerreville en ajoutant :

— Venez-vous, monsieur?

Mais M. Guerreville ne bouge pas ; il était alors occupé à considérer la couchette de la petite fille, puis il reportait ses regards dans la chambre.

— A votre aise! dit M. Fourré en haussant les épaules. Si vous tenez à la conversation du porteur d'eau, ne vous gênez pas... moi, j'ai la faiblesse de tenir à manger ma soupe.

Et le portier descend rapidement l'escalier en fredonnant :

> Mon épouse fait ma gloire...
> Rose a dit si jolis yeux !...

— Vous êtes un bon père, monsieur Jérôme ! dit M. Guerreville en s'approchant du malade, auquel il serre affectueusement la main ; puis il fait plusieurs tours dans la chambre, s'arrête, semble embarrassé comme s'il voulait et n'osait dire quelque chose.

— C'est, dit Jérôme, bien naturel d'aimer ses enfants, dit Jérôme ; et puis, ma Zizine, c'est mon sauveur... mon ange tutélaire , comme disait ma pauvre femme, qui n'était pas sotte et qui est morte à c'te heure!...

— Votre ange tutélaire, que voulez-vous dire par là?...

— Ah ! dame , monsieur , je veux dire que cette petiote m'a déjà sauvé la vie...

— Comment ! si jeune...

— Ça n'empêche pas... tenez, écoutez-moi. Un soir, je m'étais couché et endormi en fumant avec ma pipe à la bouche... ce qui m'arrivait même fort souvent ; il paraît que ma pipe il était tombé du feu et cela avait brûlé ma couverture de laine ; moi, je ne sentais rien, je dormais comme un sourd, car je dors fort quand je me porte bien... et je crois que j'aurais été rôti sans me réveiller, sans cette petite, qui,

éveillée par la fumée, était vite accourue, ses petits pieds nus, et m'avait crié :

— Mon père! mon père! vous brûlez !... et en même temps ses petites mains essayaient d'arracher la couverture. Vous pensez bien qu'en un instant je fus debout ; je parvins à éteindre le feu et j'en fus quitte pour n'avoir plus que la moitié d'une couverture ; mais depuis ce temps !... oh ! j'ai fait serment de ne plus fumer dans mon lit et je vous promets que je l'ai tenu celui-là ; car , cette chère enfant , j'aurais pu la griller avec moi !... et c'est là ce qui eût été le plus malheureux !...

En achevant ces mots, l'Auvergnat attire la petite sur son lit et l'embrasse tendrement ; puis il ajoute :

— Et on trouve mauvais encore cela que je lui achète de belles poupées... Oh ! mais moi je laisse dire le monde et je fais ce qui me convient... N'est-ce pas, ma Zinzinette?

L'enfant sourit en disant :

— Oh ! j'en ai bien soin, de ma poupée ; je la couche avec moi... et je lui ferai une robe , parce qu'il y a une dame de la maison qui m'a promis des chiffons bien beaux !...

— Oui, oui ; tu es une bonne ménagère !... et tout le monde t'aime dans la maison... excepté ce portier qui ne sait te dire que des duretés !... mais faudrait pas qu'il te bousculât jamais pourtant ! car je lui casserais mes seaux sur le dos !...

— Vous appelez votre petite Zinzinette? demande M. Guerreville.

— Oh ! son nom est Caroline , mais voyez-vous , moi , je l'appelle plus souvent Zizine... Zinette... des petits noms d'amitié !... et cet imbécile de portier qui me disait l'autre jour : Qu'est-ce que ça veut dire *Zizine*?... ce n'est pas français !... Hum !... méchant savetier... on a bien fait de le nommer Fourré, lui !... car il se fourre partout où il peut !

M. Guerreville passe encore la main sous le menton de la petite fille ; il jette un dernier regard autour de lui , puis il s'éloigne brusquement du lit et gagne la porte en disant :

— Adieu ! brave homme, adieu !

— J'ai bien l'honneur de vous saluer, monsieur, répond l'Auvergnat en portant la main à son bonnet ; excusez, si je ne peux pas vous reconduire !...

— Mais on ne voit pas très-clair à votre porte , dit M. Guerreville en s'arrêtant au haut du petit escalier ; si votre enfant pouvait me montrer le chemin...

— Oh ! ben volontiers , monsieur !... Va, ma Zizine, va conduire monsieur, et prends bien garde de tomber aussi, toi !...

La petite fille s'élance vers la porte, elle est bientôt devant M. Guerreville , et elle descend lestement le petit escalier étroit et roide en disant :

— Suivez-moi, monsieur... tenez-vous à la muraille...

On est bientôt sur le palier au-dessous ; alors l'enfant dit adieu à l'étranger et se dispose à remonter l'échelle de meunier. Mais M. Guerreville l'arrête en lui disant :

— Attends, petite, j'ai quelque chose à te donner pour ton père... Tends ton tablier.

L'enfant fait ce que l'on lui dit, et M. Guerreville, tirant sa bourse, la vide dans le tablier et y joint tout ce que ses poches contenaient encore en argent et en monnaie , le tout pouvait faire environ cent vingt francs.

La petite fille ouvrait de grands yeux en voyant tout cet argent ; et comme, malgré son jeune âge, elle savait déjà que son père travaillait beaucoup pour en gagner bien peu, elle était tout émue, ses yeux se remplissaient de larmes pendant qu'elle balbutiait :

— Quoi ! monsieur... tout cela... c'est pour papa?...

— Oui, ma petite ; il payera son loyer, et, ayant plus de tranquillité, il guérira plus vite... Va lui porter cela.

L'enfant ne peut répéter ces mots ; elle ne pense même plus à remercier le monsieur et remonte déjà au grenier, tant elle est pressée d'aller donner l'argent à son père. M. Guerreville n'en juge que plus favorablement le cœur de la petite fille , car la joie qu'elle va causer à son père et l'espoir que ce bonheur lui rendra la santé, devaient être en effet ses premières pensées.

M. Guerreville descend l'escalier en se disant :

— Si je n'ai rien appris touchant ce qui m'intéresse , du moins je n'ai pas entièrement perdu mon temps en voyant les appartements de cette maison.

M. Guerreville est arrivé dans la cour, il y trouve le portier qui semblait le guetter au passage et mangeait sa soupe en se promenant devant sa loge.

M. Guerreville va passer sans s'arrêter ; le portier, après avoir déposé son écuelle devant sa loge, se place entre lui et la porte cochère en disant :

— Eh ben ! monsieur, vous vous êtes sans doute décidé pour le local que vous louerez?...

Et tout en disant cela, M. Fourré tendait sa main.

— Je ne louerai rien dans cette maison , répond M. Guerreville en marchant toujours vers la porte cochère.

— Vous ne louerez rien... c'est bel et bon... mais il me semble je n'ai pas dû me déranger et quitter mon ouvrage... sans que... enfin vous êtes trop juste pour...

Et la main du portier se présentait toujours devant M. Guerreville; mais celui-ci, après avoir tâté dans ses poches, où il ne trouve plus rien, repousse le bras qui lui barre presque le passage et sort de la maison en disant :

— Ah! j'en suis fâché... mais je n'ai rien sur moi!

M. Fourré est resté un moment stupéfait de colère; enfin, il donne un coup de poing dans sa casquette en s'écriant :

— Je suis volé comme dans un bois!... A-t-on idée d'une telle vilenie!... un homme bien couvert... oser me dire qu'il n'a pas d'argent, fi!... c'est indécent!... mais cet homme-là, après tout, je crois que c'est un mouchard.

CHAPITRE VI. — La journée aux rencontres.

Huit jours après cette aventure, M. Guerreville ayant trouvé dans la rue du Helder un appartement qui lui convient, le fait sur-le-champ meubler convenablement et s'y installe avec son fidèle Georges.

Le lendemain de son installation dans son nouveau domicile et pour remplir la promesse qu'il a faite au docteur Jenneval, M. Guerreville lui écrit, lui donne son adresse et l'engage à venir le voir dès qu'il se rendra à Paris.

Cependant, quoiqu'il n'ait plus besoin de trouver un logement pour lui, M. Guerreville n'en continue pas moins d'entrer dans les maisons sur lesquelles il voit écrit : *Appartement à louer*; et partout, comme avec M. Fourré, il fait causer les portiers, désirant plutôt avoir des renseignements sur les locataires que sur les logements, qui ne sont pour lui qu'un prétexte pour tâcher de retrouver la personne qui l'occupe sans cesse.

Plus d'une fois, M. Guerreville a eu le désir de revoir Jérôme et la petite Zizine; mais au moment de se rendre chez l'Auvergnat, il s'arrête en se disant :

— Si j'y vais, ce pauvre homme ne croira-t-il pas que je viens lui demander des remercîments pour le peu que j'ai fait pour lui !

Et M. Guerreville portait ses pas d'un autre côté, pensant qu'il ferait mieux d'attendre la visite de M. Jenneval, parce qu'il prierait le docteur d'aller s'informer de la santé du pauvre porteur d'eau.

Un jour, M. Guerreville se promenait sur les boulevards, jetant, suivant sa coutume, les yeux sur les portes des maisons pour chercher des écriteaux, lorsqu'une dame, qui venait en face de lui, le regarde encore, puis court à lui en s'écriant :

— Je ne me trompe pas!... c'est vous, Edouard! c'est bien vous!...

M. Guerreville considère à son tour cette dame, qui approche de la quarantaine, mais qui est encore bien, et dont la mise et la tournure annoncent que la coquetterie a passé par là. Deux yeux bruns, fort tendres et fort piquants encore, se fixaient sur ceux de M. Guerreville avec une expression qui devait signifier beaucoup de choses; cependant celui que leur langage semblait interroger paraît plutôt importuné qu'ému de cette rencontre et répond d'un ton très-froid :

— Oui, madame, c'est moi... vous ne vous trompez pas.

— Ah ! que je suis donc contente de vous revoir !... il y a si longtemps !... et c'est-à-dire, je vous ai rencontré une fois... il y a trois ou quatre ans... et vous m'avez promis de venir me voir !... mais vous n'êtes pas venu. C'est bien mal cela, de négliger ainsi ses anciennes connaissances... moi, qui suis si heureuse quand je vous revois !... Ah, Dieu ! que je suis émue !... je dois être très-pâle...

— Vous êtes trop bonne, madame !

— Trop bonne... ah ! oui, c'est vrai, je l'ai toujours été trop bonne... et vous en savez quelque chose... mais je ne me changerai pas... il est trop tard à présent !... Eh bien ! vous ne me demandez pas seulement des nouvelles d'Agathe... de votre filleule !...

— Ah ! pardon ! j'allais le faire.

— Oh ! si vous saviez combien elle est jolie, maintenant, ma fille ; une figure si fine... si gracieuse... si distinguée... si charmante !... c'est tout le portrait de... de quelqu'un à qui j'ai toujours pensé, moi...

Et les yeux bruns de cette dame se fixent de nouveau sur ceux de M. Guerreville, qui baisse les siens en disant :

— Quel âge a donc votre fille maintenant?

— Quel âge ! mais elle a dix-huit ans bientôt ; il me semble que vous pourriez vous rappeler son âge aussi bien que moi ; mais je vois que vous oubliez tout... Pour vous, le passé ne laisse pas même de souvenirs, à ce qu'il paraît... Oh ! ces monstres d'hommes... ce sont des ingrats que nous faisons !...

Cette réflexion est accompagnée d'un gros soupir. M. Guerreville n'a pas l'air de la remarquer, et reprend :

— Et votre mari, comment se porte-t-il ?

Cette question semble donner un peu d'humeur à la dame, qui répond d'un air presque piqué :

— Mon mari se porte très-bien ; grâce au ciel, M. Grillon n'est jamais malade... je ne lui ai jamais vu un accès de fièvre... c'est un homme si insouciant... d'un caractère si heureux !... pourvu que son dîner soit servi à cinq heures précises, tout le reste lui est égal... S'il n'avait pas une femme d'ordre et de tête comme moi pour le diriger lorsqu'il voulait faire des affaires, nous serions bien maintenant !... Mais j'étais là heureusement, et je réparais les folies de mon mari. Aussi je crois que si j'ai quelques faiblesses à me reprocher, d'un autre côté je ne mérite que des éloges... Je ne dis pas cela pour m'excuser ; mais ce qui m'a surtout fait du chagrin, c'est votre conduite à mon égard... Enfin, parce qu'on n'est plus amoureux des gens... ce n'est pas une raison pour les délaisser entièrement... est-ce qu'on ne peut pas rester amis ?... Dites-donc, monsieur, vous m'avez promis autrefois que vous auriez toujours de l'amitié pour moi...

Tout en disant cela, une main s'avançait et prenait doucement celle de M. Guerreville, qui se laissait faire comme par complaisance.

— Edouard, qu'est-ce que j'avais donc fait pour que vous cessiez entièrement de me donner de vos nouvelles?... Vous ne pensiez donc jamais à Euphémie... à cette pauvre Euphémie que vous appeliez *Mimie*...

— Eh! mon Dieu, madame! s'écrie M. Guerreville en dégageant brusquement sa main, quand on est jeune... on dit tant de choses qui ne signifient rien !... S'il fallait se rappeler toutes les folies que l'on a débitées... on en serait souvent fort étonné soi-même.

Madame Grillon, ou Euphémie, se pince les lèvres et garde le silence ; elle semble même disposée à s'éloigner ; mais, déjà fâché du ton brusque avec lequel il vient de lui parler, M. Guerreville reprend :

— Pardonnez-moi, madame ; en vérité je sens que je suis bien peu aimable... je réponds mal à votre amitié ; mais, vous le savez..., j'ai toujours été un peu vif,.. emporté... Et, depuis que vous ne m'avez vu... des chagrins ont tellement aigri mon humeur, que souvent pour un mot... pour la moindre des choses, je me laisse aller à des mouvements de colère, d'impatience, dont je rougis ensuite... Ah ! ma société n'a plus rien d'agréable !... Je ne suis plus cet Edouard que vous avez connu jadis !... et le temps a changé encore plus mon caractère que mes traits.

— Ah ! vous êtes toujours pour moi le seul homme qui ait fait battre mon cœur... Je ne vous trouve pas changé ! Si vous vouliez encore sourire, vous seriez toujours le même... Vous avez eu des chagrins, pauvre cher ami !... mais vous ne me les avez pas confiés !... La dernière fois que je vous rencontrai, il y a quatre ans, vous deviez bien vous rappeler que je m'aperçus qu'une peine secrète vous agitait, et alors je vous su plaît de me conter vos chagrins ; mais vous avez repoussé mes consolations.

— C'est qu'il y a des peines qu'aucune consolation ne pourrait adoucir, et celles-là, il me semble qu'on doit les garder au fond de son cœur.

— Mais, mon Dieu, que vous est-il donc arrivé de si cruel? sont-ce des revers de fortune ? oh ! non, je vous connais assez pour être certaine que de tels événements seraient supportés par vous avec philosophie. Vous êtes veuf... et la mort de votre femme a dû vous affliger profondément, car je sais que vous l'aimiez beaucoup, quoique vous lui ayez fait de nombreuses infidélités... Mais les hommes ont le privilège de joindre l'amour à l'inconstance : c'est un droit qu'ils se sont arrogé, et dont ils usent largement. Enfin, vous aimiez tendrement votre femme ; mais il y a, je crois, près de dix ans qu'elle est morte, et je vous ai vu depuis triste, mais non pas désespéré. Vous aviez une fille... une fille que vous adoriez... dont vous me parliez sans cesse. Serait-il arrivé quelque chose à votre chère Pauline ?

Au nom de Pauline, les traits de M. Guerreville se sont altérés ; un nuage sombre couvre son front, ses regards se baissent vers la terre, et il balbutie d'une voix émue :

— Non... non... il n'est rien arrivé à ma fille... mais depuis longtemps elle n'est plus avec moi... elle est mariée...

— Quoi ! votre fille est mariée, et vous avez pu consentir à vous séparer d'elle ?

— Il le fallait bien... C'était pour son bonheur.

— Où donc habite-t-elle maintenant ?

— Fort loin... dans le Dauphiné...

— Et vous ?

— Moi, mais je suis à Paris... et j'ai l'intention d'y passer quelque temps.

— Vous allez demeurer à Paris ? Est-ce que vous n'avez plus votre belle propriété près d'Orléans ?

— Si... mais depuis que ma femme est morte, et que... ma fille est mariée... je m'y suis ennuyé... Voilà pourquoi j'ai voyagé pendant quelque temps... et maintenant je veux rester un peu à Paris.

— Oh ! que je suis contente de cela... J'espère que vous viendrez nous voir... vous ne vivrez pas comme un ermite... vous ne fuirez pas le monde... et votre filleule... votre petite Agathe, est-ce que vous n'éprouvez pas le désir de la voir, de l'embrasser ?... Moi, je lui ai parlé souvent de son parrain, la pauvre petite ; il y a près de douze ans qu'elle ne vous a vu. Oh! oui, il y a bien cela que vous n'êtes venu à la maison, elle ne vous reconnaîtra peut-être pas... mais je veux qu'elle aille dès demain présenter ses devoirs à son parrain... Ma bonne la conduira chez vous... car ma fille ne sort jamais seule. Le permettez-vous, monsieur ?

— Sans doute... Cependant... votre mari...

— Oh ! mon mari... vous savez bien que ce n'est pas lui qui commande à la maison!... excepté son dîner... D'ailleurs, M. Grillon vous aime beaucoup, il sera enchanté de vous revoir. Il m'a demandé plusieurs fois si j'avais eu de vos nouvelles, et je vais le rendre très-heureux en lui disant que vous êtes à Paris... Ah! donnez-moi donc votre adresse... car vous seriez capable encore de ne pas venir nous voir; mais, au moins, je vous enverrai mon Agathe... Je veux que vous voyiez comme elle est jolie... comme elle ressemble à son... Mais, mon Dieu, cela vous est bien égal, je crois... Ah, ces hommes, ces hommes!... ils ne sont pas aimables longtemps.

M. Guerreville a tiré de sa poche une carte sur laquelle est son nom et son adresse, il la présente à madame Grillon, qui la met dans son sac, et qui lui serre la main en lui disant :

— Voyez-vous, monsieur, les demoiselles font tout, la cuisine, les souliers, etc., et puis ça va taper sur le piano pour se donner un genre de virtuose, comme dit mon épouse. Oh! ça me fait suer, moi. Je vas sonner.

— Agathe ira embrasser son parrain... ensuite, monsieur, par amitié pour cette chère enfant, vous daignerez peut-être venir nous voir quelquefois...

Ils se quittent alors, la dame en souriant, M. Guerreville en s'efforçant de lui rendre son sourire.

M. Guerreville poursuit son chemin en songeant à la rencontre qu'il vient de faire. La vue de madame Grillon lui a rappelé une époque de sa vie, où la galanterie tenait beaucoup de place ; alors, les femmes, l'amour, occupaient tous ses instants ; la vue d'une beauté nouvelle faisait toujours naître ses désirs, et amenait de nouveaux triomphes. Alors cet homme, dont l'abord est maintenant froid et sévère, savait sourire, attirer un cœur, et sa franchise, sa vivacité avaient un charme dont peu de femmes savaient se défendre.

M. Guerreville ne put retenir un léger soupir en se rappelant cet heureux temps de son existence, et cependant s'il pouvait retourner en arrière, ce n'est pas ce bonheur-là qu'il voudrait ressaisir.

Au moment où il se disposait à entrer chez lui, M. Guerreville se rappelle qu'il veut faire emplette de gants ; il continue de marcher, cherchant des yeux une boutique où l'on tienne ce dont il a besoin. Il aperçoit bientôt un petit magasin de parfumerie et de mercerie. Il entre ; une dame est seule assise au comptoir : M. Guerreville regarde à peine la marchande, il demande des gants, et, pendant qu'on lui en cherche, il s'assied devant le comptoir.

On ouvrait, on visitait des cartons ; la marchande semblait toute troublée, elle mêlait les gants d'homme avec ceux de femme, et confondait les couleurs parce qu'elle ne cessait de regarder M. Guerreville, qui ne faisait pas attention, et était déjà tombé dans ses réflexions.

— Ceux-ci vous iront peut-être, monsieur? lui dit-on enfin d'une voix tremblante.

M. Guerreville avance la main, mais il se sent presser douce-

ment sans que l'on s'occupe de lui essayer les gants; il lève alors les yeux sur la marchande, leurs regards se rencontrent.

— Maria!... s'écrie M. Guerreville.
— Oui, monsieur, oui... Maria... vous êtes donc entré ici sans savoir que cette boutique était à moi?
— Qui donc aurait pu me le dire?... et si je l'avais su...
— Vous ne seriez pas entré peut-être.
— Oh! je ne dis pas cela.
— Mais moi... j'en suis persuadée... Enfin le hasard m'a été favorable, et je suis bienheureuse qu'en passant par ici vous ayez eu besoin de gants.

Ces mots sont prononcés avec plus de tristesse que de dépit, et M. Guerreville reste embarrassé sans savoir que répondre.

La marchande était une femme de trente-six ans, blanche, blonde et fort jolie. Une expression de mélancolie répandue sur ses traits ajoutait encore à leurs charmes. Sa taille était fine, élégante, sa tournure jeune ; et tous ceux qui ne connaissaient pas son âge étaient persuadés que la jolie parfumeuse n'avait pas plus de trente ans. Aussi lorsqu'on voyait près d'elle un grand jeune homme déjà fort et bien bâti, dont les traits avaient beaucoup de ressemblance avec ceux de la marchande, on disait :

— C'est monsieur votre frère, n'est-ce pas, madame?... mais la jolie parfumeuse embrassait tendrement le grand garçon, et répondait :
— Non, c'est mon fils!
— Votre fils!... mais cela n'est pas possible... Votre beau-fils, voulez-vous dire?
— Non, c'est mon fils, je suis bien sa mère...
— Mais, quel âge a-t-il donc?
— Bientôt dix-neuf ans.

— Quoi! monsieur, tout cela, c'est pour papa?
— Oui, ma petite; il payera son loyer, et, ayant plus de tranquillité, il guérira plus vite. Va lui porter cela.

— Ah! mon Dieu!... qui l'aurait cru?... Vous, madame, déjà un fils de dix-neuf ans!... il faut que vous vous soyez mariée bien jeune!

Et les exclamations de surprise recommençaient, et cela se renouvelait toutes les fois que Jules était dans la boutique et qu'il arrivait quelque nouvelle pratique. Souvent même, madame Gallet était ennuyée de tous les fades compliments qu'il lui fallait entendre ; mais elle était marchande, et il fallait écouter tout cela d'un air très-satisfait.

Ce jour-là le fils de la parfumeuse n'était pas dans la boutique, mais alors sa mère aurait bien désiré qu'il fût présent, et souvent ses regards se portaient sur le boulevard, dans l'espoir d'y apercevoir son fils ; en revanche, elle évitait de regarder dans l'arrière-boutique, où était un homme d'une quarantaine d'années, d'une figure longue, maigre et assez désagréable, et qui fronçait le sourcil tout en compulsant des registres et vérifiant des mémoires, sans s'occuper en rien de ce qui se passait dans la boutique, tant son travail paraissait l'absorber.

M. Guerreville essaie et choisit ses gants ; la dame placée dans le comptoir l'examine parfois, puis baisse les yeux, ou porte ses regards vers la porte ; mais elle semble ne plus oser lui adresser la parole.

— Il me paraît, madame, que vous avez fait de bonnes affaires, dit enfin M. Guerreville en jetant les yeux autour de lui ; cette boutique est élégante... bien fournie... et placée dans un joli quartier...

— Quand on passe sa vie à travailler, il faut bien que l'on finisse par amasser quelque chose... Gagner de l'argent, c'est la pensée unique de mon mari... ce fut toujours là le mobile de toutes ses actions...

— Et du reste... M. Gallet vous rend-il heureuse ?

— Heureuse ! oui ; autant que je puis l'être... il n'a pas de mauvais procédés avec moi ; mais aussi, depuis dix-huit ans que nous sommes mariés, jamais je ne lui ai demandé une journée de repos ou de distraction... J'ai toujours été là, assise dans un comptoir... d'abord dans une petite boutique, bien simple... puis dans une plus belle... puis ici...

— Cette vie monotone doit vous ennuyer.

— Non, j'y suis accoutumée ; je ne voudrais plus en changer... d'ailleurs, assise dans mon comptoir, seule bien souvent, je pouvais penser tout à mon aise, et c'était là mon bonheur !... Mes souvenirs... toujours mes souvenirs...

La voix de Maria décèle son émotion, on voit qu'elle se fait violence pour retenir ses larmes. M. Guerreville chiffonne dans sa main des gants qu'il voulait essayer ; il se sent lui-même attendri, quoiqu'il affecte de ne pas en avoir l'air ; il tousse à plusieurs reprises, fait quelques tours dans la boutique, regarde au fond le monsieur qui est cloué sur ses livres, et revient enfin près du comptoir, où il dit à demi-voix :

— Mais n'avez-vous pas encore une autre consolation ?

Maria lève la tête en regardant M. Guerreville ; une expression de joie vient animer tous ses traits, et elle s'écrie :

— Ah ! vous ne l'avez donc pas oublié ! je voulais voir si vous m'en parleriez... si vous pensiez encore à lui... pauvre enfant, mon idole, mon trésor... mon fils... le... Oh ! mais, mon Dieu ! dites-moi donc au moins que vous l'aimez un peu.... que vous voudriez le voir... l'embrasser ; dites-le-moi donc, monsieur, afin que je connaisse le plus doux plaisir pour une mère... afin que mon cœur bondisse encore de joie !... Oh !... oui !... oui !... n'est-ce pas que vous avez envie de le voir ?...

— Maria !... Maria !... chut... prenez garde, si on vous entendait...

— Oh ! il n'y a pas de danger ! on vérifie des mémoires... on n'a nulle envie de m'écouter ; d'ailleurs M. Gallet n'a jamais été jaloux... pouvait-il l'être ?... en m'épousant il savait bien que je portais dans mon sein le résultat de ma faiblesse... de mon amour pour un autre !... Je ne lui cachai rien... il n'avait pas le droit de me faire aucun reproche, puisque je ne cherchais point à le tromper... il me dit qu'il était philosophe... qu'il aimerait mon enfant comme le sien, et lui donnerait son nom... Les quinze mille francs que vous m'aviez donnés écartèrent tous les obstacles ; moi, j'aurais préféré ne jamais me marier... et rester seule avec mon fils ; mais vous avez pensé que je devais épouser M. Gallet, et je vous ai obéi.

— Il me semble que vous ne devez pas vous en repentir ; aujourd'hui votre fils a un nom... vous-même, vous êtes établie... considérée... Maria !... les fautes de la jeunesse s'effacent, s'oublient avec une bonne conduite.

— Oui, mais le bonheur s'efface aussi... Enfin, puisqu'il le fallait !... Et vous, monsieur, êtes-vous heureux ?... Ah ! j'ai fait souvent des vœux pour vous... car je pensais toujours à vous, moi... Votre femme ?...

— Ma femme n'est plus !... je l'ai perdue il y a dix ans.

— Votre femme est morte !... quel malheur ! mourir quand on est si heureux... quand on n'a rien à désirer... car vous l'aimiez... et elle vous voyait tous les jours... Pauvre femme ! Ah ! je voudrais avoir été à sa place et être morte aussi... Mais vous avez des enfants ?...

— Je n'ai qu'une fille... qui est mariée... maintenant... et habite loin de moi... C'est pour cela que je suis venu demeurer à Paris... où je vais tâcher de me distraire un peu.

— Vous restez à Paris ? Oh ! alors, si vous le permettez, mon fils ira vous voir... quelquefois, cela ne vous importunera pas, j'espère ?... Oh ! vous ne vous doutez pas comme il est bien, mon cher Jules ; c'est un homme à présent... songez donc qu'il a dix-huit ans et demi... mais il est rempli de moyens... d'esprit... et avec cela un bon cœur, un excellent caractère...

— Que fait-il ?

— Il a étudié dans une pension ; mais il a terminé ses études. Moi, j'aurais voulu qu'il embrassât quelque profession distinguée où il y a de la gloire à acquérir, où l'on fait parler de soi... comme le barreau, les lettres ; mais mon mari, qui ne pense qu'au commerce et ne rêve qu'à gagner de l'argent, veut garder son fils pour commis, parce que Jules lui est très-utile. Entre nous, je crois que mon fils voudrait être artiste ; il est fou du théâtre, il m'en parle sans cesse ; tous les moments dont il peut disposer, il va les passer au spectacle... cela est même cause quelquefois que M. Gallet le gronde... il lui reproche de dépenser tout son argent à la comédie... il n'a peut-être pas tort, car cet enthousiasme de Jules pour le théâtre me fait craindre quelquefois qu'il ne lui prenne envie de se faire acteur... Ce serait un grand malheur, n'est-ce pas ?...

— Pourquoi ? s'il avait vraiment du talent... une vocation décidée.

— Oh ! monsieur, cela est si rare... Oh ! non, je ne voudrais pas que mon fils fût acteur... et je pensais... que cela vous déplairait aussi...

M FOURÉ PORTIER.

— Nous avons plusieurs locals, des petits, des grands et des *moilliens*, ça dépend de ce qu'on veut y mettre.

Puisque mon Jules ira vous voir, je vous en prie, monsieur, détournez-le de son penchant pour le théâtre.

— A quel titre me permettrai-je de lui donner des avis ? Pourquoi pensez-vous qu'il les écoutera ?

— Mais... parce que... je ne sais... il me semble qu'il doit vous écouter... vous respecter ; je lui dirai que vous êtes un ancien ami de ma famille, que vous m'avez connue... protégée lorsque j'étais orpheline. Voulez-vous que je lui dise cela ?

— Je m'en rapporte à vous, Maria, pour ne rien dire à votre fils qui puisse jamais diminuer le respect qu'il doit avoir pour sa mère.

— Oh ! quand on aime bien les gens, on les respecte toujours... Ainsi demain mon fils ira vous porter les gants que vous venez de choisir... Vous le voulez bien, n'est-ce pas ?

— Oui, madame.

— Quant à vous, monsieur... je n'ose espérer que ma vue vous soit agréable ; mais, en passant devant cette boutique, je serais bien heureuse si vous pouviez encore avoir besoin de quelque chose.

— Vous devez être certaine, madame, que c'est à ce magasin que je donnerai la préférence... Voici mon adresse... dites à... votre fils qu'on me trouve tous les jours jusqu'à midi.

— Oh ! je ne l'oublierai pas !

— Adieu, madame.

— Adieu, monsieur !...

M. Guerreville échange un dernier regard avec la parfumeuse, puis il sort de la boutique et rentre chez lui en se disant :

— Singulière journée !... voilà des rencontres auxquelles je ne m'attendais pas... Pauvre femme !... tout cela était sorti de ma mémoire !

CHAPITRE VII. — Jules et Agathe.

Le lendemain de cette journée, il était dix heures, et M. Guerreville, encore enveloppé dans sa robe de chambre, s'était placé à sa fenêtre, où il respirait avec plaisir l'air d'une matinée de printemps, lorsque Georges vint lui annoncer qu'un jeune homme demandait à lui parler.

— Faites entrer, dit M. Guerreville en quittant la fenêtre, et ses yeux se fixent avec une certaine émotion vers la porte de sa chambre à coucher.

C'est un jeune homme, grand, mince, élancé, et dont la tournure a encore toute la désinvolture d'un écolier, quoique par moments il se pose droit et se tienne immobile pour avoir l'air réfléchi d'un homme. Ses traits sont réguliers et d'une parfaite harmonie entre eux ; un nez droit, une bouche moyenne, de grands yeux bleus, surmontés de sourcils châtains bien dessinés, un front très-haut sur lequel retombent sans ordre des cheveux blond-cendré, forment un ensemble à la fois intéressant et doux ; une pâleur habituelle ajoute encore au caractère un peu mélancolique de cette physionomie ; mais lorsqu'il s'animait, lorsque ses beaux yeux bleus brillaient de toute l'ardeur d'une imagination de dix-huit ans, et qu'une teinte rosée colorait ses joues, alors les personnes même qui n'auraient point aimé les hommes blonds et pâles auraient trouvé que c'était un joli garçon.

Le jeune homme s'avance avec une certaine timidité ; il tient à sa main un petit paquet bien artistement plié, ficelé, et salue profondément M. Guerreville en disant :

— Monsieur, je vous apporte des gants que vous avez choisis hier... chez ma mère... madame Gallet... Elle m'a dit en même temps de vous demander si vous n'aviez pas besoin d'autre chose... et m'a chargé de vous présenter ses salutations.

M. Guerreville a été sur-le-champ frappé de la ressemblance qui existe entre ce jeune homme et sa mère ; et tout occupé de considérer cette figure où il retrouve mille souvenirs, il ne répond pas d'abord à ce que lui dit Jules ; le fils de la parfumeuse baisse les yeux et se sent tout déconcerté, troublé par les regards de ce monsieur qui l'examine si attentivement sans lui répondre.

Mais M. Guerreville revient bientôt à lui, et s'apercevant de l'embarras du jeune homme, lui dit d'un ton affectueux :

— Excusez-moi, monsieur, si je ne vous ai pas répondu plus tôt... je suis un peu distrait... et puis... j'étais frappé de votre ressemblance avec madame votre mère...

— En effet, monsieur, tout le monde trouve que j'ai beaucoup de ses traits...

— Mais veuillez prendre un siége, j'aurais beaucoup de plaisir à causer un moment avec vous...

Jules s'incline et s'assied ; M. Guerreville en fait autant tout en continuant de lui parler :

— Je ne suis pas pour vous une simple pratique... et madame votre mère vous aura dit, je pense, que j'étais une vieille connaissance... un ancien ami de sa famille ?

— Oui, monsieur, ma mère me l'a dit ; plus d'une fois elle m'avait parlé de vous comme d'une personne qui lui avait toujours porté beaucoup d'intérêt ; et pour elle conservait autant d'amitié que de reconnaissance ; elle s'affligeait même en pensant que je n'aurais jamais le bonheur de vous connaître, parce que vous n'habitiez plus Paris... mais hier quand je suis rentré, elle m'a dit bien joyeuse... et elle m'a dit : J'ai une bonne nouvelle à t'apprendre, M. Guerreville est à Paris, il veut bien permettre que tu ailles le voir. Tâche de mériter qu'il ait pour toi un peu de l'amitié qu'il eût jadis pour ma famille ; écoute avec respect ses conseils, profite des avis qu'il voudrait bien donner à ta jeunesse. Enfin témoigne-lui le plus entier dévouement : ce sera la meilleure manière de me prouver ton amour. Voilà, monsieur, ce que ma mère m'a dit, et ce sera un plaisir pour moi de lui prouver mon obéissance.

Ces mots ont été prononcés avec un ton de franchise qui ne permet pas de les confondre avec les politesses de convention que l'on échange dans le monde ; M. Guerreville tend la main au jeune homme en lui disant :

— Je vous remercie, monsieur Jules, de vos bonnes dispositions à mon égard ; l'amitié d'un homme de mon âge ne peut voir pour un grand attrait pour vous... Pour que de telles liaisons aient du charme, il faut qu'il y ait aussi parité de jeunesse, comme de goûts et d'humeur ; malgré cela, si je puis vous être bon à quelque chose, si vous pensiez que mes conseils vous fussent de quelque utilité, vous me trouverez toujours disposé à vous être agréable.

Le jeune homme s'incline en serrant la main qu'on

M. Guerreville continue :

— Vous êtes fils unique... votre mère vous aime beaucoup, je crois...

— Oh ! oui, monsieur... elle est bien bonne pour moi... trop peut-être...

— On ne l'est jamais trop avec quelqu'un qui nous aime ; et votre père ?...

— Mon père est un peu plus sévère... cependant il n'est pas méchant assurément !... mais il n'aime que le commerce... il voudrait que je m'y adonnasse entièrement, et...

— Et ce n'est pas votre vocation ?

— Non, monsieur ; j'avoue que je n'ai pas de penchant pour cette profession...

— Quelle carrière voudriez-vous donc suivre ?...

— Mon Dieu, monsieur, je ne sais trop... c'est-à-dire je sais bien... mais je n'ose pas le dire ; car je crains que cela ne fasse de la peine à ma mère... et pourtant il me semble que dans tout ce qui touche aux arts il y a tant de gloire, de succès à espérer...

— Dans toutes les professions on peut espérer de la gloire quand on réussit..... Croyez-vous, monsieur Jules, qu'il n'y en ait point pour l'homme industrieux qui, après avoir débuté par être simple petit commis, quelquefois porte-balle, ou moins peut-être, parvient à force de travail, de talents, d'entreprises, à se mettre lui-même à la tête d'une vaste maison de commerce, dont la signature vaut un billet de la banque ; qui a de nombreux employés sous ses ordres, et se voit enfin honoré, considéré partout. Oh ! pour celui-là, il y a surtout de la gloire à être parti de bien bas pour arriver si haut, et ce serait fort maladroit à lui de vouloir le cacher, ou de désirer qu'on l'oubliât, car il n'y a aucun mérite à venir au monde riche ou puissant, mais il en faut toujours pour se faire soi-même un nom et une position honorable dans la société.

— Monsieur, je suis loin de mépriser le commerce... bien au contraire, mes parents l'exercent avec honneur... et, s'il le faut... Mais, monsieur, quand on n'a pas de goût pour une chose on la fait mal....

— C'est très-juste... Enfin, dans les arts, il y a encore du choix ; vous avez sans doute fait le vôtre ?

— Monsieur, j'avoue... mais le crains de...

— Allons, monsieur Jules, parlez-moi avec confiance... je suis moins sévère que je ne vous le parais peut-être ; je me rappellerai que j'ai été jeune aussi... et qu'alors j'avais grand besoin d'indulgence. Vous avez dix-huit ans ! c'est le moment où les illusions commencent, où le cœur et l'esprit ne demandent qu'à se laisser tromper... je ne veux pas vous dire que tout cela n'est que mensonge... oh ! non, il ne faut pas désenchanter la jeunesse ; le temps se charge assez vite de ce soin. Et d'ailleurs il y a de la franchise dans ces joies du jeune âge ; il y a de l'amour dans ces passions qui sans cesse s'allument et se renouvellent dans un jeune cœur ; mais il y a aussi plus de folie que de raison dans une tête de dix-huit ans, et c'est pour cela que les conseils de l'expérience lui sont souvent nécessaires.

— Ah ! monsieur, vous me parlez avec tant de bonté... je me sens plus à mon aise devant vous qu'auprès de mon père. Je vais vous dire le fond de ma pensée... Monsieur, c'est pour le théâtre que j'ai de la vocation... c'est au théâtre que je rêve, que je pense sans cesse... Être acteur... avoir un grand talent... entendre toute une salle vous applaudir, faire tour à tour rire ou pleurer tout un public, captiver son attention, voir tous les regards attachés sur soi, obtenir ce murmure flatteur qui suit un mot bien dit, une phrase bien sentie... Ah ! monsieur, c'est là le bonheur, c'est là de la gloire, du plaisir... et cela se renouvelle tous les soirs !... Ah ! voilà la carrière que je voudrais embrasser !...

— Ainsi vous voudriez être au théâtre ?...

— Oui, monsieur... c'est là ce que je n'ose pas dire à mon père, car cela le fâcherait beaucoup ; il me gronde déjà quand il sait que je suis allé au spectacle ; il dit que j'y dépense tout mon argent... Je n'ai que celui que ma mère me donne en cachette, et il me semble que je puis bien l'employer à aller au spectacle... puisque c'est le seul plaisir que je me permette.

— Et votre mère connaît votre penchant pour le théâtre..... Vous gronde-t-elle aussi ?

— Un peu, mais si doucement... si doucement... Oh ! s'il n'y avait qu'elle, je serais bien sûr de faire ce qui me plairait !

— Monsieur Jules, il n'y a pas de mal à être acteur quand on a vraiment du talent... mais quand on n'en a pas, c'est la plus triste des positions !...

— Oh ! j'aurai du talent, monsieur, j'en suis certain... Ah ! quand je vois jouer *Samson*... quand je vois jouer *Bouffé*!... si vous saviez comme ma tête s'exalte !... comme je les écoute... comme je crains de perdre une seule de leurs intentions... Quels talents !... quels comédiens !... et c'est en les voyant jouer, cela ne vous a jamais donné l'envie d'être au théâtre ?...

M. Guerreville ne peut s'empêcher de sourire en répondant :

— Non vraiment... cela m'aurait plutôt donné l'idée contraire, car j'aurais pensé qu'il doit être bien difficile de parvenir à ce degré de talent.

— Pourquoi donc ?... ils y sont bien arrivés, eux... Nous avons encore beaucoup d'autres artistes d'un grand talent... et puis d'ailleurs, moi, j'aime tous les acteurs!... Quand j'en rencontre un sur mon chemin, je voudrais lui sauter au cou, l'embrasser, lui donner une poignée de main... me promener avec lui, bras dessus, bras dessous.

— Tout cela m'annonce bien votre amour pour le théâtre. Mais je n'y vois pas encore la preuve que vous auriez du talent comme acteur... Tous les jours on admire une chose que l'on ne saurait pas faire.

— Ah! monsieur... si j'osais encore vous avouer...

— Osez, monsieur Jules, votre mère vous a dit que vous pouviez me regarder comme un vieil ami, et moi je vous répète que vous n'aurez pas mal placé votre confiance...

— J'en suis bien persuadé, monsieur... Mais ce que je vais vous dire... il ne faudrait pas que mon père... que ma mère même en eussent connaissance...

— Je ne le leur dirai pas, puisque vous me demandez le secret.

— Eh bien! monsieur, vous saurez donc que je prends en cachette des leçons de déclamation.

— Vous prenez des leçons!... voilà qui est bien différent... Seriez-vous au Conservatoire?

— Oh! non, malheureusement je n'ai pas ce bonheur... mais je vais chez un professeur.

— Ce professeur est sans doute un de nos bons comédiens, ou quelque vieil artiste en réputation?...

— Monsieur, c'est en effet un vieil acteur, qui a eu beaucoup de talent, à ce qu'il dit...

— Où jouait-il?

— Mais il prétend qu'il a joué partout... D'ailleurs mes moyens ne me permettraient pas d'avoir un professeur bien cher... Je n'ose pas souvent demander de l'argent à ma mère, car je sais que cela lui fait avoir des scènes désagréables avec mon père; mais mon professeur n'est pas cher, il donne des leçons à vingt sous le cachet... et quand on en paye dix d'avance, on en a cinq par-dessus le marché...

— En effet, cela n'est pas ruineux.

— Aussi il y a des moments où il a beaucoup d'élèves!... Il dit qu'il a formé de grands talents.

— Lesquels?

— Ah! ils sont tous en province; mais je vous assure qu'il démontre très-bien... et il me jure que j'ai les plus belles dispositions.

— Pour quel emploi?

— Pour les jeunes premiers.

— Monsieur Jules, un professeur qui donne quinze leçons pour dix francs doit tenir ce langage avec tous ses élèves... car il est bien probable qu'il a grand besoin de gagner de l'argent. Cependant je ne veux pas vous décourager... mais, je l'avoue, je suis fâché de vous voir vous jeter dans une carrière si épineuse... et je ne dois pas vous cacher aussi que cela afflige beaucoup votre mère...

— Comment! monsieur, elle a donc deviné ma vocation?...

— Est-ce qu'une mère ne devine pas toujours les secrets de son fils? Oui, la vôtre s'est aperçue de votre enthousiasme pour l'art dramatique... elle craint que vous n'ayez la pensée de vous faire acteur... et il me paraît que sa crainte est assez juste. Elle ne m'a pas caché toute la peine qu'elle en ressentirait. Réfléchissez, monsieur Jules, avant de vous laisser entraîner par un penchant qui n'est sans doute pas insurmontable... Voyez si tous les succès, tous les plaisirs que vous espérez trouver au théâtre peuvent compenser les chagrins que vous causerez à votre mère...

Jules baisse les yeux, il est ému, et garde quelque temps le silence; enfin il murmure entre ses dents:

— Mon Dieu!... vous savez bien que les parents sont tous comme cela... ils grondent d'abord... mais quand on réussit ils sont bien aises qu'on ait suivi son penchant... qu'on ne les ait pas écoutés!... Si je devenais un grand artiste, il me semble que cela vaut bien un parfumeur... Si vous vouliez, monsieur, venir me voir jouer chez mon professeur... Nous jouons des scènes... quelquefois des actes tout entiers quand nous sommes en assez grand nombre..., alors vous pourriez juger si j'ai du talent.

M. Guerreville allait répondre, lorsque Georges entr'ouvre la porte de sa chambre, et avance seulement le haut de la tête en disant:

— Monsieur, voilà une jeune demoiselle, avec sa bonne, qui dit que vous êtes son parrain, et demande si elle peut avoir le plaisir de vous présenter ses respects.

Une légère rougeur monte au front de M. Guerreville, qui se hâte de dire à Georges:

— C'est bien, je vais recevoir cette jeune personne... Faites-la entrer dans le salon, et priez-la d'attendre un moment.

Georges se retire, et Jules se lève en disant:

— Il vous vient du monde, monsieur, je vous laisse, et je vous demande pardon de vous avoir importuné si longtemps... Vous voulez seulement me donner l'adresse de mon professeur de déclamation... Je dois l'avoir sur moi... d'ailleurs c'est M. Tristepatte, rue du Petit-Hurleur... Ah! mais voici son adresse... On prend leçon tous les jours, excepté les dimanches, depuis midi jusqu'à quatre heures, ou le soir, de sept à dix. Moi, j'y vais pendant mes courses, quand je trouve le temps de gagner une demi-heure; mais je n'y manque presque jamais les mardi et jeudi dans la journée... Vous viendrez me voir jouer, n'est-ce pas, monsieur? je serais si flatté d'avoir vos avis...

— Oui, j'irai, je vous le promets... mais attendez... attendez donc, monsieur Jules!

Et tout en disant ces mots M. Guerreville tournait et marchait dans sa chambre comme préoccupé de quelque chose, et embarrassé de savoir comment il s'y prendrait; enfin il s'approche de son secrétaire, il y prend un rouleau de cinquante napoléons, et il écrit sur un papier: *Pour Jules, afin que ses plaisirs ne causent pas de querelles entre ses parents.*

M. Guerreville roule ce papier par-dessus les napoléons, puis il enveloppe tout cela d'un autre papier, et revenant vers Jules, lui met le rouleau dans la main en lui disant:

— Monsieur Jules, ayez la complaisance de remettre cela de ma part à madame votre mère... c'est une ancienne dette que j'acquitte, différentes fournitures qu'elle m'a faites il y a longtemps.

Jules semble étonné en pesant la somme qu'on a glissée dans sa main et il balbutie:

— Comment, monsieur... mais ma mère ne m'a pas dit que...

— Elle n'avait pas besoin de vous le dire... c'est un ancien compte, elle l'avait peut-être oublié. Mais, pardon, monsieur... on m'attend; j'aurai le plaisir de vous revoir.

Jules ne juge pas convenable d'en demander davantage; il met le rouleau dans sa poche, salue profondément M. Guerreville, et s'éloigne après lui avoir encore demandé la permission de revenir lui présenter ses hommages.

Le jeune homme est parti, M. Guerreville l'a suivi des yeux; il reste absorbé quelques moments dans ses pensées; enfin il appelle Georges et lui dit:

— Faites entrer la demoiselle qui est dans le salon.

L'ex-soldat fait un demi-tour sur lui-même, sort et revient bientôt avec une jeune fille qui entre dans la chambre en sautillant, en faisant des révérences, et s'écrie dès le seuil de la porte:

— Bonjour, mon parrain!... comment vous portez-vous, mon parrain?... je suis bien contente de vous voir... voulez-vous me permettre de vous embrasser, mon parrain?...

M. Guerreville reste immobile et considère celle qui arrive si brusquement pour l'embrasser: c'est une jeune fille de dix-sept ans environ, bien ronde, bien grasse, bien fraîche et fortement colorée. C'est une brune assez piquante, quoique ses grands yeux bruns expriment plutôt la gaieté que la malice, et que sa figure semble sourire, autant par habitude que par sentiment; mais sa bouche est petite et bien garnie; son nez est mignon et bien fait; de jolies fossettes se dessinent à chaque instant dans ses joues rebondies; enfin, sa taille est bien prise, et son fichu accuse déjà des appas très-prononcés. Telle est mademoiselle Agathe, qui n'a pas la moindre ressemblance avec son parrain, mais n'en est pas moins une jolie fille qui annonce une superbe santé.

La jeune personne est restée un peu interdite de l'air froid et presque sévère avec lequel M. Guerreville la reçoit; mais elle se décide à recommencer ses révérences et ses petits sautillements, tout en reprenant:

— Bonjour, mon parrain... je vous souhaite bien le bonjour, mon parrain!... comment vous portez-vous?... je viens vous présenter mes devoirs et vous embrasser, si vous voulez me le permettre.

M. Guerreville se penche vers Agathe, l'embrasse sur le front, quoique la jeune fille lui tende ses joues, et la conduit devant un fauteuil en lui disant:

— Asseyez-vous, ma chère enfant.

— Avec plaisir, mon parrain, répond mademoiselle Agathe en se laissant aller dans le fauteuil.

M. Guerreville s'assied près de la jeune fille, qu'il examine toujours, mais sans paraître aucunement ému, et lui dit:

— Vous êtes la fille de madame Grillon?

— Oui, mon parrain... je suis sa fille unique... Agathe, votre filleule.

— Et madame votre mère a donc bien voulu permettre que vous vinssiez me voir?

— Oh! certainement, mon parrain, c'est maman qui me l'a ordonné... sans ça, assurément, je n'aurais pas pensé à venir vous voir... car je ne pensais pas à vous du tout, mon parrain; mais hier maman est rentrée, tout en criant du bas de l'escalier: Agathe! Agathe! ton parrain est à Paris! je viens de le rencontrer... tu iras demain matin lui présenter tes respects et l'embrasser. Et maman était si contente, si joyeuse, qu'elle ne remarquait pas qu'elle marchait sur l'habit de mon papa, qu'il avait posé sur une chaise pour qu'on y recouse un bouton; et quand papa lui a dit: Prends donc garde, ma chère, tu jettes mon habit à terre et tu le mettras dessus! maman a répondu: Ah! ça m'est bien égal!... je viens de rencontrer M. Édouard Guerreville, le parrain de ma fille; il habite Paris, il viendra nous voir... je marcherais sur toutes les culottes aujourd'hui, que je n'en serais pas moins aise!...

— Voilà qui est bien aimable de la part de madame votre mère.

— Oh! mon parrain! c'est que nous vous aimons tous beaucoup à la maison!... et puis, je suis bien contente de faire votre connaissance; car maman me parlait souvent de vous et me disait: C'est bien dommage, ma pauvre Agathe, que ton parrain ne soit pas à Paris, car un parrain, c'est comme un second père... on va lui souhai-

2.

ter la fête, la bonne année... il te donnerait tes étrennes : le tien était bien aimable, bien généreux... Enfin, mon parrain, je regrettais beaucoup de ne pas vous connaître... car j'avais, je crois, cinq ans, la dernière fois que je vous ai vu... et je ne me souvenais plus du tout de vous; je croyais que mon parrain était un gros homme... avec un gros ventre et de gros mollets... je ne sais pas où j'avais rêvé cela!... C'est comme lorsque j'étais à la pension, je me figurais que le spectacle c'était comme une boutique où l'on vendait toute sorte de choses... Ah ! quand on est petite, on est bien bête!... mais à présent je ne suis plus comme ça : je connais tout, et maman dit que je peux raisonner comme si j'avais quarante ans.

Mademoiselle Agathe semble surtout disposée à parler toujours ; mais M. Guerreville, qui l'écoute comme s'il pensait à toute autre chose qu'à ce qu'il entend, interrompt la jeune fille en lui disant :

— Vos parents ont sans doute soigné votre éducation?...

— Oh ! oui, mon parrain ! assurément, j'ai été bien soignée... mais on m'a retirée de la première pension où l'on m'avait placée d'abord, parce que tous les jours à dîner on nous donnait des haricots. Je m'en suis plainte à maman, qui a dit à la sous-maîtresse que les haricots me faisaient mal. Celle-ci l'a dit à la maîtresse, qui a répondu qu'on ne changerait pas pour moi l'ordinaire de sa maison ; maman a trouvé ça très-malhonnête, et on m'a mise ailleurs où j'étais bien mieux; on avait dans la semaine des lentilles et des pommes de terre avec le bœuf; moi je n'aime pas beaucoup les pommes de terre, mais j'adore les lentilles, surtout à l'huile... Mais si vous saviez, mon parrain, dans les pensions comme on met peu d'huile dans les salades; je crois même qu'on n'en met pas du tout... et c'est bien mauvais pour l'estomac... J'ai une de mes amies qui...

— Y a-t-il longtemps que l'on vous a retirée de pension ?

— Il y a dix-huit mois, mon parrain ; maman et papa ont trouvé que j'en savais bien assez... que je n'avais plus besoin de rien apprendre.

— Que savez-vous donc?...

— Oh ! mon parrain , je sais un peu chanter , je touche un peu du piano... je sais un peu dessiner...

— Il me paraît que vous savez de tout un peu.

— Oui, mon parrain... et puis je danse très-bien... Oh ! j'aime beaucoup la danse ! maman aussi aime bien la danse ; au bal nous dansons en face l'une de l'autre, et maman dit qu'on nous prend pour les deux sœurs.

— Et monsieur votre père?

— Oh ! mon père ne danse pas, lui... c'est bien rare : à moins qu'il ne manque quelqu'un pour faire un quatrième... mais il brouille toujours les figures, papa ; je n'ai jamais pu parvenir à lui faire comprendre *la Pastourelle* !... Ah ! à propos , mon parrain , j'allais oublier de vous dire que maman m'a chargée de vous prier de nous faire l'honneur de venir dîner demain à la maison ; on se met à table à cinq heures précises.

— Je vous remercie, ma chère enfant ; mais vous direz à madame votre mère que je ne puis avoir le plaisir de me rendre à son invitation...

— Ah ! pourquoi donc cela, mon parrain ? nous nous faisions un si grand plaisir de vous avoir!... Maman devait inviter madame Devaux et ses filles... ce sont des personnes très comme il faut, qui donnent des soirées... et puis, M. Adalgis... un jeune homme bien aimable, qui a toujours des gants blancs ou paille parfumés... C'est joli un jeune homme qui porte des gants clairs... ça donne bien bonne tournure... et puis , ce monsieur-là joue du cornet à piston... c'est-à-dire il apprend ; mais il ne veut en jouer que quand il sera très-fort... et il m'accompagnera alors sur le piano... En attendant, il chante délicieusement les romances ; il nous a chanté l'autre soir *Bonne espérance*, de Frédéric Bérat... Mon Dieu ! que c'est joli!... Mon parrain , connaissez-vous *Bonne espérance*, de Bérat?

— Ma chère filleule, je suis désolé de ne pas pouvoir entendre tout cela , mais je vous le répète , je ne puis me rendre demain à l'invitation de vos parents...

— Ah! c'est bien vilain, mon parrain; papa se faisait aussi une fête de vous avoir à dîner, parce que maman lui avait dit qu'on ferait de la compote de marrons...

— J'irai vous voir, Agathe. J'irai présenter mes hommages à madame Grillon...

— Quand cela, mon parrain ?

— Le plus tôt qu'il me sera possible... En attendant, ma chère filleule, voulez-vous me permettre de vous faire un petit présent ?

M. Guerreville s'était levé et était allé à son secrétaire. Il avait senti qu'avec Agathe il n'avait pas besoin de chercher un prétexte pour lui faire un cadeau ; d'ailleurs le titre de parrain lui en donnait le droit.

Agathe s'est levée aussi, et elle fait une belle révérence en disant :

— Mon parrain, vous êtes bien bon; certainement j'accepterai tout ce qu'il vous fera plaisir de m'offrir...

M. Guerreville a pris dans un tiroir de son secrétaire une jolie bourse de cachemire brodée en or et à coulants enrichis de pierres fines ; il met une quinzaine de napoléons dans chaque côté de la bourse, et la présente à Agathe en lui disant :

— Tenez, ma chère amie, vous garderez la bourse comme un souvenir de moi ; et avec ce qu'elle renferme vous pourrez satisfaire quelques-unes de vos fantaisies. Il eût été plus convenable , peut-être , que je vous achetasse moi-même tous ces riens qui plaisent à une jeune fille... Mais, vous m'excuserez, parce que je m'entends peu à tout cela, et votre goût vous guidera mieux que le mien...

Agathe prend la bourse en rougissant encore de plaisir ; puis elle fait deux ou trois petits bonds dans la chambre en s'écriant :

— Ah ! que vous êtes bon, mon parrain ! Ah, la belle bourse !... et toutes ces pièces d'or!... Oh ! que j'aurai de belles choses avec cela !... Mon papa ne me donne jamais qu'une pièce de dix sous le dimanche pour mes menus plaisirs ; je ne pouvais pas amasser grand'chose... Ah ! je veux m'acheter une écharpe comme celle que j'ai vue l'autre soir à Célestine... une écharpe bleu tendre, à franges blanches, c'est très-distingué... Mon parrain, voulez-vous me permettre de vous embrasser?... Ah! que je sus contente!... Maman avait raison de me dire : Tu verras comme c'est gentil de connaître son parrain, surtout quand il est riche!...

Et Agathe court tendre encore ses belles joues fraîches et cerise à M. Guerreville, qui les effleure du bout de ses lèvres, puis la conduit doucement vers la porte en lui disant :

— Je suis fâché, ma chère filleule, de ne pouvoir vous retenir plus longtemps... mais quelques affaires m'obligent...

— Oh ! mon parrain , ça suffit... Vous n'avez pas besoin de vous gêner du tout avec moi... D'abord je suis tout de suite sans cérémonie... surtout quand les personnes me plaisent ; et vous me plaisez beaucoup, mon parrain !...

M. Guerreville avait reconduit Agathe jusqu'à son antichambre, où une grande fille, en tablier blanc et bonnet de paysanne , était assise en face de Georges, lequel la regardait très-fréquemment, mais ne lui adressait pas la parole.

Agathe court à sa bonne en s'écriant :

— Jeannette ! voilà mon parrain... Mon parrain , voilà Jeannette, notre bonne... Elle sort toujours avec moi, parce que mes parents ne veulent pas que je sorte seule jamais ; cependant, je connais bien mon chemin, et certainement que je ne me perdrais pas... Heureusement nous rions nous deux Jeannette , quand nous sortons ensemble... Elle est aussi gaie que moi... nous nous moquons des passants... Oh ! c'est bien amusant... Il passe des gens si ridicules , qui ont des tournures si drôles. Adieu donc, mon parrain !... je dirai à maman que vous viendrez nous voir bientôt ; mais elle sera bien fâchée que vous ne puissiez pas venir dîner demain... Et papa, donc... il va pleurer sa compote de marrons !... n'est-ce pas, Jeannette?... Jeannette, saluez mon parrain... Au revoir, mon parrain... venez nous voir bientôt... Voulez-vous me permettre de vous embrasser?...

Mademoiselle Agathe tend encore ses joues ; mais M. Guerreville dépose sur son front un baiser bien froid, puis la congédie en ouvrant lui-même la porte de son carré. Enfin la jeune fille se décide à s'éloigner, mais ce n'est pas sans s'être retournée plus de vingt fois pour répéter :

— Au revoir, mon parrain ! venez nous voir bientôt... n'y manquez pas !...

M. Guerreville se retrouve seul dans sa chambre, et il se jette dans un fauteuil en se disant :

— Les voilà donc, ces deux enfants !... C'est singulier !... j'aurais cru que leur vue m'aurait ému, attendri... mais non, je n'ai rien senti là au fond de mon cœur , nulle voix secrète ne s'est élevée dans mon âme pour me dire : Tu leur dois aussi ton amour ! Je crois que leur tendresse me serait plutôt importune qu'agréable. Oh ! c'est mal, c'est fort mal ? D'où vient cela ? C'est que, près d'eux, je ne puis oublier ma fille ! ma Pauline... Oh ! ma fille... c'est pour toi que je suis père... c'est que je t'idolâtrais... toi, qui avais toutes mes affections... et loin de qui je ne puis goûter un instant de bonheur... Mais plus de nouvelles ! impossible de savoir ce qu'elle est devenue !... Mon Dieu ! l'ai-je donc perdue pour jamais !... m'a-t-elle entièrement oublié !... abandonné... Oh ! non, on n'oublie pas entièrement son père , quand on sait qu'il nous chérissait , quand on a la certitude que chaque jour il pleure sa fille... quand on ne peut douter que sa tendresse sera toujours plus forte que sa colère, qu'il pardonnera toutes les fautes pourvu qu'il puisse encore embrasser son enfant... et pourtant les années s'écoulent, et rien ! rien... aucune lettre ! aucune nouvelle !...

M. Guerreville laisse retomber sa tête sur sa poitrine et semble anéanti par sa douleur.

CHAPITRE VIII. — Un Ami et un Importun.

Il y avait déjà fort longtemps qu'Agathe avait quitté M. Guerreville ; et celui-ci , toujours plongé dans ses pensées , toujours sous le poids d'un chagrin auquel l'espérance même commençait à manquer , était resté sur sa chaise dans la même attitude , oubliant l'heure , le présent , oubliant tout pour ne songer qu'à sa fille.

Georges , habitué à l'humeur de son maître , ne se permettait jamais de le troubler dans ses réflexions , car il savait qu'il serait fort mal reçu. Plus d'une fois M. Guerreville avait ainsi laissé passer l'heure où l'on a coutume de dîner. Ces jours-là, Georges s'était bien gardé de l'en prévenir; il se disait :

— Il est probable que monsieur n'a pas faim, puisqu'il ne pense pas à aller dîner. D'ailleurs, comme il mange chez le restaurateur il est bien libre d'y aller à l'heure qu'il lui plaît.

Cependant Georges, contre son habitude, vient d'entr'ouvrir la porte de la chambre de son maître; le voyant immobile sur sa chaise, Georges tousse pour se faire entendre, et M. Guerreville, que ce bruit vient de rappeler à sa situation présente, et qui se revoit seul lorsque ses illusions l'avaient réuni à sa fille, se tourne brusquement vers son domestique en s'écriant avec colère :

— Que me voulez-vous? pourquoi entrez-vous ici lorsque je ne vous appelle pas?

Le pauvre Georges est tout saisi; il est sur le point de se retirer sans rien dire; mais son maître reprend :

— Eh bien! parlerez-vous?... Pourquoi venez-vous me déranger?...

— Oh! monsieur, c'est vrai; j'aurais dû penser... mais je vais dire à ce monsieur que ça vous dérange, et que vous ne pouvez pas le recevoir aujourd'hui...

— Comment, encore du monde!... mais on ne me laissera donc pas en repos!... Qui est là?

— C'est ce monsieur de là-bas... de Château-Thierry... le docteur Jenneval... qui dit qu'un médecin a toujours le droit d'entrer chez ses amis... même quand ils ne sont pas malades...

— Le docteur... le docteur Jenneval.

M. Guerreville se lève, passe sa main sur son front, et dit à Georges :

— M. Jenneval peut entrer.

Le docteur se présente et court presser cordialement la main de M. Guerreville, tandis que celui-ci fait signe à son domestique de s'éloigner.

— Me voici, dit Jenneval en se jetant sur un siége d'un air satisfait. J'ai un peu tardé... mais il fallait terminer mes affaires, liquider mes malades!... Ils avaient la bonté de tenir à moi, et en vérité je ne sais trop pourquoi, car je me moquais bien souvent d'eux et de leurs maladies... Mais c'est peut-être pour cela... Je crois que j'en ai guéri plus en les faisant rire qu'avec des ordonnances. Enfin j'ai dit adieu à la province, et je viens exercer à Paris.

— Vous venez vous y fixer, docteur?

— Oui; la vie d'une petite ville... ses caquets, ses plaisirs, ses usages, tout cela ne me va pas. Vive Paris! pour les arts et les sciences, pour la théorie et la pratique! J'avais cependant fait de belles choses à Château-Thierry... et dernièrement encore, une cure superbe... madame Blanmignon, que j'ai entièrement guérie de ses spasmes en lui faisant prendre des pilules qui ne se composaient que de farine; et le vieux M. Benoît, qui se croyait une gastrite et que j'ai mis pendant quinze jours au pain d'épice... En vérité, les sujets avaient été bien admirables!...

— Il paraît, mon cher docteur, que vous n'avez pas perdu votre gaieté...

— Je m'en garderais bien, puisque c'est avec cela que je traite mes malades. Enfin j'arrive chargé de lettres de recommandation. J'ai d'ailleurs quelques connaissances ici... et puis vous savez que j'exerce presque autant par goût que par intérêt. J'ai quatre mille francs de rente, des désirs bornés, point d'ambition : avec cela, un médecin qui est garçon peut très-bien attendre les malades, sans souhaiter qu'il arrive ni fièvre épidémique, ni choléra. Mais vous, votre santé?... J'aurais dû d'abord m'en informer.

— Merci, docteur; ma santé est bonne...

— Mais vous êtes toujours triste... toujours affecté en secret... Oh! je vois bien cela, chez vous, c'est le moral qui souffre. Eh bien! je tâcherai de vous distraire... de vous occuper un peu... Je ne vous demanderai pas vos secrets... Oh! je ne sollicite pas vos confidences... Il faut que la confiance vienne naturellement... et puis il y a des chagrins que l'on préfère tenir secrets; probablement les vôtres sont du nombre... Plus tard, peut-être, quand vous me connaîtrez mieux... Mais enfin vous m'avez permis de cultiver votre connaissance, et je crois que ce serait mal reconnaître votre confiance que de vous ennuyer par mes questions. Ainsi c'est comme je vous le dis : je ne reviendrai jamais sur ce sujet, mais je tâcherai de vous rendre le front moins sombre, moins soucieux, parce que ceci rentre dans mes fonctions...

— Mon cher Jenneval... je suis vraiment satisfait de vous revoir.

— Je vous dirai donc que j'ai fait la route de Château-Thierry à Paris avec un homme qui désirerait bien aussi faire votre connaissance... Oh! mais celui-là, c'est l'être le plus curieux que j'aie jamais rencontré. C'est M. Vadevant, un de ceux qui mettaient leurs cartes chez vous, depuis qu'ils avaient appris que vous étiez ami du sous-préfet. M. Vadevant, sachant que je venais me fixer à Paris, a trouvé moyen de faire la route avec moi. Durant le chemin, il m'a beaucoup parlé de vous. Pour le faire enrager, je ne lui ai pas caché que je comptais vous voir souvent. Il m'a sur-le-champ prié de le présenter chez vous.

— Vous voudrez bien n'en rien faire, docteur.

— Oh! soyez tranquille, M. Vadevant est de ces personnes auxquelles on ne craint pas de refuser quelque chose, et que cela n'empêche pas de vous réitérer cent fois la même demande; il est du nombre de ceux qui pensent qu'à force d'importunités on vient à bout de tout obtenir. Il est vrai que cela réussit quelquefois; on cède aux gens qui nous ennuient ce que l'on aurait refusé à un ami discret.... le monde est fait ainsi... mais je n'en suis pas plus tenté de cultiver la connaissance de Vadevant, qui cependant m'a déjà offert d'être le médecin de plusieurs de ses amis ici, et entre autres d'une de ses cousines, dame très-riche, à ce qu'il dit, et qui a deux filles charmantes, qu'elle va bientôt marier : c'est même pour assister à un de ces mariages, et aider sa cousine dans ses emplettes de noce, que Vadevant prétend être venu à Paris... Il m'a déjà proposé de me conduire chez sa cousine.

— Mon cher docteur, laissons là votre M. Vadevant, qui ne m'intéresse aucunement... plus tard j'aurai à vous faire connaître quelques personnes qui me touchent davantage... En attendant, vous pourriez déjà me faire un grand plaisir.

— Parlez, je suis entièrement à votre disposition.

— Il y a trois mois à peu près... je cherchais des logements; j'entrai dans une maison de la rue Montmartre... après avoir vu plusieurs appartements, j'entendis parler d'un pauvre diable, malade dans un grenier... c'était un porteur d'eau... il n'avait près de lui, pour le soigner, que sa fille, une enfant de six à sept ans; et on parlait de le chasser, de vendre ses meubles; j'eus la curiosité de monter dans ce grenier.

— La curiosité!... je comprends...

— Je vis cet homme... il se nomme Jérôme... il a une figure d'honnête homme; mais il était encore malade... sa pauvre petite fille est bien chétive... bien délicate... mais elle aime tendrement son père, et lui, oh! il chérit sa fille... il la nomme son ange tutélaire.

M. Guerreville s'arrête ému par mille souvenirs qui oppressent son cœur; il ajoute à demi-voix et en baissant ses regards vers la terre : On est si heureux d'avoir sa fille avec soi!...

Il se fait un moment de silence que Jenneval n'ose pas rompre : car déjà il a deviné une partie des chagrins de M. Guerreville. Enfin celui-ci reprend :

— J'ai donné quelque argent à l'enfant... afin que son père ne fût pas inquiété pour son loyer; mais j'aurais bien voulu savoir depuis si ce pauvre Jérôme était entièrement rétabli...

— Et qui vous empêchait de retourner le voir?...

— Je ne sais... le temps s'est écoulé...

— Dites plutôt que vous ne vouliez pas aller chercher de remercîments pour vos bienfaits... oh! je vous devine, je comprends votre âme. Eh bien! moi, qui n'ai rien donné à Jérôme, j'irai le voir, et s'il n'est pas encore guéri, je serai son médecin.

— Vous auriez cette bonté, docteur?

— Cette bonté! et pourquoi pas? Parce que j'aime à rire, à plaisanter quelquefois, me supposez-vous une âme sèche, insensible au plaisir d'obliger?

— Oh! non! si je vous avais jugé ainsi, je ne vous aurais pas engagé à revenir me voir.

— L'adresse de ce Jérôme?

— La voici... je l'avais écrite sur ce papier.

— Très-bien... j'irai demain matin, et je viendrai aussitôt vous en donner des nouvelles.

— Merci, mon cher docteur...

— Maintenant, ce n'est pas tout... avez-vous dîné?

— Non... je n'y pensais pas.

— Moi, j'y pense beaucoup, car il est tard, et j'ai faim. Allons dîner ensemble, vous ne serez pas obligé de manger, mais peut-être qu'en causant avec moi l'appétit vous viendra.

— Je suis à votre disposition.

— Voilà qui est parler. Prenez votre chapeau et partons.

M. Guerreville sort avec le docteur, celui-ci passe son bras sous celui de son ami, et lui dit :

— Où dînez-vous habituellement?

— Je n'ai pas de préférence; d'habitude, je dîne dans le quartier où je me trouve... et comme en venant à Paris mon but est d'y découvrir quelqu'un, je ne suis pas fâché de voir de nouveaux endroits, parce qu'on y voit aussi de nouvelles figures.

— Fort bien, moi je vous avoue que, venant me fixer à Paris, je désire y suivre un cours de restaurateurs; et en cela la gourmandise me stimulera beaucoup moins que la curiosité; mais j'aime assez à observer, et je ne vous serai pas fâché de savoir comment on vit à Paris dans une foule de classes de la société. Voudrez-vous m'accompagner? Pendant que je ferai mes remarques, vous examinerez si vous êtes sur les traces de celui ou de celle que vous cherchez.

— Très-volontiers, docteur.

— Mais je vous préviens que je veux tout voir, depuis la plus mince gargote jusqu'au restaurateur le plus en renom. Quand on veut s'instruire, il faut se résigner à se trouver quelquefois en singulière compagnie.

— Je vous le répète, j'irai où vous voudrez... et peut-être, en effet, serai-je alors plus heureux dans mes recherches.

— Voilà qui est convenu. Nous allons commencer dès aujourd'hui; par exemple, nous ne serons pas forcés de rester où cela nous semblera trop mauvais. On prétend qu'à Paris il n'y a rien de si facile que de dîner : ce repas est mis à la portée de tout le monde... en effet, voici déjà une affiche, lisons : *Dîners à seize sous*... A seize sous!... qui le croirait ?... dans cette moderne Babylone où l'on accourt de tous les coins du globe, on peut dîner pour seize sous!... il n'est donc pas besoin d'avoir cinquante mille livres de rente pour vivre à Paris ?

— Docteur, les restaurants pullulent dans cette ville, ou plutôt les endroits où l'on donne à manger : car ce serait une dérision d'appeler restaurants des gargotes d'où l'on sort sans être restauré. Il y a des traiteurs, des marchands de vin traiteurs, des pensions bourgeoises, des restaurants à prix fixe, enfin des maisons où l'on mange à tous prix ; ces derniers établissements sont spécialement fréquentés par les maçons, les tailleurs de pierre et les manœuvres en général, qui, moyennant quatre sous, s'y font tremper une soupe en fournissant leur pain. J'honore les idées philanthropiques ; et je trouve très-bien qu'un tailleur de pierre puisse manger une soupe à bon marché ; il faut que tout le monde vive, ceux qui bâtissent les maisons comme ceux qui les achètent ; mais je ne pense pas que vous ayez l'envie d'aller dîner avec les maçons.

— Non, nous passerons sans nous arrêter devant les restaurants où l'on mange à tous prix ; mais un dîner *à seize sous*, cela doit être curieux...

— Vous ne ferez pas trente pas dans Paris sans apercevoir des affiches qui vous offrent, à très-bas prix, un repas complet... pour vingt-trois sous, vous aurez un potage, trois plats au choix, du dessert, un carafon de vin et du pain à discrétion... Pour seize sous, voyons ce qu'on nous offre : du potage, deux plats, et du dessert... pas de vin, mais toujours du pain à discrétion... cela vous tente-t-il, docteur ?

— Ce que j'admire, c'est ce dessert dans un repas où l'on ne boit que de l'eau : c'est vouloir porter avec coquetterie un habit râpé ; c'est toujours luxe et indigence. Les étrangers doivent rire de nous voir prendre des pruneaux ou des mendiants au lieu de vin... Mais je me suis promis de m'instruire... j'entrerai chez un traiteur à seize sous... un jour que je n'aurai pas faim... Aujourd'hui dînons chez Véfour, au Palais-Royal.

M. Guerreville et le docteur se sont dirigés vers le Palais-Royal, et bientôt ils sont assis à une table, dans un salon de chez Véfour ; des hommes fort bien mis, et même quelques dames dînent autour d'eux. Pendant que M. Guerreville promène lentement ses regards sur les personnes qui sont dans le salon, et que Jenneval consulte la carte qu'un garçon vient de lui donner, un petit homme ouvre la porte du salon, entre en souriant, en se frottant les mains, fait un salut devant le comptoir ; puis s'approche de la table où est le docteur, et fait une exclamation de surprise. Jenneval lève les yeux et voit devant lui son compagnon de route, M. Vadevant.

— Parbleu !... voilà qui est charmant! voilà qui est délicieux ! s'écrie le petit homme en allant frapper sur l'épaule du docteur. Oh ! la rencontre est précieuse !... Nous ne serions donné rendez-vous, que nous ne nous serions pas si bien trouvés ! Je me promenais dans le jardin, devant la Rotonde... je flânais..., j'attendais que l'appétit se fît sentir, et quand il est venu, je me suis dit : Entrons dîner chez Véfour !... Enchanté de vous y trouver !...

Jenneval se penche vers M. Guerreville et lui dit à l'oreille : Je gage qu'il s'était établi devant la Rotonde dans l'espoir de m'y rencontrer, car c'est la habituellement qu'on se donne rendez-vous pour aller dîner quand on arrive à Paris. J'avais refusé son offre de rester avec lui... et il se sera mis à la tête de me retrouver... je suis fâché maintenant que nous n'ayons pas été essayer d'un repas à seize sous ; M. Vadevant en aurait été pour sa faction à la Rotonde.

Pendant que le docteur parlait bas, Vadevant faisait de profonds saluts à M. Guerreville, et appelait chaque garçon.

— Un couvert, ici... tout de suite, un couvert ici, à côté de ces messieurs... si toutefois, messieurs, cela ne vous contrarie pas que je dîne près de vous.

Ces demandes sont du nombre de celles auxquelles il est presque impossible de faire une réponse négative ; mais lorsqu'on se fait un plaisir de dîner seulement avec un ou deux amis, c'est toujours avec contrariété que l'on voit des importuns venir se mêler à votre compagnie. Des gens qui ont de l'usage ne viendront jamais se jeter ainsi au milieu d'une société qui ne les attend pas; ils préféreront qu'on les y convie, et ils auront raison.

M. Guerreville s'est contenté de faire à M. Vadevant une inclination de tête, tandis que Jenneval lui répond : Mettez-vous là, monsieur Vadevant ; certainement votre voisinage ne peut que nous être fort agréable !

— Vous n'avez pas encore commencé à dîner ?

— Non... mon Dieu ! nous arrivons aussi, il y a peu d'instants... il semble que vous nous ayez suivis.

— Oh ! ça se trouve fort bien... si vous voulez, nous dînerons en commun... on prend plus de choses... c'est plus agréable et moins cher ; du reste, chacun paye sa part, cela va sans dire... si toutefois cela ne déplaît pas à monsieur ?

Cette question, accompagnée d'un salut, s'adressait encore à M. Guerreville, qui n'y répond que par une nouvelle inclination de tête ; mais Jenneval sourit en disant :

— Soit, monsieur Vadevant, mêlons notre dîner.... parbleu, notre repas n'en aura que plus de charmes !... nous ne nous attendions pas du tout au plaisir que vous nous procurez ; mais nous y sommes très-sensibles... Par exemple je vous demanderai la permission de manger ce qui me plaît.

— Très-volontiers ; moi, d'abord, j'aime tout ; je ne suis pas difficile.. et puis je pense que vous êtes comme moi ; je viens dîner... pour dîner, et non pas pour faire des extra... D'ailleurs, quand on vient habituellement manger chez le traiteur, il faut y vivre comme chez soi.

— C'est fort juste. Garçon, du beaune première !

— Vous prenez du beaune première pour l'ordinaire ! dit Vadevant d'un air saisi.

— Oui, j'aime le bon vin... et, par régime, je m'en trouve bien.

Vadevant ne veut pas avoir l'air d'être d'un autre avis ; il se frotte les mains en disant :

— Va pour le beaune première... moi aussi je ne déteste pas le bon vin !

Le petit homme se penche alors vers le docteur, et lui dit à l'oreille :

— C'est M. Guerreville qui dîne avec nous ?

— Lui-même !

— Oh ! je l'ai reconnu sur-le-champ. Cela se trouve très-bien ; moi qui brûle d'envie de faire sa connaissance... à table on se connaît tout de suite. Dites donc, est-ce qu'il ne parle que par signes de tête ?

— Il parle fort peu, mais je présume que votre amabilité le mettra en train.

— J'y ferai tous mes efforts... et pour peu que cela lui soit agréable de venir à la noce d'une de mes jeunes cousines, il ne tiendra qu'à lui.

— Vous pouvez le lui proposer.

Jenneval se remet à consulter la carte, qu'il semble méditer. M. Guerreville semble retomber dans ses réflexions, et ne plus s'occuper de ce qui se passe autour de lui. Vadevant fait en vain tout ce qu'il peut pour se rendre agréable ; il pousse devant lui la salière, le moutardier ; il offre à boire et présente un petit pain moins brûlé ; toutes ces tentatives n'aboutissant à rien, il se met à faire des boulettes de mie de pain, et se rejette sur le docteur :

— Eh bien! mon cher docteur, comme vous voilà enfoncé dans la carte du restaurateur... on croirait que vous méditez un repas de vingt couverts !...

— Monsieur Vadevant, je ne vois pas pourquoi trois personnes ne dîneraient pas aussi bien que vingt. A Paris, où la gastronomie a des autels ; où la science culinaire fait chaque jour de nouvelles découvertes ; ce n'est point une connaissance futile que celle des cartes de restaurateurs ; il ne suffit pas de faire honneur à un bon dîner, c'est un avantage que le premier rustre possédera... mais savoir commander un dîner! c'est là que se déploient le génie, le tact, le goût... c'est un talent beaucoup plus rare qu'on ne le pense ! Garçon, des huîtres vertes, du sauterne !...

Vadevant fait un mouvement sur sa chaise, et balbutie : Je ne tiens pas aux huîtres, moi...

— Mais moi j'y tiens beaucoup. Du reste, demandez ce qui vous fera plaisir ; ne vous gênez pas... vous n'êtes pas forcé de manger des huîtres. Garçon, n'en servez pas à monsieur !..

— Parbleu! dit Vadevant, je n'irai pas me mettre à manger du beurre et des radis pendant qu'il mangera des huîtres, et qu'il faudra payer en commun !...

Il crie au garçon : Si, garçon ! si, je me ravise, je prendrai des huîtres comme ces messieurs.

On sert les huîtres, que le docteur avale avec une dextérité qui suffoque Vadevant, lequel fait en vain tous ses efforts pour en manger autant que son voisin. La peine que se donne le petit homme amuse beaucoup Jenneval, qui dissimule son envie de rire, et reprend la parole lorsqu'il n'y a plus d'huîtres sur la table.

— Mon cher monsieur Vadevant, je suis sûr que vous êtes comme moi, que vous sourirez de pitié en voyant dîner ce bon bourgeois qui croit connaître tous les raffinements de la gourmandise, lorsque sa servante lui apporte une crème ou des œufs à la neige...

— Mais j'aime assez les œufs à la neige...

— Garçon, des cailles en caisse, un salmis de perdreaux aux truffes, du saumon, sauce... anglaise !...

Vadevant fait la grimace, et veut retenir le garçon en disant : Mais... diable... voilà bien des choses !... Le salmis aux truffes... je ne suis pas fort pour les truffes... Si nous prenions autre chose ?...

— Prenez tout ce qui vous sera agréable, monsieur Vadevant ; moi, je prends ce que j'aime...

— Mais vous ne consultez pas monsieur...

— Oh ! monsieur Guerreville m'a donné carte blanche... Du reste, je vous le répète, demandez ce que vous voudrez... vous préférez peut-être du bœuf aux choux ?

— Non, non... Je mangerai comme vous !...

Et Vadevant se remet avec humeur à pétrir des boulettes en disant : Je prendrais du bœuf aux choux, et eux des perdreaux aux truffes, et puis nous payerons en commun... ce serait gentil, ce serait spirituel !...

On apporte les plats demandés ; le docteur sert, et fait honneur au dîner ; Vadevant a moins d'appétit, parce qu'il a de l'humeur en songeant qu'il va dépenser plus qu'il ne voulait ; M. Guerreville mange et ne dit rien ; Jenneval seul fait les frais de la conversation.

— Croyez-moi, monsieur Vadevant, on peut s'en rapporter à moi pour ordonner un dîner... J'ai assez de goût, et puis j'aime à m'instruire, à goûter de tout ce que je ne connais pas... Garçon, vous nous servirez une chipolata ; mais auparavant un faisan rôti.

— Un faisan ! s'écrie Vadevant en faisant un bond sur sa chaise, mais plaisantez-vous ?... Nous ne pourrons jamais manger encore un faisan !...

— Oh ! ce n'est pas très-gros... moi, j'adore le faisan... mais si vous préférez une cuisse d'oie, demandez-la... nous mangerons bien le faisan sans vous... Garçon, une cuisse d'oie à monsieur !...

— Eh !... non... non !... que diable ! je ne veux pas de cuisse d'oie... je ne peux pas souffrir l'oie ; je tâcherai de retrouver un peu d'appétit pour le faisan... Mais savez-vous, docteur, que vous faites un rude convive !... Peste ! quel appétit !

— Vous ne voyez rien aujourd'hui... je ne suis pas fort en train ; mais la première fois que nous dînerons ensemble, je ferai faire un menu dont vous me direz des nouvelles.

— Oui ! tu seras bien fin quand tu m'y reprendras, se dit Vadevant en pétrissant sa mie de pain.

On apporte le faisan. Jenneval demande du bordeaux-laffitte, puis du champagne ; quelquefois il échangeait un coup d'œil avec M. Guerreville, qui se contentait de sourire, et tournait la tête quand il pensait que Vadevant allait lui adresser la parole. Celui-ci n'ose plus se permettre de faire aucune observation au docteur ; il se décide à manger et à boire encore, au risque de se faire mal.

A force de vouloir consommer pour son argent, Vadevant s'est donné cette petite pointe qui n'est jamais de l'ivresse chez les gens de bonne compagnie, mais qui échauffe beaucoup les conversations. Le petit monsieur n'est pas positivement en gaieté, parce qu'il est contrarié d'avoir dépensé plus qu'il ne voulait, mais il cherche à s'étourdir, et il voudrait surtout que ce dîner amenât une sorte de liaison entre lui et M. Guerreville. On est arrivé au dessert et Vadevant, qui a les yeux pourpre et les yeux presque sortis de la tête, ne cesse pas de bavarder, s'adressant alternativement à M. Guerreville, qui ne lui répond pas, ou au docteur, qui rit en le regardant.

— Je suis enchanté d'avoir fait la connaissance de monsieur, dit Vadevant en approchant pour la troisième fois son verre de celui de M. Guerreville, il y a fort longtemps que je le désirais... le docteur est là pour l'affirmer... N'est-ce pas, docteur, qu'à Château-Thierry je vous ai plusieurs fois témoigné la satisfaction que j'éprouverais à me lier avec M. Guerreville... dont j'avais entendu faire un grand éloge par notre honorable sous-préfet ?... Il n'y avait qu'une voix dans la ville pour rendre à monsieur la justice qu'il mérite... On disait partout : Oh ! M. Guerreville !... c'est un homme fort distingué... fort capable... fort...

— Et comment pouvait-on dire tout cela de moi, monsieur ? répond M. Guerreville en haussant les épaules ; savait-on qui j'étais ?... qui pouvait vous donner le désir de faire ma connaissance ?... Ne pouvais-je pas être un intrigant, un fripon ?

— Oh ! par exemple... un ami de M. le sous-préfet ; et d'ailleurs, on voit tout de suite à la tournure... aux manières... n'est-ce pas, docteur, qu'avant de savoir même le nom de monsieur, je disais : C'est un personnage très comme il faut qui a loué la maison de Tricot ?

— Oui, parbleu ! répond Jenneval en riant. Vous aviez de M. Guerreville la meilleure opinion... à telles enseignes que vous voulûtes même un soir lui donner une sérénade... Je me rappelle que tout était déjà organisé avec plusieurs personnes de la société de madame Blanmignon... Quand je suis arrivé, vous aviez déjà tous vos instruments... Je ne sais plus de quoi vous jouiez, vous, monsieur Vadevant...

Le petit monsieur pousse les pieds et les genoux au docteur, il lui fait des signes pour qu'il se taise ; mais Jenneval continue sans avoir l'air de s'en apercevoir.

— C'est un tambour de basque que vous aviez, je crois... Du moins vous faisiez beaucoup de bruit avec ce que vous teniez...

— Ce cher docteur plaisante... il veut toujours rire... C'est une charade en action que nous nous disposions à jouer ce soir-là... une espèce de proverbe...

— Dont vous étiez l'auteur, n'est-ce pas ?...

— Je ne m'en souviens plus ; mais il fait bien chaud ici... Si nous allions prendre l'air.

— Volontiers ; mais il faut payer auparavant...

Jenneval demande la carte ; elle s'élève à soixante-six francs.

— Juste vingt-deux francs par tête, dit le docteur en montrant le total à Vadevant. Celui-ci fait une moue très-prononcée en tirant son argent de sa poche ; mais il s'efforce de déguiser sa mauvaise humeur. On sort de chez le traiteur ; et Vadevant, qui ne semble pas disposé à quitter ses deux convives, glisse son bras sous celui du docteur en lui disant : Qu'est-ce que nous faisons maintenant ?

— Mais... nous avions projeté, M. Guerreville et moi, d'aller ce soir aux Français.

— Aux Français ! ça me va beaucoup ; on donne une pièce qui est en vogue... qui fait courir tout Paris... Il faut voir cela.

— Ce qui me contrarie, c'est qu'il faut auparavant que j'aille avec M. Guerreville, voir... un de ses amis qui est un peu malade. Ce n'est pas loin d'ici... mais je crains qu'ensuite nous ne trouvions plus de place, et à moins que vous n'ayez la complaisance d'aller sur-le-champ au théâtre nous en garder...

— Très-volontiers,... je cours me placer,... Où voulez-vous vous mettre ?

— Mais... au balcon...

— Au balcon, très-bien... Je vous promets de vous garder deux places... je mettrai mes gants... mon mouchoir... je dirai même à l'ouvreuse d'y mettre des petits bancs...

— Alors nous aurons le plaisir de finir la soirée avec vous.

— Je vole aux Français... au balcon, c'est convenu... et je vous y attends...

Vadevant se met à courir à travers le jardin en bousculant tout le monde pour arriver plus vite au Théâtre-Français. Pendant ce temps, Jenneval et M. Guerreville se dirigeaient, en se promenant, du côté des boulevards, et le docteur disait en riant que je ne crois pas qu'il lui reprenne envie de venir partager notre écot... Je pense, mon cher monsieur Guerreville, que vous approuverez ma conduite dans toute cette soirée.

— Oh ! parfaitement. Votre M. Vadevant est un être insupportable ; je vous remercie de m'en avoir délivré.

— Je ne garantis pas que nous en soyons quittes à tout jamais. Oh ! le petit homme est tenace, opiniâtre... Mais alors nous verrons, et nous trouverons d'autres moyens.

Le docteur reconduit ensuite M. Guerreville jusqu'à sa demeure, et celui-ci en le quittant lui dit : N'oubliez pas le pauvre porteur d'eau !...

CHAPITRE IX. — Des Nouvelles de Zizine.

Le lendemain, dans l'après-midi, Jenneval arrive chez M. Guerreville, qui l'attendait avec impatience.

— J'ai fait votre commission, dit le docteur, mais je suis fâché de n'avoir rien de satisfaisant à vous apprendre...

— Jérôme serait-il plus malade ?

— Non ; il paraît, au contraire, qu'il est guéri, puisqu'il a changé de logement. Le porteur d'eau est parti avec sa fille ; et le portier de la maison, qui m'a fait l'effet d'une méchante bête, n'a pas pu me dire où ils étaient allés... « Ils sont partis, » m'a-t-il dit, « je ne sais pas où ils sont. Je n'étais pas l'ami du porteur d'eau ; et comme ces gens-là ne recevaient jamais ni lettres ni visites, je n'avais pas besoin de leur demander où ils allaient... » Voilà tout ce que j'ai pu tirer de cet homme.

— Allons ! il est probable que je ne reverrai jamais ce pauvre Auvergnat... J'en suis fâché... je regrette surtout de n'avoir pas fait plus pour lui, pour son enfant... Enfin il se porte bien maintenant ; il saura gagner sa vie : il sera heureux, je l'espère !... Il a une fille qui l'aime tant ! Vous n'avez jamais eu d'enfant, docteur ? Vous ne pouvez pas vous douter du bonheur que goûte un père, quand il se voit tendrement aimé d'une fille qu'il chérit !...

— Je conçois que cela doit être une jouissance bien pure, bien intime !... mais aussi combien de regrets si l'on perd ses enfants... ou s'ils nous quittent !...

M. Guerreville tressaille, et marche avec agitation dans la chambre. Le docteur s'aperçoit qu'il a touché la blessure de son ami ; il s'arrête et se hâte de changer la conversation.

— A propos, j'ai revu notre ami d'hier... Oh ! je n'en suis vraiment pas quitte ! D'abord il est accouru ce matin chez moi pour savoir ce que nous étions devenus hier ; il prétend que pour avoir longtemps conservé deux places, il a manqué avoir deux duels, et qu'aujours je devrais nécessairement me battre pour lui. Mais enfin tout s'est terminé sans rendez-vous ; et Vadevant, que j'espérais un peu fâché contre moi, ne m'a pas gardé la moindre rancune : loin de là, il m'a déjà trouvé des malades ; il m'a prié de passer dans deux maisons où l'on a, dit-il, besoin de mon ministère. Un médecin ne peut jamais refuser un malade, et vous concevez que par ce moyen Vadevant est capable de me présenter à toutes ses connaissances. Enfin je tâcherai au moins de supporter seul les ennuis de cette liaison, de faire comprendre à ce monsieur que vous ne vous souciez pas de ses visites. Aujourd'hui j'espère que nous pourrons dîner seuls, qu'un importun ne viendra pas se jeter entre nous, que vous pourrez penser, et moi observer tout à mon aise. Si vous voulez, nous nous risquerons aujourd'hui dans un restaurant à vingt-cinq sous..., sauf à dîner ailleurs après, si nous n'avons pas été satisfaits.

— Je vous ai dit, docteur, que j'étais entièrement à votre disposition.

Les deux amis vont pour sortir, lorsque Georges vient annoncer qu'un monsieur demande à saluer M. Guerreville ; et avant que celui-ci ait eu le temps de répondre, le visiteur, qui probablement avait suivi le domestique, entre dans le salon en s'écriant dès l'antichambre :

— Eh ! bonjour, monsieur Guerreville... comment va cette santé ?

Que je suis enchanté d'avoir le plaisir de vous trouver... je craignais que vous ne fussiez sorti... Ma femme m'avait dit : Surtout ne flâne pas en route, ne t'arrête pas devant tous les marchands de caricatures : c'est que j'aime beaucoup les caricatures... Mon épouse et ma fille Agathe, votre filleule, m'ont chargé de vous présenter l'assurance de leur attachement.

Pendant que ce monsieur s'annonçait si longuement, M. Guerreville lui présentait un siége, et le docteur le considérait.

Le nouveau venu était un homme de cinquante et quelques années, ayant les cheveux blonds sur le côté, et un peu plus châtains sur le milieu de la tête, ce qui ne laissait aucune illusion pour le faux toupet. C'était ensuite une de ces physionomies plaisantes qu'il est difficile de regarder sans éprouver l'envie de rire : un air extrêmement heureux ; un pincement de bouche qui semblait toujours prêt à lâcher un bon mot, et un nez qui semblait continuellement sur le point d'éternuer. Tel était M. Grillon, le mari de la dame que M. Guerreville avait rencontrée sur le boulevard, et avec laquelle il avait eu une si longue conversation.

Jérôme le porteur d'eau

M. Guerreville fait à M. Grillon toutes les politesses d'usage, et se dispose à lui demander ce qui lui procure le plaisir de le voir; mais celui-ci ne lui en laisse pas le temps. M. Grillon avait l'habitude de ne jamais répondre à ce qu'on lui disait ; il parlait presque toujours sans écouter : c'est une façon d'agir très-commune dans le monde, où presque tous les beaux péroreurs ne voulant pas abandonner le dé dans la conversation, trouvent tout simple, pour le conserver, de ne point laisser parler les autres.

Vous avez ensuite les gens qui le font par conscience, persuadés que ce qu'ils diront vaudra toujours mieux que ce qu'ils écouteraient.

Puis ceux qui le font par distraction, n'ayant jamais entendu ce que vous leur dites, quand cela n'a pas rapport à ce qu'ils racontent.

Puis ceux qui le font par bêtise, par manque d'usage, par impertinence, par besoin de bavarder. En général, vous remarquerez que les personnes qui ne savent pas, ou ne veulent point écouter, ont toujours une dose d'amour-propre qui rend leur société fort ennuyeuse.

M. Grillon avait la prétention d'être aimable, et chez lui la préoccupation de ce qu'il voulait ou allait dire était une des causes qui l'empêchaient d'écouter.

Il a pris un siége tout en regardant où il posera sa canne et son chapeau, qu'il se décide à tenir entre ses jambes, et tend la main à M. Guerreville en s'écriant :

— Que je suis donc charmé de vous voir !... ce cher monsieur Guerreville !... il y a bien longtemps que vous êtes absent de Paris !...

— Oui, monsieur... j'y suis venu cependant quelquefois depuis que vous ne m'avez vu.

— Oh ! il y a bien douze ans que vous êtes absent... Eh ! eh ! nous sommes de vieilles connaissances !... je ne vous trouve pas changé.

— Vous êtes trop bon... mais j'ai beaucoup vieilli, au contraire...

— Je ne suis pas changé non plus, moi, et j'ai toujours un appétit excellent... Et ma femme, comment l'avez-vous trouvée ?... hein !

— Mais je....

— Elle a été fort jolie, ma femme... extrêmement jolie ! Ma fille lui ressemble beaucoup... et à moi aussi... Vous avez vu Agathe... votre filleule... charmante enfant... un démon pour l'esprit... elle mord à tout... comme sa mère... Nous lui avons fait donner une brillante éducation, la musique, le dessin, la danse...,

— J'ai eu le plaisir de voir ma filleule. Elle est fort bien ; elle a l'air fort doux.

— Et puis les langues à la mode, l'italien, l'anglais !... elle sait tout. Écoutez donc ! on n'a qu'un enfant ; on en est fier, c'est naturel ; et encore, si j'ai eu cette fille-là, c'est bien un coup de la Providence, vous vous rappelez ? J'étais en voyage... j'avais laissé ma femme malade : pas du tout, c'est qu'elle était enceinte... Elle ne s'en doutait pas ni moi non plus ; aussi quand je revins au bout d'un an, comme je fus surpris et enchanté d'être père !...

— Et les affaires, monsieur Grillon ? vous y avez renoncé, je crois ?

— Malheureusement, je n'ai jamais pu avoir d'autres enfants depuis ; je n'ai que cette fille-là... j'aurais désiré aussi un garçon. Enfin... que voulez-vous ?... L'homme propose !... Et vous, monsieur Guerreville, vous avez des enfants ?

— Oui, monsieur, j'ai une fille, mais elle habite loin de Paris.

— Vous ne savez pas pourquoi je suis venu, je vais vous le dire. D'abord pour avoir le plaisir de vous voir... Mais ensuite, comme nous désirons vivement renouer la connaissance, nous voulons vous avoir à dîner... vous avez refusé à ma fille hier... c'est pourtant votre filleule....

— Monsieur, c'est qu'il m'était impossible d'accepter.

— Alors ma femme m'a dit : Grillon, va toi-même engager M. Guerreville ; c'est peut-être parce que tu n'as pas accompagné ta fille qu'il a refusé.

— Oh ! je vous prie de croire que ce n'est pas ce motif.

— Aussitôt je suis parti, et me voilà. Je viens prendre votre jour... celui que vous voudrez... cela nous est parfaitement égal... nous dînons tous les jours... Voyons, lequel vous va le mieux ?...

— En vérité, monsieur Grillon, je suis bien sensible à votre démarche... mais je ne suis pas très-bien portant... vous voyez même mon médecin...

— Eh bien ! après-demain ; ça vous va-t-il ?...

— J'ai l'honneur de vous dire que je suis peu disposé à dîner en ville ; et....

— Ou samedi, si vous aimez mieux, puisque ça nous est égal. D'abord.... moi, je ne m'en vais pas sans avoir votre promesse.

M. Guerreville voit qu'il n'y a pas moyen d'échapper au dîner de M. Grillon. Peut-être aussi une voix secrète lui dit-elle qu'il doit au moins de la reconnaissance à l'amitié qu'on lui témoigne. Ces réflexions le décident, et il répond :

— Eh bien ! monsieur, d'aujourd'hui en quinze j'aurai le plaisir d'aller dîner chez vous.

— D'aujourd'hui en quinze, c'est un peu long... Enfin, n'importe ! c'est dit... et nous ne vous laisserons pas oublier votre promesse... j'aurai l'honneur de vous revoir.

— Oh ! vous pouvez compter sur moi !...

— Et puis votre filleule viendra vous voir... cette espiègle Agathe... elle aime beaucoup son parrain... elle ne fait plus que nous parler toute la journée de son parrain... Il est vrai que quand ce n'est pas elle, c'est ma femme qui parle de vous. Elle a été charmante, ma femme.... Adieu, monsieur Guerreville ; je m'en vais, car l'heure du dîner approche, et je suis très-exact... Ainsi, d'aujourd'hui en quinze. Avez-vous notre adresse ?...

— Oui, monsieur, madame me l'a dite.

— Tenez, la voici... et à cinq heures précises, s'il vous plaît... D'ailleurs, votre filleule aura l'avantage de venir vous présenter ses hommages... elle ne parle plus que de son parrain.

— J'ai l'honneur de vous saluer, monsieur.

— Oh ! Agathe vous aime beaucoup... Bien le bonjour, monsieur Guerreville, enchanté de renouer connaissance... A cinq heures précises !...

M. Grillon est parti ; le docteur sourit en regardant M. Guerreville, et lui dit :

— Vous avez bien fait d'accepter cette invitation, car il est probable que sans cela le papa, la maman et votre filleule seraient venus tour à tour vous la renouveler.

— Oui... j'ai dû céder ; mais, vous le voyez, docteur, à Paris même, on n'est pas toujours maître de faire ce qu'on veut ; il faut aller dans le monde malgré soi...

— Puisque vous cherchez quelques personnes dans cette ville, ce n'est pas en vivant dans la retraite que vous les découvrirez...

— Vous avez raison... mais il y a des maisons où je ne désirais pas retourner...

— Il paraît cependant que la famille Grillon vous porte beaucoup d'attachement ?

— Docteur, est-ce que vous n'avez pas éprouvé quelquefois que les

avances et les grandes démonstrations d'amitié de certaines gens nous éloignent plus qu'elles ne nous attirent?...
— Oh! si fait, parbleu!... je l'ai remarqué souvent... c'est qu'en général il ne faut jamais vouloir prendre de force ni l'amour ni l'amitié : ce sont de ces sentiments qui doivent venir d'eux-mêmes tout naturellement, et qui reculent quand on les pousse. Mais si nous allions voir ce traiteur à vingt-cinq sous?
— Volontiers.
Au moment où ces messieurs vont sortir du salon, Georges en ouvre la porte, et dit :
— Voilà monsieur Jules qui demande à monsieur Guerreville la permission de lui dire deux mots.
— Encore! s'écrie M. Guerreville en faisant un mouvement d'impatience ; est-ce qu'on ne me laissera plus un instant de repos?

— Monsieur, je vous apporte des gants que vous avez choisis hier, chez ma mère... madame Gallet.

— Que je ne vous gêne pas, dit le docteur, je vais passer dans une autre pièce.
— Non, non, restez... Eh bien! où est-il, ce M. Jules?... voyons, qu'il entre!...
Georges retourne vers le jeune homme, qui attend dans l'antichambre, et bientôt Jules s'avance timidement dans le salon, où l'air d'humeur et le ton brusque avec lesquels M. Guerreville l'accueille lui font monter la rougeur au visage.
— Que me voulez-vous, monsieur?
— Monsieur, je vous demande bien pardon si j'ai pris la liberté de revenir si vite vous déranger....
— Qu'est-ce qu'il y a?....
— C'est que je voulais vous dire, parce que vous aviez paru désirer savoir... c'est pourquoi...
— Expliquez-vous mieux que cela, monsieur ; je ne vous comprends pas....
Le pauvre Jules est entièrement déconcerté par ces mots ; il baisse les yeux, murmure quelques paroles inintelligibles, et ne sait s'il doit rester ou se retirer. Le docteur, touché de l'embarras du jeune homme, s'approche de M. Guerreville, et lui dit tout bas :
— Ce pauvre garçon, il ne sait plus où il en est, il a l'air timide, votre accueil ne lui fera pas trouver ce qu'il veut dire.
M. Guerreville se retourne, regarde Jules, puis serre la main du docteur en lui répondant :
— Vous avez raison, je suis injuste, j'ai tort....
Et s'approchant de Jules, qui a l'air d'avoir envie de pleurer, il lui frappe sur l'épaule en lui disant d'un ton plus doux :
— Eh bien!... voyons, mon ami, qu'avez-vous à me dire?... à me demander?...
Le front du jeune homme s'éclaircit, et il répond tout d'un trait :

— Monsieur, je vous ai parlé de M. Tristepatte, professeur de déclamation... et vous avez eu la bonté de me promettre de venir un jour m'entendre chez lui, afin de juger de mes dispositions pour le théâtre. Je voulais vous dire, monsieur, qu'après-demain il y aura grande leçon sur le midi : on jouera des fragments de *Zaïre* et de l'*Ecole des Vieillards*; enfin on pourra beaucoup mieux juger des élèves. Je dois jouer un grand rôle ; et si pouviez venir m'entendre...
— Eh bien! j'irai, monsieur Jules, puisque vous le désirez...
— Ah! monsieur, cela me fera bien plaisir... Vous savez l'adresse de M. Tristepatte, rue du Petit-Hurleur.
— Oui, vous me l'avez donnée ; je pense que vous ne trouverez pas mauvais que monsieur m'accompagne, s'il en a le loisir.
— Oh! bien au contraire, monsieur, amenez autant de personnes que vous voudrez... cela fera même grand plaisir à mon professeur ; il nous recommande bien d'engager nos connaissances à venir nous entendre, parce que cela fait un public, et que cela nous habitue à jouer devant le monde ; et quand nos amis ne viennent pas, alors il va chercher les voisines et les portiers du quartier, parce que cela fait toujours un petit public ; mais, par exemple, si vous passiez chez nous, vous ne parleriez pas de cela à ma mère ni à mon père....
— Soyez tranquille, vous m'avez donné votre confiance, je n'en abuserai pas.
— Ainsi, après-demain, monsieur!...
— Oui, monsieur Jules.
— Je vous demande mille pardons de la liberté que j'ai prise... C'est que j'étais bien aise de vous prévenir.
— C'est très-bien ; au revoir.
— Messieurs, j'ai bien l'honneur de vous saluer!...
Jules s'éloigne presque à reculons en ayant encore saluer plusieurs fois ; lorsqu'il est parti, Jenneval s'écrie :
— Il est fort bien, ce jeune homme... ses manières ont encore la candeur, la timidité de l'adolescence ; mais ce que je ne comprends pas, c'est qu'il vienne vous prier d'assister à ses essais dramatiques, et que vous ayez promis d'aller entendre le cours du professeur Tristepatte.....

M. Grillon était docile à toutes les volontés de mademoiselle Agathe sa fille.

— Que voulez-vous, docteur? j'avais sans doute quelques motifs pour ne point refuser à ce jeune homme... sa mère me l'a fortement recommandé ; mais il a la passion du théâtre, et je crains que cela ne compromette son avenir. Si vous n'avez rien de mieux à faire après-demain dans la journée, et que vous vouliez venir avec moi chez ce maître de déclamation....
— Oh! j'accepte de grand cœur ; entendre réciter *Zaïre* et l'*Ecole des Vieillards* rue du Petit-Hurleur, cela doit être fort curieux, et, pour tout au monde, je ne manquerais pas cette occasion. J'ai entendu quelquefois au Conservatoire les élèves de la classe de déclamation, mais je suppose que ce doit être beaucoup plus piquant chez M. Tristepatte. En attendant, si nous essayions d'aller dîner?

— Partons vite de peur qu'il ne m'arrive encore quelque visite...

M. Guerreville et le docteur dirigent leurs pas vers le quartier latin, et ils ne tardent pas à trouver un restaurant à vingt-cinq sous.

Ils entrent dans un vaste salon garni de tables, entre lesquelles il ne reste que fort juste le passage d'une personne ; presque toutes ces tables sont occupées, et souvent la même sert à plusieurs écots. Là se fait un mouvement perpétuel de plats, d'assiettes, de garçons ; vous entendez comme un bourdonnement causé par le bruit des fourchettes, des verres et des mâchoires ; puis, de tous les points de la salle, ces cris, qui se renouvellent sans cesse : Du pain ! garçon ! ici, du pain !...

Ce n'est pas sans peine que le docteur parvient à trouver deux places sur une moitié de table à laquelle sont assis deux jeunes gens, dont l'un a une superbe barbe à la François Ier, et l'autre un nœud de cravate plus large que le fond de son chapeau. Le premier se dispute avec le garçon :

— Je vous ai demandé un pot de crème.
— Monsieur, il n'y en a plus.
— Je vous en ai demandé en arrivant.
— Monsieur, il n'y en avait plus.
— Voilà huit jours qu'il n'y en a plus, n'importe à quelle heure j'en demande... Alors il faut dire tout de suite qu'on n'en fait pas.... ou bien on n'en faites deux douzaines pour deux cents personnes qui viennent dîner ici, c'est une mauvaise plaisanterie... je ne dînerai plus ici... et tous mes amis feront comme moi... nous irons ailleurs, et votre établissement sera perdu !... parce que c'est nous qui l'avons fait prospérer, et nous saurons bien le faire tomber quand nous voudrons....

En disant ces mots, le jeune homme se lève, jette avec colère sa serviette sur la table, et sort d'un air menaçant en murmurant les mots de gargote et de taudis.

— Voyez cependant à quoi tiennent les fortunes... dit le docteur ; voilà un établissement sur le penchant de sa ruine... pour un petit pot de crème !... les révolutions n'ont quelquefois pas de causes plus graves.

— Bah ! dit le garçon en ôtant le couvert du jeune homme qui vient de partir, il sera encore bien content de revenir demain... S'il fallait les écouter tous, on ferait des chatteries de trente sous pour leur dessert... et notez encore qu'ils mangent du pain, que c'est effrayant... Qu'est-ce que ces messieurs prennent ?... il n'y a plus que du bifteck, du veau à la bourgeoise, et des épinards....

— Alors vous nous donnerez des épinards, du bifteck et du veau.
— Comme ça, ces messieurs n'attendront pas...

Pendant qu'on les sert et qu'ils attaquent le dîner à vingt-cinq sous, le jeune homme au gros nœud de cravate, placé près d'eux, s'amusait à renverser le contenu d'une poivrière dans un moutardier, puis il glissait des poignées de sel dans une carafe, et tâchait de faire entrer des croûtes de pain dans un huilier.

— Elevez donc des établissements philanthropiques, dit Jenneval, pour en être ainsi récompensé. Tous ces jeunes gens seraient fort embarrassés s'il n'y avait pas de traiteurs à bon marché. Ici, à vingt-cinq sous, ils ont du potage, trois plats au choix ou à peu près, un dessert, un carafon de vin, et du pain à discrétion, et en vérité, tout cela est mangeable, surtout lorsqu'on a l'appétit dont ces messieurs paraissent pourvus. Eh bien ! leur bonheur est de mêler le poivre et le sel, de perdre l'huile ou la moutarde, enfin de causer le plus de tort possible à celui qui a entrepris de les sustenter à bas prix. Faites donc du bien aux hommes, et croyez à leur reconnaissance !...

M. Guerreville secoue la tête en poussant un léger soupir. Tout en dînant, il parcourt des yeux le salon, il examine tous les visages, puis il retombe dans ses réflexions, que le docteur n'essaie pas de dissiper quand M. Guerreville semble très-attristé ; car Jenneval avait aussi pour principe qu'on ne peut pas forcer les gens à être gais, et que pour les faire sourire il faut savoir choisir le moment.

Dans les restaurants à prix fixe on vous sert très-vite ; il semble même que l'on vous donne coup sur coup tout ce que vous demandez, afin de vous obliger à vous presser pour faire place à d'autres.

Le docteur et M. Guerreville n'ont pas fait un long séjour chez le traiteur ; ils sont sortis, l'un plus pensif et plus triste qu'en y entrant, l'autre en disant :

— Ça n'est pas trop mauvais ; mais je n'y reviendrai pas...

Après avoir marché quelque temps en silence, Jenneval dit enfin à son compagnon :

— Vous me semblez ce soir plus soucieux encore que ce matin ; auriez-vous vu chez ce traiteur quelqu'un... qui vous ait rappelé vos peines ?...

— Non, docteur... non... ah ! plût au ciel que j'eusse rencontré ceux qui les connaissent... qui les causent... mais rien... jamais rien... et voilà ce qui me désespère ! En vain je vais partout, en vain je m'informe et parcours cette ville, aucun indice qui me mette sur la trace de celle que je cherche. Quelquefois, vous l'avez vu, j'essaie de sourire, d'avoir du courage... de me distraire même ; mais si vous saviez combien cela m'est impossible !... Au fond de mon cœur, j'ai toujours la même douleur, le même souvenir ; puis enfin, las de me contraindre, j'ai besoin de rêver, de gémir, de me trouver libre d'être malheureux !... Adieu, docteur... adieu, nous nous reverrons demain.

Jenneval n'essaie pas de retenir M. Guerreville ; il sait que des consolations mal placées importunent et ne consolent pas ; il laisse son ami regagner seul sa demeure en se disant :

— Attendons qu'il m'ait donné sa confiance... alors seulement j'essaierai de prendre la moitié de ses peines !

Le lendemain dans la matinée, M. Guerreville, qui est sorti de bonne heure pour parcourir un quartier éloigné du sien, s'en revenait lentement sur les quais, lorsqu'une exclamation poussée près de lui, et accompagnée d'un bruit assez fort, lui fait lever les yeux.

Un porteur d'eau s'est arrêté devant M. Guerreville, et il a posé si brusquement sur le pavé les deux seaux qu'il portait, qu'une partie de l'eau qu'ils contenaient forme une mare à ses pieds. Cet homme regarde M. Guerreville avec une expression de joie, de bonheur difficile à décrire ; il veut parler, mais son émotion est telle, qu'il ne peut prononcer que des mots entrecoupés :

— C'est lui... ah ! mon Dieu !... c'est... queu plaisir !... de joie... de... que je suis content !...

— C'est Jérôme ! s'écrie à son tour M. Guerreville, qui vient de reconnaître le porteur d'eau ; et il tend sa main à l'Auvergnat, qui semble d'abord craindre de la toucher, la prend avec respect, puis la serre d'une force à la briser.

— Oui, c'est moi, monsieur... monsieur mon bienfaiteur !
— Que dites-vous là, Jérôme, pour un faible service !
— Oh ! que si fait, monsieur, que c'est un grand service.. et que vous m'avez bien sauvé de la peine, de la misère, de tout le diable et son train qui était chez moi... Oh ! vous êtes ben mon bienfaiteur... Votre secours, voyez-vous, ça m'a rendu la tranquillité, et avec elle la santé est revenue bien vite... Oh ! dame, c'est que j'étions ben pauvre !... quoique je tâchions de rire encore pour ne pas attrister ma pauvre petite Zizine ! Oh ! quand elle m'a apporté tout ce que vous aviez mis dans son tablier... elle était si contente aussi, cette chère enfant... et puis elle aurait tant voulu vous remercier... surtout quand elle a vu que je pleurais de joie !...

— Assez... assez... Jérôme, laissons cela !

— Oh ! non, monsieur ; il faut que je me soulage !... il y a si longtemps que je désirais vous rencontrer pour vous témoigner ma reconnaissance... Voyez-vous, ça m'étouffait de garder tout ça sur mon cœur. Pardon, monsieur, si je me permets de vous parler comme ça dans la rue... mais je ne peux vous voir autre part.

— Jérôme ! je ne suis pas de ces personnes qui croiraient se compromettre en causant avec un porteur d'eau, en serrant la main d'un ouvrier. J'ai vu beaucoup de gens prêchant l'égalité dans leurs écrits, et fort peu abordables pour leurs inférieurs ; moi, qui ne prêche rien parce que je n'espère convertir personne, je n'ai jamais pensé que l'on pût rougir de causer avec un honnête homme, quelle que fût sa profession. Je suis content aussi de vous avoir rencontré, car d'une autre fois j'ai pensé à vous ;... votre position, votre tendresse pour votre enfant m'avaient vivement intéressé. Et maintenant êtes-vous plus heureux ?

— Heureux... oh ! dame, monsieur... c'est si l'on veut, je suis ben heureux d'une façon, parce que maintenant je me porte bien, et je peux gagner ma vie... mais d'un autre côté... je ne suis pas si joyeux quand je rentre chez moi... parce que je n'y trouve pus ma petite que j'aimais tant à faire sauter sur mes genoux, et entendre babiller...

— Comment, vous n'avez plus votre fille ?

— Je m'en vas vous expliquer ça, si vous voulez bien le permettre : Quand vous m'avez eu donné de quoi payer mon propriétaire, c'est ce que je commençai par faire ; mais il me fit dire, par son méchant savetier de portier, qu'il n'en fallait pas moins déménager au terme, parce qu'il voulait son logement. Moi je dis, Ça m'est égal, puisqu'il ne peut plus me retenir mes meubles, je trouverai toujours ben un grenier aussi beau ; et dès que je fus sur pied, ce qui ne fut pas long, je me mis en recherche d'un autre gîte ; je trouvai mon affaire dans une belle maison de la rue Saint-Honoré, et où le portier était un bon homme qui ne rudoyait pas le pauvre monde. Au bout de dix jours, nous étions installés dans notre nouveau local, au sixième ; mais un escalier qui n'était pas un casse-cou, du moins. Si ben que ma petite Zizine descendait assez souvent soit pour aller chez la fruitière, soit pour jouer un peu avec la petite du portier, qui était de son âge ; or donc, il se trouva qu'il demeurait au premier dans la maison une demoiselle avec sa mère. Oh ! mais c'était des gens riches... des gens huppés !... ça n'empêche pas que la demoiselle remarqua ma Zinzinette en la rencontrant dans l'escalier. Dame, vous savez, monsieur, qu'elle est ben gentille, cette chère enfant... et qu'elle est si raisonnable, si sensé, qu'on lui donnerait vingt ans... si elle n'était pas si petite... Si ben que la demoiselle du premier commença par causer avec Zizine ; puis, contente de ses réponses, la fit entrer chez elle, lui donna des sucreries, des gâteaux, des petits bonnets ; enfin, ça devint au point que la demoiselle ne pouvait plus être un jour sans voir la petite, et que Zizine passait toutes les journées chez elle. Moi, je savais cela, et vous entendez ben que je ne pouvais pas en être fâché, car je me disais : Cette chère enfant sera mieux au premier qu'au sixième ! Et tous les jours la petite remontait avec de nouveaux présents que ces bonnes dames lui avaient faits. Mais voilà qu'un jour elles me font aussi prier d'entrer chez elles... ça me surprend d'abord un peu ; mais c'est égal, je m'arrange proprement et je me rends chez madame Dolbert... c'est le nom de cette dame. On me fait entrer ; je trouve la mère et la fille, et puis, comme de coutume, ma Zinzinette qui jouait avec deux ou trois poupées. La vieille dame (car au fait c'est pas la mère, c'est la grand'mère de mamzelle Stéphanie, qui n'a pus qu'elle de parents...), la vieille dame vint donc à moi et me dit : Jérôme, ma petite-fille aime tendrement votre petite... vous êtes veuf et ne pouvez guère vous occuper d'elle ; si vous voulez consentir à la laisser avec nous, nous aurons pour elle les soins les plus assidus ; nous lui ferons donner de l'éducation ; elle a déjà tant d'esprit et de raison que ce serait un meurtre de ne pas cultiver les heureuses dispositions qu'elle a reçues de la nature. Ma petite-fille se fera un plaisir de lui enseigner aussi la musique, le dessin ; enfin, nous la traiterons comme notre enfant, et lorsqu'elle sera grande, outre qu'elle trouvera dans ses talents des ressources contre l'infortune, ma Stéphanie s'engage encore à lui donner une petite dot quand elle voudra s'établir. Eh bien ! Jérôme, consentez-vous à nous laisser cette enfant ? Ah ! dame ! monsieur, vous sentez ben qu'à cette proposition je devins tout rouge... tout pâle... tout bouleversé !... J'avais le cœur gros de plaisir et de peine !... Je crois même que des larmes coulèrent de mes yeux, car ma petite Zizine laissa tous ses joujoux et courut dans mes bras en me disant : Est-ce que tu as du chagrin ? Je l'embrassai sans pouvoir répondre d'abord, mais je la serrai bien fort contre mon cœur ; il me semblait déjà que c'était pour la dernière fois....

Ici, Jérôme s'arrête, car le souvenir de ce moment vient de faire encore venir des larmes dans ses yeux. M. Guerreville, qui n'est pas moins ému, lui serre la main en balbutiant : Pauvre Jérôme !

Le porteur d'eau pousse un gros soupir, puis reprend :
— Je ne fus pas ben longtemps à réfléchir ; on me fendait le cœur de me séparer de ma Zizine ; mais c'était pour son bien, pour son bonheur, je consentis...
— Eh quoi ! Jérôme, vous avez pu consentir à vous priver de votre fille... de votre unique enfant... de celle qui devait embellir vos vieux jours ?
— C'était pour qu'elle fût plus heureuse, monsieur ; il me sembla que je ne devais pas, que je ne pouvais pas m'y opposer...
— Ah ! vous avez accompli là un bien grand sacrifice !...
— Ah ! dame, oui ! c'en était un sacrifice !... Cependant, ces dames qui virent mon chagrin, me dirent : Vous pourrez voir votre fille quand vous le voudrez, toutes les fois que vous le désirerez... Et cela me calma un peu. Quant à Zinzinette, on lui dit seulement : Ton papa veut que tu couches ici, que tu demeures au premier, au lieu de remonter au sixième ; mais il viendra te voir toutes les fois qu'il en aura le temps. La chère enfant ne voulait pas d'abord, elle jetait de côté les joujoux, et s'écriait : J'aime mieux coucher près de mon père ! je ne veux pas le quitter !... S'il mettait encore le feu à son lit, il n'aurait personne près de lui pour l'éteindre !... Pauvre mignonnette ! il me fallut avoir l'air de me fâcher pour la faire consentir à ne plus demeurer dans mon grenier ! et encore se fit-elle promettre de pouvoir monter m'y voir souvent !... Voilà donc qui fut fait. Zizine resta chez madame Dolbert. Pendant les premiers jours, j'allai la voir souvent ; ensuite un peu moins, car je craignais toujours de déranger, et je ne suis pas à mon aise devant ces belles dames ; mais je pris courage, parce que je vis que ma petite était ben soignée ! Les choses en étaient là, quand, il y a six semaines, ces dames changèrent de logement ; elles quittèrent la rue Saint-Honoré, pour aller demeurer sur le boulevard de la Madeleine... Ah, dame ! je pouvais déménager aussi, moi !... et puis, mes pratiques ne sont pas dans ce quartier-là !... Il me fallut donc voir s'éloigner ma petite !... et maintenant je n'ose pas aller la voir souvent ; non qu'elle me témoigne moins d'amitié... Ah ben ! au contraire, la chère enfant me saute au cou dès qu'elle m'aperçoit ! mais le travail me tient toute la journée, et le soir il faut manger et dormir, pour pouvoir recommencer le lendemain. Voilà, mon cher monsieur, ce qui m'est arrivé... C'est un grand bonheur pour ma petite, qui va être élevée comme une belle dame ; mais c'est une grande privation pour moi de ne plus pouvoir l'embrasser chaque soir et chaque matin.

Jérôme a terminé son récit, et il passe encore son mouchoir sur ses yeux ; M. Guerreville semble tout aussi affecté en lui disant :
— Je désire, Jérôme, que vous n'ayez pas à vous repentir de ce que vous avez fait... mais se séparer de son enfant !... Enfin... vous pourrez toujours la voir, au moins... pauvre petite !... Je conçois qu'on ait pour elle tant d'attachement... elle est vraiment intéressante... et sa tectrice se nomme, dites-vous, madame Dolbert ?
— Oui, monsieur.
— Et demeure sur le boulevard de la Madeleine ?
— Au coin de la rue Duphot.
— Je tâcherai de m'informer... de savoir si, en effet, votre fille est bien. Quant à vous, Jérôme, tenez, voilà mon adresse, venez me voir .. venez quelquefois me donner de vos nouvelles, me parler de votre petite ; je suis père aussi, moi, et je n'aime pas ma fille moins tendrement que vous n'aimez la vôtre... c'est pour cela que j'aurai du plaisir à vous entendre.
— Ah ! monsieur, c'est trop de bontés... je vous en remercie ben ; et certainement je profiterai de votre permission... j'aurai cet honneur-là...
— Oui, venez me voir, Jérôme, nous causerons de votre enfant ; adieu !

M. Guerreville s'éloigne après avoir encore pressé la main de l'Auvergnat, et Jérôme se dit en reprenant ses seaux :
— Un si brave homme !... est-ce qu'il ne serait pas heureux !... à quoi penserait la Providence alors !...

Chapitre X. — Un Professeur de déclamation.

Le docteur n'a pas oublié la proposition que lui a faite M. Guerreville de le mener chez un professeur de déclamation ; au jour indiqué par Jules, il va sur le midi prendre son ami, et tous deux se dirigent vers la rue du Petit-Hurleur.
— Je ne conseillerais pas au professeur d'établir un théâtre dans ce quartier, disait Jenheval en traversant la rue Bourg-l'Abbé ; je ne crois pas que l'attrait du spectacle puisse faire braver la crotte que l'on y trouve toute l'année, il faut déjà beaucoup de courage ou de vocation pour aller prendre des leçons dramatiques rue du Petit-Hurleur.
— Et que direz-vous de ceux qui viennent entendre les élèves ?
— Je dirai : Ce qu'on ne fait qu'une fois par hasard a toujours quelque attrait, quand ce ne serait que celui de la curiosité !

Arrivés rue du Petit-Hurleur, M. Guerreville s'arrête avec son compagnon au numéro que porte l'adresse : c'est une vieille et vilaine maison dont l'entrée est une allée fort sombre, dans laquelle on fait toutes sortes de choses qui engagent les personnes qui entrent à presser le pas. Au fond, sur la droite, en tâtonnant, on trouve un escalier ; et petit à petit, quand les yeux se sont faits à cette obscurité, on commence à apercevoir des marches, moitié en bois, moitié en plâtre, et une rampe sur laquelle on ne se sent pas le courage de mettre la main.
— Cette maison est horriblement sale, dit M. Guerreville en regardant son compagnon.
— C'est le vieux Paris, répond le docteur en souriant. Il y a des gens qui trouveraient cette maison admirable, parce qu'elle est moyen-âge... et ils appellent *Vandales* ceux qui jettent à bas ces cloaques infects, et qui bâtissent à la place des maisons claires, propres, aérées, et dans lesquelles on peut pénétrer sans crainte de se rompre le cou ; heureusement qu'en dépit de ces amateurs de l'antique, chaque jour Paris s'embellit, et, qu'après une visite forcée dans la rue de la Calandre ou des Hurleurs grand et petit, on peut aller respirer à son aise rue de la Paix ou de Rivoli. Mais il me semble que nous ferions aussi bien de ne pas nous arrêter dans cette allée.
— C'est que je ne vois pas de portier ?
— Un portier ! est-ce que l'on connaîtrait cela quand on a bâti cette maison ! Alors les bourgeois descendaient eux-mêmes ouvrir et fermer leur porte... Montons.. nous finirons par trouver : mais ne nous arrêtons pas au premier, c'est inutile ; le professeur Tristepatte doit être logé plus haut.

Ces messieurs arrivent au second, où il y a quatre portes sur une espèce de petit palier qui précède un corridor.
— Si nous frappions à une de ces portes ? dit M. Guerreville.
— Comme vous voudrez ; mais je suppose que le professeur demeure plus haut.

M. Guerreville frappe à une porte, point de réponse ; à une seconde, point de réponse ; aux deux autres, même silence.
— Qu'est-ce que cela signifie, docteur ? cette maison est-elle donc inhabitée ?
— Je la crois très habitée, au contraire ; mais probablement par des ouvriers qui maintenant sont tous à leur ouvrage. Montons encore.

Au troisième, une des portes est ouverte et laisse apercevoir une petite chambre dans laquelle, pour tout meuble, il y a un balai qui n'a presque plus vestige de crins. M. Guerreville entre dans cette chambre en frappant contre la porte, on ne répond pas, mais bientôt des cris d'enfants partent d'une pièce qui est au fond. Le docteur, qui a suivi M. Guerreville, se décide à ouvrir une porte, et alors un tableau digne du pinceau de *Biard* vient s'offrir à leur vue.

Dans une chambre mal meublée, sans rideaux, et presque dépourvue de papier sur les murailles, il y a, d'un côté, une méchante couchette, de l'autre une espèce de berceau ; au milieu de la chambre, une table ronde, sur laquelle sont quelques tasses, du pain et une assiette avec un gros morceau de fromage ; sur la couchette est un enfant de trois à quatre ans, sale, mal peigné, mais fort et vigoureux. Dans le berceau est un autre enfant plus jeune, mais qui annonce aussi la force et la santé ; enfin, dans une cheminée est allumé un fourneau sur lequel est placé un poêlon rempli de lait.

Au moment où le docteur ouvre la porte, les deux enfants poussaient des cris affreux : celui placé sur la couchette avait les yeux presque hors de la tête tant il mettait d'action dans sa douleur. Le plus petit, tout en braillant et faisant la grimace, élevait ses bras vers la cheminée, et se penchait tellement hors de son berceau qu'il semblait prêt à se laisser tomber dans la chambre.
— Ah ! mon Dieu ! qu'est-il arrivé à ces enfants ? dit M. Guerre-

ville en entrant après le docteur, ils sont donc malades... et leurs parents les laissent ainsi seuls!... Voyez donc, docteur, ce qu'il y a à faire pour les soulager.

Mais déjà le docteur riait aux éclats en montrant à M. Guerreville, d'un côté un chat qui s'enfuyait avec le morceau de fromage, et de l'autre le lait que le feu avait fait monter, et qui se répandait de tous côtés par-dessus le poêlon. C'était là, en effet, ce qui faisait pousser de si grands cris aux deux enfants, chacun d'eux voyait s'enfuir son déjeuner et se désespérait de ne pouvoir le sauver.

Jenneval retire le poêlon de dessus le fourneau, reprend au chat le morceau de fromage, le replace sur l'assiette, et aussitôt les cris cessent, et les deux marmots se contentent de crier dans divers tons :

— J'ai faim, je veux manger... j'ai faim !...

En ce moment une femme en fichu sur la tête entre dans la première pièce, d'où, apercevant deux étrangers, dont l'un tient un poêlon à la main, elle se met à crier presque aussi fort que ses enfants :

— Au voleur !... au secours !... il y a des voleurs chez moi !...

Et les enfants, entendant crier leur mère, recommencent à beugler aussi, sans savoir pourquoi, mais ans décesser.

Ce tintamarre inattendu étourdit tellement Jenneval que le poêlon lui échappe des mains, il tombe sur le chat qui reçoit sur la tête le lait bouillant qui restait dans l'écuelle. Le chat ébaudé jure, saute sur la table, casse les tasses, brise une bouteille ; les enfants et leur mère crient encore plus fort, Jenneval rit aux éclats, et M. Guerreville seul reste calme et froid au milieu de ce désordre.

Deux vieilles femmes sortent de deux portes du carré, l'une en camisole, en jupon de tricot collant sur ses hanches, un vieux foulard roulé autour de la tête, et tenant un roman à la main ; l'autre, en robe noire, sur laquelle il semble que l'on doit avoir essuyé des plumes, a un chapeau d'étoffe qui n'a plus de couleur, et dont la passe peut servir en même temps de garde-vue, d'auvent et de parapluie.

Pendant que ces dames viennent s'informer de ce qui est arrivé, M. Guerreville s'est approché de la femme en fichu, et il est parvenu enfin à lui faire comprendre qu'il est entré chez lui pour demander le logement de M. Tristepatte, et qu'au moment où elle a paru, son ami cherchait à sauver le déjeuner de ses enfants.

Jenneval, qui s'est calmé, relève le poêlon et le présente à la mère éplorée, en lui disant :

— J'avais bien sauvé une tasse de lait... mais vos cris sont cause que j'ai perdu le reste et que votre chat a été cruellement puni de sa gourmandise !... Cependant, comme je dois m'attribuer le dégât commis par ce pauvre animal, je vous prie de permettre que je le paye.

Et le docteur mettait une pièce de cent sous sur la table, et comme tout ce que le chat avait brisé valait à peine trente sous, la mère des deux marmots se mit à faire force révérences et devint d'une excessive politesse, et les deux vieilles, qui étaient en observation sur le carré, se dirent :

— Est-elle heureuse c'te madame Limousse !... V'là son chat qui lui rapporte de l'argent !... Le mien ne m'a jamais rapporté que des malpropretés et des désagréments !...

— Il y a des gens qui ont du bonheur en tout !... Moi, j'ai trouvé dix superbes chiens dans ma vie ! et pour ceux-là il n'y avait ni affiche, ni récompense honnête ; je les nourrissais pendant des semaines, on ne les réclamait pas !... J'attrapais des puces, et pas autre chose !... que c'est à dégoûter de la bienfaisance.

Avant de s'éloigner, M. Guerreville s'adresse encore à la mère des deux enfants :

— Dites-moi, madame, vos enfants criaient bien fort, et demandaient à manger quand nous sommes arrivés ; est-ce qu'ils n'ont point encore déjeuné ?

— Non, monsieur.

— Quoi... si tard ! il est plus de midi et demi.

— Ah ! dame ! monsieur, que voulez-vous, je fais des ménages, il faut que de sorte de bonne heure... J'en ai trois dans ce moment-ci, je ne peux pas rentrer qu'ils ne soient faits...

— Et si vous en aviez cinq... six ?...

— Dame ! mes enfants déjeuneraient plus tard encore ! mais ça ne leur fait rien, ils y sont accoutumés.

— Ne pourriez-vous mettre leur déjeuner près d'eux, sur leur lit ?

— Ah ben oui !... ils mangeraient trop vite !... ils s'étoufferaient, ces chers amours !

— Singulière manière d'aimer et d'élever ses enfants ! dit Jenneval en sortant de la chambre. Mais à propos, et M. Tristepatte ?

— C'est au-dessus, messieurs, c'est-à-dire encore un étage et demi... D'ailleurs vous verrez écrit sur la porte son nom et son état.

Ces messieurs remontent, en passant devant les deux vieilles voisines, qui leur font de profondes révérences. A l'étage supérieur, ils aperçoivent, dans un couloir, un autre fragment d'escalier qui n'a que huit marches et conduit à une porte, sur laquelle on a écrit avec du blanc d'Espagne :

— *École de déclamation. Cours tous les jours. Tirez le cordon.*

Il y avait en effet, au milieu de la porte, un trou d'où sortait un cordon, et après lequel on avait noué un morceau de cerceau pour que l'on eût plus de facilité à le tirer.

— On n'accusera pas le professeur Tristepatte de séduire ses élèves par le luxe des décors et des costumes ! dit Jenneval en saisissant le cordon et le morceau de bois. Tout ici annonce une grande simplicité... je suis curieux de voir le reste.

Il tire le cordon, la porte s'ouvre, ils entrent dans un couloir, au bout duquel est une autre porte ; en approchant ils entendent parler à haute voix et avec chaleur, et ils jugent que le cours est commencé.

Le docteur tourne une clef qui est à cette porte, il ouvre, et invite M. Guerreville à être son introducteur dans ce sanctuaire dramatique.

C'était une grande pièce recevant du jour par en haut, et qui aurait pu passer pour un atelier de peintre si on n'y avait aperçu des tréteaux ; au fond, et dans toute la largeur, étaient dressés des tréteaux couverts de planches qui se trouvaient plus haut que le sol d'un pied et demi, c'était le théâtre ; de chaque côté de ces tréteaux, un lambeau de tapisserie attaché au plafond par une ficelle et des clous, c'étaient les coulisses ; enfin, sur un vieux canapé en velours d'Utrecht, placé dans un côté de la salle, et qui semblait avoir servi à faire de la salade, on voyait pêle-mêle un casque, un turban, une toge, une épée, un manteau en serge, une tunique, une ceinture, c'était le magasin de costumes.

Quand ces messieurs ont ouvert la porte, personne ne se trouvait sur le théâtre ; une jeune fille était assise dans un coin de la pièce et paraissait étudier un rôle dans une brochure. Un jeune homme, habillé assez mesquinement, mais doué d'une forêt de cheveux qu'il avait relevés en l'air à la manière à se faire une crinière de lion, arpentait dans la salle en gesticulant et déclamant avec tant de feu que des gouttes de sueur coulaient le long de ses joues.

Enfin, dans un fauteuil à roulettes placé en face des tréteaux, était assis le professeur Tristepatte. C'était un homme approchant de la soixantaine, mais qui mettait tous ses soins à dissimuler les effets du temps, qu'il n'attribuait lui-même qu'aux fatigues de sa profession. Sa figure moutonne, mais assez agréable, ses yeux d'un bleu un peu trop clair, sa taille assez bien prise et sa jambe fort bien tournée, avaient dû lui valoir des succès dans l'emploi des amoureux ; mais, avec les années, il avait pris du ventre, ses yeux s'étaient bouffis, et son visage considérablement chiffonné. Pour se conserver toujours un physique de jeune premier, M. Tristepatte portait un corset qui lui comprimait le ventre ; il avait une perruque blonde bien joliment bouclée ; enfin, il portait un col de crinoline extrêmement serré, et derrière lequel, avant de fixer la boucle, il tâchait de faire passer tous les plis de son visage, en sorte que sa peau semblait attachée derrière sa tête avec des épingles.

Tel était le professeur, qui était alors enveloppé dans une grande redingote blanchâtre, sous laquelle il portait presque toujours une culotte, afin de laisser voir sa jambe. En apercevant deux étrangers dont la tournure annonce des personnes comme il faut, M. Tristepatte a vivement quitté son fauteuil à roulettes pour aller les recevoir.

— Messieurs, donnez-vous la peine d'entrer, je vous en prie.

— Est-ce à monsieur Tristepatte, professeur de déclamation, que nous avons l'honneur de parler ?

— A lui-même, désolé de vous recevoir dans ce négligé... mais je faisais répéter un élève... Si vous vouliez passer dans ma chambre à coucher ?...

Ces mots étaient accompagnés de force saluts, tels qu'on les fait quand on porte l'épée et l'habit à paillettes ; mais M. Tristepatte qui si souvent rempli l'emploi de marquis, qu'il en avait, peut-être à dessein, conservé toutes les manières ; et très-souvent, en parlant, il se jetait son mouchoir sous un bras, puis le faisait passer sous l'autre, comme si c'eût été un chapeau à ganse d'acier.

M. Guerreville arrête M. Tristepatte, au moment où le professeur allait ouvrir la porte d'une autre pièce.

— Monsieur, nous sommes très-bien ici..., et, loin de vouloir vous déranger dans vos leçons, nous serons, si vous le permettez, charmés d'y assister...

— Comment donc, messieurs, mais ce sera beaucoup d'honneur pour moi et pour mes élèves... Vous avez peut-être le projet de jouer une comédie, un proverbe en société... et vous désirez prendre, comme on dit, l'habitude des planches ?... Vous faites bien, vous avez parfaitement raison... cela est très-nécessaire, surtout pour les *entrées* et les *sorties*. En général, les gens du monde qui veulent jouer la comédie manquent presque toujours leurs *entrées* et leurs *sorties*, et c'est là le grand écueil, messieurs !... Oh ! ne vous y trompez pas !... c'est fort difficile... on entre bien encore, mais c'est pour sortir... sans montrer son derrière au public... Oh ! il faut étudier !... il faut travailler cette partie-là pendant longtemps !... et je me flatte d'avoir donné là-dessus d'excellents principes...

Tout en parlant, le professeur a fait voltiger plusieurs fois son mouchoir d'un bras sous l'autre, avec l'adresse d'un joueur de gobelets, et M. Guerreville, impatienté de son bavardage, semblait disposé à montrer à M. Tristepatte, qu'il savait faire une sortie ; enfin, le professeur a repris haleine pour saluer et se moucher, et le docteur profite de ce moment pour lui dire :

— Nous n'avons pas l'intention de jouer la comédie ; mais nous venons pour entendre un de vos élèves, auquel nous nous intéressons beaucoup.

— Un de mes élèves... lequel?
— Un jeune homme nommé Jules.
— M. Jules... ah! charmant garçon, charmant élève, plein de dispositions pour les *Gavaudan* et les *Fleury*... un peu d'embarras dans l'organe, dans la manière de respirer, mais cela se fera... je le formerai... j'en ai formé bien d'autres : *Talma* m'écoutait, messieurs, *Talma* prenait de mes avis, il suivait mes conseils... Donnez-vous donc la peine de vous asseoir, messieurs, et il ne s'en trouvait pas plus mal... c'est moi qui lui donnai l'inflexion de son *qu'en dis-tu?* de *Manlius!* Talma le disait fort bien, car il lui eût été, je crois, difficile de mal dire ; mais l'inflexion venait du nez, et l'effet était manqué; moi, je lui dis : Mon ami... car *Talma* exigeait que je l'appelasse mon ami; je lui dis : Mon ami, veux-tu faire un effet monstrueux avec ce *qu'en dis-tu?* ch bien! prends-moi ton *qu'en* dans la gorge... et jette le *dis-tu* avec ton palais. Le lendemain il le fit, et la salle croula sous les applaudissements. Placez-vous là... en face de mon théâtre... vous serez fort bien pour juger les effets... Mes élèves ne vont pas tarder à se réunir... nous avons aujourd'hui grande classe... c'est-à-dire qu'on jouera des fragments chacun dans son emploi : c'est une fort bonne manière de former les talents. M. Jules ne peut tarder à venir... En attendant, si vous voulez bien me permettre de finir la grande scène d'*OEdipe* avec monsieur...
— Faites, monsieur, et de grâce ne vous occupez pas de nous.
— Trop heureux, messieurs, si j'avais toujours un public aussi capable d'apprécier les bonnes traditions!... Bonjour, Brûlard, bonjour, mon garçon.

Ces mots s'adressaient à un jeune homme qui venait d'entrer dans la classe; son costume semblait annoncer un garçon épicier; il avait la casquette et le petit tablier vert retroussé sur le côté. Celui qui déclamait à l'arrivée de M. Guerreville et dû docteur avait toujours continué de parler tout seul, et de gesticuler en arpentant la salle, probablement pour entretenir sa chaleur; et il avait grand soin de passer sa main dans ses cheveux pour les tenir en l'air; le garçon épicier a été lui dire bonjour, l'autre lui a serré la main, sans lui répondre, et en continuant de déclamer.

— Voyons, monsieur Alfred, nous allons finir votre scène d'*OEdipe*, dit M. Tristepatte à l'élève qui est toujours en mouvement. Mademoiselle Joséphine, étudiez bien votre rôle de *Zaïre*, nous en jouerons tout un acte tout à l'heure sur le théâtre.

La jeune personne qui est assise, répond :
— Oui, monsieur, sans quitter des yeux sa brochure. Le professeur se tourne vers le nouveau venu :
— Brûlard, voulez-vous faire Icare dans *OEdipe*?
— Tout ce que vous voudrez, monsieur Tristepatte.
— Nous allons prendre la scène troisième du cinquième acte ; je vais dire Phorbas, et comme cela, ça aura une certaine couleur... Vous savez le rôle d'Icare?
— Oh! très-bien... mais je ne me le rappelle pas du tout; si vous aviez la pièce...
— Si j'ai la pièce !... il me demande si j'ai Voltaire !... moi ! Tristepatte... si j'ai Voltaire !... Il est vrai que je pourrais me passer de l'avoir, vu que je le sais par cœur... Tenez, Brûlard, voici le volume où est *OEdipe*... Bonjour, madame Grignoux... vous avez amené votre fille, c'est fort bien... nous allons travailler tout à l'heure.

Madame Grignoux était une femme de quarante et quelques années, tournure d'ouvreuse de loges ; chapeau qui pouvait lutter avec celui de la voisine de madame Limousse ; un grand sac vert, un énorme cabas duquel s'échappait une demi-douzaine de flûtes d'un sou; de la prétention dans le parler et dans le sourire, et conduisant une petite fille de treize à quatorze ans, dont les souliers étaient attachés avec des lambeaux de rubans, et le reste du costume à l'avenant.

Cela promet d'être fort amusant, dit le docteur en se penchant à l'oreille de M. Guerreville, qui ne peut s'empêcher de sourire en voyant le professeur jeter sur son épaule un pan de sa grande redingote, comme s'il eût porté un manteau.

— Commençons-nous ? demande M. Alfred en passant encore à travers ses cheveux les doigts qui lui servent de démêloir.
— Oui... m'y voici... OEdipe est avec Icare lorsque j'arrive... Je fais mon entrée.

Pour que son entrée fasse plus d'effet, M. Tristepatte va ouvrir la porte qui donne sur le couloir, et se place au fond, d'où il commence à marcher à pas mesurés, s'arrêtant à chaque jambe qu'il pose pour pousser un gémissement. Il arrive ainsi au bout de deux minutes, et s'arrête devant Alfred en regardant la terre et mettant un poing sur sa hanche.

— Superbe entrée! murmure madame Grignoux... Ça me rappelle M. Frédéric dans le *Joueur*, à la troisième acte. Dieu ! que cette pièce-là m'a agi sur les nerfs!
— Chut! silence! madame Grignoux. A vous, Alfred. Le jeune Alfred passe sa main dans ses cheveux et s'écrie :

Ah ! Phorbas, approchez !

Le petit Brûlard récite tout d'une haleine :

Ma surprise est extrême

Plus je le vois et plus ah seigneur c'est lui-même
C'est lui...

— Ce n'est pas cela, Brûlard, dit le professeur en frappant du pied, vous allez... vous allez... vous nous dites cela comme si vous criiez : Qui veut boire à la fraîche, qui veut boire ! Que diable, mon ami, on s'arrête, on prend ses temps : *Plus je le vois, et plus*... Arrêtez-vous là, comme si vous aviez vu un serpent : *Ah ! seigneur, c'est lui-même!...* Ouvrez les bras, ouvrez la bouche... beaucoup de surprise à ce que vous lisez, mon ami.

Pardonnez-moi si vos traits inconnus...

BRULARD.

Quoi ! du mont *Citron* ne vous souvient-il plus?

— Qu'est-ce que c'est que le mont *Citron* !... dit le professeur en lâchant le pan de sa redingote; il y a le mont *Cithéron*. Faites donc attention à ce que vous lisez, mon ami.
— Ah! je me disais aussi à part moi-même, s'écrie madame Grignoux, je ne crois pas qu'on *eusse* jamais employé de citron dans *O-édipe*! Tiens, Césarine, voilà encore une petite flûte au beurre... ça te fortifiera l'estomac pour la diction.

Le petit Brûlard, qui semble avoir quelque peine à lire couramment, reprend :

Quoi ! cet enfant qu'en mes mains vous remîtes...
Cet enfant qui au *trépan*...

— Au trépas ! s'écrie Tristepatte.
— Dame, c'est que j'ai mal lu, répond Brûlard.
— Taisez-vous donc, mon ami, c'est Phorbas qui parle :

Ah ! qu'est-ce que vous dites,
Et de quel souvenir venez-vous m'accabler?

BRULARD *lisant*.

— Hum... où en suis-je ?... hum...

.... Seigneur, n'en doutez pas,
Quoi... quoique ce Thébain dise, il vous mit dans mes *bas*.

Tristepatte arrache le livre du garçon épicier en lui disant : Mon ami, décidément vous n'êtes pas en état de lire à la première vue ; quand vous savez un rôle par cœur, vous allez très-bien, mais il faut d'abord que vous l'ayez lu plusieurs fois... Vous nous dites : *dans mes bas* pour *dans mes bras*... Alfred, finissez votre grande scène tout seul... votre scène quatre : c'est un monologue.

M. Alfred recommence à arpenter la salle, à s'ébouriffer les cheveux, et souffle de toute la force de ses poumons le dernier monologue d'OEdipe, que madame Grignoux interrompt fréquemment par des bravos !... oh ! bien !... oh ! très-bien ! oh ! oh ! oh !... M. Tristepatte est ensuite obligé de lui imposer silence. Le professeur est allé s'asseoir près du docteur en écoutant déclamer son élève, et de temps à autre un sourire de satisfaction ou un mouvement de tête témoigne qu'il est satisfait.

Le monologue fini, M. Tristepatte va frapper sur l'épaule d'OEdipe, qui est trempé comme s'il sortait de l'eau :
— Très-bien, Alfred... très-bien, mon ami... il y a de l'avenir là-dedans... il y a du *Damas* dans cette diction-là... cependant vous avez encore beaucoup à acquérir. Tenez, mon ami, je vais vous le dire, moi, le monologue... et vous en détailler toutes les intentions, retenez-les bien.

M. Tristepatte va prendre un bout de faveur rouge qu'il noue autour de sa perruque blonde pour être coiffé en Grec; puis drapant de nouveau sa vieille redingote autour de son corps, il se pose et commence :

Le voilà donc rempli, cet oracle exécrable
Dont ma crainte a pesé l'effet inévitable...

Bien doux tout cela... je me ménage pour les effets...

Et je me vois enfin, par un mélange affreux,
Inceste, parricide, et pourtant vertueux...

Ici, je m'échauffe un peu...

Misérable vertu !

Un grand coup de talon en arrière.

Nom stérile et funeste,
Toi, par qui j'ai réglé des jours que je déteste...

Un sourire très-amer.

A mon noir ascendant tu n'as pu résister ;

J'ouvre les bras.

Je tombais dans le piège en voulant l'éviter.

J'ai l'air de voir un trou à mes pieds...
>> Un dieu plus fort que moi m'entraînait vers le crime ;

Je grince des dents...
>> Sous mes pas fugitifs il creusait...

Le professeur est interrompu par l'arrivée de deux jeunes filles, en petits bonnets, en tabliers de soie, qui entrent d'un air très-dégagé dans la classe en s'écriant :

— Est-ce ici qu'on montre à jouer la comédie ?... nous voulons prendre des leçons, nous jouons après-demain chez M. *Génart*, rue de Lancri, avec des artistes pour de vrai, et nous voudrions bien ne pas être mauvaises. D'abord, moi, j'ai beaucoup de mémoire, je retiens tout ce que je veux...

— Moi, on trouve que je chante très-joliment le couplet... je sais tous les morceaux de mamzelle *Jenny Colon*. Combien de vous prenez par leçon, monsieur ? faut pas nous demander trop cher ; nous sommes des frangères... nous ne roulons pas sur l'or !... mais ça viendra peut-être...

— Nous nous arrangerons très-bien, mesdemoiselles... je vous traiterai en artistes... asseyez-vous donc.

— Est-ce que nous pouvons rester à voir jouer vos élèves ?

— Certainement, j'ai grande classe aujourd'hui... cela ne pourra que vous faire du bien... Alfred, je vous finirai *Œdipe* une autre fois... j'ai tant d'occupation... tant d'élèves ce matin...

— Monsieur, reprend une des grisettes en allant s'asseoir, c'est que nous voulons jouer dans l'*Agnès de Belleville* ; sauriez-vous nous montrer cette pièce-là ?

— Eh ! mesdemoiselles, est-ce que je ne montre pas tout ce qu'on veut !... Ah ! voici monsieur Jules... Arrivez donc, mon cher ami... on n'attendait plus que vous pour commencer.

Jules arrive tout en nage, tenant sous son bras une boîte d'eau de Cologne, qu'il va déposer dans un coin : il aperçoit M. Guerreville, et s'empresse d'aller le saluer ainsi que le docteur.

— Vous voyez, jeune homme, que je suis de parole, dit M. Guerreville en tendant la main au fils de la parfumeuse.

— Ah ! monsieur, je vous en fais mille remercîments... Je suis bien désolé que vous ayez attendu... mais mon père m'avait donné plusieurs commissions à faire, et je n'ai pu m'en débarrasser plus vite. Ah ! quand donc serai-je sorti des gants et de la pommade !... Enfin, vous allez me voir jouer, messieurs, et je vous prierai de me dire, sans compliments, ce que vous pensez de mes dispositions.

— Nous n'avons aucune raison pour vous tromper ; ainsi vous pouvez compter sur notre franchise.

Jules va se disposer à jouer, ainsi que M. Alfred, le garçon épicier, mademoiselle Joséphine et la jeune Césarine Grignoux. Pendant que ses élèves se préparent à monter sur les tréteaux, le professeur s'est éclipsé ; il est sorti avec sa coiffure grecque, mais il ne tarde pas à reparaître suivi de deux vieilles femmes du troisième, et d'un monsieur fort âgé, fort gros et pouvant à peine marcher, même en s'appuyant sur une canne ; ce monsieur, qui est en pantoufles et a la tête couverte d'un bonnet de soie noire, tient aussi à sa main gauche un de ces cornets en ferblanc, dont se servent les personnes atteintes de surdité.

M. Tristepatte se donne beaucoup de peine pour placer son public ; il fait asseoir le gros monsieur dans son grand fauteuil à roulettes, et en passant près de M. Guerreville, lui dit à l'oreille :

— Je vous demande pardon, si j'ai amené quelques voisins... qui montent nous toilette... mais les artistes tiennent peu à tout côté, et je tiens beaucoup à avoir mon vieux voisin ; il est très-connaisseur pour la partie du chant ; il a été violon pendant quarante ans dans différents orchestres de Paris ; c'est un excellent musicien, malheureusement il est devenu un peu sourd, et c'est pour cela qu'il a été obligé de prendre sa retraite.

— Mais, dit Jeuneval, s'il est sourd, comment peut-il juger des dispositions lyriques de vos élèves !

— Oh ! avec son cornet, il entend encore... mais vous comprenez que dans un orchestre il ne pouvait pas tenir son cornet en jouant du violon...

— C'est très-juste.

— Mesdames, placez-vous donc.

Cette invitation s'adressait aux deux vieilles voisines, dont l'une avait conservé, avec sa robe noire, son immense chapeau, tandis que l'autre avait jeté un vieux châle à damier par-dessus sa camisole et son jupon collant, et aussi une espèce de petite fanchon par-dessus son foulard. Ces deux dames se tenaient respectueusement debout derrière les chaises, et les deux grisettes avaient déjà plusieurs fois étouffé des éclats de rire en les regardant ; enfin, sur l'invitation de M. Tristepatte, les deux vieilles femmes vont se placer sur le canapé à côté de madame Grignoux, qui est en train de manger une quatrième flûte qu'elle vient de tirer de son cabas.

— Nous allons vous dire deux actes de *Zaïre*, dit le professeur en arrangeant son mouchoir en ceinture autour de sa redingote, et plaçant sur sa tête un casque qui ressemble parfaitement à un moule à biscuits de Savoie. Déjà Jules s'est mis un turban et enveloppé le corps dans un grand morceau de serge verte. Le jeune Alfred s'est coiffé d'un casque de chevalier. Quant aux deux jeunes filles, elles ont simplement ôté leurs peignes, et laissent flotter leurs cheveux sur leurs épaules ; le garçon épicier s'est passé par-dessus sa veste une tunique et un ceinturon auquel traîne un petit sabre d'enfant.

Le professeur va regarder chacun de ses élèves et s'écrie :

— Pas mal, mes enfants !... Alfred, le casque est trop sur votre front, laissez voir vos sourcils... plus en arrière, c'est cela... Jules, le turban bien enfoncé ; drapez le manteau sur le bras gauche ; beaucoup de plis à gauche... Brûlard, mon ami, tâchez de ne pas avoir toujours votre sabre dans les jambes, cela vous gênerait pour vos sorties. Vous, mesdemoiselles, vous faites *Zaïre* et *Fatime* ; mademoiselle Joséphine, songez que *Zaïre* est chrétienne dans le cœur, et musulmane dans le fond de l'âme ; pénétrez-vous bien de cela : c'est un des plus beaux rôles de l'emploi... Vous adorez Orosmane comme homme, et vous le haïssez comme soudan ; faites bien sentir toutes ces nuances... Vous, petite Césarine, de la dignité dans Fatime.

— Si vous avez encore besoin d'une confidente, vous savez que je suis là, monsieur Tristepatte, dit madame Grignoux.

— Merci, madame Grignoux, pas pour cette pièce... Mais je m'aperçois que nous n'avons pas de souffleur, si vous étiez assez bonne pour vous charger de cet emploi...

— Bien volontiers, monsieur Tristepatte, d'autant plus que je souffle avec une grande *fessilité*... ça ne me gêne pas du tout ! vous allez voir comment je vais vous souffler ça. Où qu'est donc la brochure ?... ah ! bon, c'est un volume... Je vais m'asseoir contre le théâtre... je ne suis même pas fâchée d'être le souffleur, parce que Césarine ne porte pas de caleçons, et vous entendez bien que dans cet emploi-là on domine terriblement sous les jupons des actrices... soit dit sans méchanceté.

— Allons, allons, au théâtre, mes enfants ; moi je fais Lusignan... Nous allons commencer par le second acte.

A l'aide d'un petit banc, le professeur et ses élèves montent sur les tréteaux, puis ils se cachent derrière les deux lambeaux de tapisserie qui forment la coulisse. De là, M. Tristepatte frappe trois coups qui occasionnent une telle nuée de poussière que madame Grignoux, assise de manière que sa tête est à la hauteur des planches, a une quinte de toux et s'écrie :

— Merci ! v'là de l'assaisonnement pour mes flûtes ! on ne le balaye pas tous les jours, à ce qu'il paraît, votre théâtre.

Mais l'entrée de Nérestan et de Châtillon force le souffleur à cesser ses réflexions. Le jeune clerc fait Nérestan, et Brûlard Châtillon. Cette première scène marche sans encombre ; les deux élèves, sachant leur rôle par cœur, n'avaient aucun besoin du souffleur, qui leur criait de temps en temps :

— Pas si vite, donc !... peste ! comme vous y allez... je ne puis pas vous suivre, moi.

Zaïre paraît avec ses cheveux flottants. La jeune personne qui représentait ce personnage avait une voix de tête qui perçait les oreilles, au point que le vieux monsieur sourd, qui jusqu'alors n'avait paru prendre aucun intérêt à la pièce, fait un signe de satisfaction en murmurant : A la bonne heure, celle-ci a de l'organe.

Zaïre était en train de dire sa scène, lorsque madame Grignoux se lève à demi, avance sa tête sur les tréteaux et s'écrie :

— Eh bien ! pourquoi donc que tu n'entres pas aussi, toi, Césarine, et que tu restes comme ça derrière la toile ?... est-ce que tu n'es pas la confidente Fatime ?

— Elle n'est pas de cette scène-là, crie le professeur ; silence donc, souffleur !

— Ah ben, par exemple... c'te bonne farce ! est-ce que je vas payer des cachets à quinze sous pour que ma fille reste dans les coulisses pendant que les autres jouent !... Puisqu'elle fait la confidente, est-ce qu'elle ne doit pas toujours suivre sa maîtresse ?

— On vous dit qu'elle n'est pas de cette scène-là.

— Et moi je vous dis que l'auteur s'est trompé, apparemment... Viens donc, Fatime ; c'te potiche, ça t'habitue toujours au public.

Pour satisfaire madame Grignoux, le professeur pousse Fatime sur le théâtre. La confidente arrive en grignotant une flûte. Bientôt M. Tristepatte paraît en Lusignan. A son entrée, les deux vieilles femmes du troisième se mettent à applaudir de toutes leurs forces, tandis qu'une des grisettes dit à son amie :

— Oh ! ma chère, est-il vilain ! il ressemble à une chaise percée !...

M. Tristepatte dit sa scène avec tant d'intention qu'il la fait durer une demi-heure. Il s'arrête, il prend des temps, il se pose, se dessine, tout en s'interrompant pour dire de temps à autre à ses élèves :

— Face au public, Zaïre... prenez donc garde, vous tournez le derrière au parterre... Attention, donc, mesdemoiselles, toujours ce polisson de derrière que nous faisons voir...

> De vos bras, mes enfants, je ne puis m'arracher.
> Je vous revois enfin, chère et triste famille ;
> Mon fils... digne héritier...

Alfred, mon ami, votre casque vous retombe sur le nez, on ne vous voit plus la figure ; comment voulez-vous que le public juge de vos jeux de physionomie ?

— Ce n'est pas ma faute, il est trop grand.
— Alors on met un mouchoir dedans !

Vous, hélas! vous, ma fille,
Dissipez mes soupçons, ôtez-moi cette erreur.

— Cette horreur ! crie madame Grignoux.
— Comment, souffleur?
— Je vous dis que c'est une horreur.
— Bah!... vraiment?
— Regardez plutôt.

M. Tristepatte consulte le livre et le rend en disant :
— C'est bien extraordinaire, j'ai toujours dit erreur, et on ne m'a jamais repris. Certainement je n'ai pas la prétention de corriger Voltaire ; mais je crois qu'ici le mot erreur ne ferait pas mal... je m'en rapporte à ces messieurs.

Ces messieurs ne répondent rien; alors les deux vieilles du troisième jugent convenable d'applaudir. M. Tristepatte salue et continue la scène. L'acte se termine sans autre accident que la chute de Châtillon, qui emmêle son petit sabre dans ses jambes, et roule dans les pieds de Nérestan au moment de leur sortie.

Le second acte commence; mais Lusignan, qui a fini son rôle, vient se mêler au public pour voir jouer ses élèves.

Jules parait. C'est lui qui fait Orosmane. Le jeune homme fait voltiger autour de lui la serge verte qui lui sert de manteau; il déclame avec chaleur, mais d'une manière aussi fausse que monotone, ce qui n'empêche pas son professeur de s'écrier :
— Fort bien ! Jules, très-bien !... vous irez, mon ami, vous irez très-loin.

— Je ne sais pas où ce jeune homme ira, dit tout bas le docteur à M. Guerreville ; mais je ne lui conseillerais pas de suivre cette carrière, dans laquelle il se tuerait.

En effet, quand le second acte de Zaïre s'achève, Jules a fait de tels efforts pour produire de l'effet qu'il ne peut plus parler, il s'est enroué et il est rendu. M. Tristepatte l'enveloppe dans une couverture de laine, et le fait asseoir sur le canapé en le comblant d'éloges, et lui prédisant les plus glorieux succès. Puis le professeur se tourne vers la société et lui dit :

— Messieurs et dames, nous ne vous jouerons point l'École des Vieillards, mon élève Jules se trouvant trop fatigué pour continuer, vu la chaleur admirable qu'il a déployée dans Orosmane; mais nous allons vous donner quelques scènes d'une comédie de ma composition... en vers... C'est du joli, du mignon... la pièce se nomme le Marquis séducteur ; elle a été jouée avec beaucoup de succès dans mille théâtres de société... Joséphine, vous serez la comtesse... relevez vos cheveux, ma chère amie... vous faites une grande coquette... Alfred fera Lafleur, grande livrée... ôtez votre casque... et Brûlard le marquis, il le sait très-bien... Césarine fera Lisette.

— Ah! je disais aussi, murmure madame Grignoux, il faut que ma fille fasse quelque chose... je l'amène pour qu'elle travaille, d'abord.

— D.tes donc, monsieur, crie une des grisettes, est-ce qu'on n'enseigne pas le vaudeville chez vous? Nous voulons chanter, mon amie et moi.

— Tout à l'heure, mesdemoiselles, nous passerons à l'opéra, je vous ferai chanter ; je serai même bien aise de connaître vos moyens.

— Il veut connaître nos moyens, dit une des grisettes à son amie... de quoi se mêle-t-il ? est-ce que ça le regarde ? pourvu que nous lui payions nos cachets...

— Tu ne comprends pas ! ça veut dire nos voix...
— Dis donc, Phrasie, est-ce que ça l'amuse, leur tragédie ?... ils ne jouent pas si bien que chez M. Fresnoy, à Lazari.

— Chut ! tais-toi donc, ils vont nous jouer du mignon !
— Allons ! commencez, mes enfants ! crie le professeur, je sais ma pièce par cœur, et je vous la soufflerai, s'il en est besoin... C'est Lafleur et Lisette qui ouvrent la scène... Ma petite Césarine, tâchez donc de finir votre croûton, et de ne pas toujours manger en jouant. Je frappe.

M. Tristepatte est monté sur ses tréteaux, d'où il s'obstine à envoyer trois nuages de poussière à son public; puis il saute assez lestement en bas, et va se placer dans un coin près du théâtre.

Le jeune Alfred, qui a un chapeau susceptible de prendre toutes les formes que l'on veut, en fait une espèce de claque, le met sous son bras comme son professeur, et entre en scène en sautillant. La pièce commence.

ALFRED.

Ma foi, vive l'amour! et vive ma Lisette !...
C'est une espiègle enfant, jolie et point coquette !...
Mon maître à sa maîtresse en ces lieux fait la cour,
A la servante, moi, je la fais à mon tour...

— Détaillez bien, mon ami, dit M. Tristepatte; tout cela est gracieux à faire sentir.

Mon maître à sa maîtresse, en ces lieux...

Faites une pirouette sur les lieux... pour désigner que vous y êtes.

Fait sa cour.

Une légère claque sur votre cuisse gauche... Tenez... regardez-moi.....

Et M. Tristepatte, en voulant se donner une claque sur la cuisse, attrape l'immense chapeau d'une des vieilles voisines qui était derrière lui, et l'envoie à l'autre bout de la classe ; alors on voit une tête moitié grise, moitié blonde, sur laquelle est posé un vieux bas qui sert de bonnet de coton. Le professeur se confond en excuses, et court après le chapeau, qu'il s'empresse de rendre à sa propriétaire, laquelle fait les yeux furibonds aux deux grisettes, que cet accident vient encore de mettre en gaieté.

— Chut ! silence ! poursuivons, dit le professeur. A vous, Lisette.

MADEMOISELLE CÉSARINE.

Ah! voici M. La...fleur; il voudrait encore
Me dire que je suis... charmante et qu'il m'adore!
Mais je le crois un fri...pon qui fort souvent ment;
Et moi je crains les li...bertins horriblement.

— Ce n'est pas cela ! ce n'est pas cela !... s'écrie le professeur en frappant du pied avec impatience. Eh, mon Dieu! mademoiselle, où avez-vous appris à couper les mots de cette façon... et moi, je crains les li... bertins horriblement ! voilà qui serait joli !... je crains les li... c'est détestable, cela !... ce ne sont pas les li que vous craignez!...

— Dame ! monsieur, des vers de douze, je croyais que le repos était toujours à la moitié.

— Vous croyiez mal, mademoiselle, le repos, la césure !..... c'était bon pour les vieux auteurs; mais les jeunes ne s'astreignent plus à tout cela... demandez plutôt à ces messieurs... On se repose maintenant où l'on veut... ou bien où l'on peut... J'ai fait une pièce nouvelle ; je dois jouir des mêmes libertés que mes collègues. Poursuivez, Lisette.

Mademoiselle Grignoux récite son rôle tout d'une haleine et sans se reposer un moment; M. Tristepatte témoigne qu'il est plus satisfait; les deux dames du troisième se remettent à applaudir. Le petit Brûlard entre en scène ; pour faire le marquis, il s'est attaché un fleuret au côté en guise d'épée, et s'est fait des manchettes et un jabot en papier.

BRULARD.

Ah! te voici Lafleur, — ah! vous voilà, Lisette !
— Ah! c'est vous, mes enfants... depuis longtemps je guette
L'instant de déclarer à la belle comtesse
Toute la flamme qui me tourmente sans cesse;
Lisette, prends cet argent; et, de plus, ma chère,
Cette bague d'un grand... prix, mais sers-moi, j'espère...

— Très-bien, très-bien, Brûlard, dit M. Tristepatte. Puis se tournant vers le docteur, il ajoute :

— Comment trouvez-vous mon style ? il est coulant, n'est-ce pas ?
— Fort coulant... mais pardonnez-moi cette remarque, il me semble que voilà bien des rimes féminines qui se suivent...
— Oh! ça ne fait pas mal... au contraire, c'est plus doux... Si vous vouliez vous donner la peine d'écouter les vers du Grand-Opéra ou de l'Opéra-Comique, vous verriez qu'on ne se gêne aucunement pour tout cela.
— Passe pour ce qui se chante, mais dans une comédie.
— On y viendra également... et j'aime autant prendre le devant.

J'aurai du moins l'honneur de l'avoir entreprise.

A vous, Lisette...

MADEMOISELLE CÉSARINE tout en mangeant une flûte.

Votre or, vos bagues, vos présents de sauraient faire
Que je vous serve en rien.

— Il n'y a pas d'intention là-dedans, mademoiselle! crie le professeur; vous ne comprenez donc pas ce que vous dites : c'est une suivante honnête qui ne veut pas se laisser séduire... vous dites tout cela comme si vous récitiez votre grammaire... fi donc !... il faut de la chaleur, de l'indignation !... en vous-même, vous devez lui dire : Votre or !... je m'en moque; vos bagues, je m'en fiche !... vos présents , je m'en f...! Ah! pardon, messieurs et dames, si je m'oublie un peu... mais je ne puis pas démontrer froidement. Allons, Brûlard, réchauffez-moi cette scène.

BRULARD.

Quoi qu'on dise, je cède à l'ardeur qui me presse,
Je n'écoute plus rien, j'entre dans la comtesse..

Ici, un sourd murmure se fait entendre dans le public, et les deux francères rient à se tenir les côtes. Le garçon épicier semble tout surpris de l'effet qu'il a produit ; il va poursuivre, son professeur l'arrête.
— Vous vous êtes trompé, Brûlard.
— Vous croyez ? où donc cela ?
— Vous avez dit : J'entre dans la comtesse , et c'est j'entre chez la comtesse.

— J'entre *chez*, ou j'entre *dans*, est-ce que ce n'est pas à peu près la même chose ?...
— Non, mon ami ; le vers y est bien, j'en conviens, mais le sens serait douteux. Allons, Brûlard, continuez, et faites attention.

Le petit Brûlard achève son rôle, secondé par mademoiselle Joséphine, et au bruit des applaudissements des deux dames du troisième. Déjà plus d'une fois M. Guerreville avait témoigné le désir de partir ; mais le docteur voulait tout voir, et il l'avait retenu. Enfin, la comédie du professeur étant terminée, on passe à l'audition du chant ; et les deux demoiselles qui veulent débuter dans le vaudeville commencent à faire des roulades pour se mettre en train.

— Joséphine, dit M. Tristepatte, je vous sais des dispositions pour le grand opéra. Chantez-nous votre morceau des *Bayadères*... *sans détourner les yeux !*... vous savez...

Le docteur Jenneval prétend qu'un médecin a toujours le droit d'entrer chez ses amis, même quand ils ne sont pas malades.

— Oui, monsieur...
— Oh ! c'est beau, cela ! c'est de la belle musique... il manque deux cordes à ma guitare, sans quoi je vous aurais accompagnée ; mais je battrai la mesure... Montez sur le théâtre et chantez avec les gestes ; moi, je fredonnerai les ritournelles.

Mademoiselle Joséphine regrimpe sur les planches, et se met à chanter son morceau des *Bayadères* en y joignant tous les gestes de la situation. Le morceau est applaudi par le professeur et ses élèves ; mademoiselle Joséphine redescend dans la classe d'un air rayonnant.

— Comment trouvez-vous cette voix-là, monsieur Berruchon ? demande le professeur en s'adressant au gros monsieur sourd ; et celui-ci répond qu'il n'a rien entendu.

— Ah ! c'est juste ! Je n'y pensais plus, dit M. Tristepatte. Joséphine, ma chère amie, voulez-vous avoir la complaisance de recommencer votre air, et de le chanter cette fois dans le cornet de M. Berruchon, afin qu'il juge de votre talent ?

Joséphine, en élève obéissante, s'approche du fauteuil de M. Berruchon. Le ci-devant violon adapte son cornet à son oreille, et la jeune fille recommence à chanter son morceau en plaçant sa bouche contre l'entonnoir du cornet ; et lorsque le vieux musicien n'entend pas assez, il se penche en rapprochant son cornet du visage de la chanteuse, qui quelquefois se trouve avoir la figure presque entièrement dans le cornet, ce qui doit la gêner un peu pour ses roulades.

Cependant le morceau finit, et M. Berruchon se rejette sur le dos de son fauteuil en disant :
— Fort belle voix... un contralto bien prononcé.
— Ah ! vous trouvez qu'elle a un contralto, dit le professeur en parlant dans le cornet ; il me semblait qu'elle avait une voix très-haute... une voix de soprano...
— Pas du tout, mon ami, c'est un contralto, une voix de basse !... Qu'en pensent ces messieurs ?...

— Moi, dit le docteur, je trouve aussi que mademoiselle a la voix très-haute, mais en passant par un cornet je ne serais pas du tout surpris qu'elle se changeât en contralto.

— Allons, mesdemoiselles, à votre tour, dit M. Tristepatte en s'adressant aux deux frangères ; vous savez quelques morceaux par cœur sans doute ?

— Ah ! je crois bien, que nous en savons !... Tout le répertoire de mamzelle *Jenny Colon*... les airs de M. *Achard*... Ah ! que j'aime sa voix, à M. *Achard*... Dis donc, Phrasie, chante l'air du *Commis et la Grisette*.

— Tu me souffleras si je me trompe.

La jeune fille s'apprête à chanter, lorsque le professeur de déclamation la prend par la main et la conduit près du M. Berruchon, qui tient son cornet adapté à son oreille, en lui disant :

— Ayez la complaisance de vous pencher un peu vers le cornet de monsieur, afin qu'il puisse vous entendre.

— Ah ben ! par exemple ! dit la grisette en se reculant, est-ce que vous vous moquez de moi !... Le plus souvent que je vais me tenir penchée là-dedans... ça serait commode ! Est-ce que vous croyez que je suis venue ici pour apprendre à chanter dans des cornets ?...

— Mais, mademoiselle, mon élève vient bien d'y chanter le morceau des *Bayadères*, *sans détourner les yeux*.

— Je ne sais pas ce qu'elle a détourné, mais je sais que je ne chante pas dans un cornet, moi !...

— Ah ! mon Dieu ! viens, Phrasie, allons-nous-en... elle me fait l'effet d'une terrible galette, la classe de monsieur...

— Galette, ma classe !... s'écrie le professeur en jetant son mouchoir par-dessous sa jambe ; mesdemoiselles, ménagez vos expressions, je vous en prie !...

— Oui ! viens, oh ! nous jouerons toujours aussi bien que tout ce monde-là !... d'ailleurs il ne manque pas de professeurs !... Mais venez donc rue du Petit-Hurleur, au quatrième, pour apprendre à chanter dans un cornet !...

Deux vieilles femmes sortent de deux portes du carré, et viennent s'informer de ce qui est arrivé.

— Mesdemoiselles, respectez ma classe ; mon talent est connu, et je.....

— Oh ! je crois bien, que vous devez être connu, depuis le temps que vous êtes au monde !... Viens, Phrasie, allons-nous-en, nous ne voulons pas jouer *Zaïre*, nous autres, on est trop laid en Turc ; salut, messieurs et mesdames.

Les deux demoiselles s'en vont en riant aux éclats ; tandis que M. Tristepatte, rouge de colère, se laisse aller sur le bord de son théâtre, et que les élèves semblent pétrifiés de ce qu'on vient de dire à leur professeur.

— Il n'y a plus de mœurs !... il n'y a plus de respect !... il n'y a plus de *decorum*... murmurent les deux vieilles voisines ; tandis que M. Berruchon, qui ne comprend rien à tout ce qui se passe, tient toujours son cornet en criant :

Paris. Typ. Henri Plon, rue Garancière, 8.

— Qui est-ce qui va chanter?
— Les petites insolentes! dit madame Grignoux, elles auraient mérité une correction!... Moi, je leur aurais bien volontiers donné le fouet.
— Et moi aussi, dit le garçon épicier, d'autant plus qu'elles n'ont fait que rire pendant que je jouais Châtillon.
— Je gagerais, dit M. Tristepatte, que c'est un de mes collègues qui, jaloux du succès de ma classe, m'a envoyé exprès du monde pour cabaler!...

Pendant cette conversation, M. Guerreville et le docteur se sont levés; Jules s'est débarrassé de sa couverture de laine, il a remis son habit et pris son chapeau, et il fait ses adieux à son professeur, qui lui serre la main, en lui disant encore :
— Mon cher ami, je suis enchanté de vous, vous irez loin, je vous le garantis; avec mes leçons, vous brillerez sur nos premiers théâtres.
Puis M. Tristepatte s'avance vers M. Guerreville et lui dit : — Serai-je assez heureux pour croire que monsieur et son ami ont pris quelque plaisir à mon cours?
— Beaucoup, monsieur, beaucoup de plaisir! répond le docteur, et je vous certifie que je me souviendrai de cette matinée.
— Quand ces messieurs voudront me faire l'honneur de revenir, je m'estimerai très-favorisé par la présence d'amateurs aussi distingués.

Ces mots sont accompagnés de force saluts de marquis avec la passe du mouchoir, et jusque sur l'escalier M. Tristepatte se confond en courbettes.

Enfin, M. Guerreville et son ami sont parvenus à sortir de la maison du professeur de déclamation. Le jeune Jules est descendu avec eux dans la rue; il continue de marcher à quelques pas de l'ami de sa mère : on voit qu'il brûle d'envie de demander à M. Guerreville ce que celui-ci pense de ses dispositions pour le théâtre, mais il ne sait comment entamer l'entretien, quoique les compliments de son professeur lui aient donné beaucoup de confiance dans son talent.

M. Jenneval voit l'embarras du jeune homme, et tout en marchant, il dit à demi-voix à M. Guerreville : — Eh bien... vous ne dites rien à l'élève de M. Tristepatte?
— Eh! que voulez-vous que je lui dise?
— Mais ce jeune homme voudrait bien savoir ce que vous pensez de son talent.
— De son talent!... Pauvre garçon!... Ah! sa mère avait bien raison!...

On est arrivé sur les boulevards; alors M. Guerreville ralentit le pas. Jules marchait toujours à peu de distance de lui, mais sa figure s'était rembrunie, parce qu'on ne lui disait rien; enfin, M. Guerreville se tourne de son côté et lui adresse la parole :
— Monsieur Jules, avez-vous toujours envie d'être acteur?
— Sans doute, monsieur.
— Eh bien... vous avez tort, grand tort...
— Comment! monsieur, vous ne me trouvez donc pas de dispositions?
— Aucune.
— Cependant mon professeur...
— Votre professeur est un sot, que je crois incapable de vous enseigner ce qu'il n'a jamais su.

Le pauvre Jules est pétrifié, il s'attendait à des compliments, et on lui dit sans ménagements qu'il n'a montré aucune disposition pour le théâtre. Le rouge lui monte au visage, mais il se tait, baisse les yeux et continue de marcher.

Le docteur s'approche de celui dont on vient de détruire toutes les illusions, et lui dit en passant doucement son bras sous le sien :

— Tenez, monsieur Jules, vous êtes bien jeune encore : voulez-vous que je vous donne un conseil?
— Je vous écoute, monsieur.
— Je ne veux pas me permettre de juger votre vocation dramatique, je pourrais n'être pas compétent pour prononcer dans cette partie; mais je suis médecin, et c'est comme tel que je vais vous parler : vous êtes né avec une poitrine délicate... croyez-moi, ne vous mettez pas au théâtre; votre santé en souffrirait beaucoup, et peut-être ne pourrait-elle résister au travail qu'il vous faudrait faire pour devenir un grand artiste... réfléchissez bien. A votre âge la vie s'offre si longue, si belle... au lieu de l'abréger par des fatigues sans cesse renaissantes, ne vaut-il pas mieux l'égayer par les plaisirs?
— Ah! monsieur, ma vie sera bien triste si je suis parfumeur.
— Est-ce que vous ne pouvez être que parfumeur ou acteur?... N'est-il pas, même dans les arts, mille autres carrières à suivre... M. Guerreville s'intéresse à vous... il vous guidera; il faut suivre ses conseils...
— M. Guerreville, vous croyez qu'il s'intéresse à moi?... Ah! je serais bien heureux si cela était... Ma mère m'a tant recommandé de faire mes efforts pour mériter son amitié... Mais c'est que M. Guerreville a quelquefois l'air si... sévère... que cela m'intimide.
— Monsieur Jules, quand vous connaîtrez mieux le monde, vous verrez qu'il vaut mieux y rencontrer des visages sévères qui vous disent la vérité, que des visages riants qui vous mentent.
— Oh! sans doute, monsieur, mais... malgré cela, je n'ose croire... Tenez... vous voyez bien que maintenant M. Guerreville ne me dit plus rien. Je vais vous quitter, car je crains de l'importuner.
— Ah! il est souvent distrait... rêveur... Il a des chagrins qu'il faut respecter.
— Des chagrins!... Ah! vous croyez qu'il a des chagrins...
— J'en suis trop certain.
— Oh! alors je lui dois beaucoup de reconnaissance de ce qu'il a bien voulu passer cette journée chez mon maître de déclamation...
— Oui, c'est un grand effort qu'il a fait là... et cela prouve qu'il vous porte de l'intérêt; pour lui en tenir compte vous devriez bien renoncer au théâtre...
— Renoncer au théâtre... Ah! monsieur... quel sacrifice! Enfin, je verrai... je réfléchirai... Adieu, monsieur.

Jules salue le docteur, puis il dit plusieurs fois adieu à M. Guerreville, et n'en recevant pas de réponse, il le salue profondément, et s'éloigne.

— Pauvre garçon! se dit Jenneval, je lui ai assuré que M. Guerreville s'intéressait à lui; mais je crois que je me suis beaucoup avancé.

Et, s'approchant de M. Guerreville, le docteur lui dit :
— Eh bien! il nous a quittés... il est parti tout désolé de ce que vous lui avez dit.
— Qui cela? demande M. Guerreville d'un air surpris et sortant de ses réflexions.
— Eh parbleu! monsieur Jules... ce jeune homme que sa mère vous a recommandé!
— Ah!... pardon... pardon, docteur... Ah! oui, Jules... je l'avais oublié!...
— J'en étais sûr! se dit Jenneval; il y a dans le fond de son cœur un sentiment qui ne laisse pas de place à d'autres.

CHAPITRE XI. — Les dames Dolbert.

Dans un fort beau salon dont les fenêtres donnaient sur le boulevard de la Madeleine, une vieille dame mise avec beaucoup d'élé-

M. Tristepatte, professeur de déclamation.

gance était assise sur un divan, le dos et les bras entourés de coussins, et les pieds placés sur un joli tabouret recouvert en tapisserie. Un livre était à côté de la vieille dame, qui interrompait souvent sa lecture pour regarder dans une petite pièce à côté, dont la porte était toute grande ouverte.

Cette petite pièce, tendue en cachemire blanc, était remplie de tous ces jolis bijoux et objets de fantaisie inventés pour charmer les loisirs d'une femme. Des tables en laque étaient couvertes de boîtes, de nécessaires, de tablettes, de souvenirs, de tout ce qu'il faut pour peindre, dessiner. À côté d'une écritoire en nacre de perle, on voyait un charmant magot en porcelaine; auprès d'une boîte à ouvrage, un poussa ou un jeu nouveau. Cette chambre, qui semblait être une succursale du Petit-Dunkerque, était le boudoir de Stéphanie, petite-fille de madame Dolbert.

Stéphanie venait d'avoir seize ans; c'était une charmante fille, blonde, rosée, svelte et remplie de grâce; avec son beau profil grec et ses grosses nattes à la Clotilde, Stéphanie rappelait ces jolies châtelaines que dans les tableaux du moyen âge nous voyons occupées à tresser une écharpe pour leur chevalier; mais ce qui surtout plaisait dans la jeune fille, c'était une franchise, une gaieté tout enfantine qui annonçait que la coquetterie et la prétention n'avaient point encore passé par là.

Stéphanie, vêtue d'une jolie robe de mousseline blanche, était alors à genoux dans son boudoir, occupée à habiller une belle poupée, que tenait aussi une petite fille de six à sept ans; cette petite fille, mise aussi élégamment que Stéphanie, était la même qui, naguère couverte d'une robe de grosse laine et n'ayant qu'un méchant tablier bien usé, habitait un grenier où l'on n'avait pas toujours le nécessaire; c'était la petite Zizine que Stéphanie Dolbert avait prise en affection, et qui maintenant demeurait avec elle; mais malgré la différence de son costume, de sa position, c'était toujours cette petite figure pâle, mignonne, expressive, qui annonçait une intelligence au-dessus de son âge.

Stéphanie, qui, par son caractère, était peut-être plus enfant encore que sa petite amie, prenait beaucoup de plaisir à jouer à la poupée, et parfois, sans craindre de gâter sa jolie toilette, s'asseyait au milieu de sa chambre, ou se traînait sur ses genoux en poursuivant Zizine qui courait et se cachait sous quelque meuble; puis, quand on s'attrapait, c'étaient des éclats de rire si francs, si heureux, que c'eût été dommage de priver la jolie Stéphanie devenir plus raisonnable.

Depuis que Zizine habitait chez madame Dolbert, ses journées s'écoulaient dans ces innocents plaisirs, que venait parfois interrompre une leçon de musique, d'écriture ou de dessin. Stéphanie, qui possédait plusieurs talents, avait voulu se charger de les enseigner à sa petite protégée, qui montrait les plus heureuses dispositions, était quelquefois plus raisonnable que sa maîtresse, qui bien souvent quittait son écolière pour aller faire tourner un magot ou jouer avec un volant. L'enfant montrait un vif désir d'apprendre; il semblait qu'elle voulût ainsi prouver qu'elle méritait ce que l'on faisait pour elle, et c'était Stéphanie qui était obligée de lui dire:

— Ne travaille pas tant, ma petite, tu te fatigueras.

Mais Zizine répondait:

— Oh! ça ne me fatigue pas d'apprendre!... et je voudrais savoir tout plein de choses comme vous!... Mon papa Jérôme sera si content, si surpris, quand il m'entendra toucher du piano!...

Stéphanie n'allait point au spectacle, à la promenade, sans emmener sa petite amie; elle s'ennuyait dans un bal, dans une soirée, parce que Zizine n'était pas là. Madame Dolbert, qui chérissait sa petite-fille et l'avait toujours beaucoup gâtée, ne la contrariait jamais dans ce qu'elle désirait. Stéphanie avait voulu que sa protégée fût mise comme elle, que son lit fût placé à côté du sien, que rien ne lui manquât; la bonne grand'mère avait consenti à tout, et Zizine était traitée comme si elle eût été de la famille.

Mais cette nouvelle fortune, ce changement de situation ne faisaient point oublier à l'enfant le grenier qu'elle avait habité, et Jérôme le porteur d'eau; elle en parlait souvent; elle s'inquiétait lorsqu'il était longtemps sans venir la voir, et il fallait quelquefois que Stéphanie employât toute son éloquence et redoublât ses caresses pour empêcher Zizine de pleurer en pensant à son pauvre père.

En ce moment, pour distraire Zizine qui avait fait un gros soupir en disant que son père n'était pas venu la voir depuis bien longtemps, Stéphanie venait de prendre la poupée que l'on habillait dans le boudoir. La tristesse de l'enfant s'était vite dissipée; elle était dans cet âge heureux où le rire est toujours près des larmes, et Stéphanie, enchantée de lui avoir rendu sa gaieté, se livrait à toutes les folies qui lui passaient par la tête.

— Comment! ma fille, te voilà encore à genoux sur le parquet! dit madame Dolbert en tournant les yeux vers la petite pièce.

— Oui, bonne maman, je suis à genoux... ça m'est plus commode pour habiller notre poupée.

— Mais, Stéphanie, tu n'es plus d'âge à jouer encore avec une poupée...

— Pourquoi donc cela, bonne maman? J'y jouerai tant que cela m'amusera... et ça m'amusera toujours.

— Songe donc, Stéphanie, que dans trois mois tu auras dix-sept ans.

— Ça m'est égal... Est-ce qu'en devenant grande il faut renoncer à faire ce qui plaît?... oh! alors, bonne maman, j'aimerais mieux rester petite toute ma vie, comme Zizine, ma petite Zizine, qui m'a promis de ne pas grandir pour jouer toujours avec moi.

Et Stéphanie, passant ses bras autour du cou de l'enfant, l'attire contre elle et l'embrasse tendrement.

— Zizine est plus raisonnable que toi, dit madame Dolbert, et quand elle aura ton âge, je suis bien sûre qu'elle ne jouera plus avec une poupée.

— Zizine est beaucoup trop raisonnable, je le sais bien; c'est pour cela que je la fais jouer, que je veux la faire rire... car je crains qu'elle ne s'ennuie avec nous, et qu'elle ne veuille nous quitter... et alors, moi, j'en mourrais de chagrin! entends-tu, Zizine?

— Oh! non!... je ne veux pas te quitter, je t'aime bien! dit la petite en se jetant à son tour dans les bras de sa jeune bienfaitrice; mais je trouve qu'il y a bien longtemps que nous n'avons vu mon papa... S'il était malade... il faudrait me laisser aller le soigner.

— Oui, sans doute; mais, sois tranquille, il n'est pas malade, je m'en suis informée il y a quelques jours.

— Bien vrai?

— Oh! je ne mens jamais... demande à bonne maman.

— Pourquoi ne vient-il pas, alors?

— C'est qu'il n'a pas le temps... Tu ne sais pas, Zizine, la dernière fois que ton père est venu ici, je lui ai proposé de quitter sa profession... Bonne maman lui aurait donné de l'argent, de quoi vivre enfin... il aurait fait ce qu'il aurait voulu... et il aurait eu bien du temps pour venir te voir; eh bien! Jérôme m'a refusée, en me disant: Mademoiselle, vous êtes trop bonne; faites du bien à ma Zinzinette, j'y consens; mais moi, j'ai la force de travailler, et je serais un fainéant si j'acceptais vos offres. C'est bien vilain de m'avoir refusée, n'est-ce pas?...

La petite baisse les yeux, semble embarrassée et se tait, car dans le fond de son cœur, il lui semble que son père a répondu comme il le devait. Mais la bonne maman s'écrie:

— Jérôme est un brave homme, et son refus me prouve qu'il mérite qu'on s'intéresse à lui.

— Oui, un brave homme!... c'est très-bien, dit Stéphanie en faisant la moue; mais s'il avait accepté cependant, Zizine serait plus contente maintenant.

— Stéphanie, tu voudrais que tout le monde fît tes volontés. Tu ne réfléchis pas, ma chère: Jérôme a dans le fond de l'âme une noble fierté dont il ne faut pas le blâmer.

Stéphanie ne répond rien, mais elle se lève, prend Zizine par la main, et, l'entraînant avec elle, dans le salon, lui fait danser le galop jusqu'à ce que toutes deux, épuisées de fatigue, tombent sur le divan, près de la grand'maman.

Les connaissances de madame Dolbert s'étonnaient quelquefois en voyant sa petite-fille jouer encore comme un enfant; mais lorsqu'on lui en faisait la remarque, la bonne maman souriait et répondait:

— Je ne vois aucun mal à ce qu'elle soit enfant le plus longtemps possible!... Il viendra bien assez vite le moment où ces innocents plaisirs n'auront plus de charmes pour elle. Ma petite-fille n'a plus que moi pour appui: irai-je, pour employer mon autorité, la gronder quand elle rit et semble heureuse, lui ordonner de se tenir bien droite devant le monde, de prendre un air réfléchi, une tenue sérieuse, pour que l'on ait une haute opinion de sa raison... Oh! non, vraiment, je ne veux pas la contraindre. Stéphanie est jolie, elle a de la fortune... Il viendra trop tôt quelqu'un qui voudra lui prendre une partie de son bonheur.

Ce que la bonne maman avait prévu ne tarda pas à se réaliser. Une ancienne amie de madame Dolbert donnait un grand bal, Stéphanie et son aïeule reçurent de pressantes invitations. Madame Dolbert, qui ne cherchait qu'à procurer de l'agrément à sa petite-fille, et qui jouissait en entendant les éloges que l'on faisait de sa beauté, avait promis de se rendre à ce bal.

Mais Stéphanie avait dit aussitôt:

— Je ne veux pas aller à ce bal, à moins qu'on ne me laisse emmener Zizine avec moi.

— Ma chère enfant, dit madame Dolbert, ce que tu demandes ne se peut pas; nous ne pouvons mener cette petite avec nous dans le grand monde; qu'elle soit ici toujours près de toi, je le veux bien; mais chez des étrangers, nous ne devons pas nous permettre de présenter la fille de Jérôme le porteur d'eau.

— Et pourquoi donc cela? Bonne maman; tu sais bien que Zizine est sage et raisonnable partout.

— N'importe, cela ne serait pas convenable, et si je te refuse, tu dois bien penser qu'il faut que cela soit impossible.

— Eh bien! alors, moi, je refuse d'aller à ce bal où je ne puis pas conduire ma petite amie.

Madame Dolbert n'avait pas insisté; mais ce refus la contrariait beaucoup, parce que ce bal était donné par une de ses anciennes connaissances, et qu'elle savait qu'on se faisait une fête d'avoir Stéphanie, qui, par sa grâce et sa figure, excitait partout l'admiration.

Mais la petite Zizine avait entendu cette discussion, assise dans un coin du salon, d'où elle n'avait pas soufflé mot, ne se permettant jamais de se mêler à ce que l'on disait : ce ne fut que lorsqu'elle vit Stéphanie seule que la petite fille s'approcha d'elle et lui dit :

— Je t'en prie, ma bonne amie, va au bal avec ta grand'maman, sans quoi elle pensera que je suis cause que tu refuses de t'amuser... et puis elle ne m'aimera plus alors..., et j'en serais bien fâchée.

Stéphanie embrassa tendrement la petite fille, en disant :

— Comme tu es bonne!... j'ai donc bien raison de t'aimer.

Ensuite elle courut dire à madame Dolbert qu'elle voulait bien aller au bal.

On s'occupa sur-le-champ des apprêts de la toilette de Stéphanie, car madame Dolbert voulait que sa petite-fille brillât par sa mise autant que par sa beauté. Rien ne fut négligé pour embellir encore celle que la nature s'était plu à parer de ses dons. Le jour du bal venu, Stéphanie, mise avec autant de goût que d'élégance, semblait une nymphe prête à s'élancer dans l'espace. Chacun l'admirait, et Zizine tournait sans cesse autour d'elle en répétant :

— Oh! que tu es jolie.

Stéphanie seule semblait insensible à l'effet que produisait sa parure, elle poussait de légers soupirs en se regardant dans les glaces, et murmurait :

— C'est bien la peine de faire tant de toilette, je vais m'ennuyer, j'en suis sûre.

Enfin, quand l'heure vint de partir pour le bal, Stéphanie fit encore la moue et embrassa Zizine en lui disant :

— Adieu, demain nous nous amuserons bien... nous habillerons notre poupée absolument comme je suis à présent.

Un murmure d'admiration accueillit l'entrée des dames Dolbert. La bonne maman fut aussi heureuse que si tous les compliments lui fussent adressés à elle; en vieillissant on jouit du triomphe de ses enfants, à moins qu'on n'ait la sotte prétention de vouloir paraître jeune encore, de dissimuler son âge et de se flatter de faire des conquêtes; alors on se fait moquer de soi, et on va bouder dans les coins.

Parmi les nombreux admirateurs de Stéphanie, un monsieur d'une trentaine d'années, mais que l'on pouvait encore appeler un jeune homme, parce qu'il paraissait en avoir à peine vingt-cinq, sembla surtout vivement frappé des charmes de mademoiselle Dolbert.

Ce monsieur était aussi fort bien; grand, svelte, élégant, sa figure noble et distinguée était souvent sérieuse, ce qui joint à la pâleur habituelle de son visage, donnait à sa physionomie quelque chose de mélancolique qui intéressait déjà; mais lorsqu'il souriait, ses yeux avaient une expression difficile à rendre, expression que les femmes devaient mieux comprendre que les hommes, et qui pourtant ne pouvait jamais les blesser.

Emile Delaberge, c'était le nom de ce monsieur, ne tarda pas à inviter Stéphanie pour danser. Alors il n'échangea avec elle que quelques mots insignifiants, ayant l'air de se contenter d'admirer sa danseuse.

La seconde fois, le jeune homme essaya de faire causer Stéphanie; celle-ci lui répondit avec cette candeur, cette aimable franchise qui se peignait sur ses traits; Emile vit sur-le-champ qu'il n'avait point affaire à une coquette, et que tous ces riens qui se débitent au bal feraient fort peu d'effet sur sa charmante danseuse.

Stéphanie dansait pour la troisième fois avec M. Delaberge, lorsque madame Dolbert, qui était alors assise près de la maîtresse de la maison, lui demanda quel était ce monsieur qui faisait danser sa petite-fille.

— C'est M. Emile Delaberge, répondit la dame; c'est un jeune homme de fort bonne famille... Eh! mais, ma chère amie, vous devez avoir connu sa tante, madame de Marvelle... qui est morte il y a cinq ans.

— Oui, j'ai connu madame de Marvelle... Ah! ce jeune homme est son neveu?

— Oui, il avait déjà vingt-cinq mille francs de rente que lui avait laissés son père; sa tante, qui n'était pas mariée, lui en a laissé deux fois autant; le voilà fort riche! et garçon encore, quoiqu'il ait près de trente ans; il ne les paraît pas... il est fort bien. C'est un charmant cavalier... et qui est désiré partout... Riche, de bonne famille et encore garçon... oh! quand il voudra se marier, il n'aura qu'à choisir... Il a longtemps voyagé, ce n'est que depuis la mort de sa tante qu'il semble fixé à Paris.

Pendant que cette conversation avait lieu, Emile Delaberge échangeait quelques mots avec un jeune homme qui venait de s'approcher de la danse pour voir de plus près Stéphanie.

— Vous êtes heureux, mon cher Emile, dit le nouveau venu, vous dansez avec la plus jolie personne du bal... et il me semble que ce n'est pas la première fois de la soirée.

— En effet... j'ai déjà eu ce plaisir... cette demoiselle est fort bien... Qui est-elle... le savez-vous?

— Sans doute. C'est la petite-fille de madame Dolbert, cette vieille dame qui est assise là-bas... et qui vous regarde en ce moment; le père de la belle Stéphanie était dans la magistrature. C'était un homme fort recommandable et d'un grand mérite; mais il est mort jeune, ainsi que sa femme, laissant la petite Stéphanie aux soins de sa grand'mère, qui, du reste, en est folle et fait, dit-on, toutes ses volontés... La jeune personne aura au moins vingt mille francs de rente : c'est un joli parti, mais ce n'est pas assez pour vous, Delaberge, qui êtes un nabab!... un Crésus!... et qui pouvez épouser presque une province; ainsi laissez-nous courtiser mademoiselle Dolbert, et ne venez pas vous jeter au travers de nos espérances!... vous êtes un rival trop redoutable!... Dès que vous paraissez, on ne nous regarde plus, nous autres, qui n'avons souvent de la fortune qu'en espérance. On ne voit plus que vous, et les mamans finiront par vous proposer la main de leurs filles, tant elles en ont envie de votre alliance... Mariez-vous donc une bonne fois, Delaberge, afin que tous les vœux ne soient plus tournés vers vous.

Emile sourit en répondant :

— Rien ne presse... je me trouve très-bien de ma position!...

— Oh! ma foi, mon cher, vous avez bien raison!... et, rivalité à part, j'avoue qu'à votre place je ne me marierais jamais!... à moins de devenir passionnément amoureux... Mais un homme auquel les triomphes sont si faciles devient rarement amoureux.

La conversation ne va pas plus loin, la contredanse finit, et le cavalier de Stéphanie la quitte après l'avoir ramenée près de son aïeule. Cependant Emile ne perd pas de vue sa jolie danseuse, en ayant soin pourtant de cacher l'attention qu'il met à l'observer. Il avait trop d'esprit et de tact pour se donner en spectacle, et imiter ces jeunes gens qui croient que pour faire la conquête d'une femme il est nécessaire d'afficher devant tout le monde qu'on en est amoureux, et que le moyen de lui plaire consiste à se planter devant elle, de manière qu'elle ne puisse lever les yeux sans rencontrer les regards obstinément attachés sur les siens.

Vers le milieu de la soirée, Stéphanie avait dansé avec plusieurs jeunes gens qui tous avaient cru lui plaire en l'accablant de compliments; c'était à qui de ces messieurs renchérirait sur les galanteries de son devancier; chacun se flattait de paraître plus aimable et de se faire remarquer de sa danseuse en exaltant ses grâces, ses attraits et sa tournure; mais, bien loin de là, les jeunes gens n'avaient réussi qu'à ennuyer Stéphanie, qui, étourdie de leurs propos, venait de refuser une contredanse pour rester près de madame Dolbert.

— Serais-tu déjà fatiguée?... veux-tu que nous quittions le bal? dit la bonne mère à sa petite-fille.

— Non, bonne maman, ce n'est pas cela... mais, tenez, tous ces messieurs avec qui je danse me font que me répéter la même chose... et cela m'ennuie.

— Que te disent-ils donc?

— Que je suis charmante!... que je suis la plus jolie du bal... que je danse comme un ange... que je suis pleine de grâce!...

— Eh, mon Dieu! c'est cela qui te fait refuser de danser? dit madame Dolbert en souriant.

— Oui, bonne maman... car ils me répètent tous la même chose. D'ailleurs, ce n'est pas vrai; certainement, je ne suis pas la plus jolie du bal; et voilà beaucoup de demoiselles qui dansent mieux que moi... n'est-ce pas, bonne maman?

— C'est possible; mais il me semble qu'il n'y a pas de quoi se fâcher parce qu'on nous dit que nous sommes jolies... En société, ma fille, les hommes croient devoir faire des compliments aux dames... c'est l'usage.

— A la bonne heure; mais qu'ils ne les fassent pas tous de même, au moins.

— Aimerais-tu mieux que l'on te dît que tu es laide?...

— Mais, je crois que cela me semblerait plus drôle... ça me ferait rire.

— Et tous ces messieurs ont donc trouvé que tu dansais bien?...

— Mon Dieu, oui... Ah! il n'y en a qu'un seul, oui, un seul, qui ne m'a pas fait de compliments... aussi, je l'ai remarqué, celui-là... je le préfère à tous les autres.

— Quel est-il donc?

— Bonne maman, c'est un monsieur avec lequel j'ai dansé plusieurs fois... il a causé avec moi; mais ce n'était pas pour me dire comme les autres : *Mademoiselle, vous dansez supérieurement!* ou *Mademoiselle, vous êtes remplie de grâce!* Il m'a parlé de la soirée, des plaisirs de l'hiver; m'a demandé si j'étais musicienne... enfin, différentes choses... ça changeait, au moins.

— Montre-moi donc ce monsieur-là...

— Attendez, bonne maman... il se promenait par ici tout à l'heure. Ah! tenez, je l'aperçois... c'est ce monsieur... c'est...

Ici, Stéphanie s'arrête; puis balbutie en baissant la voix :

— C'est ce monsieur qui vient à nous.

Dans ce moment, la maîtresse de la maison, tenant Emile Delaberge par la main, s'avançait vers madame Dolbert pour le lui présenter.

— Ma chère amie, voulez-vous me permettre de vous présenter M. Emile Delaberge, neveu de cette aimable madame Marvelle, que nous aimions tant, vous et moi?

Madame Dolbert accueille fort bien le neveu de son ancienne amie.

3.

Les manières distinguées d'Emile prévenaient en sa faveur; et lorsqu'il voulait être aimable, il était difficile de ne point être séduit par le charme de sa conversation. Le jeune homme témoigne respectueusement à madame Dolbert combien il serait flatté de pouvoir cultiver la connaissance d'une ancienne amie de sa tante; et la grand'maman de Stéphanie, qui trouve cette demande toute naturelle, répond à M. Emile Delaberge qu'elle le recevra toujours avec plaisir.

Emile remercie beaucoup madame Dolbert de la faveur qu'elle veut bien lui accorder, et, en ce moment, ses regards se sont fixés sur Stéphanie, qui rougit et baisse les yeux sans savoir pourquoi.

Emile a pris congé de ces dames. On danse encore; mais, au bout d'un moment, Stéphanie témoigne à madame Dolbert le désir de se retirer. Celle-ci, après tous les petits soins d'usage pour que sa petite-fille ne puisse prendre du froid, monte avec elle dans sa voiture, qui les ramène à leur demeure.

Le lendemain, la petite Zizine épiait le réveil de sa jeune protectrice; l'enfant, pendant que l'on était sorti, avait habillé sa poupée exactement comme Stéphanie était parée pour aller au bal; elle pensait causer une agréable surprise à sa bonne amie, et assise tout près du lit, tenant la belle poupée sur ses genoux, elle attendait en silence que Stéphanie ouvrît les yeux.

Cet instant arrive enfin; la jeune fille a balbutié quelques mots; Zizine court à elle et l'embrasse; ensuite elle lui montre la poupée en lui disant :

— Tiens, voilà comme tu étais belle hier.

Stéphanie sourit, mais elle n'éclate pas de rire, ainsi qu'elle le faisait ordinairement en jouant avec sa petite amie; on dirait même qu'elle regarde la poupée avec indifférence.

Stéphanie se levant raconte à Zizine tout ce qu'elle a fait la veille au bal, et pendant tout le courant de la journée elle ne parle que de cela. Mais quand Zizine lui propose de jouer à la poupée, Stéphanie refuse et témoigne que cela ne l'amuserait pas; et la petite Zizine, tout étonnée, lui dit :

— Mais elle t'amusait tant hier!...

— Oui... hier... balbutie Stéphanie d'un air rêveur.

Pour l'enfant, hier n'était que la distance d'un jour; pour la jeune fille, ce n'était déjà plus que le souvenir vague d'une autre vie.

CHAPITRE XII. — Le Dîner chez M. Grillon.

Le jour fixé pour aller dîner chez M. Grillon était arrivé; M. Guerreville se disposa à se rendre chez les parents de sa filleule. Il n'avait accepté qu'à regret cette invitation, qui le contrariait; mais il avait donné sa parole, et jamais il n'y manquait. Mademoiselle Agathe était venue dans cet intervalle chez son parrain pour lui rappeler sa promesse; mais M. Guerreville s'était trouvé absent lors de la visite de sa filleule.

— Vous vous amuserez peut-être plus que vous ne le croyez à ce dîner, avait dit le docteur en quittant son ami; dans le monde le plaisir nous manque souvent de parole, il ne vient pas là où nous comptons le rencontrer; mais en revanche il arrive quelquefois sans que nous lui ayons donné rendez-vous.

— M'amuser! dit M. Guerreville en serrant la main de Jenneval, vous devez bien voir que cela m'est impossible, en tel lieu que ce soit; je puis feindre quelquefois d'oublier mes peines, mais alors même que je m'efforce de sourire, mon cœur est bien étranger à ce qu'exprime mon visage!... chaque jour même augmente ma douleur..., car chaque jour je vois diminuer l'espérance que j'avais encore de retrouver ce que j'ai perdu.

— Si l'on connaissait vos chagrins... on pourrait vous aider dans vos recherches, et peut-être obtiendriez-vous un résultat plus heureux.

M. Guerreville ne répondit pas au docteur; il laissa tomber sa tête sur sa poitrine et s'éloigna de lui.

A cinq heures moins un quart, M. Guerreville sonnait chez M. Grillon.

C'est Agathe qui vient ouvrir la porte; et aussitôt ce sont des cris de joie, des transports comme si la manne céleste tombait sur la maison.

— Ah! quel bonheur! c'est mon parrain!... Ah! bonjour, mon parrain! Maman, c'est mon parrain... Vous êtes bien aimable de ne pas nous avoir oubliés. Papa, c'est mon parrain... Ah! il est à la cave, papa... Entrez donc, mon parrain... Ah! que je vous embrasse d'abord!... vous voulez bien, n'est-ce pas, mon parrain ?

Et, sans attendre de réponse, mademoiselle Agathe a déjà embrassé M. Guerreville, qui, tout étourdi du bruit que cause son arrivée, entre dans le salon sans avoir eu le temps de se reconnaître.

Là, c'est madame Grillon qui vient recevoir son convive; la maman d'Agathe était coiffée d'un petit bonnet rose, posé peut-être avec trop de prétention pour une mère de famille; mais l'ancienne connaissance de M. Guerreville était encore bien, et le bonnet rose n'était pas absolument ridicule.

Un jeune homme, à cheveux lisses, à favoris tournant autour de son cou, était aussi dans le salon, où il paraissait fort occupé du soin de corriger un faux pli qu'il avait remarqué dans son gilet. C'était un joli garçon, très-petit-maître, et à l'air suffisant.

Puis il y avait encore un monsieur si grand, si long, que sa tête touchait presque au plafond, et qu'il rapetissait tous ceux qui l'approchaient, et avec cela si maigre, si grêle, qu'il semblait qu'en marchant ses membres allaient se casser. C'était aussi un jeune homme, mais il n'avait rien d'un petit-maître, et semblait tout confus de sa grande taille.

Madame Grillon accueille M. Guerreville avec un tendre sourire qui semble vouloir dire beaucoup de choses. Les deux jeunes gens se sont levés à son arrivée dans le salon; mais Agathe laisse à peine à sa mère le temps de parler; elle va, vient, sautille autour de son parrain, et ne semble vouloir laisser en repos ni sa langue ni son corps.

— Nous sommes très-flattés de ce que vous avez bien voulu accepter notre invitation, dit madame Grillon en cherchant à rencontrer le regard de M. Guerreville, qui répond assez froidement :

— Madame, vous êtes mille fois trop bonne, je n'ai pas voulu vous refuser, quoique j'aille peu dans le monde, et...

— Oh! oui, mon parrain est bien aimable d'être venu!... je suis bien contente de vous voir, mon parrain...

— Agathe ne cesse pas de nous parler de vous!... dit madame Grillon en étouffant un demi-soupir.

— Ma filleule a bien de la bonté.

— Moi, mon parrain, quand j'aime les personnes, je les aime tout de suite beaucoup!... c'est toujours comme ça... et puis quelquefois ça me passe tout aussi vite...

— Allons, taisez-vous, folle!... dit madame Grillon en donnant un petit coup sur la joue de sa fille; puis la maman s'approche de M. Guerreville, et lui dit à demi-voix :

— Elle est bien enfant, bien étourdie... mais aussi bien sensible... c'est tout mon portrait... telle j'étais à cet âge... vous le rappelez-vous ?...

M. Guerreville, qui craint les réminiscences et les souvenirs, a l'air de n'avoir pas entendu, et se tourne vers Agathe, qui lui dit :

— Mon parrain, voilà M. Adalgis... dont je vous ai parlé... qui chante si bien les romances, et qui apprend le cornet à piston pour m'accompagner au piano... Serez-vous bientôt en état de m'accompagner, monsieur Adalgis ?...

Le jeune homme s'incline en disant :

— Mademoiselle, je ne veux me faire entendre dans un salon que lorsque je serai très-fort... Je trouve qu'à présent les beaux-arts ne souffrent point la médiocrité!..... Si vous n'avez pas un joli talent, vous vous faites moquer de vous! moi, je veux planer, et non pas glaner!...

— C'est juste! dit le grand jeune homme, on se fait moquer de vous... je veux dire de soi.

— Oh! vous verrez, mon parrain, comme M. Adalgis chante bien, dit Agathe; puis elle ajoute en se penchant à l'oreille de M. Guerreville : Il a une jolie tournure, ce jeune homme-là... n'est-ce pas, mon parrain ?... il ne porterait pas un gilet qui ne serait pas fait à la dernière mode... L'autre grand qui est là... c'est M. Lélan; on dit qu'il a beaucoup de moyens, mais moi, je ne l'aime pas du tout, ce jeune homme-là... d'abord il est trop grand, et puis quand il veut dire ou conter quelque chose, il se trompe toujours... ce n'est pas comme M. Adalgis, il parle très-bien... Ah! voilà papa qui remonte de la cave, je l'entends... Papa, venez donc, mon parrain est arrivé!...

— Mon ami, M. Guerreville est arrivé! crie à son tour la maman d'Agathe.

M. Grillon paraît alors à l'entrée du salon, tenant encore son panier à bouteilles d'une main et un flambeau de l'autre. Il ne sait pas s'il doit aller déposer cela d'abord, ou entrer avec pour recevoir plus tôt le parrain de sa fille; dans son indécision, il reste à la porte en s'écriant :

— Bonsoir, monsieur Guerreville... je suis bien charmé... c'est que je viens de la cave... Et cette suite... Je vous demande mille pardons... j'ai les doigts pleins de suif... cette chandelle a coulé sur moi... Et ça va bien ?

— Faites donc vos affaires, monsieur Grillon, dit M. Guerreville, ne vous gênez en rien pour moi, je vous en prie...

— Je suis à vous dans l'instant... C'est bien désagréable quand une chandelle vous coule dans les doigts... Jeannette! Jeannette!...

M. Grillon disparaît avec son panier et son flambeau, et madame s'écrie :

— Il a la manie de vouloir aller lui-même à la cave... Que voulez-vous! il faut bien le laisser faire! c'est la seule chose à la maison dont il se mêle.

— Je n'y vois aucun mal, M. Guerreville.

— Je ne suis descendu de ma vie dans une cave, dit M. Adalgis en s'étendant dans un fauteuil.

— C'est comme moi, dit M. Lélan, je ne suis jamais descendu dans un puits... ah! c'est-à-dire dans une cave.

— Il faut espérer que ces dames Devaux ne se feront pas attendre... dit madame Grillon, il ne manque plus qu'elles.

— Ah! tu sais que Laure n'en finit jamais pour s'habiller, dit

Agathe, et sa sœur a toujours oublié quelque chose ; mais c'est égal, elles sont bien aimables. J'ai dit à Laure d'apporter ses castagnettes... elle est très-forte sur les castagnettes... L'avez-vous entendue, monsieur Adalgis ?

— Oh! mademoiselle, la castagnette n'est pas un instrument!... c'est bon pour s'accompagner en dansant le boléro ou les folies d'Espagne... mais du reste je ne connais rien de plus insipide!...

— Ah! c'est drôle! moi, qui croyais que c'était joli!

M. Grillon rentre dans le salon en essuyant encore ses doigts ; il court serrer la main à M. Guerreville.

— Comment ça va-t-il, monsieur Guerreville ? je vous demande pardon de n'avoir pas été ici sur-le-champ pour vous recevoir... mais j'étais à la cave...

— Monsieur, ces dames étaient là, et il ne fallait pas vous gêner...

— Allez-vous aussi à votre cave, monsieur Guerreville ? moi, c'est un de mes plaisirs..., je passe en revue toutes mes bouteilles... je regarde s'il n'y a pas de bouchons moisis...

— Mademoiselle votre fille fait déjà très-bien les honneurs de chez vous.

— Ça donne mauvais goût au vin quand ça moisit, alors j'ai soin de les retirer du tas, et de les changer de bouchon.

— Nous n'attendons plus que la famille Devaux, dit madame Grillon ; je suis étonnée qu'elles ne soient pas encore arrivées... c'est fort contrariant, car mon dîner est prêt!... Mais si elles ne sont pas venues dans cinq minutes, nous nous mettrons à table.

— Ah! madame, dit M. Guerreville en s'éloignant du maître de la maison, nous pouvons attendre... nous le devons, puisque ce sont des dames...

— Toujours galant, monsieur Guerreville.

— Quand le vin dépose, dit M. Grillon en s'approchant du bel Adalgis, alors c'est différent, ça demande d'autres procédés, il faut le transvaser avec soin dans d'autres bouteilles... il y a des personnes qui font encore autre chose...

— Je n'entends rien à tout cela, dit le petit-maître en se levant pour aller causer avec Agathe. Alors M. Grillon s'approche du grand Lélan, et continue :

— Ce ne sont pas les mauvais vins qui déposent... à ce qu'on prétend ; mais moi, je n'aime pas à avoir de la lie dans mon verre... Vous me direz : On verse doucement ; mais c'est toujours trouble... alors le plus court moyen... c'est de le boire bien vite... Eh! eh! n'est-ce pas ?

— Certainement! c'est de ne pas le boire...

— Comment ?

— Je veux dire, c'est de le boire tout de suite.

On sonne avec violence, et Agathe fait un bond de joie en s'écriant :

— Ah! voilà ces dames !...

Alors M. Adalgis passe devant une glace, où il donne un coup d'œil pour voir si rien n'est dérangé dans l'harmonie de sa coiffure ; M. Lélan se glisse derrière des sièges qu'il semble déjà disposé à présenter, et M. Grillon et sa fille sortent du salon pour aller au-devant du monde qui arrive.

Madame Grillon saisit ce moment pour se rapprocher de M. Guerreville et lui serrer doucement le bras en murmurant :

— Ah! Édouard! que je suis heureuse de vour revoir ici!... que votre présence me cause d'émotion... de plaisir! moi, je suis toujours pour vous Euphémie!... votre Euphémie d'autrefois... mais pourquoi donc me regardez-vous à peine ?...

M. Guerreville est tenté de répondre : Madame, si vous ne finissez pas, je vais prendre mon chapeau et m'en aller.

Mais dans le monde il faut souvent savoir retenir ces réponses spontanées qui nous viennent du fond du cœur. M. Guerreville se tut, et l'arrivée de la famille Devaux empêcha la tendre Euphémie de pousser plus loin la conversation.

Le salon était presque entièrement rempli par les trois nouvelles venues. En apercevant madame Devaux, grosse maman, ayant passé la cinquantaine, et coiffée d'un énorme turban, M. Guerreville cherche à se rappeler où il a déjà rencontré cette dame ; la vue de ses deux filles le confirme dans sa persuasion que ce n'est pas la première fois qu'il se trouve avec la famille Devaux ; bientôt ses souvenirs lui reviennent : la grosse maman est cette dame qui était en train de faire lacer ses brodequins pendant qu'il visitait son logement avec M. Fourré ; mademoiselle Laure est la jeune personne qui a ouvert la porte tout en mangeant une tartine de pain et de beurre, enfin la fille cadette, mademoiselle Ophélie, est celle qui touchait du piano.

— Mon Dieu! que vous êtes cruelles de venir si tard! s'écrie madame Grillon en allant embrasser madame Devaux et ses filles.

— Ce n'est pas ma faute, ma chère amie, dit la grosse maman en faisant de gracieux saluts à la compagnie, nous étions sorties et déjà dans la rue pour venir, quand j'ai dit à Laure : Mais, ma belle, tes bas ne tiennent pas... ils ne sont pas assez tirés... Qu'est-ce que ça signifie ?... Aussitôt Laure se regarde, se tâte, et s'écrie en riant comme une folle qu'elle est : Ah! j'ai oublié mes jarretières... Alors vous sentez qu'il a fallu remonter pour mettre ses jarretières. Laure disait : Je m'en passerais bien. Mais moi, je ne veux pas qu'on aille dîner en ville sans jarretières... Du reste, chacun me paraît jouir d'une parfaite santé...

M. Grillon attendait que sa femme et sa fille eussent terminé leurs embrassades pour aller à son tour poser son visage sur celui de ces dames. M. Adalgis salue des demoiselles Devaux, comme on fait à des personnes de connaissance. M. Lélan présente des sièges, et M. Guerreville ne peut s'empêcher de trouver que le costume des deux demoiselles vient d'arriver à beaucoup d'analogie avec celui des équilibristes ou danseuses de corde.

Mademoiselle Ophélie tient sous son bras un rouleau de musique qu'elle va déposer sur le piano. Agathe court à elle en s'écriant :

— Ah! vous avez apporté des romances... Ah, que vous êtes gentille! vous nous chanterez quelque chose ?

— Ma fille a apporté de grands morceaux, dit madame Devaux, car je ne veux plus qu'elle chante de romances... tous ces petits airs lui perdent la voix... je ne veux plus qu'elle sorte du *Rossini*... ou du *Meyerbeer*... n'est-ce pas, Ophélie, tu ne sortiras pas de là... tu l'as promis à ta mère ?

— Ah! madame, dit M. Adalgis en souriant d'un air un peu moqueur, je pense que vous lui permettrez bien aussi du *Mozart*?...

— Du *Mozart*! dit madame Devaux comme quelqu'un qui cherche à se rappeler ; comment, celui qui donne des concerts rue Saint-Honoré ?...

— Non, madame, je ne vous parle pas de *Musard*, mais bien de l'auteur de *Don Juan* et du *Mariage de Figaro*.

— Ah! c'est différent! *le Mariage de Figaro*!... divin!... j'ai vu cela un Français... ça m'a bien fait rire!

Adalgis se tourne en riant vers Agathe, puis va se jeter sur le divan ; en ce moment la bonne crie à l'entrée du salon :

— Le dîner est servi, madame.

— A table! à table! dit M. Grillon ; il ne faut pas qu'un dîner se refroidisse... Messieurs, la main aux dames.

Et le maître de la maison présente la sienne à madame Devaux, M. Adalgis s'empare d'Agathe et d'Ophélie, M. Lélan se courbe vers mademoiselle Laure ; il ne reste plus que madame Grillon qui attend que M. Guerreville accepte une main qu'elle lui tend d'elle-même, ce qu'il se décide à faire pourtant, et ce qui est cause que l'on serre fortement la sienne en poussant de gros soupirs jusqu'à la salle à manger.

Lorsque tout le monde est placé, M. Guerreville se trouve entre madame Grillon et madame Devaux, celle-ci a déjà plusieurs fois regardé M. Guerreville, lorsque la tendre Euphémie lui dit :

— Monsieur est le parrain de ma fille... un de nos anciens amis qui était absent de Paris depuis longtemps, et que nous sommes enchantés de revoir.

— Charmée de faire sa connaissance, répond madame Devaux, mais la figure de monsieur ne m'est pas inconnue, et je cherche...

— Je puis aider votre mémoire, dit M. Guerreville ; je me suis présenté chez vous pour voir un logement que vous habitiez alors dans la rue Montmartre... vous avez eu la bonté de me permettre de le visiter... quoique votre toilette ne fût pas encore terminée.

— Ah! j'y suis... je me rappelle... oui, monsieur ; c'est cela même. Vous me tirez une grosse épine du pied!... Vous étiez avec le portier ?

— Justement, madame.

— Moi aussi, je me rappelle, dit mademoiselle Laure, j'étais même alors en train de lacer les brodequins de maman.

— Qui m'étaient trop larges! s'écrie madame Devaux. Eh bien! monsieur, avez-vous trouvé un appartement à votre convenance ?... Vous n'avez pas pris le nôtre, et vous avez bien fait : c'était horriblement sale ; il y avait tout à refaire. Mais maintenant nous en avons un charmant...

— Ça n'empêche pas que nous allons encore déménager, dit Laure en souriant ;

— Comment! vous déménagez ? dit M. Grillon. Ah! vous démé...

Monsieur Lélan, ayez soin de ces dames.

M. Lélan s'incline et présente une salière à M. Grillon, qui la repousse en reprenant :

— Je vous recommande d'avoir soin de ces dames.

— Ah! oui... oui... pardon... je n'entendais pas.

— Il faut bien changer de logement, reprend madame Devaux, quand on marie une de ses filles.

— Ah! vous mariez toujours Ophélie, dit madame Grillon. Allons, tant mieux... je suis bien aise que cela se fasse...

— Oh!... oui... oh! certainement ça se fera... il faut que ça se fasse... Ici madame Devaux se penche derrière la chaise de M. Guerreville en ajoutant à demi-voix : Mais je vous dirai qu'il n'est pas encore certain que ce soit Ophélie que je marie... Je crois que ce sera Laure qui passera avant sa sœur...

— Ah! vous avez aussi un parti pour elle ?

— C'est le même.

— Comment! le même pour vos deux filles ?...

— Oui!... c'est-à-dire qu'il faisait d'abord la cour à Ophélie, puis je crois qu'il est tombé amoureux de Laure... Il n'a pas osé le dire... De là, embarras... refroidissement... Vous comprenez.

— C'est un bon parti ?...
— Oh ! excellent... M. Emile Delaberge, rien que cela... Un jeune homme presque millionnaire !... et beau... Ah ! toutes les femmes en raffolent !... Il y a plus de quinze jours qu'il n'est revenu chez nous... mais je vais le forcer à se déclarer... Du reste, je ne suis pas embarrassée de mes filles, grâce au ciel ! Tout le monde les aime... elles font des passions partout !... C'est tellement vrai que l'autre soir, dans un bal, ayant eu l'étourderie de dire que j'allais marier Laure, il y a eu deux jeunes gens qui se sont trouvés mal, et deux autres qui sont allés pleurer dans un coin du salon !... Ça me fendait le cœur... Mais, chut! tout ceci est entre nous... ma chère !...

M. Guerreville s'était trouvé nécessairement confident de ce qui se disait derrière son dos; car, tout en parlant à demi-voix, la grosse maman se couchait presque sur ses oreilles ; mais il n'a pas l'air d'avoir entendu, ne désirant pas qu'on le mette en tiers dans la conversation.

— Faites donc boire vos voisines , messieurs, ayez soin de vos dames, dit M. Grillon en se servant les meilleurs morceaux de chaque plat.

Et M. Lélan s'empresse de prendre une carafe, et verse de l'eau à madame Devaux, qui lui demandait du vin.

— Eh bien ! qu'est-ce que vous faites donc , monsieur? dit la grosse dame. Est-ce que vous croyez que j'ai envie de me noyer l'estomac ?...
— Ah ! pardon, madame , j'avais mal entendu...
— Ophélie, ma chère amie , ne mange pas de cornichons, surtout !... Ton maître de chant te les a défendus !...
— Soyez tranquille, maman !
— Moi , qui ne chante pas , dit Laure , je puis manger de tout... Les cornichons n'empêchent pas de jouer des castagnettes !...
— Elle en a joué comme un ange avant-hier, dit madame Devaux. Nous étions à une soirée où l'on a dansé le quadrille espagnol... Laure a accompagné.
— Oui ! dit mademoiselle Laure, j'ai accompagné la cachucha las manchegas.
— Et puis la zatapette,... dit la maman.
— El zatapeado , ma mère, et la jota aragonesa.
— C'est cela, oui , la joute aragnèse... C'était délicieux , tout le monde était ravi... Ma fille a été claquée par toute la société !...
— Mais M. Adalgis dit que la castagnette est un instrument insipide, s'écrie Agathe.
— Insipide ! dit Laure en souriant dédaigneusement, tandis que sa mère lance sur le jeune homme des regards courroucés , ce qui n'a nullement l'air d'émouvoir M. Adalgis.
— Insipide ! les castagnettes ! s'écrie madame Devaux. Mais d'où sort donc monsieur pour dire cela ?... Il n'a donc pas vu l'Espagne... l'Italie !... Les castagnettes sont adorées partout... Dans les combats de taureaux on joue des castagnettes : c'est un instrument national... et qui donne tant de grâce à une femme... Ah, Dieu !... je vous en jouerai après le dîner... et vous verrez...
— Madame, je n'ai pas prétendu que cela n'avait pas de grâce, je trouve seulement que cela ne peut pas se classer parmi les instruments...
— Vous y classez bien à présent le tambour et les sonnettes, qui me déchirent les oreilles !...
— Dans une marche, dit M. Lélan en se redressant pour parler. Les sonnettes... les tambours , dis-je, font très-bien... de même que le piston bien employé produit un grand effet... J'ai entendu... je ne sais plus dans quelle ouverture, un solo de basson... de piston... de cornet à piston , avec le... le chose... qui soutenait... ça faisait fort bien.
— Qu'est-ce que c'est donc que ce grand jeune homme qui se perd dans les pistons ? dit madame Devaux en se penchant encore derrière le dos de M. Guerreville.
— C'est un garçon rempli de moyens... très-instruit... il sort d'une école normale.
— C'est dommage qu'il ne trouve jamais ce qu'il veut dire. Quant à votre M. Adalgis, il est fort joli garçon, mais il abuse de son physique.

M. Guerreville se mêlait fort peu à la conversation, il tâchait aussi de se garer d'une autre que l'on cherchait à établir avec lui par-dessous la table, où certains pieds s'obstinaient à poursuivre les siens. Mais Agathe s'écriait souvent :

— Vous ne mangez pas, mon parrain... Papa, mon parrain ne mange pas... Maman, faites prendre quelque chose à mon parrain.

Madame Grillon soupirait et se pinçait les lèvres en répondant :
— M. Guerreville ne veut rien prendre... j'ai beau faire tous mes efforts... il ne touche à rien de ce que je lui offre.
— Ophélie ! ne touche pas aux anchois, ma fille... ton maître de chant te les a expressément défendus... Il assure que l'anchois est l'antipode des roulades !...
— C'est-à-dire l'antipathique, ma mère...
— Oui, l'antipate... ma langue a tourné... Quand on a une belle voix, cela exige des ménagements... Mon futur gendre, M. Emile Delaberge, est fou des belles voix...
— Ah ! oui... c'est vrai,.. A propos, vous mariez une de vos demoiselles , dit M. Grillon, l'aînée, sans doute...

— Peut-être toutes les deux à la fois, répond madame Devaux en jetant sur ses filles un regard qui signifie : Dites comme moi.
— Toutes les deux !... Diable... c'est encore mieux !...
— Voilà quatre ans que je lui entends dire qu'elle va marier ses filles, dit Adalgis à Agathe, et depuis ce temps elles sont encore demoiselles !...
— Ah ! que c'est méchant ce que vous dites là !...
— Ce M. Delaberge, dit le grand Lélan, n'est-ce pas un jeune homme qui... c'est-à-dire pas un tout jeune homme, mais un homme... dans le genre...
— Précisément ! s'écrie la grosse maman, c'est celui-là ! immensément riche, joli garçon... cavalier accompli, donnant les modes, le ton... monsieur Adalgis doit le connaître... lui qui va dans le grand monde ?...
— Emile Delaberge, répond Adalgis en se caressant le menton ; oui, certainement, je le connais beaucoup ; je me suis trouvé trois ou quatre fois avec lui... je l'ai toujours entendu se moquer du mariage et de ceux qui faisaient la folie de s'engager...
— Ça n'est pas possible !... vous aurez mal entendu !... s'écrie Laure d'un air de dépit.
— D'ailleurs, M. Delaberge peut bien ne plus penser de même, dit mademoiselle Ophélie en minaudant.
— Oui, tu as raison, Ophélie, dit madame Devaux ; il a pu dire cela... et penser autrement : ça se voit tous les jours... Ne mange pas de moutarde, ma fille , ça donne des sons douteux, comme dit ton maître, et je ne veux pas que tu aies rien de douteux.
— Messieurs, ayez donc soin de ces dames, dit M. Grillon en se mettant de côté une aile de la volaille qu'il est en train de découper.
— A propos, dit madame Devaux, qui se chargeait de soutenir toujours la conversation, notre cousin est arrivé ; vous savez, madame Grillon, que je vous avais dit que j'attendais mon cousin pour assister au mariage de mes filles... Il est ici depuis assez longtemps déjà , et je me suis permis de l'engager à venir nous retrouver ce soir chez vous... je désire vous le présenter...
— Vous avez très-bien fait, nous serons fort aises de faire la connaissance de monsieur votre cousin.
— C'est un charmant garçon... pétillant d'esprit... il habite Château-Thierry, où il est adoré... où il voit ce qu'il y a de mieux... le sous-préfet... le maire, les autorités... c'est à qui l'aura en société... c'est un véritable boute-en-train...
— C'est un jeune homme ?
— Oui, un jeune homme de quarante ans... encore garçon... il est si étourdi... si enfant !... un très-joli homme... N'est-ce pas , mes filles, que votre cousin Vadevant est fort bien ?...
— Il a un trop gros ventre ! dit Laure en se bourrant de pain et de beurre.
— Ça ne l'empêche pas de danser comme un ballon !
— Il n'est pas venu à Paris pour s'y fixer ?
— Non... je ne crois pas... cependant , il serait possible... on ne sait pas....

En disant cela, madame Devaux regardait ses filles d'un air qui voulait encore dire beaucoup de choses.

Au nom de Vadevant , M. Guerreville avait fait un mouvement qui n'avait point échappé à la tendre Euphémie ; elle s'empressa de lui dire :
— Connaîtriez-vous le cousin de ces dames ?... Je crois en effet que vous venez aussi de Château-Thierry ?
— Oui, madame... je me suis trouvé avec monsieur.
— Ah ! vous connaissez mon cousin Vadevant, dit madame Devaux, j'en suis enchantée... vous le verrez ce soir... Oh ! comme cela se trouve bien ! que je suis donc contente de lui avoir dit de venir nous prendre ici... Ophélie, ne prends pas de cresson, ma chère amie, c'est mortel pour les cadences.

M. Guerreville n'était nullement enchanté de se trouver avec ce curieux petit homme, qui semblait le poursuivre partout ; mais il pensa que chez M. Grillon comme ailleurs, il saurait bien se soustraire à ses importunités.

— Mon cousin Vadevant m'a déjà rendu un bien grand service, depuis qu'il est à Paris, reprend madame Devaux après avoir repoussé le bras de M. Lélan, qui s'obstine à lui présenter la carafe, il faut vous dire d'abord que depuis quelque temps nous n'avions pas de médecin... le nôtre était parti, cela m'affligeait beaucoup ; car , telle que vous me voyez, je suis fort délicate , sans que cela paraisse...
— Il est certain que cela ne paraît pas du tout, dit M. Adalgis en souriant.
— Ce jeune homme abuse de son physique, dit tout bas la grosse maman ; puis elle reprend d'un air piqué : Oui , monsieur, je suis très-délicate !... il me faut un régime... c'est-à-dire, beaucoup de prudence dans mes aliments...
— C'est comme moi, dit M. Lélan, je mange de tout,... mais ça me fait mal, c'est-à-dire, il y a des choses... ce ne sont pas les choses que je mange... mais je ne devrais pas en manger.
— Certainement, reprend madame Devaux, il ne manque pas de médecins à Paris... et d'hommes qui ont un grand mérite ! mais je flottais... j'étais incertaine... lorsque mon cousin Vadevant est venu

nous voir et m'a dit : Prenez le docteur Jenneval qui arrive comme moi de Château-Thierry; c'est un vrai médecin de dames... un garçon plein de mérite...

— Il ne vous a pas trompée, madame, dit M. Guerreville, qui n'a pu garder le silence en entendant prononcer le nom de son ami.

— Vous le connaissez aussi, monsieur?

— Beaucoup, madame.

— C'est votre médecin, peut-être?

— Mieux encore, madame, c'est mon ami.

— Alors, monsieur, je vous ferai plaisir en contant à la société un trait qui prouve tout ce dont est capable le docteur Jenneval pour tirer ses malades d'une situation périlleuse!... ceci montre qu'il a autant de génie que de science... Je viens au fait... Ophélie, tu ne mangeras pas de salade; ma belle; tu sais ce que ton maître t'a dit : La salade et les points d'orgue sont incompatibles...

— Maman, une feuille...

— Non, chère amie, tu ferais un *couac!*... et je ne veux pas que ma fille fasse de couac.

— J'en mangerai pour deux, dit mademoiselle Laure en prenant le saladier, je n'ai pas peur des couacs, moi!...

— Oh! celle-ci est un démon! une santé de fer, elle mangerait des diamants!

— Diable! je ne me chargerais pas de la nourrir, dit M. Adalgis à demi-voix; et la grosse maman reprend son récit :

— Messieurs, voici ce qui m'est arrivé : Le docteur Jenneval, après m'avoir fait plusieurs visites dans lesquelles il s'était assuré de la force de mon tempérament, me conseilla, pour mon déjeuner, de prendre du chocolat, en me disant que cela me remettrait entièrement l'estomac; mais, afin qu'il me passât bien, il me dit : Vous prendrez votre chocolat entre deux verres d'eau, un avant, et un après. Je suivais ponctuellement l'ordonnance du docteur, et j'en éprouvais déjà les meilleurs effets, lorsqu'un matin, pressée de déjeuner ou distraite, je crois, je pris mon chocolat sans avaler, comme de coutume, un verre d'eau auparavant!... Lorsque je m'aperçois de ma distraction, il n'était plus temps, le chocolat était pris... J'avalai bien mon verre d'eau par-dessus, mais il me manquait toujours celui que j'aurais dû boire auparavant; et mon chocolat ne se trouvait plus entre deux eaux... Vous jugez de mon inquiétude... je me dis : J'ai manqué à l'ordonnance du docteur... que va-t-il en résulter? peut-être les suites les plus graves... Je ne puis pas vous dire combien cette crainte me rendait déjà malade!...

— C'était bien fait pour cela, dit madame Grillon, en cherchant toujours à fourrer son pied sous celui de M. Guerreville.

— Ne sachant quel parti prendre, je me décidai à envoyer chercher le docteur, en lui faisant dire que le cas était pressant. M. Jenneval arrive, me demande ce que j'ai; je lui conte ma malheureuse distraction, en lui disant : Cher docteur, que faire pour que ce chocolat se retrouve entre deux verres d'eau? M. Jenneval, touché de ma perplexité, rêva quelques instants, puis s'écria : Mettez dans une seringue le verre d'eau que vous deviez avaler en premier, prenez-le en lavement, et de cette façon votre chocolat se trouvera entre les deux verres d'eau.

— Parfaitement imaginé! dit M. Grillon.

— Oh! c'est charmant! d'honneur, c'est délicieux! dit M. Adalgis en cachant sa figure derrière sa serviette.

— Je fis ce que le docteur m'ordonnait, reprend la grosse maman, et je n'éprouvai aucun accident : mais l'expédient qu'il avait trouvé me sembla si ingénieux et si profond à la fois, que je me plais à conter partout cette anecdote, qui ne peut qu'ajouter à la réputation du docteur Jenneval.

Le récit de madame Devaux fit une impression singulière sur la société; M. Adalgis et Agathe se mouraient d'envie de rire; Laure et sa sœur semblaient contrariées; le grand Lélan paraissait ne pas comprendre; M. Grillon seul partageait l'enthousiasme de la grosse dame; heureusement, on était alors au dessert, et madame Grillon voyant que son voisin s'obstinait à tenir ses pieds sous sa chaise, se lève d'un air de dépit, en s'écriant : Le café nous attend au salon... Alors tout le monde quitte la table, et mademoiselle Agathe, qui est très-caressante, profite de ce moment pour courir embrasser son parrain.

On se rend au salon, où M. Grillon, tout en prenant son café, va près de chacun de ses convives, en leur disant : Comment le trouvez-vous... hein?... je défie qu'on en prenne de meilleur... c'est une femme qui le fait... Elle a été très-bien, ma femme!

— Vous lui mettez de la chicorée! dit M. Lélan.

— Comment?

— Je dis... pour lui donner de la couleur... c'est ça qui le rend amer...

— Vous trouvez mon café amer?

— Non, je veux dire, ça lui donne un bon goût... C'est comme chez ma tante, on y prend du café détestable... parce qu'elle le fait elle-même.

— Et elle le fait détestable?

— Non!... Je vous dis qu'il est délicieux.

— Un petit verre de parfait amour, madame Devaux; dit M. Grillon, c'est de la liqueur des Iles...

— Non, je ne prends pas de liqueur; mais je vous avoue que je suis comme les hommes, je fais du gloria... je n'aime que cela... et si vous permettez...

— Tout ce qui vous sera agréable... Monsieur Lélan, venez donc verser de l'eau-de-vie dans le café de madame Devaux.

Le grand jeune homme s'avance armé d'un carafon, et verse dans la tasse de la grosse maman, qui prend plusieurs morceaux de sucre, et s'occupe à les faire fondre dans son gloria.

Pendant ce temps, mademoiselle Ophélie s'était mise au piano, où elle fredonnait en jouant ce qui lui passait par la mémoire. M. Guerreville s'était assis, et aussitôt la tendre Euphémie avait été placer sa chaise près de la sienne. M. Adalgis se regardait dans une glace, et mademoiselle Laure, tout en l'examinant de loin, disait à Agathe :

— Je voudrais bien savoir comment fait M. Adalgis pour avoir des favoris aussi bien rangés... pas un ne dépasse l'autre.

— Ah! je le sais, moi! dit Agathe; je le lui ai entendu dire à un de ses amis.

— Eh bien?

— Eh bien! ma chère, la nuit il couche avec une mentonnière dans laquelle ses favoris sont serrés de manière qu'ils ne puissent prendre un faux pli.

— Ah! ah! ah!... une mentonnière! Oh! c'est trop drôle!

— Qu'est-ce qu'il y a donc de drôle à cela, mademoiselle? nous mettons bien des papillotes, nous autres.

— Oh! c'est égal... Ah! ah! une mentonnière pour coucher!... Ah!... si j'épousais un homme qui mît de ces choses-là, moi, je lui attacherais une lavette derrière son habit.

— Eh! pourquoi donc cela, mademoiselle?...

— Parce que ça me ferait rire...

— Oh! vous dites cela depuis que M. Adalgis a dit que les castagnettes étaient un instrument insipide; car, auparavant, vous le trouviez charmant.

— Charmant!... J'ai toujours trouvé qu'il ressemblait à ces têtes de cire qu'on voit dans les boutiques de coiffeur?...

La dispute de ces deux demoiselles allait s'échauffer, car mademoiselle Laure en voulait beaucoup au petit-maître, tandis que la jeune Agathe montrait pour lui une forte prédilection. Mais un événement inattendu fait cesser leur discussion. Madame Devaux, qui, depuis quelque temps, remuait le sucre qu'elle avait mis dans son gloria, étant enfin parvenue à le faire fondre entièrement, porte sa tasse à sa bouche et boit une partie de ce qu'elle contient; mais presque aussitôt, faisant une horrible grimace, elle pose sa tasse en s'écriant :

— Ah! mon Dieu, que c'est mauvais!... ah! c'est détestable!... Je n'ai jamais pris de gloria qui eût ce goût-là...

— Cependant mon eau-de-vie est délicieuse! dit M. Grillon, tout le monde m'en fait compliment...

— Ah!... il y a de quoi en faire une maladie... pouah!... ça me tourne!... ça me... Donnez-moi un verre d'eau, je vous en prie!... je crois que je vais me trouver mal.

Tout le monde s'empresse autour de madame Devaux; mais M. Grillon, qui tient à réhabiliter la réputation de son eau-de-vie, est allé prendre la tasse contenant le reste du gloria; il la flaire, l'examine, et se décide à en goûter un peu avec le bout de son doigt; mais alors il s'écrie :

— Il n'y a jamais eu d'eau-de-vie là-dedans... C'est du parfait-amour que vous avez mis dans votre café!... Qui est-ce qui a versé à madame?...

Monsieur Lélan ne disait mot et se tenait derrière les demoiselles Devaux, qui desserraient leur mère. Mais quand on eut coupé plusieurs lacets, et que la grosse dame se sentit mieux, elle montra du doigt le grand jeune homme en s'écriant :

— Voilà le coupable... c'est monsieur qui m'a fait cette médecine-là... Moi, je n'ai pas regardé; pendant qu'il versait, je choisissais des morceaux de sucre?...

— Mon Dieu! madame, vous croyez?... Je me serai trompé de carafon...

— On devrait vous obliger à boire mon gloria, pour vous apprendre à faire attention une autre fois...

— Je vous demande mille pardon, madame; le fait est que je suis très-distrait... Un jour, chez ma tante... non, chez mon oncle... on me pria d'accommoder la salade... c'était de la salade de... chose, vous savez... on met des... machins dedans... enfin, je pris la tabatière de mon monsieur, assis près de moi, pour la poivrière que je cherchais... Elle était malheureusement ouverte... si bien que j'accommodai la salade avec du tabac; et toute la compagnie en fut malade pendant huit jours!

— Il est gentil, votre M. Lélan! dit madame Devaux en se retournant vers M. Grillon. Mais je vous déclare que je ne veux plus me retrouver à dîner avec lui... Quelque jour il empoisonnera toute une société!...

Le calme étant rétabli, on se disposait à entendre chanter mademoiselle Ophélie, lorsque la porte du salon s'ouvre, et M. Vadevant se présente en posant ses pieds en dehors.

— C'est mon cousin! s'écrie madame Devaux; et, se levant aussitôt, elle court au-devant du nouveau venu, le prend par la main et le présente au maître de la maison.

M. Vadevant est très-bien accueilli par la famille Grillon, avec laquelle il fait une grande dépense de saluts, de sourires et de compliments. La présentation terminée, madame Devaux dit à son cousin en lui montrant M. Guerreville :

— Vous allez vous trouver ici en pays de connaissance, mon cousin Vadevant ; voilà un monsieur qui m'a parlé de vous.

Vadevant s'approche de M. Guerreville, qui est resté assis dans son coin ; le petit homme l'envisage, puis fait un bond en arrière, pousse un cri de joie, comme s'il retrouvait son père ; et saisissant une main qu'on ne lui présentait pas, il la presse avec transport en disant :

— C'est monsieur Guerreville !... Oh ! quel délicieux hasard !... que je suis flatté !..., ce cher monsieur Guerreville !... je ne vous ai pas revu depuis le jour où je vous ai gardé des places aux Français, et vous ne vîntes pas...

M. Guerreville parvient à dégager sa main, que l'on s'obstinait à ne pas lâcher, et veut répondre quelques mots d'excuse ; mais le petit homme ne lui en donne pas le temps, il reprend :

Le jeune Alfred passe sa main dans ses cheveux, et s'écrie :
Ah ! Phorbas, approchez...

— Je sais qu'il n'y a là nullement de votre faute... vous êtes tout excusé ; Jenneval m'a dit que vous aviez fait une rencontre... Ce cher Jenneval ! ce bon docteur !... je lui procure beaucoup de malades... je lui ai fait avoir une clientèle... il soigne ma cousine... il a déjà sauvé madame Devaux d'un grand péril... relativement à du chocolat...

— J'ai raconté le trait en dînant, dit la grosse maman.

— Oh ! c'est un homme bien savant en pratique et en théorie, reprend Vadevant, je crois qu'à Château-Thierry il vous a sauvé d'une dangereuse maladie ?...

— Oui, monsieur.

— Je l'en aime et l'en estime davantage ; et mes cousines sont enchantées d'avoir fait sa connaissance... N'est-il pas vrai, mes cousines ?

La famille Devaux répond, oui, en chœur ; M. Adalgis, que le bavardage de Vadevant semble impatienter, conduit Agathe au piano en lui disant :

— Mademoiselle, daignez nous chanter quelque chose... ce sera pour nous un double plaisir de vous entendre, et de ne plus être obligés...

Il achève sa phrase dans l'oreille d'Agathe, qui sourit en murmurant : Ah ! vous êtes bien méchant.

Vadevant va s'asseoir derrière la maman Devaux, qui s'est placée à côté de M. Guerreville ; il lui dit :

— Est-ce que mes jolies cousines ont chanté ?

— Pas encore.

— J'espère les entendrai...

— Assurément... Mais à propos, mon cousin, avez-vous pensé à ce que je vous ai demandé ?... avez-vous fait quelque démarche... appris quelque chose ?

— Oh ! certainement, ma cousine, j'ai de grandes nouvelles à vous communiquer...

— Oh ! voyons... je vous en prie.

Vadevant rapproche sa chaise de celle de sa cousine, à laquelle il veut parler en confidence, et M. Guerreville se trouve encore, sans le vouloir, obligé d'entendre tous les secrets que l'on se confie derrière son dos, tandis que, devant lui, sa filleule chante et s'accompagne de manière qu'on n'entend pas un mot de ce qu'elle dit.

— Je me suis mis à la piste de votre futur gendre, reprend Vadevant, qui parle toujours à la grosse maman pendant que mademoiselle Grillon s'exerce au piano, j'ai voulu savoir ce que faisait M. Emile Delaberge depuis trois semaines et plus qu'il n'a pas reparu chez vous...

— Je gage qu'il est très-malade !

— Pas du tout, ma cousine ; ce monsieur, qui mène un train de grand seigneur... au reste, il est très-riche, m'a-t-on assuré...

— Il est puissamment riche.

— Ce monsieur, dis-je, passe habituellement sa vie dans les plaisirs. Mais depuis qu'il a cessé d'aller faire sa cour à mes jolies cousines, il a, dit-on, une nouvelle passion dans le cœur...

— Ah ! mon Dieu !... mes filles seraient évincées !...

— C'est du moins ce qu'on m'a dit. M. Emile va presque tous les jours chez une nommée madame Dolbert, personne riche aussi, qui demeure boulevard de la Madeleine.

— Le monstre ! il veut séduire cette dame.

— Je ne le crois pas, madame Dolbert a soixante-dix ans sonnés... mais elle a une petite-fille qui n'en a que dix-sept, et qui est, dit-on, un ange de beauté !...

— Ange de beauté tant que vous voudrez, je gage qu'elle ne chante pas comme Ophélie, et qu'elle ne joue pas des castagnettes comme Laure.

— Je ne m'en suis pas informé. Mais il paraît que votre M. Emile Delaberge est fort assidu dans la maison... vous pensez bien que ce n'est pas sans motifs.

— N'importe, M. Emile a fait la cour à mes filles, il faut qu'il s'explique... qu'il épouse l'une ou l'autre... elles ne peuvent rester dans cette perplexité... A la rigueur... je pourrais aussi demander, pour moi-même... quelques explications... car il m'a plusieurs fois serré la main d'une force...

— Il paraît que c'est un jeune homme capable de tout.

— Mais je veux bien ne songer qu'à mes filles ; ces chères enfants ! moi, qui ai annoncé partout leur mariage... Mon cousin, je compte sur vous pour mettre M. Delaberge au pied du mur.

— Soyez tranquille, ma cousine, je suis tout à vous... je suis venu à Paris pour assister au mariage de vos jolies filles, et certainement je ferai tout ce qui dépendra de moi pour ne pas être venu inutilement.

— Vous êtes un homme précieux... mais, chut ! Ophélie va chanter.

Madame Devaux, qui avait fait la conversation pendant tout le temps qu'Agathe avait été au piano, ne voulait plus que l'on soufflât dès que sa fille chantait.

Mais mademoiselle Ophélie ne se trouve pas en voix ; c'est à peine si elle peut finir l'air qu'elle a choisi, et sa mère s'écrie :

— Tu as mangé de la salade... tu ne veux pas me l'avouer, mais je suis sûre que tu en as mangé. Laure, ma belle, danse-nous la zatapa.., la zatapette... avec accompagnement de castagnettes, tu seras bien gentille.... Vous saurez que ma fille a été au bal de l'Opéra, exprès pour voir danser les Espagnols qui exécutaient des pas de leur pays... Elle a trouvé cela si distingué, que le lendemain dans sa chambre, elle se tortillait d'une manière ravissante... absolument comme les Espagnols des deux sexes.

— Maman, j'aimerais mieux danser la cachucha... c'est plus original...

— Danse la cache tout ça, chère amie.... As-tu apporté des chaussons ?

— Oh ! certainement... est-ce que je pourrais danser sans cela, en souliers !...

— Alors, prépare-toi.... ne néglige rien.... je suis bien aise que M. Adalgis voie quel parti on peut tirer des castagnettes.

— Moi, dit le grand Lélan, je suis très-curieux de voir danser de l'italien.

— C'est de l'espagnol.

— Oui, de l'espagnol. Autrefois j'allais à Vaugirard exprès pour voir valser des... choses... des... qui valsent si bien... vous savez ?...

— Des Suisses ?

— Oui. J'ai voulu apprendre aussi, mais je manquais toujours la... la machine... vous savez ?... ce qui fait qu'un jour je suis tombé sur mon... mon chose... ça m'a fait très-mal.

Pendant que mademoiselle Laure se prépare à danser, profitant d'un moment où madame Grillon s'est éloignée de lui M. Guerreville se lève, puis en ayant l'air de se promener dans le salon, il gagne la salle à manger, prend son chapeau et s'esquive en se disant :

— J'ai écouté chanter ma filleule, il me semble que c'est suffisant, et que rien ne m'oblige à voir mademoiselle Laure danser la cachucha.

Mais, tout en regagnant sa demeure, M. Guerreville a encore présent à la mémoire ce qui s'est dit entre madame Devaux et son cousin Vadevant; car dans cette conversation un nom l'a frappé, c'est celui de madame Dolbert, il cherche à se rappeler où il l'a déjà entendu prononcer. A force de rassembler ses souvenirs, il se rappelle le récit de Jérôme, le porteur d'eau, et se dit :

— Madame Dolbert... boulevard de la Madeleine... ce sont les dames qui ont pris avec elles l'enfant de ce brave Auvergnat; oui, c'est là où est cette petite Zizine... J'avais promis à Jérôme de prendre des informations... de m'assurer si sa fille était toujours bien traitée... et je l'ai oublié... car j'oublie tout ce qui n'a pas de rapport à moi... à mes propres chagrins !... Cependant il faudra que je tienne ma promesse... oui, je serai bien aise de revoir cette pauvre petite !

CHAPITRE XIII. — Les Amours de Séraphine.

Trois jours se sont écoulés depuis que Stéphanie a été à ce bal où elle s'est vue l'objet de tous les hommages. Trois jours ! c'est bien

— Mais, Stéphanie, tu n'es plus d'âge à jouer avec une poupée, dit madame Dolbert.
— Pourquoi cela, bonne maman? j'y jouerai avec ma petite Zizine tant que cela m'amusera, et ça m'amuse toujours.

court pour les gens heureux, pour ceux qui n'ont qu'à former un désir, et le voient aussitôt accompli; ordinairement le temps a des ailes quand on vit au sein des plaisirs.

Cependant Stéphanie a trouvé ces trois jours d'une longueur mortelle, il lui semble qu'il s'est écoulé des semaines, des mois, depuis sa soirée au bal. Les heures sont plus longues, les journées deviennent interminables, et pourtant rien de changé dans son intérieur, dans sa manière de vivre; sa bonne grand'mère cherche sans cesse à prévenir ses moindres souhaits. La petite Zizine est toujours là, près d'elle, disposée à rire, à jouer lorsqu'elle en témoigne l'envie; mais Stéphanie est devenue rêveuse, presque triste; tout ce qui l'amusait l'ennuie; elle est même quelquefois indifférente aux caresses de sa petite protégée.

D'où venait ce changement?... Qui l'avait fait naître?... Eh! mon Dieu! vous l'avez compris sans doute; il n'est pas difficile de deviner ce qui fait rêver et soupirer une jeune fille. L'amour est un sentiment qui amène bien du changement dans notre humeur, lorsque nous l'éprouvons pour la première fois; il nous égaie ou nous attriste, il nous rend silencieux et distrait, quelquefois bavard, souvent indulgent pour les autres et bien rarement méchant. Plus tard ses effets ont moins de puissance sur ceux qu'il attaque; c'est comme une maladie que nous aurions déjà éprouvée, et qui, par cela même, aurait perdu avec nous de sa malignité.

Vers le soir du troisième jour, Stéphanie écoutait, sans y répondre, les petits discours de Zizine, lorsqu'un domestique annonça M. Emile Delaberge. Alors la jeune fille sentit son cœur battre avec violence, et

tout son sang y refluer; mais personne ne remarqua sa pâleur et l'émotion qu'elle s'efforçait de cacher.

M. Emile entre dans le salon, se présente avec cette aisance que donne la fortune, et plus encore, l'habitude de la bonne compagnie; il témoigne à madame Dolbert le plaisir qu'il éprouvera à cultiver sa société; enfin il sait habilement soutenir la conversation de manière à en bannir cette froideur, ce ton cérémonieux dans lequel on se tient souvent avec de nouvelles connaissances. Stéphanie, elle-même, parvient bientôt à surmonter son trouble et prend part à ce qu'on dit. M. Delaberge est spirituel, aimable et fort amusant à écouter; passant adroitement d'un sujet à un autre, il conte sans fatiguer ses auditeurs; il a beaucoup voyagé, beaucoup observé, et sème ses récits d'anecdotes piquantes, de faits curieux, dits avec une simplicité qui augmente leur charme.

La soirée s'écoule très-vite. M. Emile a demandé à ces dames la permission de venir souvent leur tenir compagnie, et on la lui accorde avec plaisir. Car la grand'maman, comme la petite-fille, a trouvé sa société fort agréable.

Le lendemain, c'est nécessairement de M. Delaberge que l'on s'occupe; c'est de lui que Stéphanie parle toute la journée : elle rit encore de ce qu'il a dit de gai; elle répète ses curieuses histoires, elle n'a pas perdu un mot de tout ce qu'il a conté, et elle s'écrie :

— N'est-ce pas, Zizine, qu'il est bien aimable ce monsieur-là?...

Et comme la petite fille répond, oui, assez froidement, pour la première fois sa protectrice lui fait la moue et semble disposée à la gronder.

Le fait est que, pour l'enfant, ce monsieur n'avait rien d'aimable. Empressé et galant près des dames Dolbert, M. Emile n'avait pas eu l'air de faire attention à Zizine et ne lui avait pas une fois adressé la parole; il était donc tout naturel que la petite ne partageât pas l'enthousiasme de ces dames.

M. Adalgis était un joli garçon très-petit-maître et à l'air suffisant; il paraissait fort occupé à corriger un faux pli qu'il avait remarqué dans son gilet.

Maintenant, plus que jamais, la poupée, les petits jeux, tous ces passe-temps qui charmaient Stéphanie, ont perdu leur attrait. Elle aime toujours Zizine, elle est toujours contente de l'avoir près d'elle; mais son humeur est devenue capricieuse, et ce n'est pas avec le même sourire qu'elle reçoit ses caresses; car maintenant, tout en embrassant sa petite amie, quelquefois son cœur est occupé d'un autre objet.

Emile Delaberge ne tarde pas à revenir chez madame Dolbert. Il est fort bon musicien, c'est un art qui rapproche ceux qui le cultivent; et lorsqu'on est déjà tout disposé à bien s'entendre, la musique procure alors mille occasions de bonheur, mille jouissances douces et vives, quoique bien innocentes encore.

Stéphanie cultive avec plus de goût son piano, depuis que M. Emile l'écoute et fait de la musique avec elle; elle chante avec plus de sentiment les romances qu'il lui apporte. N'est-ce encore qu'amour-propre et désir d'obtenir les suffrages de quelqu'un qui est connaisseur ? Stéphanie le croit, car Stéphanie, dont le cœur est si pur, si vierge de toute mauvaise pensée, se laisse aller au sentiment qui l'entraîne vers Emile, et ne cherche nullement à résister, parce qu'elle ne pense pas qu'il y ait du mal à être heureux quand Emile est là, à désirer sa présence, à frémir de plaisir quand il paraît, à soupirer quand il s'éloigne. La jeune fille ne cherche pas à s'interroger ; sans aucune crainte d'un danger qu'elle ne conçoit pas, elle cède à l'influence qu'Emile exerce déjà sur tout son être, et elle éprouvera pour lui une profonde passion, qu'elle ne se sera pas encore demandé quel est le sentiment qui remplit son cœur.

D'ailleurs, la grand'maman accueille avec amitié leur nouvelle connaissance ; pourquoi Stéphanie ne partagerait-elle pas le plaisir que la présence d'Emile fait éprouver à sa mère ?

Et puis, enfin, pourquoi une jeune fille de dix-sept ans craindrait-elle de se livrer à un penchant qui lui fait connaître un bonheur nouveau, lorsque personne ne lui dit qu'il peut y avoir du danger à se laisser séduire ; tant d'autres succomberont et qui pourtant ont été averties !... qui donc engagerait à résister celle que l'on n'avertit pas !...

L'expérience ?... mais l'innocence n'en a point.

Si bien qu'il n'y avait pas longtemps que M. Emile Delaberge était reçu chez madame Dolbert, et que déjà Stéphanie, sans lui être avoué et sans qu'Emile lui eût parlé autrement qu'avec les yeux, éprouvait pour lui la plus sincère passion.

Il est vrai que les yeux d'Emile étaient fort éloquents et qu'il était difficile de ne point comprendre leur langage ; habitués à parler d'amour, ils s'exprimaient si bien, qu'en peu de temps il fallait leur répondre ou cesser de les regarder, et Stéphanie avait trouvé plus doux de laisser aussi parler les siens.

Et tout cela avait eu lieu en fort peu de temps ; quelques soirées passées ensemble, puis des heures de musique, sans autres témoins que la grand'maman Dolbert et Zizine.

Mais la grand'maman même n'était pas toujours là ; s'il survenait quelques visites, si l'on proposait un whist ou un boston, les jeunes musiciens restaient ensemble au piano, et alors la musique durait bien plus longtemps.

Zizine seule les écoutait et demeurait à quelques pas, tout en se livrant à quelque occupation de son âge ; il était bien rare que l'enfant s'éloignât de Stéphanie ; quand cela lui arrivait, c'était pour bien peu de temps ; elle se hâtait toujours de revenir, et courait se placer près de celle qui la caressait moins, mais qui aimait encore à recevoir ses caresses.

Quant à Emile, à sa seconde visite chez madame Dolbert, il avait dit en voyant Zizine :

— C'est sans doute une de vos parentes ?

Mais en apprenant ce qu'était l'enfant, il lui avait témoigné peu d'intérêt ; et souvent même il avait paru impatienté de la trouver toujours auprès de Stéphanie.

Zizine ne se plaignait pas de ce qu'on la caressait moins depuis que l'on recevait M. Delaberge, mais elle s'en apercevait fort bien ; car les enfants observent quelquefois mieux que les hommes. Cependant elle accueillait toujours avec un gracieux sourire celui que sa protectrice avait tant de plaisir à voir ! Mais la pauvre petite en était pour son sourire ; M. Emile ne daignait pas jeter les yeux sur elle, ou, s'il la regardait, c'était en laissant échapper un mouvement d'humeur, qui n'annonçait pas que sa vue lui fût agréable.

Bientôt, quoique Stéphanie soit toujours bonne pour l'enfant qu'elle a recueillie, elle ne tient plus toutes ses promesses ; les leçons sont négligées, on a tant de choses à penser, ou plutôt il en est une qui préoccupe tellement, qu'on ne trouve pas le moment de former la petite écolière ; mais Zizine travaille seule, et avec encore plus d'ardeur ; on dirait que moins on s'occupe d'elle, et plus elle cherche à mériter l'amitié de ses protectrices.

Les visites d'Emile Delaberge devenaient plus fréquentes ; il ne se passait plus un jour sans qu'il vînt passer quelques heures près de Stéphanie, et la bonne madame Dolbert l'accueillait toujours aussi bien. Cependant la grand'maman avait de l'expérience, et elle devait se douter que les beaux yeux de Stéphanie étaient pour beaucoup dans le plaisir que l'on témoignait à venir chez elle.

D'où venait donc la grande sécurité de madame Dolbert ? c'est qu'elle pensait que sa petite-fille étant à la fois remplie de charmes, de talents, et devant avoir vingt mille livres de rente, on devait en étant amoureux d'elle s'estimer trop heureux de pouvoir l'épouser. Or, comme M. Emile Delaberge était joli garçon, riche et de bonne famille, elle ne voyait aucun inconvénient à ce qu'il devînt le mari de Stéphanie, et elle la laissait devenir amoureuse de sa petite-fille, persuadée que, s'il parvenait à toucher son cœur, il s'empresserait de venir lui demander sa main.

Voilà comme raisonnait la bonne maman ; et, pendant ce temps, M. Emile faisait de rapides progrès dans le cœur de sa petite-fille.

Pourtant il ne lui avait pas encore dit : Je vous aime ; mais ses yeux cherchaient sans cesse ceux de Stéphanie ; ses mains rencontraient souvent les siennes, qu'il pressait alors bien tendrement ; c'était déjà parler, ou du moins c'était déclarer son amour en pantomime ; et on sait que les jeunes filles les plus sages comprennent très-vite la pantomime.

Emile ne voulait pas s'en tenir là ; mais la petite Zizine était sans cesse près de Stéphanie, et la présence de l'enfant le gênait beaucoup. Il n'en était pas de même de Stéphanie : elle trouvait si naturel d'aimer, qu'elle aurait volontiers avoué son amour devant tout le monde. Il lui semblait que M. Emile devait avoir quelque chose à lui dire, qu'il ne devait pas se borner à lui presser la main et à la regarder amoureusement ; et, ne comprenant pas pourquoi il gardait ainsi le silence, elle était quelquefois tentée de lui demander ce qui l'empêchait de parler, et lorsqu'il semblait vouloir lui faire un aveu, pourquoi il s'arrêtait brusquement et se taisait dès que quelqu'un s'approchait d'eux.

Plus d'une fois, en voyant la petite Zizine accourir près de Stéphanie, Emile n'avait pas été maître d'un mouvement d'humeur, et il avait murmuré :

— Quel ennui !... on ne peut jamais être un moment seul près de vous !

Et Stéphanie avait regardé Emile avec étonnement, ne concevant pas en quoi la présence de sa petite protégée peut contrarier celui qu'elle aime.

Un soir, pourtant, lorsque M. Delaberge arrive chez madame Dolbert, il trouve la grand'maman très-occupée à une partie de whist. Stéphanie était dans le joli boudoir attenant au salon, et la petite Zizine étudiait seule au piano où maintenant on lui donnait rarement des leçons.

Emile profite de ce moment, il entre dans le boudoir, court s'asseoir près de Stéphanie, et s'empare d'une de ses mains en lui disant à voix basse :

— Enfin, je puis donc vous parler un instant sans que vous soyez entourée, observée... chère Stéphanie... ah ! j'ai tant de choses à vous dire...

La jeune fille regarde Emile avec une aimable ingénuité en répondant :

— Vous avez bien des choses à me dire... mais qui donc vous empêchait de parler ?...

— Il y a de ces aveux... qui veulent du mystère... qui redoutent les témoins indiscrets.

Et le jeune homme baissait la voix, craignant d'être entendu du salon, tandis que Stéphanie répondait :

— Je ne vous comprends pas...

— Belle Stéphanie... depuis que je vous ai vue, vous n'avez donc pas lu dans mon cœur... vous n'avez donc pas deviné le secret de mon âme ?... Eh bien ! je vais vous dire tout ce que je ressens pour vous... Je vous aime... je vous adore... mais si vous ne m'aimiez pas aussi, je serais le plus malheureux des hommes...

Stéphanie a écouté Emile sans être troublée de sa déclaration ; elle se contente de sourire en lui répondant :

— Eh bien ! monsieur, j'avais deviné tout ce que vous venez de me dire... oui... je voyais bien que vous m'aimiez, et j'étais seulement étonnée que vous ne me l'eussiez pas encore dit.

— Quoi !... vous m'aviez deviné ?... reprend Emile en baissant la voix, afin d'engager la jeune fille à en faire autant ; mais celle-ci continue en parlant comme à son ordinaire :

— Oui, monsieur... certainement, je vous avais deviné... car je vous aime aussi, moi...

— Il se pourrait ! vous m'aimeriez... oh ! je suis trop heureux !...

— Oui, monsieur, je vous aime...

— Chère Stéphanie... oh ! mais, plus bas... de grâce... que personne ne puisse entendre ce doux aveu qui fait mon bonheur.

— Pourquoi donc cela... est-ce qu'il y a du mal à répondre à l'amour de quelqu'un ?... oh ! je suis bien sûre que ma bonne maman ne trouvera pas cela mauvais... Et maintenant que vous m'avez dit que vous m'aimiez, et que je suis bien certaine de ne pas être trompée, je veux lui dire que je vous aime aussi... que je vous l'ai avoué !... que...

— Oh ! non... non, chère Stéphanie... pas encore, de grâce.... l'amour se plaît dans le silence... qu'avons-nous besoin de faire confidence à d'autres de nos plus douces pensées ?... Gardons pour nous notre bonheur.

— Je ne vous comprends pas... moi, je dis tout à ma bonne maman... Pourquoi voulez-vous que je lui cache notre amour, puisque je suis sûre qu'elle ne s'en fâchera pas...

— Peut-être vous trompez-vous... elle pourrait s'en fâcher... me défendre de vous voir si souvent...

— Oh ! je vous réponds que non... elle fait tout ce que je veux, ainsi elle ne trouverait pas mauvais que je vous aime...

— N'importe... je vous en prie, chère Stéphanie, ne dites rien encore !... des motifs que je ne puis vous expliquer... m'obligent à vous recommander le silence sur notre amour...

— Allons... puisque vous le voulez... je me tairai... C'est dommage pourtant ; j'aurais été si contente de conter tout cela à ma bonne maman.

— Mais le mystère ne nous empêchera pas de nous entendre... de trouver les moyens de nous rapprocher... Ah! si vous saviez combien il ajoute au bonheur de deux amants... si vous...

Emile ne peut en dire davantage; la voix de madame Dolbert se fait entendre; elle appelait sa petite-fille; celle-ci se lève et court au salon où M. Delaberge est forcé de la suivre; mais, pendant tout le restant de la soirée, il échange avec Stéphanie les plus tendres regards, et de ces demi-mots qui signifient tant de choses pour des amants. Emile ne peut plus douter de son triomphe, il possède le cœur de Stéphanie, il règne en maître dans cette âme naïve et pure qui jusqu'alors ignorait l'amour, et qui s'y livre avec d'autant plus de plaisir qu'elle ne voit aucun mal à s'abandonner à ce nouveau sentiment.

Plusieurs fois, dans la soirée, Emile a cherché à ramener la jeune fille dans le boudoir, mais il n'y a pas eu moyen; Stéphanie ne semble pas comprendre les signes qu'il lui fait, elle reste au salon; il faut se contenter de ces légères faveurs qui sont beaucoup pour un amant timide; mais Emile ne l'était pas; et ce qui le contrariait, c'est que Stéphanie ne se cachait pas pour lui abandonner sa main ou pour le regarder tendrement.

Le lendemain de cette soirée, Emile Delaberge, couché dans un lit aussi moelleux qu'élégant, ayant sur son somno une pyramide de brochures et de journaux, réfléchissait à la soirée de la veille et se disait :

— Cette jeune Stéphanie est adorable!... et elle m'a avoué qu'elle m'aimait, avec une candeur qui devient chaque jour plus rare... mais ferai-je la folie de l'épouser?... elle a, je crois, vingt mille livres de rente... Est-ce assez pour moi qui en ai près de cent?... oh! non... cela n'aurait pas le sens commun... d'ailleurs je ne veux pas me marier... je ne veux pas renoncer à cette vie de triomphes, de délices... qui me rend le plus fortuné, le plus envié des mortels... Non... décidément, je ne serai pas assez sot pour perdre ma liberté. J'aime Stéphanie, mais cet amour sera comme les autres, il s'éteindra avec la possession de l'objet aimé! et Stéphanie sera à moi. Je n'ai pas beaucoup de résistance à craindre de sa part... elle m'adore... Ce n'est donc que l'occasion à trouver ou à faire naître... Cette petite fille qu'elle a recueillie et qui est toujours près d'elle me gêne beaucoup... mais je saurai bien écarter tous les obstacles. O ravissante Stéphanie! nul autre que moi, je le jure, n'aura tes premiers baisers, tes premiers soupirs d'amour... et tu seras une de mes plus belles conquêtes!...

Voilà ce que M. Emile Delaberge se disait en s'étendant nonchalamment dans son lit, et il était tout occupé de ses projets sur la petite-fille de madame Dolbert, lorsqu'une sonnette se fit entendre, et bientôt un valet entr'ouvrit la porte de la chambre à coucher en disant :

— Monsieur... voilà quelqu'un qui demande instamment à vous parler... C'est le même monsieur qui est déjà venu trois fois sans vous trouver.

— Eh, mon Dieu!... que me veut-il donc cet homme? est-ce qu'on se présente sitôt... Quelle heure est-il, Dupré?

— Onze heures et demie, monsieur.

— Oui, mais j'ai passé une partie de la nuit, j'ai encore sommeil; il fallait dire que j'étais encore couché.

— Je l'ai dit, mais ce monsieur demande si vous voulez bien le recevoir également, ou s'il se dispose à attendre que vous soyez levé!...

— Que diable peut me vouloir cet homme... Si j'avais des créanciers, je devinerais tout de suite ce qui l'amène... mais je n'ai jamais aimé les dettes... c'est si commun. J'ai trouvé beaucoup plus original de n'en point faire... Le nom de cet homme?

— Vadevant...

— Vadevant!... drôle de nom... Je ne connais pas ça du tout... N'importe, fais entrer le Vadevant... ça doit être curieux à voir... Dupré, entr'ouvre une persienne, que je puisse mieux voir ce monsieur.

Le domestique a exécuté les ordres de son maître, et bientôt M. Vadevant est introduit dans la chambre à coucher d'Emile Delaberge.

Le petit homme entre et salue avec un air d'aisance et d'assurance qui n'annonce point un solliciteur; il s'approche du lit et dit en souriant :

— Enchanté d'avoir l'avantage de saluer monsieur Emile Delaberge. Il y a longtemps, monsieur, que je désire avoir l'honneur de faire votre connaissance.

Emile regarde ce monsieur qui a l'air de vouloir lui prendre la main, et, s'entortillant dans sa couverture, lui répond d'un ton fort bref :

— Qu'est-ce que vous voulez, monsieur? je ne vous connais pas .. qu'est-ce que vous avez à me dire... dépêchons-nous, je vous prie, j'ai encore envie de dormir.

Vadevant fait un pas en arrière, se redresse sur la pointe des pieds, se pince les lèvres et fronce les sourcils en répondant :

— Monsieur, le sujet qui m'amène est fort important!... il saura, je l'espère, chasser votre envie de sommeiller.

— Alors, monsieur, hâtez-vous, car jusqu'à présent ça ne me fait pas cet effet-là.

Voyant qu'on ne lui offre pas de siége, Vadevant approche une chaise, et va se mettre dessus, lorsque, par réflexion, il la repousse et va prendre un fauteuil dans lequel il se jette en disant :

— Je m'assieds d'abord ; vous êtes à votre aise, monsieur, permettez que je m'y mette aussi.

— Voilà un curieux personnage! se dit Emile en regardant le petit homme faire tous ses préparatifs.

Après avoir posé avec précaution son chapeau sur un meuble près de lui, Vadevant reprend la parole :

— Monsieur, un motif bien grave, et en même temps bien sacré, me conduit devant vous... et, quand je dis grave et sacré, je n'exagère rien ; car est-il au monde quelque chose de plus intéressant... et qui mérite le plus nos égards, que ce sexe faible dont la nature nous a...

— Ah! monsieur!... s'écrie Emile en se tournant sur ses oreillers, est-ce une plaisanterie, une gageure... venez-vous me jouer une scène des Plaideurs?... Encore une fois, qui êtes-vous?

— Eh bien! monsieur, j'arrive au but : vous voyez en moi le cousin germain et l'ami intime des dames Devaux...

Après avoir dit ces mots, Vadevant se pose et regarde le jeune homme sur lequel il pense que ses paroles viennent de produire un grand effet. Mais Emile se contente de soulever un peu la tête en murmurant :

— Les dames Devaux? qu'est-ce que c'est que cela?...

— Qu'est-ce que c'est que mes cousines Devaux!... Par exemple, monsieur, voilà une question qui me semble fort singulière... Vous ne vous rappelez pas mes jolies cousines, Laure et Ophélie... excellentes musiciennes, dont l'une chante, tandis que l'autre danse avec des castagnettes?...

— Ah!... attendez donc... oui... oui... je me rappelle... à présent, deux jeunes personnes assez originales... La maman est une grosse mère qui porte toujours un turban.

— Grosse mère, murmure Vadevant d'un air piqué; c'est ma cousine germaine, monsieur, je vous prie de ne point l'oublier.

— Eh bien! monsieur, au fait... où voulez-vous en venir?... et que m'importe à moi que vous soyez le cousin des dames Devaux...

— Vous allez le savoir, monsieur, puisque vous ne voulez pas le deviner... il me semble cependant que, d'après les rapports qui ont existé entre vous et mes cousines, votre cœur devrait vous dire ce qui m'amène.

— Les rapports de mon cœur... que diable signifie tout ceci?

— Cela signifie, monsieur, que vous êtes venu chez ma cousine Devaux, et que là vous avez fait ostensiblement la cour à ses filles..., d'abord à Ophélie... ensuite à Laure... Que la mère a souffert vos assiduités, bien persuadée que vous ne pouviez avoir que des vues honnêtes... Que les jeunes filles... trop sensibles!... ont perdu près de vous leur indifférence... Et enfin que ma cousine Devaux, ne doutant pas que vous lui demanderiez en mariage au moins une de ses filles, m'a écrit et fait quitter Château-Thierry pour que je puisse assister à la noce de Laure ou d'Ophélie, n'importe laquelle, on consent à vous donner celle que vous choisirez. D'après cela, monsieur, on a donc lieu d'être étonné de ne plus vous voir chez mes cousines, et c'est pour en savoir la raison et vous demander quand vous comptez en finir, que je me suis présenté chez vous.

Vadevant attend le résultat de ce qu'il vient de dire ; mais Emile n'est pas en état de lui répondre. Depuis qu'il a compris le but de la visite du petit monsieur, il se tortille et se roule dans son lit en riant aux éclats. Impatienté de cet excès de gaieté, qui ne finit pas, Vadevant s'écrie :

— Il me paraît monsieur, que mes paroles vous causent de la joie... j'en suis bien aise, mais si vous vouliez me répondre...

— Ah! ah! c'est trop drôle?...

— C'est drôle... qu'est-ce qui est drôle, s'il vous plaît, monsieur ?

— Ah! ah! ah!... c'est charmant!... la famille Devaux est à mettre sous un cylindre !

— Comment! monsieur, qu'est-ce à dire?...

— C'est-à-dire qu'il faut être fou pour croire que j'aie jamais eu l'intention d'épouser mademoiselle Laure ou mademoiselle Ophélie...

— Quoi! monsieur... vous ne voulez plus...

— Eh ! mon cher monsieur, est-ce que j'ai jamais pu vouloir... Parce que je suis allé quelquefois à de prétendus concerts chez ces dames, et que j'y ri... du reste il y avait bien de quoi ! et dit à vos cousines tout ce qui me passait par la tête... aller croire !... Ah ! il faut être madame Devaux pour cela... Dites-lui bien que je suis allé chez elle, comme on va quelquefois aux parades des boulevards... s'amuser, se divertir un moment, et voilà tout.

Vadevant se lève d'un air furibond en s'écriant :

— Vous avez été voir mes cousines comme des parades !... Oh ! pour le coup, monsieur, voilà qui est trop fort... mais cela ne se passera pas ainsi... nous sommes là, monsieur... vous avez cru, sans doute, n'avoir affaire qu'à des femmes... vous vous êtes grandement trompé... les dames Devaux ont dix-huit cousins... dont je suis le plus jeune... et nous ne souffrirons pas...

Emile rit encore plus fort en voyant l'air tapageur que prend le petit homme. Celui-ci s'avance contre le lit, met une main sur la hanche, et tâche de grossir sa voix, en disant :

— Il faut épouser une de mes cousines, monsieur; il le faut, sinon votre vie court de grands périls... vous m'entendez...

— Oui, mon cher monsieur, je vous entends fort bien; il faudra que je me batte avec les dix-huit cousins, avec tous les Devaux indigènes ou exotiques, n'est-ce pas?... Eh bien, tenez, pour abréger la besogne, nous pouvons tout de suite commencer nous deux. J'ai là des épées et des pistolets excellents, vous choisirez... Je vous demanderai seulement la permission de me battre en chemise, ça me sera plus commode si je suis blessé.

Pendant les dernières paroles d'Emile, un grand changement s'est opéré dans la contenance de Vadevant; l'air tapageur a disparu, il ôte sa main de dessus sa hanche, il baisse le nez et regarde de côté et d'autre dans la chambre; enfin, une émotion visible se manifeste dans toute sa personne, et au moment où le jeune homme qu'il est venu trouver se dispose à sauter hors de son lit, Vadevant s'empresse de l'y retenir en lui disant d'une voix presque mielleuse :

— Monsieur... pour qui me prenez-vous?... je ne souffrirai pas que vous vous battiez en chemise... D'abord on s'échauffe en se battant, et vous pourriez ensuite vous enrhumer... attraper une fluxion de poitrine...

— Que cela ne vous inquiète pas, monsieur, je ne crains point les rhumes...

Emile veut encore sortir de son lit, mais Vadevant le borde avec sa couverture, en s'écriant :

— Non, monsieur... restez donc, je vous en prie... Qui, moi! me battre contre quelqu'un qui est presque nu... y pensez-vous?... tous les avantages seraient de mon côté...

— Puisque cela me convient ainsi...

— Et moi, monsieur, je veux que dans un duel les chances soient égales des deux côtés...

— Alors déshabillez-vous... mettez-vous comme moi, les chances seront égales...

— Que je me mette en chemise!... fi donc! monsieur, notre combat serait indécent.

— En ce cas, laissez-moi passer un pantalon, ce sera bientôt fait...

Emile veut toujours se lever; Vadevant l'en empêche de nouveau en s'écriant :

— C'est inutile!... nous ne pouvons pas nous battre ce matin... nous n'avons pas de témoins, et il en faut au moins deux de chaque côté... je ne veux point passer pour un assassin !...

Emile regarde fixement le petit homme, puis il hausse les épaules et se recouche en disant :

— Je crois, en effet, qu'il est inutile que je me lève. Avouez, monsieur, que vous n'avez pas envie de vous battre du tout, que tous vos propos n'étaient que des fanfaronnades, et cela vaudra mieux.

Vadevant ne répond rien, mais il tire son mouchoir de sa poche, le porte à ses yeux, se mouche trois fois de suite, puis pousse un gros soupir. Pendant ce temps, Emile, se tournant du côté de la ruelle, s'enfonce dans ses oreillers, et n'a plus l'air d'écouter la personne qui est dans sa chambre.

Après s'être donné un air bien attendri, après avoir plusieurs fois fait clignoter ses yeux à l'aide des humecteur, Vadevant balbutie d'une voix pleurarde :

— Ah! monsieur!... ne serait-il pas cruel d'en venir à des extrémités toujours si fatales... et n'est-il pas plus doux... plus convenable de s'entendre?... Laissez-moi parler à votre cœur, il ne sera pas sourd à mes accents... surtout lorsque je défends la cause de l'innocence et de la beauté!... car vous ne nierez pas que mes cousines soient belles!... ce sont deux roses qui n'attendent que votre souffle pour s'épanouir!...

Vadevant s'arrête un moment; Emile ne lui répondant pas, il en conclut qu'il l'écoute avec attention; et après s'être encore mouché pour faire croire qu'il pleure, il reprend :

— Mes jeunes cousines vous aiment... je ne cherche point à vous le cacher!... Laure saute pour vous avec ses castagnettes... elle se perfectionne dans les danses espagnoles, parce que vous avez paru les aimer... Epousez-la, et tous les matins elle vous dansera la *cachucha* pendant que vous prendrez du chocolat... Ophélie vous adore!... Déjà excellente musicienne, elle se pousse avec ardeur le chant dont elle vous sait tant amateur; elle a fait un délicieux point d'orgue sur votre nom; une fois votre femme, elle ne vous parlera plus qu'en faisant des roulades. Je sais fort bien que vous ne pouvez en épouser qu'une, mais choisissez, et l'autre se consolera en vous donnant le titre si doux de frère !...

Vadevant s'arrête : il est persuadé que son discours doit faire impression sur le jeune homme; mais celui-ci continue de garder le silence.

— Vous ne me répondez pas, dit Vadevant, j'en devine la cause... vous sentez vos torts et ne voulez pas les avouer... Rassurez-vous!... au nom de mes cousines, j'ose vous assurer que tout est pardonné!... il ne sera plus question du passé... vous n'entendrez aucun reproche... dites-moi seulement quelle est celle des deux sœurs que vous choisissez, et je retourne porter le bonheur dans la famille Devaux...

Vadevant se rapproche du lit, point de réponse; il se penche un peu vers Emile en répétant : — Son nom... celle que vous voudrez... Laure ou Ophélie... voyez... hein?...

Le petit homme croyant entendre quelque chose a encore avancé sa tête; mais il distingue alors que ce qu'il a pris pour une réponse n'est qu'une respiration sourde et prolongée, qui indique que celui auquel il s'adresse est plongé dans un profond sommeil.

— Il dort! se dit Vadevant, il s'est endormi pendant que je lui parlais... C'est fort malhonnête!... c'est même inconcevable! car je lui disais des choses si touchantes, que cela aurait dû l'attendrir... Que faire? m'en irai-je ainsi... sans avoir de réponse!... Je sais bien que d'abord il m'a dit qu'il ne voulait pas de mes cousines; mais je m'y étais mal pris, je l'avais mis en colère, tandis qu'en attaquant son cœur, je dois réussir... et qui sait si ce sommeil n'est pas feint... s'il ne ferme pas les yeux seulement pour me cacher ses larmes...

Dans cette persuasion, Vadevant se penche encore vers Emile, puis le pousse doucement par le bras en murmurant :

— Est-ce Laure?... est-ce Ophélie?... déclarez-vous, cher cousin !...

En se sentant poussé, Emile s'éveille bientôt; il bâille, ouvre les yeux, se retourne et aperçoit Vadevant, dont le visage est presque sur le sien. A l'aspect de cette figure, une expression de colère vient animer les yeux du jeune homme, qui s'écrie :

— Encore ce maudit homme!... il a donc juré de ne point me laisser dormir!... Ah! c'est trop fort... Dupré!... Dupré!... Germain !...

Emile s'est mis sur son séant, il tire avec violence une sonnette qui est à la tête de son lit. Le valet de chambre paraît. Pendant ce temps, Vadevant court dans l'appartement en cherchant son chapeau.

— Dupré!... mettez sur-le-champ cet homme à la porte! crie Emile en montrant Vadevant, que la peur empêche de trouver son chapeau, et s'il a le malheur de se présenter encore chez moi, je vous ordonne de le jeter du haut en bas des escaliers.

Le domestique s'avance, disposé à faire ce que lui a dit son maître; mais Vadevant, qui vient enfin de mettre la main sur son chapeau, l'enfonce sur sa tête et se hâte lui-même d'enfiler la porte tout en criant :

— C'est affreux! c'est une horreur!... on ne traite pas ainsi un galant homme!... mais vous aurez de mes nouvelles, monsieur, je vengerai mes cousines... je vous apprendrai... je...

Les dernières paroles ne parvenaient pas jusqu'à Emile; car, tout en parlant, Vadevant jugeait prudent de jouer des jambes, craignant d'être poursuivi par les domestiques; ce n'est que dans la rue qu'il retrouve toute sa voix et s'abandonne à une colère qui fait sourire les passants.

Cependant Emile, désolé d'avoir été éveillé, parce qu'il rêvait à Stéphanie, remet de nouveau sa tête sur son oreiller, et ne songeant déjà plus à la visite qu'il vient de recevoir, tâche de retrouver le songe qu'on lui a fait perdre. L'image de la charmante fille à laquelle il fait la cour est de nouveau caressée par ses pensées, et il ferme les yeux en se disant : C'est l'enfant qui me gêne... c'est l'enfant qu'il faut que j'éloigne de Stéphanie.

CHAPITRE XIV. — Un Jour de fête.

Il s'était passé du temps depuis que M. Guerreville avait dîné chez M. Grillon, et depuis lors il avait seulement fait mettre sa carte chez les parents de sa filleule, ne se sentant pas le courage de se retrouver encore dans une société où il fallait avoir l'air de s'amuser.

M. Guerreville avait oublié le nom des dames Dolbert, prononcé par Vadevant. et qui lui avait un moment rappelé la petite Zizine; il n'avait plus pensé à Jérôme, le porteur d'eau, et s'était de nouveau livré à ces recherches, à ces perquisitions qui étaient toujours sans fruit, et que cependant il recommençait encore le lendemain.

L'hiver avait fui, le printemps et les beaux jours revenaient; mais est-il de beaux jours pour celui dont le cœur est en proie à une douleur, que rien ne peut distraire? M. Guerreville s'apercevait à peine du changement des saisons; chaque soir, en rentrant chez lui, il se disait : Rien !... jamais le moindre indice... jamais... aucune nouvelle!...

Et il se jetait tristement sur un siège sans voir si le ciel était beau, sans penser à respirer l'air plus doux du printemps.

Un jour M. Guerreville, sans en deviner la cause, s'était senti plus abattu, plus chagrin encore que de coutume; n'ayant pas le courage de sortir, le cœur oppressé et presque gonflé de larmes, il était resté chez lui, assis près d'une table; la tête appuyée sur une de ses mains, il s'interrogeait lui-même, il cherchait d'où pouvait lui venir ce redoublement d'ennui et de tristesse.

Et pourtant ce jour-là le ciel était pur, le soleil n'était caché par aucun nuage.

Dans cette situation M. Guerreville n'avait qu'un désir; c'était que personne ne vint troubler sa solitude. Mais vers le milieu de la journée, la sonnette agitée avec violence le tira de ses méditations.

M. Guerreville n'eut tenté de faire refuser sa porte, mais il n'a pas vu Jenneval depuis quelques jours, et croyant que c'est le docteur qui vient le voir, il ne dit pas à Georges d'annoncer qu'il n'est pas visible.

Le domestique paraît bientôt à la porte de la chambre de son maître.

— Qui a sonné? demande M. Guerreville.

— C'est... cette jeune demoiselle... et puis ce jeune homme, qui sont déjà venus voir monsieur... sa filleule... et M. Jules...

M. Guerreville laisse échapper un mouvement d'humeur ; Georges reprend :
— Ils m'ont demandé si monsieur était là... ma foi ! j'ai dit que oui... je ne savais pas si...
— Je ne serai donc jamais libre de me livrer à mes pensées... toujours dérangé !... Et comment se fait-il qu'ils soient venus ensemble ?...
— Ah !... je pense qu'ils se sont trouvés seulement par hasard dans l'escalier ; car ils n'ont pas l'air de se connaître... Mais si monsieur ne veut pas recevoir ce jeune homme et cette demoiselle, je m'en vais leur dire... de s'en aller.
— Imbécile... après avoir dit que j'y étais... ce serait une impolitesse... Faites-les entrer...
— Tous les deux, monsieur ?
— Oui... je saurai plus vite ce qu'ils me veulent.... Allez, Georges.

Le domestique s'éloigne, et M. Guerreville tâche d'éclaircir un peu sa physionomie pour recevoir la visite des deux jeunes gens.

Bientôt la porte s'ouvre de nouveau, c'est Agathe qui entre la première ; elle tient dans ses mains une jolie caisse dans laquelle est un myrte couvert de boutons ; la jeune fille semble fière de porter cet arbuste dont le poids doit être cependant un peu lourd pour ses mains délicates ; elle s'avance vers M. Guerreville, l'air moitié grave, moitié souriant, comme ces enfants qui, dans une cérémonie, tâchent de se donner une figure raisonnable, et sont obligés de se mordre les lèvres pour ne pas rire.

Derrière la jeune fille arrive Jules, qui tient aussi une caisse dans ses bras, et c'est aussi un myrte qu'il renferme. La même pensée, les mêmes souvenirs ont guidé celles et ceux qui les envoient, et elles ont naturellement fait choix de la même fleur. Mais le jeune homme s'avance d'un air plus grave, plus ému, et les yeux fixés sur le bouquet qu'il vient offrir.

M. Guerreville n'a d'abord témoigné qu'une légère surprise en voyant Agathe lui apporter un myrte, mais lorsque ses yeux rencontrent le bouquet que Jules tient également, une pâleur subite couvre son visage ; ses souvenirs se réveillent... sa mémoire lui rappelle à quelle époque il se trouve, et au lieu de se lever pour aller au-devant des jeunes gens, il retombe sur sa chaise sans pouvoir prononcer une parole.

Cependant Agathe et Jules viennent à lui, la jeune fille se place à gauche, Jules prend l'autre côté ; chacun d'eux lui présente son bouquet, et ils lui disent presque ensemble :
— Mon parrain... voulez-vous permettre...
— Monsieur... je prends la liberté...
— Je viens vous souhaiter votre fête... et vous apporter ce myrte, ainsi que tous mes vœux et ceux de maman pour votre bonheur...
— Monsieur... daignez aussi recevoir mon bouquet... ma mère m'a dit que c'était aujourd'hui votre fête, et que vous me permettriez de vous la souhaiter...
— Ma fête !... aujourd'hui ma fête !... balbutie M. Guerreville d'une voix entrecoupée ; puis levant un peu la tête, ses yeux parcourent la chambre, ils semblent y chercher quelqu'un ; mais bientôt, n'exprimant plus qu'un morne désespoir, ils retombent vers la terre ; tandis que sa bouche murmure : Elle était là autrefois... et à présent... jamais... O mon Dieu ! jamais !...
— Oui, mon parrain, c'est aujourd'hui votre fête, la Saint-Isidore, reprend Agathe après avoir déposé sa caisse à quelques pas, et je n'aurais garde de jamais manquer à venir vous la souhaiter... c'est un si grand plaisir de présenter un bouquet à son parrain... voulez-vous me permettre de vous embrasser ?

La jeune fille se baisse et tend sa joue rosée à M. Guerreville, celui-ci ne bouge pas ; elle se décide alors à déposer un baiser sur son front, mais aussitôt elle se recule en s'écriant :
— Ah ! l'air singulier... comme mon parrain a froid...

Jules, qui depuis quelques minutes attendait que M. Guerreville daignât lever les yeux sur lui, espérant entendre de sa bouche un mot d'amitié, se précipite alors vers lui, et pousse un cri d'effroi en voyant que M. Guerreville a perdu connaissance.
— Ah ! mon Dieu, mademoiselle !... mais il se trouve mal... il est tout à fait évanoui !
— Se pourrait-il... mon parrain... mon pauvre parrain... Ah ! qu'est-ce que cela veut dire ?...
— Mais que faire... que lui donner ?...
— Ah ! attendez, je vais appeler Jeannette... elle est venue avec moi... O mon Dieu ! mon pauvre parrain !...

Et la jeune fille court chercher sa bonne, puis revient près de M. Guerreville ; elle lui frotte le front, lui tape dans la main. Pendant ce temps, Jules ouvre les fenêtres, cherche des flacons, des sels ; Georges et Jeannette courent dans tous les appartements, apportent mille choses, se heurtent, se bousculent et se désolent parce que M. Guerreville est toujours dans le même état.

L'arrivée du docteur Jenneval fait renaître l'espérance dans tous les cœurs ; on court à lui, on lui montre celui que l'on s'efforce en vain de ranimer. Jenneval commence par s'informer de ce qui a pu amener cet évanouissement, et c'est Agathe qui s'empresse de parler.
— Monsieur, nous sommes arrivés ensemble, monsieur et moi... pour souhaiter la fête à mon parrain... Je ne sais pas s'il était malade aujourd'hui ?
— Non, dit Georges, seulement aujourd'hui monsieur paraissait encore plus abattu... plus triste qu'à l'ordinaire...
— Nous venions lui apporter chacun un bouquet... et il se trouve que c'est chacun un myrte que nous lui offrions... mais ce n'est pas cela qui a pu lui faire du mal, car les myrtes, cela n'a pas d'odeur, n'est-ce pas, monsieur ?
— Mais il ne s'attendait sans doute pas à votre visite ? dit Jenneval ; qu'a-t-il dit en vous voyant ?
— Il a pâli, répond Jules, puis il a eu l'air de regarder de tous côtés dans la chambre ; ensuite il a laissé retomber sa tête sur sa poitrine en balbutiant quelques mots que je n'ai pu bien entendre.
— C'est assez, dit le docteur, je devine... je crois comprendre... éloignez-vous un moment... passez dans une autre pièce... Vous, Georges, enlevez ces caisses, que votre maître ne puisse les voir en rouvrant les yeux.
— Mais, monsieur, puisque cela ne sent rien !... s'écrie Agathe.
— Veuillez me laisser agir, mademoiselle. Georges, faites ce que je vous dis.

On exécute les ordres du docteur, et les deux jeunes gens, tout interdits de ce qui vient d'arriver, s'éloignent tristement de celui qu'ils étaient venus fêter.

Resté seul avec son ami, Jenneval s'empresse de lui donner tous les secours de son art. Au bout de quelques instants il voit M. Guerreville se ranimer ; bientôt ses yeux s'entr'ouvrent et se portent autour de lui, mais sa poitrine est oppressée, il respire avec peine. Le docteur lui prend la main et la réchauffe dans les siennes en lui disant :
— Mon pauvre ami... ces jeunes gens vous ont fait bien du mal sans s'en douter... Oh ! j'ai tout deviné... en venant vous souhaiter votre fête... à laquelle vous ne pensiez pas sans doute, ils vous ont rappelé une époque où vous étiez heureux... où vous aviez près de vous... celle que vous cherchez... que vous regrettez sans cesse... Alors peut-être... c'était elle qui, la première, vous présentait un bouquet...
— Ma fille !... ma Pauline !... s'écrie M. Guerreville, oh ! oui... oui... elle venait toujours la première... elle m'apportait un bouquet... et elle se jetait dans mes bras... en me disant : Mon père ! que j'aime à te fêter !...

En achevant ces mots, M. Guerreville appuie sa tête contre la poitrine de Jenneval, il n'a plus la force de parler, mais deux ruisseaux de larmes se font jour et inondent son visage. Le docteur le presse dans ses bras en lui disant :
— Pleurez... pleurez dans le sein de votre ami... j'ai moi-même provoqué ces larmes qui vous étouffaient... donnez un libre cours à votre douleur !... en est-il de plus respectable que celle d'un père abandonné par son enfant !...
— O mon cher Jenneval !... je suis bien malheureux !... mais il me semble en effet que ces pleurs me soulagent... Oui... c'est ma fille... ma fille que je chérissais... qui cause aujourd'hui toutes mes peines... Vous saurez tout, mon ami, je ne veux plus avoir de secrets pour vous... vous êtes digne de ma confiance... Pardonnez-moi d'avoir tant tardé à vous faire cette confidence... Ah ! ce n'était pas que je doutasse de votre amitié, mais je voulais toujours cacher... la faute de ma fille.
— Allons, mon ami... remettez-vous... vous voilà mieux maintenant... Ah ! combien je me félicite d'être arrivé en ce moment !
— Bon docteur !... oui... je respire mieux !... aujourd'hui, sans en savoir la cause, un redoublement de tristesse s'était emparé de moi... était-ce donc comme un vague souvenir d'une époque jadis si désirée ?... je ne sais... Mais ces pauvres jeunes gens qui étaient venus me fêter ont par état à étudier les sensations de mes malades, je sais presque toujours d'avance ce que l'on veut me confier. Vous sentez-vous assez remis pour recevoir ces jeunes gens, ou voulez-vous qu'on les congédie ?
— Qu'ils viennent, docteur, je veux moi-même les remercier pour leur souvenir... et leur bouquet.

Jenneval va ouvrir la porte du salon, où Agathe et Jules, assis chacun dans un coin, attendaient avec anxiété qu'on leur apportât des nouvelles de M. Guerreville ; sur un signe du docteur, ils se lèvent et accourent.
— Ah ! mon parrain !... que cela m'a donc fait de peine de vous voir sans connaissance ! s'écrie Agathe en allant prendre la main de M. Guerreville, tandis que Jules lui dit d'une voix émue :
— Êtes-vous mieux, monsieur ? comment vous sentez-vous ?... Ah ! j'étais bien inquiet... bien désolé !...
— Merci, Jules, merci, ma bonne Agathe, répond M. Guerreville en s'efforçant de sourire. Ce n'était rien... une indisposition... dont j'ignore la cause... mais cela est entièrement passé.

— N'est-ce pas, mon parrain, que ce ne sont pas nos myrtes qui sont cause que vous vous êtes trouvé mal... quoique monsieur votre médecin ait voulu faire ôter nos caisses d'ici?...

— Non... non, ce ne sont pas vos fleurs...

— Moi, le mien est bien joli, c'est celui qui est tout en boutons... Si vous voulez, mon parrain, que j'aille le chercher...

— Non, ma chère filleule... laissez-le où on l'a placé... Je suis sensible à votre attention... à votre souvenir...

— Oh! mon parrain, moi, je ne savais pas que c'était aujourd'hui votre fête : c'est maman qui me l'a appris hier, en me disant : Quoique ton parrain le vienne guère te voir et n'ait pas l'air de beaucoup se soucier de toi, c'est demain sa fête, et il ne faut pas manquer d'aller la lui souhaiter; et c'est aussi maman qui a acheté le myrte, et elle a planté plusieurs petites pensées autour... vous verrez... elle a dit que c'était allégorique!...

Jenneval détourne la tête en souriant, et M. Guerreville se hâte de mettre fin au bavardage de sa filleule, en lui disant :

— Ma chère Agathe, vous remercierez beaucoup madame votre mère... vous m'excuserez si je n'ai pu aller vous voir... Monsieur Jules, veuillez aussi vous charger de mes compliments pour madame Galet... Mes occupations... ma santé ne me permettent pas toujours de disposer de mon temps... En attendant que j'aille vous voir, j'espère que vous voudrez bien à votre tour recevoir mon bouquet... car je suis fort distrait, je pourrais oublier le jour de votre fête, et c'est pourquoi je veux vous le donner aujourd'hui.

Jules se taisait et baissait les yeux; quelque chose lui disait que c'était encore un rouleau de napoléons qu'on allait glisser dans sa main, et depuis qu'il avait ajouté à sa petite fortune celui que M. Guerreville avait prétendu lui devoir, celle-ci n'avait jamais entendu son fils former un désir sans qu'il fût aussitôt satisfait; enfin, le jeune homme pouvait contenter son goût pour le spectacle sans être obligé de demander de l'argent à son père, et de cette façon la paix régnait dans la boutique de la parfumeuse.

Mais mademoiselle Agathe, qui n'a pas l'habitude de garder longtemps le silence à moins d'y être forcée, s'empresse de répondre à M. Guerreville qui est allé vers son secrétaire :

— Oh! mon parrain, j'accepterai tout ce que vous voudrez bien me donner, et j'aime autant que ce soit tout de suite que le jour de ma fête, car c'est vrai que vous pourriez bien l'oublier... vous avez tant de choses dans la tête!... D'ailleurs, maman m'a dit que je ne devais jamais rien refuser de vous... et je ne voudrais pas lui désobéir!

— Tenez donc, ma chère filleule, dit M. Guerreville en donnant un petit portefeuille à Agathe, voilà mon bouquet... allez et soyez heureuse... c'est mon sincère désir...

La jeune fille prend le petit portefeuille dans lequel elle voudrait déjà pouvoir regarder, et elle fait une grande révérence, en murmurant :

— Merci, mon parrain.

M. Guerreville s'est ensuite approché de Jules, il lui présente un élégant souvenir fermé avec des agrafes d'or en lui disant :

— Voici mon bouquet... j'espère que vous vous rappellerez que je suis un vieil ami de... votre famille, et que vous ne me ferez pas le chagrin de refuser.

Jules prend le souvenir en rougissant, car quelque chose lui disait que les tablettes renfermaient un autre présent, et il balbutie quelques remerciments, pendant que M. Guerreville lui serre la main; Jules voudrait bien embrasser celui qui, malgré son air de froideur, se montre si généreux pour lui; mais, quoiqu'il en ait grande envie, il ne se sent pas le courage de lui demander cette faveur; et, après avoir poussé un gros soupir, il salue M. Guerreville, et prend congé de lui.

Mademoiselle Agathe s'empresse d'en faire autant, car elle voudrait déjà être sortie afin de pouvoir visiter son portefeuille, elle court embrasser son parrain, fait plusieurs révérences au docteur, et s'en va avec Jeannette en sautillant et en criant :

— Au plaisir, mon parrain; portez-vous mieux, et venez nous voir si vous en avez le temps.

A peine au milieu de l'escalier, Agathe s'arrête et feint d'avoir à renouer le cordon de son soulier pour laisser passer devant elle Jules, qui la salue et s'éloigne. Restée seule avec sa bonne, la jeune fille tire son petit portefeuille de son sac, en disant :

— Certainement, mon parrain ne m'aurait pas donné que ce méchant petit portefeuille qui n'a rien de bien extraordinaire... Je gage qu'il y a quelque chose dedans; n'est-ce pas, Jeannette?

— Oh! oui, mademoiselle; c'est ben probable... est-il lourd?...

— Non, il n'est pas lourd... ça ne sonne pas... Voyons...

Le portefeuille est ouvert, Agathe l'examine, le parcourt avec tant de précipitation qu'elle n'a pas encore aperçu la poche qui est à l'entrée, elle feuillette, secoue et murmure déjà :

— C'est singulier! il n'y a rien... il n'est pas magnifique le bouquet de mon parrain, j'aurais mieux aimé le souvenir, alors.

Mais Jeannette, qui regarde aussi, aperçoit la petite poche, et dit à la jeune fille :

— Mademoiselle, voyez donc, il me semble que vous n'avez pas regardé dans ce petit gousset-là.

Agathe s'empresse de visiter cette partie du portefeuille, et elle pousse un cri de joie :

— Ah! Jeannette! un billet de banque... un billet de banque de mille francs!...

— C'est-i possible, mamzelle!...

— Oui, Jeannette... oh! je connais bien les billets de banque... papa m'en a fait voir quelquefois en me disant : Voilà des chiffons avec lesquels on achèterait Paris.

— Ah! m'amzelle, faites-moi donc voir encore comment c'est fait!...

— Mille francs!... oh! le beau cadeau!... est-ce aimable un parrain!... oh! que je suis contente! j'ai envie de remonter l'embrasser...

— Oh! non, mamzelle, il verrait que nous sommes restées dans l'escalier.

— Tu as raison, dépêchons-nous plutôt de rentrer, que je fasse voir chez nous mon beau billet de mille francs!...

Et Agathe s'éloigne bien vite avec sa bonne, et tout le long du chemin elle tient sa main sur son portefeuille, et quand elle a fait cent pas elle l'ouvre pour s'assurer si son billet de banque est toujours dedans : enfin elle arrive chez sa mère, et sa première parole est pour lui dire :

— Maman, mon parrain m'a fait cadeau d'un billet de banque de mille francs!

Et madame Grillon répond en souriant :

— Je le crois bien! on n'a pas tous les jours une filleule comme toi!

Jules était moins impatient que mademoiselle Agathe; cependant le souvenir l'occupe; plusieurs fois, en retournant chez lui, il le sort de sa poche, le retourne en tout sens; mais il ne l'ouvre pas; il veut d'abord le montrer à sa mère, à qui il a promis de revenir sur-le-champ lui conter comment son myrte aura été reçu.

Maria était seule, elle attendait le retour de son fils avec impatience. Dès qu'elle le voit, elle le presse de questions; Jules y met un terme en lui disant tout ce qui s'est passé.

En apprenant que M. Guerreville a perdu connaissance, la mère de Jules est vivement émue, des larmes mouillent ses paupières, elle reste un moment absorbée dans ses réflexions, puis elle s'écrie :

— Une jeune personne, dis-tu, venait aussi souhaiter la fête à M. Guerreville?

— Oui, ma mère, c'est sa filleule, car il le nommait sans cesse : mon parrain...

— Sa filleule?... ah! oui... je me rappelle, la fille de madame Grillon!...

En prononçant ce nom, un sourire amer vient errer sur les lèvres de la parfumeuse, qui ajoute en soupirant :

— Et sans doute c'est aussi un myrte que cette jeune personne a offert à M. Guerreville?

— Oui, ma mère... nous avions tous deux le même arbuste... M. Guerreville a donné à sa filleule un petit portefeuille, et à moi ces tablettes qui sont bien élégantes... Tenez... les voici, ma mère!... je ne les ai pas encore ouvertes.

Maria prend les tablettes, ôte le crayon qui les ferme, et bientôt un billet de banque s'en échappe et voltige sur le comptoir.

— Mille francs! s'écrie Jules en examinant le billet, et un sentiment de plaisir fait rayonner ses traits; puis, presque aussitôt, il regarde sa mère et ajoute : Mais dois-je accepter un cadeau aussi considérable?

— Oui, mon fils, répond Maria en baissant les yeux, oui... car en refusant vous pourriez fâcher M. Guerreville... et vous devez vous ménager son amitié.

Jules prend alors le billet de banque et le serre dans ses tablettes, qu'il semble ne pouvoir se lasser d'admirer. Au bout d'un instant sa mère lui dit d'une voix émue :

— Et M. Guerreville vous a-t-il embrassé?

— Non, ma mère, et moi... je n'ai pas osé l'embrasser... quoique j'en eusse bien envie.

— Pas une caresse!... se dit Maria en se détournant pour cacher ses larmes. Ah! cela eût mieux valu que de l'argent!...

CHAPITRE XV. — Un Récit.

A peine Agathe et Jules s'étaient-ils éloignés de chez M. Guerreville, que celui-ci, appelant son domestique, lui ordonna de ne plus laisser entrer personne, ne voulant pas être interrompu dans l'entretien qu'il allait avoir avec le docteur.

Resté seul avec Jenneval, M. Guerreville s'assied près de lui, et sans préambule commence son récit :

« Je passerai rapidement sur ce qui n'a point de rapport à mes peines. Je suis fils d'un magistrat distingué, j'ai une vingtaine de mille francs de rente. Orphelin de bonne heure, grâce à mon nom j'obtins facilement un emploi important dans une administration ; mais, chérissant ma liberté, et n'ayant point d'ambition, je donnai ma démission au bout de quelques années ; d'ailleurs, mon humeur un peu brusque, la franchise de mon caractère faisaient de moi un mauvais courtisan, et m'auraient toujours empêché de parvenir dans le chemin des grandeurs.

» Voilà pour ce qui regarde ma position dans le monde, venons à ce qui touche mes sentiments.

» Jeune, l'amour avait pour moi mille attraits; né avec un cœur brûlant, avec une âme ardente, je m'abandonnais peut-être trop vite aux charmes d'une première impression, que bientôt une autre me faisait, sinon oublier, du moins beaucoup négliger. Enfin j'eus de ces liaisons qui, pour la plupart des jeunes gens, ne sont que des caprices; mais chez moi c'était toujours de l'amour. Je le croyais.

» Je n'avais encore que vingt-cinq ans, lorsque je rencontrai dans le monde mademoiselle Demonfort, j'en devins éperdument amoureux, et je l'épousai, bien persuadé que mon amour serait éternel.

» Ma femme était douce, bonne, aimable... et, malgré cela, au bout de quelque temps, je lui fus infidèle... Docteur, je m'avoue coupable... mais j'ai l'habitude d'être franc... et je ne me suis jamais fait des vertus que je n'avais pas.

» Je possédais une fort jolie propriété près d'Orléans; ma femme aimait le séjour de cette campagne, elle voulut s'y fixer; mais moi je venais souvent à Paris, et alors j'y jouissais de toute la liberté d'un garçon; c'est vers ce temps que je fis connaissance d'une jeune et jolie fille... nommée Maria. J'en devins amoureux... et j'eus le malheur de lui plaire... Cependant je n'employai aucun artifice, je ne lui cachai pas que je n'étais plus libre... Malgré cela Maria m'avoua qu'elle m'aimait... Ah! docteur, la raison est bien faible dans cet âge où l'amour a tant de force... Nous fûmes coupables... Bientôt Maria s'aperçut qu'elle portait dans son sein un gage de nos amours... Heureusement j'étais riche, je pouvais assurer le sort de cette jeune fille et la mettre à l'abri du besoin; mais Maria était fort jolie!... au moment où j'allais lui acheter un établissement, un homme lui proposa sa main. Maria était incapable de vouloir le tromper, elle ne lui cacha pas sa position; malgré cela, cet homme persista dans la résolution de l'épouser. Maria vint me consulter... elle aurait préféré ne vivre que pour moi, mais je l'engageai à assurer le sort de son enfant, et elle m'obéit... »

— Je parierais, dit le docteur, que ce jeune Jules est l'enfant de cette tendre Maria.

M. Guerreville ne répond à Jenneval qu'en lui pressant fortement la main; puis il reprend son récit.

« Vers cette époque aussi je rencontrai dans le monde une femme jeune et jolie, mariée... contre son gré.... à un homme qu'elle n'avait jamais aimé... c'est du moins ce qu'elle me dit... Je me suis aperçu depuis que c'est ce que disent toutes les femmes lorsqu'elles ont quelque faiblesse à se reprocher. Je consolais cette dame de ses ennuis; son époux était alors absent, son voyage se prolongea et la situation de cette dame devenait embarrassante... Vous comprenez, docteur? »

— Parfaitement... Enfin, le mari revint, tout s'arrangea, car les maris sont les meilleures gens du monde, et vous fûtes le parrain de la petite Agathe; n'est-ce pas ainsi que finit votre histoire?

« Oui, docteur, c'est cela... Voilà bien des fautes; mais j'ai voulu tout vous dire et vous faire une entière confession. Cependant, après la première année de notre mariage, ma femme m'avait rendu père d'une fille... elle vint au monde si chétive, si délicate, que l'on conseilla à ma femme de la faire nourrir dans la Franche-Comté, où nous avions une tante qui devait veiller sur notre enfant; nous suivîmes cet avis, et chaque année nous allions voir notre fille. Je ne puis vous dire avec quel plaisir je l'embrassais!... Chaque fois que je voulais la ramener avec nous; mais je cédai aux conseils du docteur. Ce ne fut que lorsqu'elle eut atteint sa sixième année, que nous reprîmes notre Pauline avec nous. Alors... oh! alors, je commençai à m'absenter moins souvent; mes excursions à Paris devinrent plus rares, je me trouvais si bien près de ma fille!... En la pressant contre mon cœur, je goûtais un bonheur si pur, si nouveau pour moi!... Ah! mon cher Jenneval, je compris alors qu'il y est un sentiment inaltérable que rien ou presque rien ne nous dédommage de la perte de tous les autres!... c'est celui que l'on éprouve pour ses enfants... J'avais pour ma femme la plus sincère amitié, mais ma fille me la rendait encore plus chère. Pauline en grandissant devenait si aimable... si prévenante... Mes idées changèrent, je devins sage, raisonnable... Assurer le bonheur, l'avenir de ma fille, voilà quelles étaient mes pensées. Si j'allais encore quelquefois à Paris, à peine y étais-je, qu'il me tardait de m'en éloigner pour retourner près de ma fille... A Paris, cependant, il y avait Jules et Agathe... Eh bien, docteur, croiriez-vous que la vue de ces deux enfants m'était plus pénible qu'agréable?... Quelquefois, en présence de leur mère, je ne pouvais me dispenser de les embrasser... mais alors il me semblait que je leur donnais des caresses qui appartenaient à ma fille... et, loin de voir mon cœur y prit quelque part, c'était toujours un ennui pour moi. Cependant, suivant les lois de la nature, Jules et Agathe devaient avoir à mon amour autant de droits que Pauline... D'où vient donc qu'il n'en était pas ainsi?... Docteur, expliquez-moi cette singularité qui, je suis certain, ne m'est point particulière, et que bien d'autres ont remarquée comme moi. Comment se fait-il que les fruits de l'amour, de l'intrigue, du mystère, ne soient vus par nous qu'avec indifférence, tandis que nous chérissons les enfants que l'hymen nous donne, quoique souvent l'amour ait eu bien peu de part à leur naissance; est-ce parce que les premiers nous rappellent une faute, une faiblesse que nous voudrions oublier?... »

— Non, mon cher Guerreville; mais c'est, je crois, parce que notre cœur ne s'ouvre qu'à ceux qui nous donnent le doux nom de père... Oui, mon ami, ce nom qui nous demande en même temps amour et protection, éveille dans notre âme les plus tendres sentiments de la nature, et, je vous le certifie, notre mémoire aura beau nous rappeler un ancien attachement, une femme aimable et belle aura beau nous regarder d'une façon toute significative en nous présentant un joli petit garçon, jamais nous ne sentirons s'émouvoir nos entrailles paternelles pour l'enfant qui ne pourra nous appeler son père.

M. Guerreville réfléchit quelque temps aux paroles de Jenneval, puis il reprend son récit :

« Ma fille avait près de onze ans, lorsque nous perdîmes sa mère. Je fus doublement affligé de cette perte, qui m'enlevait à moi une bonne, une sincère amie, qui avait toujours été indulgente pour mes fautes; et privait ma Pauline d'un guide, d'un appui de tous les instants; dès lors je jurai de me consacrer entièrement à ma fille, et je tins parole. Cessant de venir dans la capitale où rien ne m'attirait, je me fixai près de l'enfant chéri qui possédait toutes mes affections; je consacrai mes loisirs à surveiller son éducation; je lui donnai tous les maîtres qu'elle parut désirer; je tâchai aussi de réunir près d'elle tous les plaisirs de son âge; enfin, je m'étudiai à remplacer sa mère; et si parfois mon parler un peu brusque semblait intimider ma fille, je me hâtais par une caresse de ramener la joie sur son front et le sourire sur ses lèvres.

» Ma Pauline avait atteint sa seizième année. Déjà dans ma pensée je me disais : Il faudra lui choisir un époux qui comprenne bien cette âme douce, sensible et craintive... qui se consacre comme moi à faire son bonheur!... Car je ne pardonnerais pas à celui qui ferait verser une larme à ma fille!...

» Mais cette pensée ne s'offrait encore que vaguement à mon esprit. Pauline était si jeune! Heureux près d'elle, je jouissais de mon bonheur, du sien... car ma fille m'aimait tendrement... Oh! oui, elle chérissait son père, quoique mon air, quelquefois sévère, la rendît souvent craintive et timide avec moi!... Fatale timidité!... c'est elle qui empêcha ma fille de me donner toute sa confiance. »

M. Guerreville repose quelques moments sa tête dans ses mains; on voit qu'il est arrivé à l'endroit le plus pénible de son récit, enfin il rassemble son courage et continue :

« Nous recevions souvent du monde, des habitants d'Orléans, des propriétaires des environs : je ne voulais pas que ma fille vécût dans la solitude. Pauline était charmante, tout le monde me disait : moi, je pensais que ma fille l'aurait toujours été à mes yeux.

» Un jour, chez un riche propriétaire de nos voisins, nous fîmes connaissance avec un jeune homme nommé Daubray, il venait de Paris, il comptait voyager pour son instruction. Fort jeune encore, car ce Daubray avait à peine vingt-trois ans, tout chez lui prévenait en sa faveur : figure, manières, conversation; il était difficile de ne pas se sentir entraîné vers lui. Il avait bon ton, possédait tous les talents; il était, disait-on, d'une famille riche; enfin chacun recherchait sa société. Il vint chez moi. Je le recevais avec plaisir; il dessinait agréablement, il faisait de la musique avec ma fille; je ne prévoyais aucun danger dans cette liaison. D'ailleurs, quand par hasard j'étais absent, une femme... que je croyais sûre, avait reçu de moi l'ordre de ne point quitter ma fille. Quelques mois s'écoulèrent. Pauline devenait pensive, mélancolique; et, plus d'une fois, inquiet du changement que je remarquais dans son humeur, je lui avais demandé si elle avait quelque chagrin, mais toujours un sourire et un baiser étaient sa réponse; et moi je lui serrais la main, persuadé qu'elle n'avait pas de secret pour son père.

» Un soir elle me quitta plus triste, plus pâle que de coutume; en m'embrassant il me sembla qu'elle tremblait. Je pris une de ses mains, que je gardai longtemps dans la mienne, et je lui dis : Chère enfant, si tu as quelques peines, ce serait bien mal de ne point me les confier, car il n'est point de sacrifice que je ne fisse pour assurer ton bonheur.

» Elle baissa les yeux, et s'enfuit comme si elle eût craint de parler. Resté seul, je cherchais d'où pouvait venir le trouble de ma fille, et pour la première fois, je soupçonnai qu'elle pouvait aimer ce jeune homme, qui venait nous voir chaque jour. Mais alors, pourquoi ne pas m'avouer son amour; et si Daubray aime ma fille, pourquoi ne pas me demander sa main? Voilà ce que je pensais, et j'attendais le lendemain avec impatience pour forcer Pauline à m'ouvrir son cœur... mais le lendemain arriva, et je ne revis plus ma fille... Elle était partie... Elle avait abandonné son père... Partie... pour toujours... O mon Dieu! attendez, mon ami, attendez que je respire... le souvenir de ce jour fatal est toujours cruel pour moi!...

» En m'éveillant chaque jour, j'avais l'habitude d'aller embrasser ma fille. Je me rends à sa chambre; Pauline n'y est point; je descends, j'appelle madame Armand : c'était la femme qui était continuellement près de ma fille, et que, par son âge raisonnable, j'avais crue digne de ma confiance; je ne la rencontre pas. Je vais au jardin, mes recherches sont inutiles. J'interroge le jardinier, tandis que mon fidèle Georges parcourt déjà les environs pour tâcher de rencontrer ces dames. Le jardinier n'a vu personne; mais il m'apprend que le matin, en se rendant à sa besogne, il a trouvé poussée seulement une porte du jardin qui donne sur la campagne, et qui habituellement était fermée en dedans à double tour.

» Cette circonstance me surprend ; on ne sortait presque jamais par cette porte, qui donnait sur un chemin avoisinant la route ; par quel hasard ma fille et sa gouvernante ont-elles de préférence pris ce chemin? Inquiet, tourmenté, je retourne dans la chambre de ma fille. En la parcourant des yeux j'aperçois sur une table une lettre ; elle m'était adressée, et je reconnais l'écriture de ma fille !... Oh ! alors je prévois un horrible malheur !... Tenez... la voilà cette lettre fatale... lisez-la, mon ami. »

Jenneval prend une lettre que M. Guerreville tire d'un portefeuille qu'il porte toujours sur lui ; les caractères en paraissaient tracés d'une main tremblante, et l'on voyait encore la marque des larmes que l'on avait répandues en l'écrivant. Le docteur lit d'une voix émue :

— Je ne suis jamais de ma vie descendu dans une cave, dit M. Adalgis.
— C'est comme moi, répond M. Lélan, je ne suis jamais descendu dans un puits, c'est-à-dire dans une cave.

« Mon père, pardonnez-moi... oh ! pardonnez-moi, si j'ai commis une faute en ne vous avouant pas mon amour pour Daubray... mais il m'a dit que vous lui aviez refusé ma main... et que pour vous faire consentir à notre union... il me fallait absolument le suivre et vous quitter pendant quelque temps... Vous quitter... il me semble que c'est bien mal ; mais madame Armand, qui est dans le secret de nos amours, pense aussi que ce parti est le seul qui puisse nous faire obtenir votre consentement. Daubray me presse, me supplie... O mon Dieu !... Je vais vous causer bien du chagrin ; mais je reviendrai... Oh ! oui, mon père, soyez sûr que je reviendrai, et je suis bien certaine que vous ne repousserez pas votre Pauline... »

M. Guerreville, qui n'a pu entendre cette lecture sans répandre encore des pleurs, reprend la lettre, la replace avec soin dans son portefeuille, et s'écrie :

« En lisant cela... je compris toute l'étendue de mon malheur... J'avais été indignement abusé, trahi par ce Daubray et par cette femme chargée de veiller sur ma fille ; mais ce jeune homme avait aussi trompé ma Pauline, en lui disant que je lui avais refusé sa main : jamais il ne m'avait dit un mot touchant ce sujet. Pourquoi donc ce mensonge ?... pour engager ma fille à se laisser enlever ?... Mais s'il l'aimait réellement, pourquoi ne pas m'avoir en effet demandé sa main ?... Eût-il été sans fortune, sans avenir, je n'aurais jamais pu résister aux prières de ma fille. Mes conjectures étaient cruelles... car je prévoyais que ma Pauline avait été trompée comme moi. Dans les premiers moments de mon désespoir, je voulus avertir les autorités, faire courir sur les traces des fugitifs... mais bientôt je sentis tout le tort que cet éclat ferait à ma fille... Moi, publier sa faute... peut-être son déshonneur !... Oh ! non, je résolus au contraire d'employer tous mes soins à le cacher, et je me dis : Quand ma fille reviendra près de moi, je ne veux pas que devant le monde elle soit exposée à rougir.... Cependant je commençai par me rendre chez la personne où j'avais vu M. Daubray pour la première fois ; et là, tâchant de maîtriser mon émotion, je dis qu'ayant appris le départ de ce jeune homme, je désirais connaître son adresse à Paris, ou du moins celle de quelqu'un de sa famille, afin d'avoir de ses nouvelles lorsque je m'y rendrais. On m'avoua qu'on n'en savait pas plus que moi. Daubray avait été amené, présenté par un jeune homme que l'on connaissait assez intimement ; mais celui-ci était parti pour la Russie, où il était mort en arrivant ; ainsi, pas moyen d'avoir aucun renseignement positif sur ce Daubray et sa famille, sur laquelle peut-être il nous avait trompés ; et c'est ainsi que dans la société on accueille trop souvent des inconnus, que l'on se lie avec des personnes que l'on rougirait de fréquenter si l'on connaissait bien leurs antécédents. Je revins chez moi, et je réfléchis au parti qu'il me fallait prendre pour cacher à tout le monde la faute de ma fille. Je n'en vis qu'un seul, c'était de partir sur-le-champ avec mon fidèle Georges, de quitter cette demeure où pendant si longtemps j'avais vécu heureux près de ma Pauline, et de faire dire que j'étais en voyage avec ma fille. Mon jardinier reçut mes instructions... Ce brave homme m'était dévoué ; il me jura que jamais personne ne saurait que ma fille m'avait abandonné... et moi je devais lui écrire partout où je m'arrêterais, et lui donner mon adresse, afin qu'il pût sur-le-champ m'envoyer les lettres qu'il recevrait pour moi.

» Je partis donc... Je quittai ma propriété. Je vins d'abord à Paris ; car c'était là que j'espérais retrouver ma fille. Je m'informai partout si l'on connaissait quelqu'un du nom de Daubray ; je n'appris rien... Cette famille était inconnue. Au bout de quelques jours, mon jardinier m'envoya une lettre ; elle était de ma fille ; mais on avait eu la précaution de la remettre à quelque voyageur, et elle portait seulement le timbre d'Orléans. Ma Pauline me demandait de nouveau pardon de sa faute ; elle pleurait de chagrin, me disait-elle, de ne plus embrasser son père ; mais elle se flattait de pouvoir bientôt venir avec

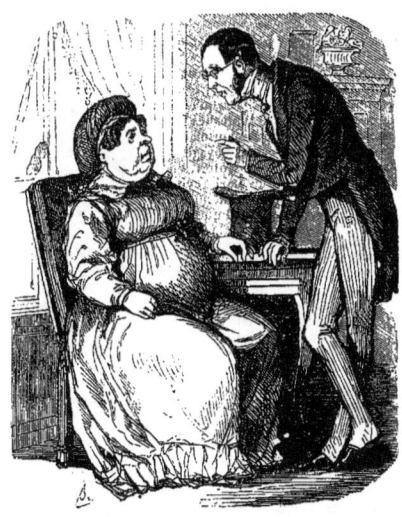

M. Jenneval indique à madame Duvaux un moyen rétrospectif pour mettre son chocolat entre deux verres d'eau.

son époux me demander sa grâce. Ces lettres me rendaient un peu d'espérance, et, quelle que fût la faute de ma fille, il me tardait de la presser dans mes bras !... Je sentais bien que je ne pourrais estimer ce Daubray, qui, pour me forcer à lui accorder la main de ma Pauline, avait cru indispensable de l'enlever, de l'arracher du toit paternel ; car, au milieu de toutes les erreurs de ma jeunesse, je n'eus jamais de telles fautes à me reprocher... et si j'ai séduit quelques femmes, quelques jeunes filles, du moins il n'y avait pas auprès d'elles un père, une mère, que je privais de l'appui, de la consolation de leurs vieux jours. Mais je me disais : Pour ma fille, je pardonnerai à son amant, et peut-être qu'en ma présence cet homme n'osera pas la rendre malheureuse.

» Je continuai mes perquisitions ; je me rendis incognito à Orléans ; je ne fus pas plus heureux ; je revins à Paris ; six semaines s'écoulèrent. Je reçus encore des nouvelles de ma fille; elle me promettait toujours de revenir près de moi; mais il me sembla déjà voir dans sa lettre une teinte de tristesse plus vive; elle ne m'écrivait pas tout ce qu'elle éprouvait... Je le devinais aux moindres mots qu'elle avait tracés... Je connaissais si bien le cœur, l'âme de ma fille... cette âme craintive et aimante, que l'on avait dû indignement abuser pour lui faire croire qu'elle devait s'éloigner de son père.

» J'étais vivement inquiet; mais l'espérance ne m'avait pas abandonné. Chaque matin je me flattais que le jour me s'écoulerait pas sans ramener ma fille dans mes bras. Mon jardinier avait reçu mes ordres; il devait m'envoyer sur-le-champ ma Pauline en lui assurant d'avance que j'étais prêt à pardonner. Plus de deux mois se passèrent; enfin je reçus une lettre de Pauline; elle s'accusait plus vivement; elle se reprochait plus amèrement sa faute; je vis que ses larmes avaient mouillé cet écrit, et je me dis : Ma fille est malheureuse. Mais elle terminait en me promettant de revenir se jeter à mes pieds, et de ne plus jamais s'éloigner de moi. Hélas!... cette lettre fut la dernière!...

Oui, mon ami, depuis ce temps je n'ai eu aucune nouvelle de ma fille... et voilà bientôt huit ans... huit ans d'écoulés depuis que j'ai reçu sa dernière promesse de revenir dans mes bras. Ah! jugez de ma douleur... de mon désespoir!... J'ai recommencé mes recherches; pendant plusieurs années, j'ai voyagé... j'ai parcouru l'Italie, la Suisse, l'Angleterre, toujours m'informant, demandant, faisant les perquisitions les plus minutieuses, courant sur les traces des personnes dont quelques points de ressemblance me faisaient prendre pour ceux que je cherche, et toujours déçu dans mes espérances! Fatigué de mes voyages, je vins me retirer à Château-Thierry. Je fuyais le monde, vous en comprenez maintenant la raison; non-seulement ma douleur m'empêche d'y trouver aucun charme; mais si j'y rencontre quelqu'un qui me connaisse, il me faut sans cesse mentir... car je veux toujours cacher la faute de ma fille... Lorsqu'on me demande de ses nouvelles, je dis qu'elle est mariée... qu'elle habite loin de moi!... Vous, docteur, vous êtes le seul qui connaissiez sa faute; vous ne la divulguerez jamais... oh! jamais... entendez-vous !... Mais depuis huit ans... plus rien... plus un mot sur son sort... Serait-elle morte?...

mé; devant le monde, continuant à se conduire avec une extrême réserve, ce n'était qu'à la dérobée, bien bas, et loin des regards de son aïeule, qu'Émile faisait entendre à la jeune fille des paroles d'amour : mais alors ses paroles étaient brûlantes, ses yeux avaient une expression qui forçait Stéphanie à baisser les siens; enfin ses mains caressantes cherchaient sans cesse à s'approcher, à toucher la robe, le bras ou le genou de la jeune fille, qui quelquefois se sentait tout à coup enlacée et fortement pressée contre un cœur dont les battements précipités annonçaient les ardents désirs.

Stéphanie répondait avec candeur, avec amour, aux transports de celui qui semblait si heureux près d'elle. Pourtant lorsque Émile, profitant d'un moment où ils étaient seuls, la pressait tendrement dans ses bras, elle éprouvait un trouble, une agitation qui ressemblait à de la crainte, et elle se dégageait des bras qui voulaient la retenir, en disant : Mais, mon ami, puisque vous m'aimez tant, pourquoi donc ne me le dites-vous jamais devant ma mère? Quand il y a du monde, vous me regardez à peine... vous avez l'air de craindre que l'on ne devine notre amour; pourquoi donc cela? nous ne faisons pas mal de nous aimer... vous me l'avez dit vous-même; alors à quoi sert de le cacher?

A ces questions, Émile répondait : Je ne puis encore avouer mon amour... des raisons de famille m'en empêchent : mais, chère Stéphanie, cela ne doit pas nous empêcher de nous aimer. Cependant, comme le monde est méchant, comme il juge toujours mal les actions des autres, il ne faut pas le mettre dans la confidence de nos secrets sentiments. Croyez-moi, le mystère donne encore plus de charmes aux amours. N'est-on pas cent fois plus satisfaits d'un bonheur que tous les autres ignorent? Chère Stéphanie, laissez-moi vous voir en secret... permettez-moi d'avoir avec vous de ces doux entretiens pendant lesquels nous pouvons au moins échanger ces tendres caresses que le monde blâmerait et qui me rendent si heureux.

Stéphanie soupirait et balbutiait : En secret... comment? je ne comprends pas...

Émile s'est éloigné de Stéphanie, et presque aussitôt la porte du salon s'ouvre, c'est Zizine qui revient et qui court se jeter dans les bras de Stéphanie.

Mais lorsque Delaberge allait essayer de se faire comprendre, Zizine ou la bonne maman venaient par leur présence l'empêcher d'en dire plus.

Plusieurs mois de séjour chez les dames Dolbert avaient déjà produit un grand changement dans les manières, dans le langage de Zizine; c'était toujours une petite fille délicate, pâle et sérieuse; pourtant ce n'était plus un enfant de porteur d'eau. Habile à comprendre ce qu'il fallait faire pour plaire à ses protectrices, Zizine avait bien vite perdu ce qui décelait l'enfant du peuple; mais son cœur était toujours resté le même, il n'oubliait pas Jérôme, et lorsqu'un mois s'écoulait sans qu'elle le vît, la petite fille devenait triste et se cachait quelquefois pour pleurer.

Sans en deviner la cause, Zizine s'apercevait bien que Stéphanie n'était plus la même pour elle. Sa jeune protectrice l'embrassait encore, mais elle ne lui parlait plus si souvent. Les jeux, les poupées avaient été entièrement mis de côté; Stéphanie, presque toujours distraite ou rêveuse, n'entendait quelquefois pas les paroles de la petite fille, qui lui répétait souvent :

— A quoi donc penses-tu?

Enfin un jour que Stéphanie s'obstinait à ne pas lui répondre, l'enfant se mit à pleurer. A la vue de ses larmes, Stéphanie court à elle, la prit dans ses bras, et lui dit :

— Pourquoi pleures-tu, Zizine?... qu'est-ce qu'on t'a fait?

— On ne m'a rien fait... c'est que tu ne m'aimes plus...

— Je ne t'aime plus, ma Zizine! et pourquoi donc dis-tu cela?

— Parce que je le vois bien... tu ne me dis plus rien... tu joues

morte... oh! non; non, elle n'est pas morte loin de son père, sans que je l'aie revue... embrassée, sans m'avoir entendu lui assurer que je lui pardonnais tout le chagrin qu'elle m'a causé!... morte!... ô mon Dieu! ce serait trop affreux!... O ma pauvre fille! si cela était, supplie donc le ciel pour qu'il me rappelle près de toi! »

En achevant ces mots, prononcés avec l'accent du désespoir, M. Guerreville a laissé retomber sa tête sur sa poitrine. Jenneval s'approche de lui, l'entoure de ses bras, et lui dit avec cet accent qui part du cœur :

— Du courage, mon ami; ne perdez pas toute espérance!... maintenant nous serons deux pour chercher votre fille... pour découvrir les traces de son lâche ravisseur; et le plus beau jour de ma vie sera celui où je serai parvenu à sécher vos larmes.

CHAPITRE XVI. — L'Ange gardien.

Émile ne passait plus un jour sans aller chez madame Dolbert; la grand'maman l'accueillait comme un homme auquel on espère bientôt donner le nom de fils, et Stéphanie avec ce sourire enchanteur qui laisse voir à tous les yeux les plus secrètes pensées du cœur.

Mais ce n'était pas ainsi que l'amant de Stéphanie voulait être aiplus avec moi... tu es toujours triste... Je vois que je t'ennuie... alors je veux retourner avec mon père le porteur d'eau.

— Toi, me quitter! oh non, non, je ne le veux pas... car je t'aime toujours... oh! oui, toujours... Mais, vois-tu, c'est que... quand on est grande... on pense à beaucoup de choses... on a des idées... des... enfin je ne peux pas te dire tout cela à présent, parce que tu es trop petite... mais cela ne m'empêche pas de bien t'aimer; pardonne-moi, si quelquefois je suis maussade... mais ne me quitte pas... oh! ne me quitte jamais, car, dans le fond du cœur, je suis toujours la même pour toi.

Zizine avait été facilement consolée par ces douces paroles, et depuis qu'elle avait l'assurance que sa vue n'ennuyait pas Stéphanie, elle ne craignait plus de rester à ses côtés, même lorsque celle-ci ne lui parlait pas.

Emile avait plus d'une fois témoigné de l'humeur de trouver constamment l'enfant près de Stéphanie; un soir il lui dit à demi-voix :

— Quel supplice de voir toujours cette petite fille près de vous!... on dirait qu'elle est chargée de vous suivre... d'épier vos moindres actions.

— Oh! ce n'est pas cela, répond Stéphanie; c'est qu'elle m'aime tant que son plus grand bonheur est d'être près de moi.

— Elle vous aime... c'est possible... mais moi aussi je vous aime, et il me semble que je devrais obtenir la préférence.

— Mon cher Emile, il ne tient qu'à vous d'être près de moi quand vous venez ici... Ce n'est pas Zizine qui vous en empêche.

— Pardonnez-moi... cette petite fille me gêne... me contrarie... Quand votre maman est occupée, je pourrais être alors seul avec vous dans ce petit cabinet, si cette... Zizine n'était pas sans cesse à vos côtés.

— Mais elle ne nous empêche pas de nous parler... de nous regarder... d'être ensemble.

— Ce n'est pas la même chose... En vérité, Stéphanie, je ne comprends pas que vous... bien élevée... née dans le grand monde, vous ayez pris en affection la fille d'un porteur d'eau... qui n'a rien pour plaire! car elle n'est même pas jolie.

— Vous vous trompez, mon ami; si vous connaissiez Zizine comme moi, vous verriez qu'elle mérite d'être aimée... elle est si bonne... et puis elle a tant d'esprit!... Oh! ce n'est pas un enfant comme les autres... Pauvre petite! elle manquait presque de tout quand je l'ai recueillie...

— Faites-lui du bien... je serai loin de vous en blâmer... mais mettez-la dans quelque pension...

— L'éloigner de moi... oh! jamais... et si... quelque jour... je me marie... cela ne m'empêchera pas de garder toujours Zizine avec moi.

Stéphanie avait prononcé ces derniers mots en rougissant; mais quelque innocente que soit une jeune fille, elle n'ignore pas que le titre d'épouse doit un jour lui appartenir, et lorsqu'elle aime, elle doit encore plus souvent rêver au mariage.

Emile n'a plus rien dit. Le mot de mariage que Stéphanie a prononcé a paru l'embarrasser; il voit aussi c'est en vain qu'il se flatterait de la détacher de Zizine, il faut donc qu'il trouve un autre moyen pour arriver à son but. Depuis quelque temps la grand'maman de Stéphanie était souffrante, bientôt une fièvre ardente se déclare, le médecin craint pour les jours de madame Dolbert; alors Stéphanie s'établit près du lit de son aïeule, elle ne la quitte pas une minute; aidée par Zizine, qui fait tout pour se rendre utile, la jeune fille veille la malade avec tant de soins, de zèle, qu'au bout de quelques jours le danger disparaît.

Mais pendant tout ce temps on n'avait pas trouvé une minute pour parler d'amour à Emile : d'ailleurs Stéphanie se serait crue coupable en s'occupant d'autre chose que de la santé de sa mère. Lorsque M. Delaberge se présentait à la porte de la chambre de la malade, Stéphanie se contentait de le regarder en silence, ou de lui sourire lorsque sa grand'mère se trouvait mieux.

Emile n'osait pas se plaindre, il attendait, il épiait le moment où il pourrait agir.

Madame Dolbert était hors de danger, mais sa convalescence devait être longue; et le médecin lui avait recommandé beaucoup de ménagements. Elle devait toujours se lever tard, se coucher de très-bonne heure, le repos devant compléter sa guérison. Stéphanie voulait toujours tenir compagnie à sa grand'mère; mais touchée des soins que sa petite-fille lui avait prodigués, madame Dolbert voulait, au contraire, que Stéphanie se donnât quelques distractions, et souvent elle la renvoyait du chevet de son lit en lui disant :

— Je ne suis plus malade, ou veux seulement que je me repose; mais toi, chère enfant, il ne t'est pas ordonné de rester continuellement assise près de mon lit. A ton âge, il faut une vie active... Retourne à ton piano, à tes dessins, va rire avec ta petite protégée, reçois nos amis, enfin, prends quelques plaisirs, je le veux, et tu dois m'obéir, comme moi au médecin.

Stéphanie cède aux instances de sa grand'mère, elle retourne au salon et y reçoit alors plus que jamais la visite d'Emile; parfois quelques autres connaissances de madame Dolbert venaient aussi passer un moment près de Stéphanie; mais en prolongeant ses visites, Emile trouvait toujours moyen d'être seul avec elle.

Seul, non Zizine était encore là, sans cesse là; si elle sortait une minute du salon, elle y revenait presque aussitôt : à peine si l'amant de Stéphanie avait pu prendre et porter à ses lèvres une jolie main qu'on lui abandonnait volontiers, lorsque l'enfant revenait et accourait s'asseoir près de sa protectrice.

— Quel supplice! murmurait Emile en abandonnant la main de Stéphanie et en lançant à l'enfant un regard courroucé; mais Stéphanie, qui ne paraissait pas s'apercevoir du dépit de son amant, attirait la tête de Zizine sur ses genoux et se plaisait à passer ses doigts dans sa douce chevelure.

Cependant Emile a observé que, depuis quelques jours, l'enfant est triste, il ne tarde pas à en savoir la cause : Zizine n'a pas vu Jérôme depuis plus d'un mois, car lorsqu'elle va le voir ce n'est jamais sans Stéphanie, et la maladie de madame Dolbert ayant empêché sa petite-fille de sortir, la pauvre Zizine n'a pu se rendre près de son père.

— Nous irons bientôt chez Jérôme, dit Stéphanie à l'enfant; mais je ne veux pas sortir que ma bonne mère ne soit tout à fait rétablie.

— Et... si mon père était malade?... dit Zizine en soupirant.

— Pourquoi supposer cela?...

— Il y a si longtemps que je ne l'ai vu... il ne vient plus ici...

— Tu sais bien qu'il dit toujours qu'il n'a pas le temps.

— Oui... mais il va croire que je ne pense plus à lui... et cela lui fera du chagrin...

Emile a écouté sans l'interrompre cette conversation. Tout à coup il dit à Zizine :

— Où demeure votre père, petite?...

— Rue Saint-Honoré, monsieur... tenez, voilà son adresse... je me suis amusée à l'écrire... à présent que je commence à savoir écrire.

— Donnez, demain je passerai à cette adresse... et je m'informerai de votre père... En venant ici, je pourrai vous donner de ses nouvelles.

— Ah! monsieur, vous êtes bon!... que je vous remercie!...

Et Zizine, dans sa joie, sauterait au cou du beau monsieur, si celui-ci ne détournait vivement la tête pour regarder Stéphanie, qui lui tend la main en lui disant :

— Ah! c'est bien aimable, ce que vous faites là... et cela me fait plaisir de vous voir si obligeant.

Emile ne tarde pas à prendre congé de Stéphanie, car il est distrait, préoccupé; déjà il voudrait être au lendemain : il a formé son plan, il a trouvé enfin le moyen d'écarter cette petite fille dont la présence seule retarde sa victoire; en s'éloignant il se dit : Encore quelques heures, et Stéphanie m'appartiendra.

Le lendemain est arrivé, et chez madame Dolbert on attend M. Delaberge avec encore plus d'impatience que de coutume. Zizine va savoir des nouvelles de son père, et Stéphanie ne doute pas que cela ne dissipe la tristesse de sa petite protégée. Mais la journée s'écoule, et Emile ne paraît pas.

— Il ne vient pas! dit Zizine en soupirant.

— Il viendra ce soir, dit Stéphanie; tu sais qu'il manque bien rarement de venir nous tenir compagnie, lorsque ma bonne mère est couchée.

C'était en effet le moment qu'Emile préférait, parce que le soir il était plus rare qu'on reçût d'autres visites que la sienne, et celle-là M. Delaberge arrive plus tard que de coutume, parce qu'il veut être certain que rien ne mettra obstacle à ses projets.

Stéphanie et Zizine étaient dans le salon, elles font une légère exclamation de joie en voyant entrer Emile, et la petite fille s'écrie :

— Monsieur, avez-vous des nouvelles de mon père?

— Pardonnez-moi d'être venu si tard, répond Emile en s'essuyant le front, comme quelqu'un qui est fatigué; mais j'ai eu des affaires... des courses indispensables... des importuns qui m'ont retenu... sans cela il y a longtemps que je serais ici...

— Et mon père, monsieur, murmure Zizine, est-ce que vous n'avez pas pu y aller?...

— Pardonnez-moi, mon enfant, d'ailleurs je vous l'avais promis, et je manque jamais à ma parole... Je suis allé à sa demeure... j'ai trouvé facilement...

— Ah! monsieur, que vous êtes bon!... vous l'avez vu?...

— Non... je ne l'ai pas vu... mais une voisine a pu sur-le-champ répondre à mes questions. Je suis fâché de vous dire, ma chère amie, que vos inquiétudes étaient fondées... votre père est malade...

— Il est malade!... ô mon Dieu!... Vois-tu, ma bonne amie... je l'avais bien pensé... Mais qu'a-t-il donc?...

— Je ne sais pas trop... cette femme n'a pu fort bien m'expliquer cela... mais il paraît qu'il a surtout beaucoup d'ennui... de ne pas voir son enfant...

— Il veut me voir... mon pauvre père!... Oh! oui... et moi aussi je veux le voir... oh! tout de suite!... tout de suite!... N'est-ce pas, ma bonne amie, que tu vas me laisser aller près de mon père!...

Zizine joignait ses mains en regardant Stéphanie, et déjà de grosses larmes coulaient le long de ses joues; de son côté, sa jeune protectrice l'embrassait et s'efforçait de la consoler.

— Tu iras le voir... certainement... mais ce soir... comment veux-tu faire?... il est déjà plus de neuf heures...

— C'est égal... mon père est malade... il faut que j'aille le soigner

ZIZINE.

tu as bien soigné ta grand'maman, toi... et elle n'était pas seule pourtant... elle avait des domestiques pour la servir... mais mon père est tout seul, lui, tu vois bien qu'il a besoin de moi !

Il y avait alors dans les traits de l'enfant une expression qui annonçait une énergie peu commune à cet âge. Il semblait que l'amour filial eût tout à coup donné une âme forte, une volonté ferme à cette chétive créature.

— Mais comment faire ? dit Stéphanie ; ma bonne mère dort déjà... je crois... je ne puis l'éveiller pour lui demander la permission de sortir...

— Il est très-facile d'arranger tout cela, dit Emile. Mon cabriolet est en bas avec mon domestique, il va conduire Zizine chez son père... il n'est peut-être pas très-malade... enfin elle le verra... elle pourra passer quelque temps près de lui, et puis mon cabriolet, qui l'attendra tant qu'elle le voudra, la ramènera ici.

— En effet, dit Stéphanie, de cette façon il n'est pas nécessaire que je l'accompagne... Tu n'auras pas peur, Zizine ?...

— Oh ! non, ma bonne amie... Oh ! monsieur, je vous remercie bien...

— Votre domestique est bien sûr ? dit Stéphanie, qui éprouve quelque crainte de laisser partir l'enfant.

— J'en réponds comme de moi-même... Que voulez-vous donc qui arrive à cette petite ?...

— Zizine... tu reviendras ?...

— A moins que mon père ne soit trop malade...

— Il est probable que votre vue seule le guérira... cette voisine s'est si mal expliquée...

— Adieu, ma bonne amie...

— Mais attends donc... que je te mette au moins un châle... quelque chose... tu auras froid...

— Non... oh ! je suis bien... Monsieur, votre domestique me laissera-t-il monter dans votre cabriolet ?...

— Venez, ma petite, je vais descendre avec vous, et vous recommander à lui... Venez... mais ne faisons pas de bruit... il ne faut pas réveiller madame Dolbert... tout ceci pourrait m'inquiéter...

— Oh ! oui, vous avez raison ! prenez garde de réveiller ma mère...

Stéphanie embrasse Zizine, la recommande encore à Emile, et celui-ci se hâte de descendre avec l'enfant. Zizine suivait l'élégant jeune homme de toute la vitesse de ses petites jambes ; arrivés en bas, Emile prend la petite dans ses bras, la porte dans son cabriolet, dit quelques mots à son domestique, puis se hâte de remonter près de Stéphanie.

L'aimable fille était tout attristée d'avoir vu s'éloigner sa petite amie ; cependant elle tâche de sourire en revoyant Emile : celui-ci a eu soin de repousser derrière lui la porte du salon, et il vient s'asseoir à côté de Stéphanie.

— Elle est donc partie ? dit la jeune fille en soupirant.

— Oui, je l'ai placée moi-même dans mon cabriolet, je l'ai recommandée à mon domestique, vous pouvez être tranquille.

— Je vous crois... et cependant... c'est singulier... je suis toute chagrine... tout inquiète... je suis à présent si habituée à avoir cette enfant près de moi...

— Que vous ne pouvez plus être un moment sans la voir... Ah ! vous aimez mieux cette petite fille que moi... je m'en aperçois...

— Oh ! non... d'ailleurs, elle... c'est de l'amitié... et vous...

— Eh bien... moi ?...

— Vous savez bien que c'est... de l'amour.

— Chère Stéphanie... ah ! répétez-moi que vous m'aimez... redites-le-moi sans cesse...

— Est-ce que vous en doutez ?... Ah ! je ne sais pas mentir, moi... et puis je ne saurais pas cacher ce que j'éprouve...

— Que je suis heureux !... et quel plaisir de pouvoir sans nul témoin échanger ces aveux charmants... ah ! Stéphanie, il y a longtemps que je désirais ce moment... Je puis donc enfin baiser à mon aise ces mains si douces... ce cou si blanc... tous ces charmes que mes yeux désirent depuis si longtemps !...

En disant ces mots, Emile, qui avait approché sa chaise tout contre celle de Stéphanie, passait son bras autour de sa taille, la serrait tendrement en l'attirant vers lui, et de ses lèvres brûlantes effleurait son cou, ses bras, ses mains et même sa robe. Stéphanie, tout émue en recevant pour la première fois d'aussi vives caresses, se sent rougir et trembler en même temps ; elle repousse doucement Emile en lui disant :

— Mais pourquoi donc me serrez-vous autant ?...

— Chère Stéphanie, on est si bien ainsi... tout près de vous...

— Mais c'est peut-être mal de m'embrasser comme vous le faites...

— Et quel mal, puisque nous nous aimons ?... et que nous nous aimerons toujours...

— Toujours... oh ! oui... c'est bien vrai... et vous ne changerez jamais, Emile ?

— Jamais... je le jure par ce baiser...

C'est sur les lèvres vierges de la jeune fille que l'audacieux Emile vient de poser les siennes ; Stéphanie se sent brûler ; en proie à une émotion nouvelle, elle a cependant la force de se lever vivement en se dégageant des bras de son amant.

Emile, tout surpris de voir Stéphanie lui échapper, est resté sur sa chaise, d'où il regarde la jeune fille qui s'est réfugiée à l'autre bout du salon.

— Stéphanie... vous me fuyez !... dit le jeune homme d'un ton bien doux.

— Non... je ne vous fuis pas, répond Stéphanie en baissant les yeux ; mais c'est que... je ne sais ce que j'éprouvais... c'était comme de la peur...

— Peur de moi !... ah ! Stéphanie, je suis bien malheureux si je vous inspire un tel sentiment... moi, qui vous aime tant... moi, qui ne respire que pour vous !...

Ces mots étaient dits avec une voix si touchante, que Stéphanie se reproche d'avoir fait de la peine à Emile ; elle lève ses beaux yeux sur lui, ils n'expriment point la colère ; le jeune homme quitte sa chaise, accourt près d'elle, prend une de ses mains qu'il presse dans les siennes, et de ses regards cherche à faire passer dans l'âme de la jeune fille tous les désirs qu'il éprouve ; mais Stéphanie toute honteuse a de nouveau baissé les yeux.

— Pouvez-vous me faire un crime de vous aimer ?... reprend Emile en entraînant doucement la charmante fille sur un divan qui se trouve près d'eux.

— Non... sans doute ! répond Stéphanie en s'asseyant tout émue auprès de son amant ; mais c'est qu'il me semble... qu'il n'est pas besoin de... que ce n'est pas une raison... pour...

La pudeur empêchait la jeune fille de parler ; elle n'osait pas dire : Vous ne devriez pas m'embrasser comme vous le faites, mais elle le pensait ; car il y a toujours quelque chose au fond de notre cœur qui nous fait distinguer ce qui est mal de ce qui est bien.

Emile, qui devine ce que Stéphanie n'ose lui dire, s'écrie en l'entourant de ses bras :

— Mais quand on s'aime, n'est-il pas naturel de se le prouver ?... les caresses que se font deux amants sont le plus grand bonheur qu'il nous soit permis de connaître... Stéphanie... moi, je tremble de plaisir en touchant votre main... votre bras... en vous serrant sur mon cœur... si vous m'aimiez comme je vous aime, vous en éprouveriez autant que moi...

— Oh ! je vous aime bien... mais... comme vous me pressez !...

— Stéphanie, ne suis-je pas celui à qui tu as donné ton cœur ?... Oh ! laisse-moi te tenir ainsi... laisse-moi prendre un baiser sur cette bouche qui m'a juré qu'elle n'aimerait que moi !...

Stéphanie ne savait que répondre, mais Emile n'avait pas attendu sa permission pour l'embrasser de nouveau : la jeune fille se sent brûler ; son amant devient plus entreprenant, elle veut le repousser, elle n'en a pas la force.

— Grâce ! grâce ! murmure Stéphanie, qui comprend alors tout le danger qu'elle court ; mais Emile ne l'écoute plus ; encore un moment et il va triompher de la faible résistance qu'on lui oppose, lorsque des pas se font entendre dans la pièce voisine ; quelqu'un approche... en une seconde, Emile s'est éloigné de Stéphanie, et presque aussitôt la porte du salon s'ouvre : c'est Zizine qui revient et qui court se jeter dans les bras de Stéphanie.

— La petite !... à présent !... murmure Emile en serrant ses poings avec fureur. Oh !... mais c'est donc mon mauvais génie... et ce misérable Dupré l'a laissée revenir !...

— Me voilà, ma bonne amie, dit l'enfant en passant ses bras autour du cou de Stéphanie. Je n'ai pas été longtemps, n'est-ce pas ?... et tu ne m'attendais pas sitôt ?...

— Chère Zizine !... ah ! c'est le ciel qui t'envoie... Maintenant tu ne me quitteras plus... jamais... non, jamais... Oh !... que tu as donc bien fait de revenir !...

Et Stéphanie embrassait la petite fille et l'étreignait dans ses bras, cachant sur les joues de Zizine la rougeur de son front et les pleurs qui mouillaient ses yeux, tandis qu'Emile, assis à l'autre bout de la chambre, frappait du pied avec impatience, et ne cherchait pas à cacher son dépit et sa contrariété.

— Cela te surprend de me revoir déjà, dit Zizine, et je vais te dire comment tout cela est arrivé... Oh ! mais d'abord, je suis bien contente, va ; car mon père n'est pas malade... ne l'a même pas été... c'est bien vilain à cette voisine qui a inventé cela pour le dire à monsieur, et me faire du chagrin... Ecoute, j'étais dans le cabriolet... nous passions alors dans une rue... je ne sais pas laquelle ; je ne connais pas bien les chemins ; mais le domestique de monsieur me disait : Je sais où je dois vous mener. Tout à coup, en passant près d'une boutique bien éclairée, j'aperçois mon père : oh !... je le reconnais bien vite et je m'écrie : Papa, papa ! c'est moi ! Et puis je dis au domestique : Monsieur, arrêtez, s'il vous plaît, car je viens de voir mon papa ; mais j'avais beau lui dire cela, il ne s'arrêtait pas, il allait toujours, et j'avais déjà envie de pleurer... Heureusement mon papa avait reconnu ma voix, il avait couru après le cabriolet, et, au risque de se faire écraser, il a sauté à la bride du cheval, et il a bien fallu qu'il s'arrêtât. Alors j'ai conté à mon père où j'allais... mais d'abord j'ai voulu descendre du cabriolet... le domestique de monsieur ne le voulait pas permettre en disant qu'il répondait de moi. Mon papa a commencé par me prendre dans ses bras, puis il a dit au domestique : Apprenez que quand je suis là personne d'autre que moi ne doit veiller sur elle. Mon pauvre père ! il ne comprenait pas ce que cela voulait dire de me voir seule le soir dans un cabriolet. Quand il a su que je le croyais malade, il m'a bien embrassée, bien remerciée... Ensuite il m'a demandé si je voulais retourner avec lui... mais je lui ai dit que tu m'aimais toujours et que je t'avais promis de revenir, s'il n'était pas malade. Alors le domestique de monsieur, qui était toujours là, a proposé de me ramener ; mais mon père lui a dit : Je ramènerai moi-même ma fille chez ses protectrices : et en effet il m'a reconduite jusqu'ici ; il ne m'a quittée que sur le carré, et en s'éloignant il m'a bien recommandé de ne plus aller seule dans un cabriolet.

— Chère petite ! dit Stéphanie en embrassant encore Zizine ; oui, ton père a raison... je n'aurais pas dû te laisser aller seule... Mais à l'avenir cela n'arrivera plus !... je te le promets...

— Mais qu'as-tu donc, toi, ma bonne amie ? est-ce que tu as pleuré ?... est-ce que tu as du chagrin ?... tiens, ton fichu est tout défait...

— Ah !... c'est que... tout à l'heure... j'avais trop chaud... j'étais mal à mon aise... mais c'est passé... Te voilà... Je suis bien maintenant... Assieds-toi là... tout contre moi.

Stéphanie a placé l'enfant à côté d'elle. Depuis que Zizine est revenue, elle n'a pas levé les yeux sur Emile. C'est dans les bras de la petite fille qu'elle cherche à calmer son émotion, à se remettre de son trouble ; et Zizine, qui remarque dans la physionomie de Stéphanie quelque chose d'extraordinaire, la regarde aussi d'un air inquiet.

Pendant assez longtemps on garde le silence. Enfin Emile se décide à quitter le coin où il s'était réfugié ; il se rapproche du divan sur lequel Stéphanie est restée assise ; celle-ci ne peut maîtriser un mouvement d'effroi, et entourant Zizine de ses bras, elle la tient tout contre son cœur, comme si l'enfant devait lui servir de bouclier.

Emile s'arrête en murmurant :

— Qu'avez-vous donc, mademoiselle ?... vous semblez effrayée... tremblante... Qui peut causer votre effroi ?...

Stéphanie ne répond pas ; elle continue de tenir Zizine dans ses bras, et ne lève pas les yeux sur Emile.

Celui-ci se décide à s'asseoir aussi sur le divan ; mais du côté opposé à l'enfant, et se penchant vers l'oreille de Stéphanie, il lui dit bien bas :

— Qu'ai-je donc fait, pour que vous me traitiez ainsi ?... Eh quoi... vous ne voulez pas même lever les yeux sur moi... Stéphanie, est-ce que vous ne m'aimez plus ?... Vous voyez bien que nous ne pouvons plus nous expliquer... nous entendre, lorsque cette petite est là... Oh ! permettez-moi de vous parler encore un moment seul... de justifier ma conduite... de vous demander pardon ; il est tard... vous pourriez... envoyer coucher cette enfant...

Stéphanie, qui jusque-là avait gardé le silence, relève la tête, et se tournant du côté d'Emile, lui lui un regard qui fait mourir les paroles sur ses lèvres ; car ce n'est plus la jeune fille timide, aimante, qui vient de le fixer, c'est une femme outragée, c'est une fille fière de sa vertu, qui a vu l'abîme dans lequel on voulait l'entraîner, mais qui semble défier maintenant les pièges que l'on pourrait lui tendre. Son regard a dit tout cela, car Emile n'a pu le soutenir, et cet homme si présomptueux, si habitué à tromper les femmes, a baissé la tête, est demeuré tout interdit devant une jeune fille qu'il n'a pu déshonorer.

Stéphanie a bientôt reporté ses regards sur Zizine ; car elle semble avoir pitié de la confusion de son amant. Celui-ci fait encore plusieurs tours dans la chambre ; il commence quelques phrases qu'il ne finit pas, s'arrête devant Stéphanie, veut s'emparer d'une main que l'on retire aussitôt, et se décide enfin à prendre congé.

C'est d'un air désolé, d'une voix tremblante, qu'Emile dit adieu à mademoiselle Dolbert ; puis il balbutie de manière qu'elle seule puisse l'entendre :

— Si vous ne daignez pas même m'accorder un regard, je penserai que ma présence vous est odieuse, et je n'oserai plus me présenter devant vous.

Stéphanie hésite, balance..... mais son cœur est si bon ; elle croit aux regrets, au désespoir d'Emile, et levant doucement les yeux, lui adresse un doux regard, dans lequel il y avait autant d'amour que de chagrin. L'eût été beaucoup pour un amant ordinaire ; c'était bien peu pour celui qui s'était flatté que cette soirée serait témoin de son triomphe.

Sorti de chez Stéphanie, et n'étant plus obligé de se contraindre, Delaberge donne un libre cours à sa colère ; car jamais il n'a été si cruellement déçu dans ses espérances ; et le dépit de voir déjoué un plan qu'il avait si bien conçu, si bien préparé, l'exaspère et le met en fureur.

Il est monté dans son cabriolet, et son domestique, tremblant près de lui, essaye en vain de se justifier.

— Vous êtes un sot, un imbécile, dit Emile, je vous avais bien donné mes instructions, vous deviez retenir la petite, et n'importe par quel moyen, par quel mensonge !... Vous ne savez pas la ramener qu'au bout de deux heures au moins chez les dames Dolbert... et vingt minutes se sont à peine écoulées que l'enfant reparait.

— Monsieur, est-ce ma faute si nous avons rencontré le père de...

— Vous ne deviez pas vous arrêter...

— Il fallait donc écraser cet homme qui se pendait après mon cheval ?

— Il fallait m'obéir avant tout...

— Mais, monsieur...

— C'est assez, je vous chasse, vous n'êtes plus à mon service.

Arrivé chez lui, Emile se retire au fond de ses appartements, et là il s'abandonne encore à ses passions : il casse, il brise tout ce qui se rencontre sous ses mains ; des meubles de prix, des vases charmants, une foule de jolis riens, que l'on invente pour orner les appartements des riches, sont broyés, foulés aux pieds par cet homme qui n'avait jamais éprouvé de résistance à ses désirs, et qui pour la première fois n'a pu les satisfaire. Semblable à un enfant gâté qui se dépite et brise ses jouets lorsqu'on refuse de satisfaire ses volontés, Emile s'en prend à tout ce qui l'entoure ; car les hommes sont de grands enfants, surtout quand ils ont été gâtés par la fortune.

— Sans le retour de cette petite, Stéphanie était à moi !... se dit Emile en se jetant tout épuisé sur un sofa, elle était à moi... cette fille si jolie... si naïve... si aimante !... Qu'elle était belle en me suppliant !... Et c'est un enfant qui a détruit toutes mes espérances... qui a mis obstacle à mon bonheur... un enfant... la fille d'un porteur d'eau !... est venue se placer devant mon chemin... moi... Emile Delaberge... moi, qui ai de l'or pour satisfaire mes passions... moi !... qui depuis que je suis en âge d'en éprouver, n'ai point trouvé de résistance en semant avec profusion cet or aux uns, en prodiguant les serments aux autres. C'est un enfant qui m'arrête... qui m'empêche d'être heureux ; car maintenant comment faire ?... Stéphanie a compris le danger... elle se tiendra désormais sur ses gardes. Maudite Zizine.. Je la détestais déjà !... Ah ! je la hais plus encore, s'il est possible !... que ne puis-je la briser comme ce verre.

Et la main d'Emile frappe avec force un verre placé sur une table près de lui ; le verre se brise ; mais la main a reçu une large coupure, le sang coule ; alors Emile s'arrête tout honteux de lui-même, il entortille sa blessure avec un mouchoir, et regardant autour de lui, se dit :

— Que je suis fou !... quel désordre !... Ne saurai-je donc jamais être maître de moi !... J'ai trente ans passés... et depuis douze ans déjà, que de folies !... que de fautes !... Ne serait-il pas temps de s'arrêter ?

Emile reste longtemps plongé dans ses réflexions ; elles ne semblent pas gaies, car son front s'est rembruni, ses yeux sont devenus mornes et fixes, sa respiration courte et gênée ; alors on ne reconnaîtrait pas cet homme si brillant, si magnifique, qui fait l'admiration des salons, qui est l'idole des femmes, et que tous les hommes envient.

Enfin M Delaberge passe sa main sur son front, puis il se lève, fait quelques tours dans sa chambre, reprend sa physionomie habituelle, et se dit :

— Il y a mille autres femmes aussi jolies que Stéphanie... j'oublierai celle-là... je m'occuperai d'une autre... c'est bien facile.

Pendant quatre jours Emile ne retourne pas chez madame Dolbert, il essaye d'oublier Stéphanie, il retourne à ses anciennes connaissances, il en fait de nouvelles, mais dans la société des plus jolies femmes, des coquettes les plus agaçantes, l'image de Stéphanie le poursuit sans cesse ; il s'aperçoit qu'oublier n'est pas facile lorsque l'amour n'est point satisfait.

Le cinquième jour il n'y tient plus, il monte dans son cabriolet et se rend chez madame Dolbert.

Depuis son tête-à-tête avec Emile, Stéphanie était triste, silencieuse, et les douces paroles de Zizine ne pouvaient même ramener le sourire sur ses lèvres ; elle sentait que la conduite de son amant avait été condamnable, mais elle l'aimait toujours et regrettait qu'il lui eût appris à le craindre ; elle gémissait et pleurait en secret de ne point le voir revenir ; dans le fond de son âme, elle pensait qu'Emile ne l'aimait plus, puisqu'il avait cherché à la rendre coupable, au lieu de demander sa main à sa mère.

Mais parce qu'un amant a des torts, ce n'est pas une raison pour qu'on l'aime moins, souvent même cela produit l'effet contraire ; il faut à l'amour de la jalousie, de l'inquiétude et des larmes, sans quoi, au lieu d'être une flamme, ce ne serait plus qu'une fumée !

Aussi Stéphanie se sentit-elle prête à défaillir de plaisir lorsque M. Delaberge reparut chez sa mère ; elle était alors assise près de la bonne maman, dont la santé devenait chaque jour plus forte, et qui passait moins de temps dans son lit.

Emile fut vivement frappé de la pâleur de Stéphanie ; elle lui sembla plus belle encore, ils n'échangèrent qu'un court regard, mais combien il disait de choses pour ceux qui savaient se comprendre ; d'un côté il y avait amour, espérance et repentir, de l'autre constance, chagrin et pardon.

La bonne maman fit à M. Delaberge d'aimables reproches de ce qu'il les négligeait un peu ; Stéphanie ne disait rien, elle eût craint qu'au son de sa voix on ne devinât son émotion.

Emile profite d'un court instant où la jeune fille passe dans une autre pièce pour lui dire tout bas :

— M'aimez-vous encore ?

Stéphanie ne répond pas, mais deux grosses larmes s'échappent de ses yeux, et elle essaye inutilement de les cacher à son amant.

Cependant c'est en vain qu'Emile cherche à trouver des occasions pour être seul avec Stéphanie ; on voit que celle-ci met autant de soin à les fuir que lui d'empressement à les faire naître.

Plusieurs semaines s'écoulent ainsi ; quelquefois Emile est trois ou quatre jours sans aller voir Stéphanie, mais les jours suivants il ne peut plus la quitter. Voulant l'oublier ou s'abandonnant à sa passion, espérant encore obtenir un tête-à-tête, puis désespérant de jamais réussir, Emile ne sait à quel parti s'arrêter.

Enfin un soir, saisissant un moment où Zizine est occupée au piano, Emile prend la main de Stéphanie, et, la serrant avec force dans les siennes, lui dit avec l'accent de la passion :

— Je ne puis vivre ainsi... Stéphanie, on ne refuse rien à l'homme que l'on aime... Vous m'assurez que je vous suis toujours cher, et je ne puis plus obtenir de vous la moindre faveur... Accordez-moi un rendez-vous..., un moment d'entretien... Si vous me refusez, c'est que vous ne m'aimez pas ; et vous ne me verrez plus.

— Je ne vous verrai donc plus, monsieur, répond Stéphanie en retirant sa main d'entre celles d'Emile, car j'aime mieux pleurer sur votre amour que sur mon déshonneur.

Emile est atterré de cette réponse, et le ton avec lequel on la lui a faite prouve qu'il ne doit plus conserver le moindre espoir dans ses coupables projets. Il s'éloigne furieux et désespéré en jurant de ne plus revoir celle qui a la force de lui résister.

Quelques jours s'écoulent, M. Delaberge ne reparait pas chez madame Dolbert ; des semaines se passent, on n'entend plus parler d'Emile.

La grand'maman ne comprend rien à la conduite de M. Delaberge ; elle ne mettait pas en doute son amour pour sa petite-fille ; chaque jour elle s'attendait à ce qu'il le lui déclarât ; mais elle pensait qu'avant de s'adresser à elle, il avait seulement voulu s'assurer qu'il ne déplairait point à Stéphanie ; et lorsqu'il doit en avoir acquis la certitude, il cesse de revenir : cette conduite devient inexplicable pour madame Dolbert.

Stéphanie souffrait en silence, mais jamais le nom d'Emile ne sortait de sa bouche, et lorsque sa grand'maman parlait de lui, la jeune fille tâchait toujours de changer la conversation.

— C'est cependant bien singulier ! disait madame Dolbert à sa petite-fille, tu as donc eu quelque discussion avec M. Delaberge ? vous vous êtes donc fâchés tous les deux ?... car il faut bien qu'il y ait un motif qui soit cause qu'il ne vient plus.

— Nous ne nous sommes querellés sur rien, répondait Stéphanie, et j'ignore, bonne maman, pourquoi M. Emile ne vient plus.

La bonne maman secouait la tête, car elle présumait que sa petite-fille ne lui disait pas tout.

Puis Stéphanie s'en allait pleurer en cachette ; et comme plusieurs fois Zizine avait surpris des pleurs dans les yeux de sa jeune protectrice, celle-ci lui avait dit :

— Si tu veux que je t'aime toujours autant, il ne faut pas dire à ma bonne maman que tu me vois pleurer.

Six semaines s'étaient écoulées, et le temps avait paru bien long à la jeune fille, qui comptait les heures et les jours, pleurant souvent, mais espérant encore.

Au milieu d'une journée qui commençait triste comme les autres, une visite est annoncée : c'est M. Delaberge qui se présente chez madame Dolbert, et reparait devant Stéphanie, assise alors à côté de son aïeule, et qui n'ose en croire ses yeux en revoyant l'homme qui lui avait dit un éternel adieu.

L'abord d'Emile a quelque chose de grave, de solennel ; après quelques compliments d'usage, il s'avance vers madame Dolbert, et lui dit :

— Vous ne m'avez pas vu depuis longtemps, madame ; j'ai voulu terminer quelques affaires de famille avant de vous faire la demande que je viens vous adresser aujourd'hui. Madame... j'aime mademoiselle Stéphanie. Vous connaissez ma famille... ma fortune est près de cent mille francs de rente... je vous demande la main de votre petite-fille... si toutefois elle veut bien m'accepter pour époux.

Il serait impossible de décrire l'effet de ces paroles sur Stéphanie ; éperdue, tremblante, transportée de joie, d'amour, elle pleure et sourit en même temps, puis elle tend la main à Emile en s'écriant :

— Oh ! oui... oui... je veux bien que vous soyez mon époux !

La grand'maman sourit, car pour elle cette scène n'a rien d'extraordinaire ; il y a longtemps qu'elle s'attendait à cette demande ; elle prend la main de sa petite-fille et celle d'Emile, puis, les mettant l'une dans l'autre, leur dit :

— Soyez heureux... soyez unis, mes chers enfants ; sans vous en avoir rien dit, j'avais deviné cet amour-là... Monsieur Delaberge, je vous accorde la main de ma Stéphanie.

Emile baise respectueusement cette main que l'on a mise dans la sienne, et Stéphanie, qui ne craint plus de laisser voir tout son amour, lui dit à demi-voix :

— Méchant !... six semaines sans revenir !... Oh ! j'ai été bien malheureuse !... mais je ne veux plus penser à cela... Cher Emile... ah ! quel bonheur m'attend, je serai donc votre femme !...

— Oui, répond Emile, oui... vous serez ma femme... Et il ajoute dans sa pensée : Il le faut bien ! puisque c'est le seul moyen de la posséder.

CHAPITRE XVII. — Événements.

La confidence que M. Guerreville avait faite au docteur Jenneval avait encore resserré l'amitié qui les unissait ; maintenant il n'y avait plus entre ces deux hommes une seule pensée secrète ; maintenant ils s'entendaient, se comprenaient si bien que souvent l'un devinait les intentions de l'autre. M. Guerreville éprouvait les doux effets de la confiance ; il pouvait tous les jours parler de sa fille, et il était moins malheureux depuis qu'il n'était plus obligé de renfermer au fond de son cœur ses souvenirs et ses chagrins.

Celui qui reçoit la confidence d'une grande peine montre souvent une plus forte preuve d'amitié que celui qui la fait ; car l'un soulage son âme qui a besoin de s'épancher, tandis que l'autre s'engage à prendre aussi sa part des chagrins qu'on lui confie.

Presque tous les jours M. Guerreville et le docteur sortaient ensemble, et, tout en se promenant, ils ne négligeaient rien de ce qui pouvait les amener à retrouver les traces de ceux qu'ils cherchaient. Lorsque par hasard un jour s'était passé sans que les deux amis pussent être ensemble, le lendemain, en se revoyant, ils s'interrogeaient des yeux, et leur première parole était toujours : Rien de nouveau ?

Georges dit un jour à son maître :

— Monsieur, pendant votre absence, il est venu une dame vous demander ; elle se nomme madame Grillon, et c'est la mère de mademoiselle votre filleule. Elle se plaint de ce que monsieur ne va pas la voir ; elle désirerait beaucoup causer avec monsieur... elle a, dit-elle, des choses importantes sur lesquelles elle veut le consulter, et qui regardent la filleule de monsieur.

M. Guerreville a écouté Georges avec indifférence ; il fait un léger mouvement de tête en répondant :

— C'est bien, et au bout d'un instant il a oublié ce que lui a dit son domestique.

Peu de jours après, Georges dit encore à son maître :

— Une autre dame est venue demander monsieur ; elle est, m'a-t-elle dit, la mère de M. Jules. Elle prie monsieur d'avoir la bonté de passer un moment chez elle.

— Maria... Maria est venue chez moi ! se dit M. Guerreville ; de sa part cette démarche m'étonne ; mais c'est sans doute encore pour me parler de son fils... J'irai la voir.

— Peut-être comme vous avez été voir madame Grillon ! dit en souriant Jenneval, qui est présent.

— Ah ! vous avez raison, docteur, je l'ai entièrement oubliée !...

— Mon ami, permettez-moi de vous dire ce que n'est pas bien... il y a d'anciennes connaissances avec lesquelles il n'est pas permis de montrer une complète indifférence.... vous êtes dans ce cas avec mesdames Grillon et Gallet.

— Vous croyez, docteur ? cela me produit cependant l'effet contraire... Mais il est possible que j'aie tort. J'irai chez ces dames savoir ce qu'elles désirent de moi.

Huit jours s'étaient écoulés sans que M. Guerreville eût pensé à tenir sa promesse, lorsqu'une après-midi, pendant qu'il regardait à sa fenêtre s'il verrait arriver le docteur, Georges ouvre brusquement la porte, et annonce :

— La mère de M. Jules...

M. Guerreville laisse échapper un mouvement d'impatience ; mais presque au même instant madame Gallet entre dans sa chambre, et à l'aspect de sa pâleur, de la profonde altération de ses traits, il se sent ému, et va au-devant d'elle en lui disant :

— C'est vous, Maria ! mon Dieu, comme vous semblez agitée ; vous êtes déjà venue pour me voir, m'a-t-on dit ; excusez-moi, si je ne suis pas encore allé chez vous... mais des affaires...

— Ah, monsieur... je n'ai pas le droit de me plaindre... je sais bien que je vous intéresse trop peu maintenant... mais j'espérais que pour mon fils... enfin, si vous étiez venu... si vous lui aviez parlé... peut-être ce qui m'amène aujourd'hui ne serait-il pas arrivé...

— Remettez-vous... d'abord... asseyez-vous... et contez-moi ce qui vous afflige... si je puis faire cesser vos chagrins et vous rendre heureuse, me fait que je ne le fasse.

— Heureuse !... ah ! je n'avais plus qu'un bonheur sur la terre, c'était mon fils ; lui seul faisait ma joie et donnait quelques charmes à mon existence... eh bien ! que voulez-vous que je devienne si mon fils m'abandonne ?

— Que dites-vous ? Jules...

— Il veut être acteur, il s'est engagé pour la province... Il va partir... abandonner sa mère... déjà il a quitté notre demeure... Ah ! monsieur, j'avais tant compté sur vous... sur les bons conseils que vous lui auriez donnés... sur l'amitié que vous aviez pour lui... j'avais espéré que vous veilleriez sur mon fils... Ah ! je me suis bien trompée !...

Maria ne peut en dire plus, ses pleurs étouffent sa voix ; elle couvre sa figure de son mouchoir, et s'efforce, mais en vain, de retenir ses sanglots. M. Guerreville ne trouve rien à lui répondre ; il détourne les yeux et les fixe tristement vers la terre ; quelque chose dans le fond de son âme lui dit que les reproches de Maria sont justes, et qu'il aurait dû porter à Jules un plus tendre intérêt.

Maria pleurait encore, et M. Guerreville ne trouvant point de consolation à lui donner, gardait près d'elle un triste silence, lorsque tout à coup une voix de femme se fait entendre dans la pièce d'entrée.

C'est madame Grillon que le fidèle Georges voulait annoncer, et qui s'y oppose en s'écriant :

— Je sais que votre maître est chez lui... je le sais... et il faut que je le voie... que je lui parle... Je suis assez intimement liée avec lui pour n'avoir pas besoin que l'on m'annonce !...

Et sans attendre la réponse du domestique, la tendre Euphémie s'est précipitée vers la porte, et elle est arrivée près de M. Guerreville en s'écriant :

— Faites-moi rendre ma fille !... Edouard, on m'enlève ma fille, mon Agathe, votre filleule... votre... Ah Dieu !... je ne sais plus ce que je dis ; je suis si désolée... mais je veux ma fille... Ah ! vous la retrouverez, n'est-ce pas ?... et vous punirez son infâme ravisseur !...

Après avoir dit ces mots avec une extrême volubilité, madame Grillon se laisse aller dans un fauteuil ; et alors seulement elle aperçoit Maria, qui tenait encore son mouchoir sur ses yeux. Madame Grillon cligne de l'œil, se pince les lèvres, et sourit ironiquement en murmurant :

— Ah ! je comprends pourquoi ce domestique ne voulait pas me laisser entrer.

L'arrivée de la mère d'Agathe a désagréablement surpris M. Guerreville. Il se lève cependant, et s'approche d'elle en lui disant :

— Qu'avez-vous, madame ?... Pourquoi ces plaintes, ces cris ?...

— Ce que j'ai, monsieur, vous ne m'avez donc pas entendue ?... il me semble que j'ai bien le droit de me plaindre... Je vous dis qu'on a enlevé Agathe, ma fille... votre filleule... il me semble que cela doit vous toucher, vous intéresser aussi...

— Quoi, madame, on aurait osé...

— Oui, monsieur, on a osé... oh ! d'ailleurs les hommes osent tout à présent !... nous sommes dans un siècle si poli !... les hommes sont si bien élevés !... Quand on se permet de fumer ou de danser comme on le fait maintenant devant les femmes, c'est afficher hautement qu'on les respecte bien peu.

— Mais enfin, madame...

— Enfin c'est ce mauvais sujet d'Adalgis qui a enlevé ma fille...

— Mauvais sujet... mais il me semble que vous m'aviez fait un grand éloge de ce jeune homme.

— Ah ! oui... j'avais cru... Que voulez-vous ! les apparences... il se mettait si bien... D'abord lorsque Agathe m'a avoué qu'elle l'adorait, je voulais vous consulter sur ce mariage... mais vous n'êtes pas venu...

— Madame, je...

— C'est très-mal, vous deviez venir... Agathe n'est point une étrangère pour vous... Enfin j'ai eu la faiblesse de recevoir encore cet Adalgis... et cette nuit, car c'est cette nuit... le scélérat... après nous avoir menées bien entendre le concert-monstre du Jardin-Turc... Je suis sûre que c'est pendant le quadrille des Huguenots qu'ils auront comploté leur projet... moi, j'étais étourdie par le bruit des cloches, des pétards, du tambour... Comment voulez-vous qu'on surveille sa fille quand on a le tympan brisé... Depuis qu'Agathe possédait ce billet de mille francs dont vous lui avez fait cadeau, ce M. Adalgis ne la quittait pas... Enfin cette nuit elle a fui... et elle a emporté les mille francs... ils sont à elle, je n'ai rien à dire ; mais je suis sûre que ce monstre d'Adalgis va les lui manger, et ensuite il la laissera là !... car j'ai couru chez lui prendre des informations !... c'est un polisson, un drôle, qui n'a pas le sou... il doit huit cents francs à son tailleur, et cinquante-cinq sous à sa blanchisseuse de fin... J'ai appris tout cela ce matin... Ah ! Edouard !... Edouard !... je vous en supplie au nom de... vos anciens souvenirs... rendez-moi mon Agathe...

— Madame... je ferai tout ce qui dépendra de moi pour cela... Mais sans doute, votre mari a déjà couru sur les traces du ravisseur.

— Mon mari !... ah ! vraiment, si je compte sur lui, cela ira bien !... il me ramènera ma fille comme la mère Gigogne... Edouard, c'est vous seul que cela regarde.

En disant ces mots, madame Grillon s'est levée, et s'approchant de M. Guerreville, elle s'empare de ses mains, qu'elle serre avec force comme si elle eût voulu l'électriser.

Depuis l'arrivée d'une personne étrangère, la pauvre Maria n'avait pas prononcé un mot ; elle n'avait pas bougé ; elle écoutait en silence, et attendait peut-être pour parler que madame Grillon eût fini ; mais madame Grillon ne finissait pas. Cependant, en voyant cette dernière s'emparer des mains de M. Guerreville et le presser vivement d'agir pour lui rendre son Agathe, Maria semble avoir retrouvé son courage, et se levant à son tour, elle s'écrie :

— Et moi, monsieur, ne ferez-vous rien en ma faveur ?... n'aurez-vous pas pitié de ma douleur ?... ne daignerez-vous pas songer à mon fils, qui veut abandonner sa mère pour embrasser une carrière dans laquelle il ne trouvera ni succès ni fortune ?

M. Guerreville ne sait que répondre ; pressé par ces deux femmes qui l'entourent, qui le prient, il s'est réfugié contre sa fenêtre, et, pour éviter les regards que l'on attache sur les siens, il tourne la tête et fixe ses yeux sur la rue.

Cependant madame Grillon avait paru surprise et presque choquée de ce qu'une autre femme se permît d'adresser une prière à M. Guerreville ; jetant sur Maria un regard qui n'avait rien de doux, elle semblait vouloir lui demander de quel droit elle venait mêler ses supplications aux siennes ; mais, malgré sa timidité habituelle, la mère de Jules ne paraissait que médiocrement émue par ce regard, et il y avait dans les siens quelque chose d'ironique toutes les fois qu'ils se portaient sur madame Grillon.

Cette situation durait depuis assez longtemps ; ces dames se toisaient en silence, et ni l'une ni l'autre n'eût fait un pas, un mouvement en arrière qui pût annoncer qu'elle cédait, pour un instant, la place à l'autre ; mais tout à coup M. Guerreville pousse une exclamation de surprise, de joie, en apercevant une personne qui passe dans la rue. Aussitôt, écartant brusquement les deux dames qui sont devant lui, il s'élance vers la porte, et, sans se donner même le temps de prendre son chapeau, sort vivement de chez lui.

— Edouard !... Edouard !... eh bien ! où donc allez-vous ? s'écrie la maman d'Agathe en essayant en vain de retenir M. Guerreville.

Maria s'est contentée de le regarder s'éloigner ; quand il est parti elle se laisse retomber sur une chaise en murmurant :

— S'en aller ainsi !... et il ne m'a pas promis de me rendre mon fils !...

— Oh ! il ne se serait pas sauvé si j'avais été seule avec lui ! dit madame Grillon en marchant d'un air furibond dans la chambre : mais aussi il y a des personnes si indiscrètes !...

— Indiscrètes !... répond Maria en jetant sur madame Grillon un regard où il y a à la fois du dépit et du dédain. Il me semble que la personne qui mérite cette épithète est celle qui, bravant toutes les bienséances, se permet d'entrer malgré un domestique chez quelqu'un qui n'est pas seul.

— Oh ! il est certain que j'ai troublé un entretien bien agréable pour monsieur... pour Edouard !... Ce pauvre ami, il bâillait comme une carpe quand je suis arrivée.

— Je ne sais pas, madame, si j'ennuyais M. Guerreville, mais en tout cas je ne l'avais pas fait fuir...

— Fait fuir !... fait fuir !... madame, ménagez vos expressions, je vous en prie.

Ces dames allaient s'animer, elles ne semblaient pas disposées à se rien passer, lorsque la présence d'un étranger met un terme à cette scène.

C'est Jenneval qui vient d'arriver chez son ami, et que Georges a, en peu de mots, mis au fait de tout ; mais il entend instantanément la voix de la mère d'Agathe et la mère de Jules. Il salue profondément ces dames, et s'approchant d'elles leur dit avec ce ton qui inspire la confiance :

— Vous voyez en moi, mesdames, le docteur Jenneval... l'ami intime de M. Guerreville ; Georges, son domestique, vient de me dire qu'il vous avait quittées un peu brusquement, daignez excuser mon ami : sans doute quelque motif, que nous ne connaissons pas, l'a forcé de s'éloigner ainsi. Mais si je puis, mesdames, vous être bon en quelque chose près de lui, je suis tout à votre service.

Il y a des personnes qui inspirent la confiance, captivent sur-le-champ l'intérêt, Jenneval était de ce nombre ; et puis ces dames ne demandaient pas mieux que de parler. Chacune s'empresse de répéter au docteur ce qu'elle a dit à M. Guerreville, en appuyant sur l'intérêt que celui-ci doit porter à Jules et à Agathe.

Le docteur, qui les comprend parfaitement, leur promet de faire agir M. Guerreville, et, dans le cas où son ami ne le pourrait pas, il s'engage à faire lui-même toutes les démarches nécessaires pour ramener Agathe dans les bras de sa mère, et arracher Jules au théâtre, pour lequel il sait fort bien que le jeune homme n'a aucune disposition.

Les paroles de Jenneval calment les deux mères, elles ne trouvent plus que des remerciements à lui adresser, et elles s'éloignent plus tranquilles, mais en se lançant encore l'une à l'autre des regards qui n'ont rien de bienveillant.

— Pauvres femmes !... se dit Jenneval lorsque les deux dames sont éloignées... Si elles comptent sur le souvenir des sentiments qu'elles ont jadis inspirés à Guerreville, elles se trompent bien !... il n'a plus qu'un seul souvenir !... qu'une seule pensée. Mais j'agirai comme si c'était lui, je courrai après M. Guerreville, Jules et mademoiselle Agathe... j'aurai les charges sans avoir eu les bénéfices : ce sont là les privilèges de l'amitié. Maintenant, où est-il après lui qu'il faut que je coure. Où est-il allé ?... pourquoi est-il sorti comme un fou ?... Il faut que je le retrouve pour qu'il m'explique sa conduite.

Jenneval allait sortir, lorsqu'on ouvre brusquement la porte du salon. C'est M. Guerreville soutenant une femme qui semble moins vieillie par l'âge que par la misère et les souffrances. Cette femme, qui peut avoir une cinquantaine d'années, est couverte de haillons, sa figure est d'une maigreur et d'une pâleur effrayante, et en ce moment on lit dans ses yeux une expression d'effroi et d'inquiétude qui donne à toute sa personne quelque chose de plus malheureux.

M. Guerreville, dont tous les traits annoncent une vive anxiété, mêlée cependant de quelque espérance, fait entrer et asseoir cette

femme qui semble avoir de la peine à se soutenir. En apercevant Jenneval, il ne lui dit que ces mots :
— Madame Armand... celle qui était auprès de ma fille... qui a fui avec elle !...

Jenneval a compris, et s'approchant de cette femme, il attend, avec autant d'anxiété que son ami, qu'elle soit enfin en état de parler.

Quand celle que l'on vient d'amener se voit seule entre le docteur et M. Guerreville, elle joint les mains et se laisse tomber à genoux, en s'écriant :
— Grâce, grâce, je vous en prie !...
— Eh ! madame, ne craignez rien ! répond vivement M. Guerreville, vous m'avez fait bien du mal, mais croyez-vous que je veuille m'en venger en vous maltraitant ?... Allons, revenez à vous, rappelez vos esprits, que ma vue semble avoir troublés ; mais, avant tout, un mot... un seul... ma fille... qu'a-t-on fait de ma fille ?...
— Hélas ! monsieur, je l'ignore entièrement !
— Vous l'ignorez. O mon Dieu, par vous j'espérais au moins savoir ce qu'elle était devenue. Eh bien ! voyons, parlez à présent... dites-moi tout ce que vous avez fait... n'oubliez rien... aucune circonstance... je vous écoute.
— Je suis bien coupable ! monsieur, répond la pauvre femme d'une voix tremblante. Oh ! oui... je sais que j'ai indignement trahi votre confiance... mais le ciel m'en a punie, on ne prospère pas quand on a fait une mauvaise action !... et vous en voyez la preuve par la triste position où vous me retrouvez !
— Au fait, madame, au fait... c'est de ma fille, c'est de ce misérable Daubray que vous avez à me parler...
— Vous avez raison, monsieur, excusez-moi... je rappelle mes souvenirs... Mademoiselle Pauline était un ange de bonté, de sensibilité... et elle était si jolie ! elle avait tant de grâces !... Ce M. Daubray en devint éperdument amoureux, et, malgré ma surveillance, il trouva moyen de se faire aimer de mademoiselle votre fille... Ah ! monsieur, il ne faut souvent qu'un mot, qu'un regard pour faire naître l'amour ; mais mademoiselle Pauline ne croyait pas faire mal en aimant ce jeune homme... Moi-même je crus d'abord que ce mariage pourrait se faire, et votre fille vous eût plusieurs fois confié ses secrets sentiments, si M. Daubray ne s'y fût opposé. Un jour, il vint me trouver et me dit : M. Guerreville me refuse sa fille, je n'ai qu'un moyen pour être son mari, c'est de l'enlever, et il faudra bien ensuite que le père de Pauline nous pardonne. Je rejetai d'abord cette proposition... mais il m'offrit cinq mille francs, si je consentais à le servir... Ah ! monsieur... je sais bien que chez vous je ne manquais de rien, mais cinq mille francs, je n'avais jamais possédé une pareille somme... et elle me parut considérable... Et puis ce M. Daubray ne cessait de me répéter : Une fois l'époux de Pauline, je reviens avec elle me jeter aux pieds de son père, qui nous pardonnera. Que vous dirai-je ?... je consentis !... il ne s'agissait plus que de décider mademoiselle votre fille... Pauvre petite ! elle avait tant de bonté !... elle ne cessait de répéter : Allons nous jeter aux genoux de mon père ! il m'aime tant !... il consentira à nous unir !... Mais M. Daubray lui répondait toujours : Fiez-vous à ma tendresse, à mon amour... ce moyen est le seul pour que nous soyons unis !... Enfin elle consentit !... Alors, sans lui laisser le temps de la réflexion, toute fuite fut résolue pour la nuit suivante. M. Daubray avait tout arrangé, tout prévu : une chaise de poste nous attendait avec des chevaux derrière les murs du jardin. Ah ! monsieur, si dans ce moment vous aviez été témoin de la douleur de votre fille... elle vous appelait... elle ne voulait plus partir... il fallut l'emporter !...

M. Guerreville fait signe à madame Armand de s'arrêter un moment, et, appuyant sa tête sur la poitrine de son ami, il donne un libre cours aux sanglots qui le suffoquent. Quelques minutes s'écoulent enfin, et il fait signe à cette femme de continuer.
— Nous partîmes, monsieur. Après avoir fait plusieurs lieues, nous nous arrêtâmes au petit jour dans une auberge ; là, M. Daubray me remit la somme qu'il m'avait promise et me dit : Il est inutile que vous continuiez de rester avec nous ; votre présence n'est plus nécessaire près de Pauline, dont je viens d'être l'époux, et je ne pense pas que vous ayez envie de retourner avec nous près de son père, qui vous recevrait fort mal. En achevant ces mots, il me quitta, sans vouloir me permettre d'embrasser encore une fois mademoiselle votre fille... et depuis ce jour, monsieur, je n'ai pas revu cette chère enfant. Mais je pris en secret des informations sur vous, monsieur, et je compris que ma faute avait été bien plus grande que je ne la croyais, puisque votre fille n'était pas retournée près de vous... Quant à ce qui m'est arrivé ensuite, je sens que cela vous intéresse peu ; pourtant je dois vous avouer que je sentis bientôt des remords de ma faute. Je vins à Paris ; avec la somme que je possédais je voulus m'établir, entreprendre un petit commerce... mais cet argent ne me porta pas bonheur !... rien ne me réussit. Au bout de trois ans il ne me restait plus un sou de ces malheureux cinq mille francs... Alors je cherchai à me placer ; mais je tombai malade... il me fallut vendre mes effets... Je fis ensuite quelques petits ménages... mais je n'avais presque plus de forces... on me renvoyait au bout de peu de temps. Enfin, tombée dans la plus affreuse misère... depuis quelques mois je n'existe que par les aumônes que je demande en secret... et tout à l'heure... lorsque je m'arrêtai dans votre rue... je m'appuyais près d'une borne parce que je me sentais défaillir. Vous le voyez, monsieur, le ciel vous a bien vengé de moi...
— Ah !... ce n'est point sa vengeance, c'est ma fille que je lui demande !... En vous apercevant j'ai cru un moment que vous m'aideriez à retrouver ma Pauline... et cet espoir est encore déçu... Vous ne savez rien de plus ?...
— Hélas ! monsieur... que ne puis-je, au prix de ma vie, vous rendre aujourd'hui votre enfant .. Ah ! il me semble qu'alors le malheur cesserait de peser sur moi !...

Au moment où la mendiante terminait son récit, Jenneval est sorti du salon ; il y revient bientôt avec une bouteille et un verre ; il présente du vin à cette femme, en lui disant :
— Buvez... ce vin vous rendra des forces... cela vous fera du bien.

La pauvre femme ne sait si elle doit accepter, elle regarde d'un air tremblant M. Guerreville ; enfin, le besoin l'emporte sur la crainte, elle accepte le verre de vin. Après avoir bu, elle salue humblement, et se dirige vers la porte en murmurant :
— Je pense que monsieur n'a plus à me parler, et que ma présence ne peut que lui être désagréable.
— Un moment ! s'écrie M. Guerreville.

La mendiante s'arrête et demeure immobile. Jenneval regarde son ami. M. Guerreville s'approche de madame Armand :
— Vous m'avez bien fait du mal, madame... mais je ne veux pas que celle qui a été la gouvernante, la compagne de ma fille, soit obligée de mendier pour vivre. Tenez, prenez cette bourse ; quand elle sera vide, faites-le-moi savoir, je ne vous laisserai jamais manquer de rien... Allez, à présent.
— Ah, monsieur !... tant de bontés... lorsque je fus si coupable !...

Et la pauvre femme veut se jeter aux pieds de M. Guerreville ; mais il l'en empêche et lui fait signe de s'éloigner ; elle va passer la porte du salon, lorsque tout à coup, revenant sur ses pas, elle s'écrie :
— Ah ! monsieur... je me rappelle... peut-être cette circonstance pourra-t-elle vous intéresser...
— Qu'est-ce donc ? parlez, parlez, madame.

M. Guerreville et le docteur se rapprochent de madame Armand, qui reprend :
— Il y a six mois... oui, il y a environ six mois, je passais sur les boulevards, j'allais traverser la chaussée... Un tilbury élégant passe devant moi... je m'arrête, je regarde... Un homme était dans cette voiture... Oh ! je l'ai bien reconnu, c'était M. Daubray...
— Daubray ! le ravisseur de ma fille !...
— Oui, monsieur, quoiqu'il se fût passé plus de huit ans depuis que je ne l'avais vu, je suis sûre de ne pas m'être trompée...
— Et ma fille... était-elle avec lui ?
— Non, monsieur, il était seul...
— Le lâche ! mais il l'a donc abandonnée !...
— Mon cher Guerreville, dit le docteur, ce que nous venons d'apprendre est bien important ; la rencontre de cet homme à Paris, dans un tilbury, semble prouver que c'est dans cette ville qu'il réside habituellement...
— Oui, mon ami, oui... Oh ! vous avez raison, il est ici, le traître !... Plus de repos maintenant que je ne l'aie découvert... rencontré... car il me reconnaîtra aussi, moi !... Allez, madame, allez, ce que vous venez de nous dire nous servira, je l'espère. Si vous appreniez... si vous découvriez encore quelque chose sur cet homme, ne manquez pas de venir aussitôt me l'apprendre. Aidez-moi à savoir ce que ce misérable a fait de ma fille ; ce sera la meilleure manière de réparer vos torts.

La pauvre femme proteste de son dévouement, de son repentir ; puis elle salue humblement, et s'éloigne en répétant qu'elle fera tout ce qui dépendra d'elle pour réparer sa faute.
— Il est à Paris ! s'écrie M. Guerreville en se promenant avec agitation dans l'appartement, et toujours riche... toujours heureux, sans doute... Et ma fille ! ma pauvre fille !... personne ne l'a vue... personne ne peut m'en donner des nouvelles... Mais qu'en a-t-il donc fait, cet infâme ?... Ne l'a-t-il arrachée des bras de son père que pour l'abandonner ensuite ? L'a-t-il tuée, ce monstre ?... Oh ! oui... il faut qu'elle soit morte !... sans cela elle serait depuis longtemps revenue pleurer sa faute dans le sein de son père... Morte !... ma fille !... Et cet homme existe !... et il vit en paix des plaisirs que procure la fortune... Ah !... ah !... tout son sang ne suffira pas à mon désespoir !...
— Mon ami, calmez-vous !... dit Jenneval en s'attachant à M. Guerreville, ce Daubray est à Paris, nous le trouverons, j'en suis persuadé maintenant. Mais rien ne prouve encore que votre fille ait cessé de vivre... espérons, au contraire, qu'il nous apprendra ce qu'elle est devenue.
— Ah ! Jenneval... j'ai besoin de vous croire pour ne pas m'abandonner au désespoir... Eh bien ! que cet homme me rende ma fille, et je lui laisserai la vie ; et je le fuirai pour toujours... Mais qu'il me rende ma Pauline... Ah ! il y a si longtemps que je la pleure !

M. Guerreville s'est laissé tomber sur un siège, il est accablé par toutes les sensations qu'il vient d'éprouver. Le docteur le laisse se

calmer; lorsqu'il voit son ami plus tranquille, il se rapproche de lui et lui dit à demi-voix :
— Vous aviez laissé chez vous deux dames... que j'y ai trouvées... Madame Grillon et la mère de Jules... elles sont venues implorer votre secours... votre aide... Vous savez que votre filleule Agathe a suivi M. Adalgis... je ne sais où... et que M. Jules a signé un engagement de jeune premier dans quelque troupe nomade... Les deux mères sont désolées... elles pensent que vous devez porter quelque intérêt à leur enfant...

M. Guerreville, qui semblait écouter fort attentivement son ami, se lève tout à coup et va prendre son chapeau en s'écriant :
— Il a un tilbury... il doit parcourir les promenades... les boulevards... le bois de Boulogne... Oh! je l'y rencontrerai... Venez, venez, Jenneval, sortons...

Vadevant s'approche du lit d'Émile Delaberge et tâche de grossir sa voix en disant : — Il faut épouser une de mes cousines, monsieur, il le faut, sinon votre vie court de grands dangers.

— Décidément, se dit le docteur en suivant son ami, je vois bien qu'il faudra que ce soit moi qui coure après mademoiselle Agathe et M. Jules.

Chapitre XVIII. — Le Café des Comédiens.

M. Guerreville passait ses journées à parcourir les promenades les plus élégantes de la capitale; quelquefois il louait un cheval et poussait ses excursions dans les environs. Un tilbury, un cabriolet, le moindre équipage était souvent suivi par lui, lorsqu'il avait cru y apercevoir l'homme qu'il brûlait de retrouver; il rentrait le soir excédé de fatigue, et en se couchant se promettait de recommencer le lendemain.

Ainsi que le docteur l'avait prévu, M. Guerreville, uniquement occupé du ravisseur de sa fille, ne pensait plus ni à sa filleule, ni au fils de Maria. Mais, pendant qu'il court au galop après tous les équipages, Jenneval fait son possible pour retrouver Jules et Agathe.

Il y a dans Paris un certain café, ou plutôt un estaminet, que l'on nomme le *Café des Comédiens*. Tandis que la plupart des établissements de ce genre rivalisent de luxe, de glaces, de dorures, de peintures et d'élégance, le *Café des Comédiens*, qui est situé rue des Deux-Ecus, est resté fidèle à ses vieux quinquets, à son huile, à sa tenture enfumée; il n'a rien de moderne, rien de gracieux; il est vrai qu'on ne va pas là pour faire admirer sa toilette et prendre ses glaces... On y fait la poule et l'on fume; souvent même la plupart de ceux qui s'y rendent n'y prennent rien, et n'y vont que pour parler de leurs affaires.

Ce café sombre, et que rien ne fait remarquer au dehors, est cependant un des plus fréquentés de Paris. Vers la dernière quinzaine de Pâques surtout, qui est l'époque où se font les engagements des acteurs et des actrices, le *Café des Comédiens* reçoit tellement de monde qu'il n'est pas toujours facile d'y pénétrer. Alors des groupes nombreux se forment dans la rue, devant la porte; souvent la foule qui stationne en cause ne permet que difficilement aux voitures de passer. Vous croiriez que l'on fait là, comme devant Tortoni, des affaires de Bourse, des opérations commerciales. On y traite, en effet, des affaires, mais elles sont uniquement dramatiques. C'est le théâtre qui fait vivre, ou du moins qui doit faire vivre tous ces personnages que vous voyez aller, venir, s'accoster et causer entre eux. Là, on fait des engagements pour la province, quelquefois même pour l'étranger. Là, viennent ceux qui n'ont plus d'emplois, ceux qui en cherchent, ceux qui veulent rompre les leurs; et tous ces gens que vous voyez là sont des talents du premier ordre; ils en sont persuadés du moins.

Jenneval se décide à aller au *Café des Comédiens* pour tâcher d'y avoir des nouvelles de Jules, qui n'a pas reparu chez ses parents. Une après-dînée, le docteur se rend rue des Deux-Ecus; il aperçoit quelques groupes de causeurs arrêtés presque dans le ruisseau : cela lui indique l'endroit qu'il cherche.

Il se faufile à travers un grand nombre d'individus qui s'allument mutuellement des pipes ou des cigares. Le docteur entre enfin dans le café, et le tableau qui s'offre à ses yeux est loin de réaliser ce qu'il avait pensé voir en allant au *Café des Comédiens*.

Lorsque l'on n'est pas initié aux mystères du théâtre, aux affaires de coulisses, ce nom de *Café des Comédiens* semble vous promettre une réunion gaie, aimable, séduisante, dans laquelle vous pensez que vous retrouverez une partie de tout ce qui vous a plu au théâtre; vous vous figurez que vous allez revoir cette jeune première à peu près telle qu'elle était dans ses rôles favoris; vous comptez retrouver la soubrette piquante, l'ingénue avec ses grâces naïves; l'élégant amoureux, le marquis de bonne compagnie!... Mais combien vous êtes surpris en entrant dans le *Café des Comédiens*! Vous ne voyez rien de ce qui vous avait charmé; dans ces messieurs qui fument ou font la poule, vous ne retrouvez pas ces grâces, ces formes élégantes qui vous ont séduit au théâtre, et vous êtes tenté de leur dire : Eh, mon Dieu! messieurs, pourquoi donc n'avez-vous pas l'air d'artistes?... Vous cherchez les actrices, elles sont en petite quantité, et se tenaient autrefois dans le fond du café; mais maintenant elles restent, comme les hommes, près du billard. Cette jeune femme que vous voyez assise à une table, où elle prend une salade de cerises, est une *Gavaudan* qui arrive de Nantes et va partir pour Montpellier; celle qui mange des pommes auprès d'elle, et a l'air de se disputer avec son voisin, est une ingénue qui a changé trois fois de compagnon de route depuis qu'elle a quitté Paris. Partie avec un jeune premier, elle l'a quitté pour un colin, qui l'a cédée à une basse-taille; enfin elle revient avec un second comique. Il s'ensuit de là que ces dames ayant l'habitude de prendre le nom de l'amant avec qui elles vivent. vous les avez connues à Paris étant madame A ; vous les voyez à Rouen madame B; puis vous les retrouvez ailleurs madame C. Le plus sage, quand vous revoyez une de ces dames, est de dire : comment se nomme-t-elle maintenant?

Du reste ces mutations se font presque toujours volontairement ; des deux côtés on se prend, on se quitte, on se retrouve, et on n'en est pas moins bons amis. Il arrive même assez souvent que l'amant qui est en pied, rencontrant au bout de quelque temps l'ancien amoureux de sa dame, lui dise : Mon ami, veux-tu me faire le plaisir de donner le bras à ma femme pour un moment?

Le bras est sur-le-champ offert, et madame, qui est maintenant la femme de l'autre, va se promener avec celui dont elle a porté le nom autrefois, et qui n'est plus pour elle qu'un camarade.

D'après cela on voit que, parmi les gens attachés au théâtre, il y a beaucoup d'usages qui ressemblent à ceux des saint-simoniens.

Mais je n'ai pas besoin de vous dire que de tels faits sont rares parmi les artistes véritables, et que, parmi nos grands talents, nos actrices en renom, il en est beaucoup qui ne connaissent même pas le *Café des Comédiens*, ce café n'ayant été établi que pour la démocratie dramatique.

Jenneval s'est placé dans un coin du café, il regarde autour de lui, il observe.

Un monsieur d'un certain âge, dont la perruque a considérablement raccourci au-dessus des oreilles et qui cache son menton et la moitié de sa bouche dans une énorme cravate, s'approche du poêle en poussant de gros sons qui imitent ceux d'un serpent d'église; il s'interrompt fréquemment pour tousser, ce qu'il fait avec une force qui n'est point dépourvue de prétention. On voit qu'en toussant ce monsieur serait bien aise de faire autant de bruit qu'un canon.

— Selon toute apparence, ce monsieur joue les basses-tailles, se dit Jenneval.

Et s'approchant de l'homme à la grosse voix, il lui offre une prise de tabac qui est acceptée avec beaucoup d'empressement; le docteur a même cru remarquer qu'au lieu d'en prendre avec les doigts ce monsieur avait rempli de tabac la moitié de sa main, qu'il avait ensuite habilement vidée dans une poche de son gilet pour n'en porter qu'une petite pincée à son nez. Mais, sans paraître remarquer cette prévoyance à se ménager des prises de tabac, le docteur entame la conversation :

— Monsieur est artiste, je n'en doute pas?....
— Première basse-taille... hum! hum!... Baryton au besoin..
hum!... Musicien jusque dans le bout des doigts... hum! hum!... J'ai
un graillon dans la gorge... Possédant un instrument superbe... hum !...
qui ne m'a jamais laissé en route... J'ai fait les délices de toutes les
villes du Midi... pouach!... pouach!... Ah! ah!... c'est un f.... rhume
que j'ai attrapé entre deux coulisses...

Ton amour, ô fille chérie,
M'a consolé de tous...

Hum ! hum !...
— Monsieur vient de province?

Maria la belle parfumeuse et M. Gallet son mari.

— Je viens de Bordeaux... J'étais engagé pour un an... hum! hum!...
je n'y suis resté que quinze jours... J'ai rompu mon engagement... je
m'y déplaisais!... A Bordeaux, ils n'aiment que la danse!... Je leur
faisais des points d'orgue superbes!... ils étaient enchantés!..., mais
ils sifflaient pour faire niche au directeur, qui ne donnait pas assez de
ballets. Moi, j'ai dit au directeur : Votre public m'adore, je le sais
bien, mais ça m'ennuie que vous ayez des ennemis qui sifflent toujours
pendant que je chante. Je veux m'en aller, vous me donneriez dix
mille francs par représentation que je n'y resterais pas. Le directeur
avait les larmes aux yeux... Il voulait à toute force me retenir...
hum!... hum!... Mais je n'ai point voulu... et je vais aller finir l'année théâtrale à Beaugency... hum! Ils vont être un peu contents de
m'avoir dans ce pays!... Ah! f.....ils n'ont pas encore entendu de voix
de mon calibre!... Je débute dans le *Déserteur*.
— Ah! vous jouez le rôle du déserteur?...
— Fi donc!... un pleurard qui n'a rien à chanter.... Je fais Cour-
chemin! je chante ce bel air : *Le roi passait...* hum! hum!... *et le
tambour battait...* hum! hum!... *battait aux champs...* Fichu graill-
lon... c'est comme une pituite!... Ah! sacrédié, le superbe air!...
c'est là-dedans qu'on peut déployer ses moyens. Je vous demanderai
une prise...
— Volontiers.
— Il est excellent, votre tabac.
La basse-taille refourre sa main dans la tabatière du docteur, et
exécute la même manœuvre que précédemment.
Un monsieur, d'une quarantaine d'années, qui a une perruque blonde
à l'enfant, du coton dans les oreilles, deux chaînes de chrysocale passées autour du cou, une chaîne en cheveux par-dessus son gilet, de
grosses breloques à sa montre, des bagues en faux brillants à tous les
doigts, un habit bleu râpé, un pantalon noisette, avec des ficelles pour
sous-pieds, des souliers, des bas bleus, et un jabot, s'avance en sautillant et vient frapper sur l'épaule de la basse-taille :
— Bonjour, vieux !...
— Bonjour, bonjour... hum!... hum!...

— Dis donc, c'est fini, j'ai signé ce matin...
— Quoi?
— Eh! parbleu, mon engagement pour Perpignan... Les premiers
amoureux, et les premiers rôles, et les marquis, et les premiers co-
miques... sans partage.
— Ah çà, tu joueras donc tout... ça ressemble bigrement à des uti-
lités que tu vas faire là?...
— Utilités !...'mais tu ne comprends donc pas... un engagement su-
perbe, je choisis les rôles que je veux, et quatre mille francs d'appoin-
tements, sans compter un bénéfice...
— Hum!... hum!... oui, ils sont jolis, les bénéfices, à Perpignan! J'y
ai joué quelque temps... c'est une ville où il n'y a rien à faire pour
les artistes.
— Bah! tu plaisantes... le théâtre y est très-suivi, au contraire.
— On m'y donnerait vingt mille francs que je n'en voudrais pas..
— Tu es bien difficile... Ah! j'ai appris avec peine que tu avais eu
du désagrément à Bordeaux...
— Du désagrément... moi!... qui est-ce qui t'a dit cette bêtise-là?...
— Dame... c'est hier... au bureau, chez Daudel; il y avait quelqu'un
qui disait que tu avais été sifflé...
— Sifflé, moi !... ah !... je te souhaite de n'avoir jamais que des sif-
flets comme ceux-là... Ecrasé d'applaudissements, mon cher, écrasé!...
au point que dans mes grands airs ils ne me laissaient pas finir...
hum!... hum!.... ah! sabrebleu !... c'était un bruit étourdissant quand
j'entrais en scène...
— Pourquoi donc as-tu quitté, alors?
— Ah! pourquoi le directeur avait-il des ennemis?.... Ceci, c'est
autre chose!... affaires particulières... et puis je m'enrhumais trop
souvent à Bordeaux!... J'ai dit : Une minute ! je ne veux pas, pour le
plaisir de ces gaillards-là, laisser ici mon instrument!... Monsieur, je
vous demanderai encore une prise.
— Avec grand plaisir.

Jérôme congédie le domestique et prend Zizine dans ses bras pour la ramener
chez sa protectrice.

Jenneval présente sa tabatière; après la troisième prise, il ne reste
plus rien dedans.
— Monsieur va donc partir pour Perpignan? dit le docteur en s'a-
dressant au second personnage.
— Oui, monsieur, dans dix jours il faut que je sois rendu... J'ai
touché cinq cents francs d'avance...
— Hum! hum !... pouach...
Cette fois la basse-taille semble tousser d'un air moqueur, et en faisant un léger mouvement d'épaules qui annoncerait qu'elle n'ajoute
pas foi à ce que vient de dire son camarade. Jenneval lui-même trouve
assez singulier qu'ayant reçu cinq cents francs d'avance, le colin ne
se soit pas acheté une paire de sous-pieds en cuir pour remplacer ses
ficelles. Mais cela ne l'empêche pas de continuer la conversation.

— Vous devez connaître beaucoup de directeurs de province?
— Presque tous... j'ai tant roulé de ville en ville; j'aime changer, moi, je ne suis pas sédentaire : et puis, ça fait voir du pays, c'est amusant et instructif pour la manière de se mettre... J'ai du goût, et une garde-robe des plus complètes... je ne la donnerais pas pour six mille francs... Ah! je crois que je vois ma femme!...

Le colin s'éloigne en sautillant, et le vieux tousseur dit alors au docteur : Voilà un gaillard que je vous donne pour un blagueur de première force!... Elle est jolie, sa garde-robe!... d'ailleurs, vous en avez vu un échantillon sur lui... il a tout faux, depuis sa voix jusqu'à ses mollets... hum!... Figurez-vous que pour faire de l'embarras dans les villes où il arrive, il traîne avec lui trois ou quatre malles vides; mais que fait mon colin pour donner de la confiance à son hôte, et obtenir du crédit? A peine logé dans une auberge, il cloue ses malles en dedans, et les fixe au plancher, puis les referme avec soin. Or, la première chose que fait un aubergiste quand il loge un acteur, c'est d'aller peser ses malles pour juger par leur poids s'il y a de quoi répondre pour la dépense qu'on fait chez lui. On ne manque pas d'en faire autant aux malles du colin; mais quand on veut essayer de les soulever, impossible! pas moyen de les faire bouger. Alors mon imbécile d'aubergiste est bien tranquille; il se dit : Oh! il y a là-dedans de quoi me garantir mes dépenses, et il continue de faire crédit : voilà une des mille espiègleries de ce gaillard-là... hum! hum!... Assez bon enfant du reste et passable dans les *Trial*, mais il ne faut pas qu'il aborde les amoureux... Oh! je le lui défends!... il y serait abîmé... Je vous demanderai une prise...

— Je suis désolé, mais je n'en ai plus...
— Ah! c'est juste, c'est par habitude...

Un petit homme maigre, jaune, laid et fortement marqué de petite vérole, s'approche en déclamant les deux mains dans les poches de sa redingote et roulant les yeux autour de lui comme un conspirateur. La basse-taille lui fait un salut de tête, le monsieur y répond en murmurant d'une voix caverneuse :

Ah! que l'incertitude est un cruel tourment!
Et qu'une heure d'attente expire lentement!

— Superbe!... dit la basse-taille.
— Tu reviens de Lyon?...
— Oui.
— Comment t'ont-ils traité?...
— Couronné!..,
— Tu as reçu une couronne?
— Toutes les fois que j'ai joué... couronné...
— C'est comme moi à Bordeaux... hum... hum! As-tu donné des représentations à Châlons?
— Trois de suite... c'est-à-dire, trois pièces dans la même soirée.
— Avec succès?
— Couronné!
— Peste, il paraît que la tragédie est goûtée en province cette année. On m'avait dit pourtant qu'ils ne voulaient plus que de l'opéra-comique et du vaudeville.
— Ah! oui!... ils ne font pas un sou avec leur opéra...
— Parce qu'ils n'ont pas de basse-taille...
— C'est possible!... Je cherche le directeur de Douai... c'est-à-dire, son régisseur, qui est à Paris, et qui veut à toute force m'avoir...
— S'il veut à toute force t'avoir, il me semble que c'est à lui de te chercher.
— Aussi te dis-je qu'il m'a prié de l'attendre ici...

Pour qui sont ces serpents qui sifflent sur ma tête...

— Est-ce que tu as déjà joué à Douai?...
— Oui vraiment! c'est pour cela qu'ils brûlent de m'y revoir... J'y ai joué *Hamlet*, *Néron*, *Agamemnon*... le *Misanthrope*... *Antoni*... *Trente ans*.
— Ah! ils aiment le drame là...
— C'est-à-dire qu'ils le dévorent... Ils venaient me chercher dans ma loge... ils m'emportaient en triomphe!... j'étais couronné tous les soirs...
— Hum!... hum!... j'ai la gorge sèche comme une amande!...
— Si vous vouliez accepter un verre de bière? dit Jenneval en s'approchant d'une table.

Le père-noble-opéra semble aussi touché que ravi de cette proposition; il s'incline en répondant :
— Avec le plus grand plaisir.

Le tragédien suit ces messieurs en s'écriant : Ma foi! oui, un verre de bière ne me sera pas désagréable...

On se met à une table : il y en a beaucoup d'occupées, mais on n'y prend en général que des jeux de dominos; aussi tous les regards se tournent-ils vers l'endroit où l'on débouche une bouteille.

Jenneval a demandé trois verres, et il est en train de verser aux deux artistes, lorsque le colin accourt, s'empare d'un tabouret et s'assied à la table en s'écriant :
— Tiens!... vous buvez de la bière... ah! ben, j'en suis!... Un verre, garçon!...

— Monsieur nous a fait l'honneur de nous inviter, dit le tragédien en lançant un regard sévère au nouveau venu.
— Et qu'importe! dit le docteur, monsieur ne sera pas de trop!... Garçon, un verre et de la bière.

Le colin ne se fait pas prier, il tend sur-le-champ son verre en chantant :

Plus on est de fous, plus on rit!
Plus on est de fous...

— Ne faites pas mousser, s'il vous plaît.
— Excellente bière, dit la basse-taille.
— J'en boirai de meilleure à Douai! dit le tragédien.
— Ah! tu vas à Douai, toi! dit le colin... Ah! ah! il m'est arrivé là de drôles d'aventures... J'étais un peu à sec... j'avais mangé mes avances en arrivant... je me rappelle que je jouais un marquis; j'ai été obligé de prendre les petits rideaux de ma fenêtre pour me faire une cravate et un mouchoir... Ah! ah!... avons-nous ri! avons-nous ri!
— Messieurs, dit le docteur, vous êtes tous les trois artistes, et très-répandus par vos talents, je le vois...

Ces messieurs s'inclinent; la basse-taille tousse plus fort.
— Eh bien! reprend Jenneval, vous pourriez peut-être me rendre un grand service...
— Tout ce que vous voudrez, répond le colin; et il ajoute en frappant sur son gousset : Pourvu qu'il ne s'agisse pas d'argent...
— Oh! ce n'est pas de cela non plus qu'il s'agit, dit Jenneval en souriant.
— Aussi je plaisantais.
— D'ailleurs, tu ne dois pas être à court, toi, puisque tu as reçu cinq cents francs d'avance... dit la basse-taille au colin.
— Je les ai donnés à ma femme pour accoucher.
— A ta femme!... et elle a fait un enfant il y a trois mois.
— Eh bien, si elle veut encore en faire un autre, est-ce que ça te regarde?...
— Silence donc, messieurs, vous empêchez monsieur de parler.
— Nous vous écoutons, monsieur.

Le docteur reprend :
— Un jeune homme, fils d'une personne qui m'intéresse, s'est pris de belle passion pour le théâtre; ses parents sont commerçants, ils désiraient voir leur fils continuer leur profession. Cependant si ce jeune homme avait des dispositions pour le théâtre, je leur aurais conseillé de le laisser suivre une carrière qui offre tant d'attraits. Mais, bien loin de là, je crois que celui dont il vous parle ne fera jamais qu'un très-mauvais acteur; et alors ne pensez-vous pas, comme moi, qu'il ferait mieux de renoncer au théâtre?
— Oh! oui sans doute, monsieur!
— Pauvre garçon, s'il savait ce que c'est que le théâtre en province!...
— Quelle galère!...
— Les trois quarts du temps on ne nous paye pas!
— Des fatigues, des injustices, des dégoûts, et pas de quoi souper... voilà ce qui lui pend au nez!...
— Ah! monsieur, si vous avez quelque empire sur lui, empêchez-le de se mettre au théâtre.

Jenneval voyait avec surprise ces trois hommes, qui, quelques instants auparavant, ne parlaient que de leurs succès, de leurs triomphes, être si bien d'accord pour l'engager à détourner quelqu'un de suivre leur carrière; il pense alors que les acteurs conservent presque toujours dans le monde l'habitude de jouer la comédie, mais qu'il y a aussi des moments où ils parlent d'après leur cœur et cessent d'être comédiens.

— Et qu'a fait votre jeune homme? demande le tragédien.
— Ce qu'il a fait? eh, mon Dieu! il a quitté ses parents il y a huit jours en leur disant qu'il s'engageait pour la province.
— Oh!... oh!... un coup de tête... c'est dans mon genre, dit le colin, mais moi, j'étouffais de vocation.
— Et quel emploi prend-il?
— Ce qu'il pense qu'il jouera tout ce qu'on voudra... mais il est joli garçon, n'a pas encore vingt ans; on en fera sans doute un amoureux...
— Ou une *queue rouge*, dit la basse-taille, ce qui signifie un jeannot, un jocrisse... Encore s'il avait de la voix! hum! hum!...
— Il n'en a pas du tout...
— Se mettre au théâtre sans voix!... Ces jeunes gens sont étonnants, ils ne doutent de rien... et il est capable de s'être engagé pour l'opéra!...
— C'est très-possible.
— Et pour quelle ville a-t-il pris un emploi?
— Voilà justement ce que je ne sais pas...
— Comment se nomme-t-il?
— Jules... Gallet.
— Oh! il aura sans doute pris un nom de théâtre...
— Son signalement?
— Pas encore vingt ans, blond, grand, teint rose, joli garçon, mais un peu délicat.
— Attendez, nous allons prendre des informations; voilà justement

le second *Laïs* qui sait toutes les nouvelles... il court toujours chez les agents des théâtres. Holà, hé ! Gros-Amour !

L'artiste que ses camarades appellent Gros-Amour est un homme d'un fort embonpoint et qui a bien la cinquantaine, mais encore joli garçon, mis avec beaucoup de coquetterie et extrêmement serré dans ses habits ; son accent annonce un enfant de la Garonne. Il s'approche en souriant, fait voir trente-deux dents fort blanches et roucoule en se balançant sur ses hanches :

Quand on attend sa belle,
Qu'l'attente est cruelle !

— Bonjour, mes enfants... Monsieur, j'ai l'honneur... Tiens, te voilà, tragédie... je te croyais à Lyon.

— Couronné ! murmure le petit homme maigre et jaune en avalant sa bière.

— C'est comme moi à Toulouse...

O Richard ! ô mon roi !

Tiens, en veux-tu, des couronnes, j'en ai plein mes poches !

Et M. Gros-Amour tire un paquet de feuillages, dont quelques branches vont se fixer sur la tête de la basse-taille.

— Elle est à son adresse,... mon vieux...

— Hum ! hum ! merci, Gros-Amour...

— Nous avons un renseignement à te demander, dit le colin.

— Un renseignement... parlez, je suis comme le Solitaire... *je vois, je sais tout... je*... Vous prenez de la bière ?

— Si monsieur voulait me faire le plaisir d'en accepter un verre, dit Jenneval en saluant d'un air aimable M. Gros-Amour.

— Un verre, vous êtes bien bon... cependant j'aimerais mieux autre chose... la bière est bien froide pour un gosier du Midi.

— Garçon ! un bol de punch ! crie aussitôt le docteur.

Alors M. Gros-Amour se précipite contre la table et manque de renverser le colin et la basse-taille. Mais l'annonce d'un bol de punch a produit un mouvement général dans le café ; le garçon craint d'avoir mal entendu, il fait répéter trois fois le docteur, il a l'air tout surpris qu'on lui demande un bol en une fois, et il court au comptoir annoncer cette grande nouvelle à sa maîtresse.

Cependant on a questionné le dernier venu pour avoir des nouvelles de Jules. Après avoir réfléchi quelque temps, M. Gros-Amour se frappe le front et s'écrie :

— La petite *Dugazon* de Limoges m'a parlé d'un joli amoureux qu'elle avait vu à je ne sais quel bureau d'agence dramatique... Attendez, nous pouvons la questionner... Voulez-vous que je la fasse venir ?

— Très-volontiers, dit Jenneval, qui est décidé à rafraîchir toute une troupe, s'il le faut, pour être sur les traces de Jules.

— Ho ! hé ! ho ! ho !... Mimie !... hé ! hé !... Mimie ! ho ! ho !...

Cet appel est fait en roulades par M. Gros-Amour, et une jeune femme assez gentille, mais dont la toilette est extrêmement chiffonnée, accourt du fond du café en mangeant une énorme flûte, et dit à l'artiste méridional d'une voix de contralto :

— Eh ben ! qu'est-ce qu'il a donc toujours à m'appeler, cet animal-là ? est-ce pour me payer du cidre ?... payes-tu du cidre ?...

— Monsieur vous offre un verre de punch... Je crois, sirène, que cela vaut bien votre cidre...

Tous ses plaisirs étaient les miens...
Je m'en souviens !
Je m'en souviens !

En ce moment on apporte le bol de punch, dont la flamme bleuâtre produit un très-beau mouvement parmi tous les habitués du café. La *Dugazon* ne s'est pas fait prier ; elle s'assied, et Jenneval dit encore, au garçon :

— Un verre de plus.

— Où es-tu cette année, Mimie ? dit le colin à la jeune femme qui vient d'arriver.

— Où je suis ?... je ne sais pas... je me promène... je me donne de l'air... tous les directeurs m'embêtent ! il y en a un qui me propose un engagement de première amoureuse, à condition que je chanterai aussi dans les chœurs quand on aura besoin de monde... et puis, que je danserai dans les divertissements. J'ai dit : Merci ! Vous devriez me faire aussi battre la caisse devant votre porte en criant : Entrez ! entrez ! messieurs, mesdames !... prenez vos billets... on va commencer !... prrrrr...nez vos billets !...

Tous les artistes se mettent à rire et le docteur ne peut s'empêcher de les imiter, parce que la *Dugazon* a terminé son discours en imitant d'une manière tout à fait originale les gestes et la voix d'un bateleur. Ensuite elle avale son verre de punch d'un trait, puis s'écrie :

— Ah ! qu'il est chaud !... C'est égal, j'en veux bien encore... Ça guérira mon enrouement !...

Pendant que Jenneval verse du punch, une femme d'une cinquantaine d'années, couverte de rouge, de mouches, et affectant de parler et de marcher très-vite, pour faire voir qu'elle joue les soubrettes et les caractères, s'arrête contre la table et dit à demi-voix au tragédien :

— Peste !... plus que ça de volupté !... est-ce que c'est le directeur du Pérou qui est avec vous ?...

Le tragédien, qui était à moitié assoupi par le punch qu'il buvait contre son habitude, relève la tête en murmurant :

— Couronné !

— Qu'est-ce qu'il a donc avec son Couronné !... est-ce que tu crois que je te parle du cheval qui nous a amenés quatorze dans une charrette depuis Moulins... ah ! c'est celui-là qui est drôlement couronné, va... pauvre *Trompe-la-mort !* il aurait joliment joué Rossinante.

Pendant ce colloque on avait questionné la *Dugazon* sur le jeune homme qu'elle avait vu signer un engagement, et la *Dugazon* écoutait et tendait son verre en disant :

— Attendez... encore un peu de punch... il faut que je me rappelle... versez toujours... Un blond fade... il n'est pas assez fort !... assez gentil pourtant... on devrait y remettre un peu d'eau-de-vie !... Ah ! je le tiens, il est engagé pour Moulins.

— Pour Moulins,... vous croyez ?...

— J'en suis sûre, il doit jouer les jeunes-premiers en tous genres... et les pères-nobles au besoin...

— Quel nom a-t-il donné en signant ?

— Il a dit se nommer Jules... Gale... Gaga...

— Gallet ?

— Oui, Gallet ou Galette... On lui a demandé s'il prenait un nom de théâtre, et il a signé Jules Galette dit Florival.

— Oh ! c'est bien cela, et c'est pour Moulins... Est-il parti ?

— Je ne sais pas... je crois qu'il ne part pas demain... Vous pourrez le savoir aux diligences... il devait prendre la voiture de Laffitte et Caillard...

— Infiniment obligé, madame. Messieurs, enchanté d'avoir fait votre connaissance.

— Nous pareillement, monsieur.

Quatre mains se présentent pour presser celle du docteur, qui les serre toutes cordialement ; puis, après avoir payé la dépense, il sort du café, poursuivi par les révérences du garçon et par les œillades de la *Dugazon* et de la soubrette.

— A Moulins,.. se dit Jenneval en s'acheminant vers le bureau des voitures. C'est pour cette ville que Jules est engagé. Mais il n'est pas encore parti ; je l'attendrai, je lui parlerai, je tâcherai de le guérir de sa manie dramatique ; je verrai l'agent, je payerai le dédit de l'engagement et je ramènerai ce jeune homme à sa mère. Il ne me restera plus alors qu'à m'occuper de mademoiselle Agathe Grillon, que j'aurai peut-être plus de peine à rattraper ou à empêcher de s'enfuir.

Le docteur est arrivé dans la cour des voitures publiques ; il est nuit, mais les lanternes placées de distance en distance permettent encore de distinguer les voyageurs.

En cherchant les voitures de Moulins, Jenneval se trouve enveloppé par plusieurs voyageurs des deux sexes qui viennent de descendre et cherchent à se reconnaître, à s'orienter.

Un monsieur qui a un spencer par-dessus son habit, puis une redingote par-dessus son spencer, puis un manteau par-dessus sa redingote, et sur la tête un foulard, un bonnet de coton, et une casquette, se jette à travers les malles, les valises et les paquets en criant :

— Eh ben... personne ne m'attendait... personne n'est pas là pour me recevoir à ma descente de la voiture... Comme c'est aimable !... Ayez donc une femme, une bonne et une sœur !... Pour rien, je repartirais pour Lyon... Et moi qui ai la bonté de leur rapporter un énorme saucisson, dont mon épouse est folle, et des plus gros marrons pour ma sœur !...

— Le rue de Révolé ? dit un grand voyageur qu'à son accent on reconnaît pour un Anglais.

— L'hôtel le meilleur et le moins cher ? dit un jeune homme en s'adressant à un commissionnaire.

— Je veux loger moi dans le hôtel de la rue Révolé, où vont tous les Anglais fashionables.

— Ón pourra, s'il vous plaît ; procurez-nous un fiacre, disent deux dames cachées par de grands chapeaux à voiles verts.

— Je veux aller tout de suite au Palais-Royal, dit un petit monsieur en trébuchant par-dessus les paquets et regardant autour de lui comme s'il eût espéré trouver le Palais-Royal dans la cour des diligences.

Le docteur parvient à se faire jour à travers tout ce monde ; il s'informe, il demande la voiture de Moulins. On lui apprend qu'elle est partie depuis une heure ; il se fait donner les noms des voyageurs qui s'y trouvaient, il voit sur la liste Jules Gallet dit Florival.

— Je suis arrivé trop tard, se dit Jenneval, il est parti... je ne puis courir après lui jusqu'à Moulins... D'ailleurs, là, il ne m'écouterait plus, il ne voudrait pas rompre son engagement... Qu'il joue donc... qu'il soit acteur... Mais s'il n'a pas de talent, qu'on le siffle assez pour qu'il revienne vite près de sa mère...

Et le docteur allait quitter la cour des diligences, lorsqu'il se trouve nez à nez avec un petit monsieur qu'à sa tournure sautillante il a bientôt reconnu pour son ami Vadevant.

— Eh ! c'est vous, docteur ?

— Oui, moi-même. Mais que faites-vous donc dans cette cour?... il me semble que vous riiez.

— Oui, vraiment. Oh! c'est très-drôle... Je suis enchanté que le hasard m'ait fait voir... Oh! c'est délicieux, hi! hi.

— Pouvez-vous me mettre de moitié dans votre joie?

— C'est très-facile... et je gage que vous ririez comme moi si vous connaissiez les personnages. Vous saurez d'abord que j'étais venu ici pour mettre en diligence mes cousines Devaux. Vous savez... vos clientes?

— Comment! elles quittent Paris?

— Momentanément... Mais on a écrit à la maman Devaux qu'il y avait à Coulommiers deux jeunes gens à marier qui pourraient parfaitement convenir à ses filles. Aussitôt ma cousine a dit : Allons faire un tour à Coulommiers... nous y avons des parents; mes filles y déploieront leurs talents, leurs grâces... et il est probable qu'elles en reviendront avec le titre de dames.

— Je croyais qu'elles devaient se marier à Paris...

— Ah! oui... il y avait des pourparlers, des propositions de la part d'un certain M. Delaberge... un jeune roué à la mode; mais j'ai rompu tout cela, moi!... J'ai été aux informations... j'ai su que ce Delaberge était un très-mauvais sujet!... Il aurait rendu mes jeunes cousines malheureuses. Je suis allé chez lui et je lui ai dit : Monsieur, je vous défends de songer encore à mes jeunes cousines.

— Est-ce qu'il devait les épouser toutes les deux?

— Non, mais il flottait indécis... Oh! quel abominable jeune homme que ce Delaberge... un petit impertinent... qui a voulu essayer de prendre un ton avec moi! mais je lui ai bien vite dit son fait!... Je ne crois pas qu'il ait envie de me revoir. Malgré cela, c'est un peu pour distraire mes jeunes cousines que leur mère les emmène à Coulommiers. Mais j'arrive à ce qui me faisait rire. Après avoir mis mes cousines Devaux dans la voiture, je flânais un peu dans cette cour.... J'observais... Vous savez, je suis assez observateur... Je vois une voiture qui va partir... je ne sais plus pour où! C'est égal; je m'approche pour examiner les voyageurs; j'aperçois dans un coin, sur un banc, une femme assise près d'un monsieur... ils étaient tout près l'un de l'autre, la jeune femme avait l'air de se cacher... de détourner la tête quand il passait du monde, tout cela piquait ma curiosité. Je me cache derrière une voiture, j'examine plus attentivement mon jeune couple... Jugez de ma surprise!... je reconnais mademoiselle Agathe Grillon... Ah! mais vous ne la connaissez pas, vous...

— Pardonnez-moi... pardonnez-moi, je la connais beaucoup, au contraire.

— Alors vous allez rire avec moi...

— Et le jeune homme?

— Le jeune homme?... Ma foi, je ne sais pas son nom... mais je me suis fort bien rappelé l'avoir vu chez madame Grillon le jour où ma cousine Devaux m'y présenta. C'est un beau fils... un petit-maître.

— Eh bien ! où sont-ils ?

— Où ils sont?... Ah! bien loin maintenant, ils sont montés tous deux dans une voiture où il y avait encore deux places, et fouette cocher!... Cela m'avait tout l'air d'un enlèvement.

— Et vous les avez laissés partir?

— Pourquoi pas? je ne suis ni leur mère, ni leur tante; je n'avais pas mission pour m'opposer au départ de ce jeune couple... Mais je riais!... oh! je riais beaucoup, je suis seulement fâché qu'ils ne se soient pas trouvés dans la même voiture que mes cousines Devaux : c'eût été plus drôle.

— Enfin dans quelle voiture sont-ils partis?

— Dans quelle voiture?... Ah! j'en ai tant vu arriver et partir ce soir, que je ne sais plus laquelle ils ont prise.

Jenneval va au bureau, il s'informe de M. Adalgis, de mademoiselle Agathe, mais aucun employé n'a écrit ces noms, que sans doute les fugitifs n'auront point pris en partant.

— Ma foi, se dit le docteur, que mademoiselle Agathe voyage un peu avec M. Adalgis. Je crois qu'il est trop tard pour les arrêter... Ils reviendront quand ils n'auront plus d'argent. J'ai fait ce que j'ai pu, et mes efforts ont été inutiles!... Retournons près de Guerreville, et puissé-je être plus heureux avec lui!

Jenneval quitte alors la cour des diligences et y laisse Vadevant, qui vient de se cacher sous une voiture pour observer un nouveau couple.

CHAPITRE XIX. — La Cérémonie.

Jenneval va faire part à M. Guerreville de ce qu'il a fait, et du résultat de ses démarches pour retrouver Jules et Agathe; il termine son récit en lui disant :

— Faut-il partir pour Moulins, et ramener le fils de madame Gallet?... Faut-il envoyer des émissaires, des courriers sur toutes les routes pour tâcher de rattraper mademoiselle Agathe et son amant? qu'en pensez-vous, mon ami?

M. Guerreville pousse un profond soupir et balbutie : Je ne sais... je ne vois pas comment on pourrait... Ils veulent quitter leurs parents : ce Jules ne rêve que théâtre!... Cette jeune Agathe, c'est de son plein gré, c'est sans verser une larme qu'elle quitte sa mère... Ah! ce n'est pas après ceux-là qu'il faut courir...

— Et vous, dit le docteur en s'asseyant près de son ami, vous n'avez rien appris encore?... vous n'avez point rencontré ce Daubray?

— Rien!... toujours rien!... je ne sais quel démon protège cet homme et le dérobe à ma vengeance. Je vais, je cours, je m'informe; dans la même journée je parcours toutes les promenades, et quelquefois une partie des environs de Paris... et c'est inutilement!... Ce Daubray est invisible, introuvable pour moi.

— C'est inconcevable !

M. Guerreville et son ami étaient plongés dans leurs réflexions. Assis tous deux devant la cheminée, ils ne se parlaient plus; mais la même pensée les occupait.

Il était alors plus de neuf heures du soir, et le docteur allait quitter son ami, qui, fatigué par ses courses de la journée, paraissait avoir besoin de repos, lorsqu'on entend sonner.

— Qui peut me venir voir si tard? dit M. Guerreville, moi... qui n'attends... qui ne reçois à peu près que vous, mon ami?

— Peut-être cette dame Armand, dit Jenneval, qui a appris quelque chose de nouveau...

— Ah! s'il était possible !

Et M. Guerreville attend avec anxiété que la porte s'ouvre. Georges paraît enfin.

— Monsieur... c'est un homme... un Auvergnat... qui dit que monsieur le connaît... et qui demande à vous parler...

— Un Auvergnat... ah ! Didier, sans doute.

— Oui, Jérôme, c'est bien le nom qu'il m'a dit.

— Faites-le entrer...

— Pauvre Jérôme ! dit M. Guerreville, je l'avais entièrement oublié ainsi que sa fille... ah! je suis bien aise de le revoir!

Le porteur d'eau paraît à la porte du salon, et semble ne pas oser avancer; il tient son chapeau à sa main, et salue presque jusqu'à terre en murmurant :

— Pardon, excuse, monsieur, si je me permets... je vous demande ben pardon de la liberté que j'ai prise de venir chez vous...

— Approchez, approchez, mon cher Jérôme, votre visite me fait plaisir... Je vous remercie de ne m'avoir pas oublié... Allons, venez, entrez donc... Asseyez-vous près de nous; monsieur est mon ami, c'est un second moi-même... sa présence ne doit vous gêner en rien.

Jérôme saluait tour à tour M. Guerreville et le docteur, et, parvenu au milieu de la chambre, ne voulait pas à toute force s'asseoir. Ce n'est que sur une invitation expresse de M. Guerreville qu'il se décide enfin à se poser sur l'angle d'une chaise.

— Qui vous amène près de moi, Jérôme? demande M. Guerreville en rapprochant sa chaise de l'Auvergnat, qui s'obstine à rester placé au milieu du salon. Si ce n'est que pour me voir, je vous en sais gré, et vous remercie, mon ami; si c'est pour me demander quelque chose, parlez, je serai content de pouvoir vous être utile.

— Oh! mon Dieu, monsieur, vous avez ben de la bonté ! répond Jérôme en tournant son chapeau sur ses genoux. Vraiment... c'est que je vous ai toujours vu si bon pour moi que je suis venu aujourd'hui vous trouver... Il y a déjà queuques jours que j'avons envie de vous consulter... Ma foi, ce soir, quand mon ouvrage a été fini , je n'y ai pas tenu... Vous m'aviez donné votre adresse, et je ne l'avais pas oubliée.

— Eh bien ! mon ami , contez-moi ce qui vous amène...

— C'est au sujet de ma petite... de ma Zinzinette... Monsieur se rappelle ma petite Zizine?...

— Oui... votre fille?... Un enfant qui vous aurait sur-le-champ intéressé, docteur; une petite figure si douce, et déjà si raisonnable... Je me rappelle, Jérôme, qu'elle avait trouvé de riches protectrices... je devais même prendre des informations... Ah ! je suis bien distrait ! j'oublie tout ce que j'ai promis...

— Oh ! pardi , monsieur, vous avez ben d'autres affaires à penser ; mais moi, qui ne suis occupé que du bonheur de ma Zinzinette, je vas vous dire ce qui me tracasse... Il y a queuques semaines... c'était le soir, je passions dans la rue tranquillement, j'entends à queuque distance la voix partait d'un cabriolet, et je l'avais ben reconnue, c'était celle de ma Zizine. Je cours, j'atteins le cheval, je l'arrête. Ma petite était dans la voiture, avec un beau domestique tout galonné. On avait dit ses protectrices que j'étais malade; et l'enfant avait absolument voulu aller me voir. Je la rassurai et la ramenai moi-même chez madame Dolbert. Cependant il me semblait drôle qu'on eût laissé ma petite aller ainsi seule... avec ce... galonné !... Je me dis : Autrefois mademoiselle Stéphanie ne la quittait pas un instant, d'où vient qu'elle ne l'a pas accompagnée ce soir, quand Zizine croyait que j'étais bien malade?..... Tout cela me trottait dans la tête. Je me disais : Peut-être ces belles dames se lassent-elles déjà d'avoir chez elles ma pauvre petite... Alors, il y a quelques jours , j'ai été chez madame Dolbert, et j'ai demandé ma Zinzinette. L'enfant est accourue. Oh! elle m'embrasse toujours d'aussi bon cœur, quoiqu'elle ait de jolies robes; mais il m'a semblé qu'elle n'avait plus l'air content, heureux comme de coutume. Elle m'a pourtant assuré que ses protectrices l'aimaient toujours; mais en jasant elle m'a appris que mademoiselle Stéphanie , la petite-fille de madame Dolbert, va se marier... et comme elle me contait ça, le prétendu de la demoiselle a passé devant nous. Oh! c'est un beau monsieur !... d'une belle tournure, mais qui n'a pas l'air aimable du tout... et puis en passant près de nous il a jeté sur ma Zizine un regard !... on aurait dit qu'il était en colère. L'enfant lui a dit : Bonjour, monsieur... il ne lui a pas tant seulement répondu un mot !... Tout cela m'a fait réfléchir... je crains pour l'avenir, je crains que ma petite ne soit pas heureuse près de ce monsieur qui va épouser mademoiselle Stéphanie... Et dame... alors ne vaudrait-il pas mieux que l'enfant revînt avec moi ? Voilà ce qui me tourmente depuis quelques jours, et, ma foi, ce soir je me suis décidé à venir vous demander votre avis, monsieur.

— Bon Jérôme, vous ne songez qu'à votre fille... elle est votre pensée de tous les moments... Ah ! je conçois cela !...

— Et savez-vous le nom de ce monsieur qui va épouser mademoiselle Dolbert ? dit Jenneval en s'adressant au porteur d'eau.

— Oui, monsieur ; ma petite me l'a dit ; c'est... eh ben... est-ce que je l'ai oublié ?... ah ! c'est M. Émile de la... Delaberge... c'est ben ça.

— Delaberge ! murmure le docteur, ce nom ne m'est pas inconnu... Qui donc m'en parlait dernièrement ?... Ah ! c'est Vadevant, au sujet de ses cousines... Mais s'il m'a dit vrai... ce Delaberge est un fort mauvais sujet.

— Voyez-vous !... ma fine, il n'a pas l'air bon, toujours ; j'ai pensé que si monsieur Guerreville voulait avoir la bonté de voir ces dames... il pourrait s'informer... C'est que non, voyez-vous , je ne saurais comment m'y prendre pour leur dire : Si mon enfant vous ennuie, rendez-le-moi.

— Je vous comprends, Jérôme ; eh bien, je me charge de cette commission. J'irai chez madame Dolbert... Je m'y présenterai comme venant en votre nom ; je saurai si votre fille n'y est plus aussi aimée qu'elle mérite de l'être ; et dans ce cas je vous ramènerai votre enfant, et nous ferons en sorte d'assurer son avenir...

— Ah ! monsieur ! que de remercîments... Oh ! j'étais ben sûr que je vous trouverais... Quand il s'agit de rendre service !... vous êtes là !

— Combien y a-t-il de temps que vous n'avez été chez ces dames ?...

— Mais il y a ben déjà... dix jours.

— La jeune protectrice de votre enfant est déjà mariée peut-être, mais ce serait une raison de plus pour que je vous ramenasse votre Zizine, je la verrais peut-être à la traitaient qu'avec froideur.

— Et quand monsieur aura-t-il la bonté d'aller chez madame Dolbert ?...

— Demain, Jérôme, demain, dans la journée, je vous promets de faire votre commission.

— Ah ! monsieur, que de bontés !... Alors, si vous permettez, je reviendrai demain soir ici pour savoir ce qu'on vous aura dit.

— Oui, revenez demain, Jérôme, et je pourrai vous donner des nouvelles de votre fille.

Le porteur d'eau se lève, salue à plusieurs reprises M. Guerreville et le docteur, puis s'éloigne en se confondant en remercîments.

— Voilà un bon père, dit M. Guerreville quand l'Auvergnat est parti, dans l'espoir que la fille serait plus heureuse, il s'est privé de sa présence, de ses embrassements... il ne s'est pas dit : En vivant dans l'opulence, en prenant d'autres manières, elle m'oubliera peut-être; il n'a eu qu'un désir : voir son enfant heureux... Oh ! demain j'irai chez ces personnes qui ont recueilli la petite... et il me sera facile de voir si ce n'est plus que par commisération qu'elles gardent encore chez elles l'enfant de Jérôme. Dans ce cas, vous concevez que je ne la leur laisserai pas.

— Oui... oui, vous ferez fort bien, dit Jenneval. Moi, je pense à ce Delaberge dont Vadevant m'a dit tant de mal... Mais Vadevant est très-menteur... et je ne m'en rapporte pas à lui.

— Si mademoiselle Dolbert se marie, si celui qui l'épouse n'aime pas les enfants... oui, je crois que Jérôme a raison, il ne faut pas laisser sa petite Zizine chez madame Delaberge... n'est-ce pas ainsi que se nomme le prétendu ?

— Oui, mon ami.

— Enfin je m'informerai. Je ferai en sorte de savoir si ce que l'on vous a dit de cet homme est exact... Demain je tâcherai d'oublier Daubray et ma fille, pour m'occuper de l'enfant de Jérôme.. Pauvre Jérôme !... il ne sait pas quelle preuve d'amitié je lui donne ! Mais sa petite Zizine était si gentille !... Je ne puis vous dire combien elle m'a intéressé aussitôt que je l'ai vue.

— Vous savez l'adresse de madame Dolbert ?

— Oui, Jérôme me l'a donnée.

— Demain, dans l'après-dîner, je viendrai vous voir. Je suis curieux de savoir le résultat de votre visite chez ces dames. A demain, mon ami.

— A demain, docteur.

M. Guerreville est resté seul. Bientôt le souvenir de sa fille, de son ravisseur vient de nouveau s'emparer de son esprit : il se met au lit et essaie d'y goûter un peu de repos ; mais l'image de Daubray le poursuit encore dans ses songes, toute la nuit il se croit auprès du séducteur de sa Pauline, et il lui demande ce qu'il a fait de son enfant.

Le lendemain, en s'éveillant, M. Guerreville se sent accablé, malade ; il s'étend dans son fauteuil et repose sa tête dans une de ses mains. Les songes de la nuit le poursuivent encore ; il croit voir Daubray et sa fille ; sa Pauline est malheureuse, elle pleure ; elle semble implorer la pitié de son père.

Le souvenir de Jérôme s'est effacé, M. Guerreville a oublié le porteur d'eau, et ce qu'il lui a promis.

Midi sonne. M. Guerreville vient seulement de quitter son fauteuil. Il se lève et s'approche de sa fenêtre, il veut voir si l'air extérieur lui fera du bien. Le premier objet qui frappe ses regards en les portant dans la rue est un Auvergnat portant des seaux, et criant : A l'eau ! d'une voix perçante.

La vue de cet homme rappelle sur-le-champ à M. Guerreville Jérôme et tout ce qu'il lui a promis. Il se frappe le front en s'écriant :

— Mon Dieu !... j'avais tout oublié !... midi... il est temps encore... Georges !... Georges... donnez-moi tout ce qu'il me faut pour m'habiller...

En retrouvant sa mémoire, en se rappelant ce qu'il doit faire, il semble que M. Guerreville ait retrouvé toute son énergie ; il ne sent plus sa faiblesse, son accablement, et en un moment il a terminé sa toilette. De tels changements sont fréquents chez les gens nerveux, que les peines de l'âme abattent, et que la plus légère espérance suffit pour ranimer.

M. Guerreville est bientôt arrivé à la demeure qu'on lui a indiquée. Plusieurs remises sont arrêtées devant la porte, il y fait peu d'attention, et demande au concierge :

— Madame Dolbert ?

— C'est ici, monsieur.

— Est-elle chez elle ?

— Oh ! certainement, monsieur.

— Et puis-je y monter ?

— Il n'y a pas de doute que monsieur peut monter comme tout le monde. C'est au second.

— Comme tout le monde !... se dit M. Guerreville en montant l'escalier ; qu'est-ce que ce concierge voulait dire par là ?... N'importe... voyons toujours.

Arrivé au second, M. Guerreville entre dans une vaste antichambre, dont la porte est ouverte ; un domestique s'y tient.

— Madame Dolbert ? dit M. Guerreville.

Le valet lui ouvre la porte du salon en lui disant :

— Donnez-vous la peine d'entrer, monsieur.

M. Guerreville pénètre dans un fort beau salon ; il est tout surpris d'y voir une trentaine de personnes rassemblées. Les dames sont parées ; les hommes, quoique la plupart soient en bottes*, ont aussi un certain air de fête ; différents groupes sont formés ; on cause, on se promène dans le salon ; à l'entrée de M. Guerreville, on se contente de le saluer, puis chacun reprend sa conversation.

— Qu'est-ce que tout cela veut dire ?... pense M. Guerreville en promenant ses regards autour de lui ; il se passe ici quelque chose... Serait-ce le mariage ?... on m'a laissé entrer, parce que probablement on m'a cru du nombre des invités... Je crois que j'ai fort mal pris mon temps pour venir parler de la petite Zizine, et que je ferai tout aussi bien de m'en aller.

M. Guerreville se rapprochait déjà de la porte, lorsqu'il aperçoit dans un coin du salon une petite fille habillée avec une élégante simplicité, mais à laquelle personne ne semble faire attention. A son petit air modeste et sérieux, à la pâleur de son visage, dont l'expression est encore plus mélancolique que de coutume, M. Guerreville a sur-le-champ reconnu la fille de Jérôme, et se dirigeant aussitôt vers elle, il va lui prendre la main en lui disant :

— Vous êtes la petite Zizine, n'est-ce pas ?

L'enfant le regarde ; bientôt une vive rougeur vient colorer son visage, ses yeux s'animent et deviennent humides, tandis qu'elle balbutie :

— Ah ! monsieur !... vous êtes le bon monsieur qui m'a donné de l'argent pour mon papa quand il était malade !...

— Vous me reconnaissez, chère enfant !

— Oh ! oui, monsieur, je vous reconnais bien ! je sais même votre nom à présent ; car mon père m'a conté qu'il vous avait rencontré et que vous lui aviez permis d'aller vous voir.

— C'est pour vous que je suis venu ici, ma petite.

— Pour moi !...

— Oui, j'ai vu hier votre père, et il m'avait chargé de parler à madame Dolbert... mais je crois que j'ai mal choisi le moment... Que se passe-t-il donc ici, mon enfant ?...

— Monsieur, c'est ma bonne amie Stéphanie qui va se marier... on va se rendre à la mairie... c'est pour cela qu'il y a tant de monde... Stéphanie est encore auprès de sa mère... on termine sa toilette en ce moment.

— Je vais m'éloigner avant que ces dames viennent, car, en vérité, je ne saurais que leur dire...

— Oh ! restez donc un peu pour voir ma bonne Stéphanie... Elle est si jolie monsieur !...

— Je n'en doute pas, mon enfant, mais je dois m'en aller, car ma présence chez ces dames, qui ne m'ont jamais vu, semblerait trop singulier... Je reviendrai dans quelques jours... Adieu.

M. Guerreville serre la main de la petite fille, qui essaie de le retenir encore ; il va se glisser vers la porte, lorsqu'un grand mouvement se fait dans le salon.

— Ah ! voilà le marié ! voilà le marié ! répète-t-on de toutes parts ; et au même instant Emile Delaberge entre dans le salon.

M. Guerreville, dont les regards étaient tournés vers la porte, est un des premiers à l'apercevoir. Alors une prompte révolution s'opère dans tous ses traits ; alors ses yeux deviennent fixes, ses jambes ne peuvent plus avancer, ses poings se ferment avec contraction, et il articule d'une voix étouffée :

— C'est lui !... c'est Daubray !

Cependant Emile n'a pu voir M. Guerreville, qui est caché par beaucoup de personnes, et il s'avance dans le salon en saluant d'un air aimable, en souriant aux dames, en serrant la main aux hommes, en répondant aux félicitations qu'on lui adresse.

Presque au même instant, Stéphanie et sa grand'mère arrivent par une porte du fond, Emile s'empresse d'aller au-devant de ces dames.

Stéphanie, dont la toilette est du meilleur goût, semble être encore plus jolie ; une extrême pâleur, répandue sur ses traits, donne à sa physionomie une expression, un charme indéfinissable ; elle sourit en levant les yeux sur Emile, qui prend une de ses mains et la porte à ses lèvres.

— Nous sommes en retard, dit madame Dolbert, mais je voulais que ma Stéphanie fût jolie ; et un jour de mariage, il est bien permis d'avoir un peu de coquetterie. Si vous m'en croyez, messieurs et mesdames, nous partirons tout de suite.

Chacun approuve cette proposition ; un mouvement général s'opère dans le salon. Emile a présenté sa main à Stéphanie ; il se dispose à l'emmener, et tout le monde à les suivre. Mais un homme s'est placé devant la porte du salon, au lieu de se ranger et de faire, comme les autres, place aux mariés, cet homme reste immobile et leur barre le passage ; puis mettant son bras devant Emile, sur lequel il fixe ses regards foudroyants, il s'écrie d'une voix tonnante :

— Où donc allez-vous, monsieur ?

Cette interpellation et le ton dont elle est faite produisent une vive sensation sur toute l'assemblée ; tout le monde s'arrête, on regarde alternativement M. Guerreville et le marié ; ce dernier, qui d'abord n'a paru que surpris, est devenu pâle et tremblant en considérant plus attentivement les traits de la personne qui lui barre le passage.

Stéphanie, émue, inquiète, regarde celui qui va être son époux, et semble s'étonner de ce qu'il n'ait point encore repoussé cet homme qui a l'air de vouloir s'opposer à leur sortie. Emile a bientôt rappelé ses esprits, et essayant de sourire, il s'écrie :

— Voilà une plaisanterie que je ne comprends guère : allons, monsieur, ne nous arrêtez pas davantage.

— Misérable ! s'écrie M. Guerreville en saisissant Emile par le bras, tu feins de méconnaître la voix d'un père qui vient te redemander son enfant... Madame, cet homme ne saurait être l'époux de votre fille... Vous voulez sans doute assurer le bonheur de votre Stéphanie.. celui auquel vous alliez la marier est un monstre, un lâche suborneur... Sous le nom de Daubray, il s'est introduit chez moi, il m'a enlevé ma fille... mon unique enfant... en lui faisant croire que je lui refusais sa main... Qu'as-tu fait de ma fille, infâme ? réponds.... réponds.

Ces paroles causent une soudaine révolution dans l'assemblée. Stéphanie a senti un frisson glacial parcourir tout son être, puis ses yeux se ferment, et elle tombe sans connaissance dans les bras de quelques dames qui l'entouraient. On la porte sur un divan ; Zizine, madame Dolbert courent à elle : chacun veut lui donner des soins ; mais en même temps on regarde l'étranger, dont les traits et toute la personne inspirent le respect, et on attend avec anxiété ce que le marié va lui répondre.

Après avoir en vain cherché à dégager son bras, Emile s'écrie en se tournant vers la société :

— En vérité, je suis désolé de ce qui arrive... mais je n'y puis que faire... Ce monsieur est fou, assurément, car voilà la première fois que je le vois, et je ne sais ce qu'il veut dire avec sa fille.

— Misérable !... il ne manquait plus que de joindre l'insulte à l'outrage ! s'écrie M. Guerreville, que le sang-froid d'Emile exaspère davantage. Ah ! tu ne veux pas me reconnaître... eh bien, peut-être trouveral-je le moyen de t'y forcer...

Au même instant, la main de M. Guerreville va frapper sur la joue d'Emile.

Un cri général s'élève dans le salon, quelques jeunes gens veulent se jeter sur M. Guerreville et le mettre dehors ; mais son regard imposant les arrête, tandis qu'Emile pâle, immobile, après le soufflet qu'il vient de recevoir, se contente de rouler sur M. Guerreville des yeux qui ont de l'expression du tigre tout en murmurant :

— Ah ! vous voulez donc que je vous tue ?...

— Oui, après m'avoir ravi mon enfant, ôte-moi la vie... ou donne-moi la tienne... Tout ton sang ne sera pas de trop pour laver ton crime...

— Eh bien... monsieur... demain matin...

— Non, non, aujourd'hui, dans une heure... à la porte de Saint-Mandé...

— Aujourd'hui soit...

— Je vais chercher mon témoin, et je t'attends... Mais n'essaie pas de m'échapper, je sais ton nom maintenant ; je sais que tu te nommes Delaberge, et je saurais te retrouver...

— Dans une heure... je serai au rendez-vous.

M. Guerreville n'en a pas entendu davantage ; il s'éloigne sans que personne cherche à le retenir ; il quitte cette maison où il vient de porter le trouble et l'épouvante ; il revient à la hâte chez lui, brûlant du désir de se venger, mais encore bouleversé par tout ce qu'il a éprouvé en retrouvant le séducteur de sa fille.

Jenneval était chez son ami, où il attendait son retour. En apercevant M. Guerreville, il devine qu'un grand événement vient de lui arriver ; il court à lui.

— Qu'y a-t-il ?... que s'est-il passé ?...

— Ah ! mon ami... je l'ai retrouvé ! je l'ai revu enfin... ce monstre... ce Daubray... c'était Emile Delaberge... celui qui allait épouser mademoiselle Dolbert.

— Se pourrait-il !...

— C'était aujourd'hui même le mariage... il allait conduire la jeune fille à l'autel... A l'aspect de cet homme... ah ! je n'ai pas été maître de moi... je l'ai arrêté... je lui ai demandé ce qu'il avait fait de ma fille... Le lâche, il a feint de ne pas me connaître... Alors dans ma fureur...

— Vous l'avez frappé ?...

— Oui... Ah ! c'est le premier instant de bonheur que j'aie éprouvé depuis bien longtemps...

— Mais, mon ami, était-ce donc là le moyen de lui faire dire ce qu'il a fait de votre fille ?...

— Ah !... j'ai eu tort peut-être... mais pouvais-je être maître de moi... maîtriser ma fureur devant cet infâme qui prétendait que j'étais en démence... Oh ! mais nous allons nous battre... sur-le-champ.. à Saint-Mandé... Docteur, vous serez mon témoin...

— Oui... oui, sans doute... Mais ce combat .. Si vous tuez cet homme, qui vous dira ce qu'est devenue votre fille Pauline ?...

— Croyez-vous donc qu'au moment de mourir, un sentiment de remords ne parlera pas à son âme ?... Enfin, docteur, le combat est inévitable... Peut-être aurais-je dû m'y prendre autrement... user d'adresse pour le forcer à parler ; mais quand je l'ai vu entrer dans ce salon... quand j'ai vu sa main s'emparer de celle de cette femme qu'il allait conduire à l'autel.. alors... voyez-vous... je ne sais ce qui s'est passé en moi... Cet Emile est un misérable... et devant tout l'univers j'aurais voulu lui reprocher son crime... Mon ami, à ma place, je suis certain que vous vous seriez conduit comme moi...

— C'est possible. Maintenant ne songeons qu'à votre combat.... Quelles armes prenez-vous ?...

— Des épées et des pistolets, il choisira... Georges, Georges, fais avancer une voiture, nous n'avons pas de temps à perdre.

— Et il montera derrière, sa présence peut nous être nécessaire.

Jenneval fait tous les préparatifs pour le combat. M. Guerreville n'est pas de force à s'occuper de rien, il ne peut que marcher à grands pas dans la chambre en regardant tour à tour sa montre et la pendule, et en répétant :

— Dépêchons, dépêchons !... le temps presse.

Enfin, les préparatifs sont terminés. M. Guerreville descend précipitamment son escalier. Une voiture attend dans la rue ; il s'y place avec le docteur, qui tient les armes... Georges monte derrière, et le cocher part pour Saint-Mandé.

Jenneval semblait soucieux et gardait le silence près de son ami. Celui-ci lui prend la main en lui disant :

— Mon ami, est-ce que vous ne partagez pas mon bonheur ? J'ai retrouvé l'infâme qui m'a enlevé ma fille... Je vais me battre avec lui, le punir, me venger !... Ah ! ne comprenez-vous pas ma joie ?...

— Je comprends parfaitement que vous soyez satisfait de vous battre avec celui qui vous a outragé, mais je crains que cela n'amène pas le résultat que vous espérez. Si vous tuez cet homme, vous ne saurez pas ce qu'il a fait de votre fille... si c'est lui qui triomphe...

— Alors, mon ami, j'irai rejoindre ma Pauline, car ma fille n'existe plus ; je n'en saurais douter... sans quoi il y a longtemps qu'elle serait revenue cacher sa honte dans le sein de son père. D'ailleurs, si c'est une justice céleste, pensez-vous donc que dans ce duel c'est moi qui doive succomber ?...

— Oui, mais la justice céleste ressemble quelquefois à la justice des hommes ; on ne comprend pas toujours ses arrêts.

M. Guerreville se contente de serrer la main de son ami, et l'on continue d'avancer.

La voiture arrive à la porte de Saint-Mandé ; on fait arrêter. Les deux amis descendent et entrent dans le bois. Georges a ordre de ne les suivre que de loin.

Les regards de M. Guerreville plongent de tous côtés sous les arbres et y cherchent son adversaire. Emile Delaberge n'était pas encore arrivé.

— Le lâche... il se fait attendre !... il veut m'insulter jusqu'à la fin ! dit M. Guerreville en marchant avec impatience sous les arbres.

— Du calme, mon ami, tâchez de vous modérer... on se bat moins bien lorsqu'on est ainsi agité...

— Ah ! Jenneval, il y a si longtemps que j'aspire après ce moment !... Les instants me semblent des siècles !

Enfin, au bout de cinq minutes, Emile Delaberge arrive avec deux jeunes gens qui faisaient partie des personnes réunies le matin chez madame Dolbert.

— Le voilà !... le voilà !... s'écrie M. Guerreville. Ah ! je respire... je craignais qu'il ne vînt pas !

Les trois jeunes gens s'avancent. Emile a l'air froid, impassible ; on se dirige vers un endroit solitaire du bois. Bientôt M. Guerreville s'arrête en disant :

— Nous sommes bien ici.

— J'ai apporté des pistolets, dit Emile. Du reste, si vous préférez l'épée, cela m'est absolument indifférent.

— Eh bien ! oui, l'épée, dit M. Guerreville, on se voit de plus près.

Jenneval présente aux combattants les deux épées qu'il tenait sous sa redingote ; chacun d'eux, après s'être dépouillé de son habit et de son gilet, en prend une sans même examiner l'autre.

— Monsieur, s'écrie M. Guerreville en se mettant en garde, je me bats pour ma fille, que vous avez enlevée... L'un de nous peut trouver la mort dans ce combat... Avant de croiser nos armes, je ne vous demande que de me dire ce que vous avez fait de mon enfant.

— Monsieur, répond Delaberge d'un air impertinent, je vous ai déjà dit que je ne vous connaissais ni vous, ni votre fille... Je n'ai rien compris à la scène que vous êtes venu me faire chez madame Dolbert, et ces messieurs sont témoins que je ne me bats que pour le soufflet que vous m'avez donné.

— Misérable ! dit M. Guerreville. Voyons donc si tu nieras toujours...

Au même instant les fers se croisent, les combattants s'attaquent avec vivacité ; mais chez M. Guerreville il y a plus de fureur, plus d'emportement que de prudence, tandis qu'Emile, très-habile à manier l'épée, ne s'attache d'abord qu'à parer les coups de son adversaire et à le fatiguer.

Le combat durait depuis longtemps avec un égal avantage des deux côtés, lorsque M. Guerreville, en voulant se fendre sur son ennemi, reçoit lui-même un coup d'épée qui lui traverse une partie du corps.

Il pâlit, il chancelle, il voudrait encore se battre, mais son épée s'échappe de ses mains.

— Des pistolets ! murmure M. Guerreville en tombant sur le gazon, qu'on nous donne des pistolets !...

— Vous ne seriez plus en état de tirer, monsieur, dit Emile en jetant son épée à terre. Moi, j'ai lavé mon affront... je n'ai plus rien à faire ici... je vais vous envoyer la voiture et le domestique qui attend là-bas ; partons, messieurs, je puis aller me marier à présent.

En achevant ces mots, Delaberge prend le bras d'un de ses témoins, et les trois jeunes gens s'éloignent à grands pas.

Jenneval était à genoux près de son ami, il le soutenait et lui donnait les premiers secours. M. Guerreville venait de perdre connaissance en murmurant encore :

— Des pistolets... donnez-nous des pistolets...

Georges accourt bientôt ; en voyant son maître blessé et couché sur le gazon, le fidèle serviteur pousse un cri de désespoir et demande au docteur si son maître doit en mourir.

— Hélas ! dit Jenneval, la blessure me semble bien profonde, bien dangereuse... je ne puis encore répondre de rien. Pauvre Guerreville !... blessé, vaincu... quand il se battait pour sa fille... pour venger son honneur... et le misérable qui l'a outragé sort vainqueur de ce combat !... Ah ! j'avais bien raison de le dire... La justice céleste ressemble quelquefois à la justice des hommes.

Le docteur et Georges prennent M. Guerreville sur leurs bras et le portent dans la voiture. Jenneval s'y place près de son ami, et le cocher revient aussi doucement que possible à Paris.

Jenneval se tient au chevet du lit de M. Guerreville ; il ne le quittera pas une minute tant qu'il le croira en danger, et s'il ne peut le sauver, du moins, il sera là pour entendre ses dernières paroles et pour lui fermer les yeux.

Le soir, sur les huit heures, quelqu'un se présente chez le blessé : c'est Jérôme qui venait savoir le résultat de la démarche que M. Guerreville devait faire près de madame Dolbert.

Le docteur montre au porteur d'eau M. Guerreville, qui est encore sans connaissance sur son lit, et lui dit :

— Voilà la suite de sa visite chez madame Dolbert... Dans cet Emile Delaberge, qui allait épouser la jeune Stéphanie, mon ami a reconnu un homme qui l'avait indignement outragé... un misérable qu'il cherchait depuis longtemps, il l'a provoqué... ils se sont battus, et celui qui avait tort a triomphé... Cela arrive souvent.

— O mon Dieu ! murmure l'Auvergnat. Blessé... à mort peut-être... et c'est moi qui serai cause de ça...

— Vous !... oh ! ne vous faites pas de reproches, Jérôme ; mon pauvre ami vous a béni, au contraire, de ce que vous lui faisiez retrouver cet homme qu'il cherchait depuis si longtemps.

— Et cette blessure... oh ! monsieur, est-ce qu'il serait possible qu'il en mourût ?

— Je crains beaucoup encore... Mais si je puis le sauver, sa convalescence sera bien longue.

— Un si brave homme !... et le gredin qui lui a fait cette blessure n'a rien reçu, lui... oh ! morguienne ! ça n'est pas juste, ça... Monsieur Guerreville, mon bienfaiteur... un homme si bon, si généreux !... Adieu, monsieur le docteur, adieu, je viendrai tous les jours savoir de ses nouvelles.

Et Jérôme s'éloigne en murmurant entre ses dents :

— Oh !... c'est égal... c'est moi qui suis cause qu'il s'est battu, ce brave homme !... et... ça ne se passera pas comme ça.

CHAPITRE XX. — L'Ange tutélaire.

Le porteur d'eau est rentré chez lui en pensant à ce qu'il pourrait faire pour venger son bienfaiteur ; car M. Guerreville a rendu Jérôme à la santé, au travail, à la vie peut-être, et il y a des gens qui n'oublient pas le bien qu'on leur fait.

L'Auvergnat est révolté de penser que celui qui jadis a outragé M. Guerreville vient encore de lui donner un coup d'épée qui peut causer sa mort ; il passe la nuit sans goûter un moment de sommeil, et s'écrie à chaque instant :

— Il faut que je rétablisse les choses dans leur état naturel ; le coquin triomphe, et l'honnête homme est vaincu... Je sais bien que dans le monde on trouve ça tout simple... mais moi je n'entends pas la justice comme ça !... Ce M. Emile Delaberge est un misérable, à ce qu'a dit le docteur, qui est l'ami fidèle de M. Guerreville... D'abord, puisque c'est un misérable, je ne lui laisserai pas ma Zizine auprès de lui... et s'il épouse mademoiselle Dolbert, je reprends ma chère petite... Pauvre enfant ! c'est son bonheur que je veux... c'est dans l'espérance qu'elle deviendra plus heureuse que je me suis séparé d'elle... mais la laisser avec celui qui vient peut-être de tuer mon bienfaiteur... oh ! ça ne se peut pas... D'ailleurs, je lui dirai deux mots, à ce M. Delaberge... puisqu'il m'a blessé, aussi, j'ai envie de régler mon compte... Je ne sais pas quel genre d'outrage il a fait jadis à M. Guerreville... mais je n'ai pas besoin de le savoir pour le venger.

Dès le point du jour, Jérôme se lève, et va d'abord s'informer de l'état du blessé. La position du malade était toujours la même ; le docteur avait pratiqué de nombreuses saignées. Mais M. Guerreville était dans un état de faiblesse telle qu'on craignait qu'il n'y succombât. Jérôme s'éloigne après avoir appris cela ; il se dirige vers la demeure de madame Dolbert.

Mais il est encore trop matin pour que l'Auvergnat puisse se présenter chez ces dames, il se promène sur les boulevards en attendant leur réveil. Jérôme examine toutes les personnes qui entrent dans la maison de madame Dolbert, il ne connaît pas Emile Delaberge, mais il se figure cependant qu'il ne se tromperait pas s'il passait devant lui.

Enfin neuf heures ont sonné ; Jérôme se décide à se présenter chez madame Dolbert. Il entre dans la maison, s'approche du concierge en le saluant :

— Est-ce qu'on peut monter chez madame Dolbert ?

— Chez madame Dolbert ?... vous monteriez pour rien. Ces dames sont parties depuis hier...

— Parties ?... comment ?... qu'est-ce que vous me dites là ?... parties ?...

— Eh ! sans doute, pour leur campagne.

— Leur campagne !... Et ma Zinzinette... qu'est-ce qu'on en a donc fait ?...

— Qu'est-ce que c'est que cela... Zinzinette ?...

— Eh, morbleu ! ma petite... qui demeure chez ces dames... que mademoiselle Stéphanie aimait tant...

— Ah ! oui... je sais... une petite fille... elle est partie avec ces dames, puisque je vous dis qu'on est à la campagne.

— Mais je n'y comprends rien... hier... mademoiselle Stéphanie ne devait-elle pas se marier ?

— Ah ! sans doute... mais c'est que depuis hier il est arrivé bien des événements !.... un monsieur qui a cherché querelle au marié... une scène terrible... Mademoiselle Stéphanie s'est trouvée mal... grand'mère pleurait... il y a eu un soufflet et un duel... oh ! il paraît que c'était chaud.

— En sorte que le mariage ne s'est pas fait ?...

— Non, il s'est remis... reculé... enfin, ces dames sont parties pour leur campagne...

— Et où est-ce cette campagne.... de quel côté ?

— Pas bien loin... à Beaumont... au-dessus de Saint-Denis, de Montmorency... par là.

— C'est bon, c'est bon ; oh ! je trouverai.

Jérôme s'éloigne en se disant : Bon ! le mariage est reculé... mais cela ne suffit pas... il faut d'ailleurs que je voie ma Zizine, que je sache si cela lui plaît d'être à cette campagne... Je vas retourner savoir comment se porte M. Guerreville, et puis demain matin j'irai à Beaumont.

Avant de suivre le porteur d'eau, qui semble avoir déjà un plan de conduite arrêté, retournons chez madame Dalbert, et sachons ce qui s'y est passé depuis l'événement inattendu qui est venu arrêter la cérémonie du mariage de Stéphanie.

Après la sortie de M. Guerreville, tout le monde s'était empressé autour de madame Dolbert et de la belle fiancée. Stéphanie avait perdu connaissance ; la bonne maman versait des larmes en baisant le front de sa petite-fille ; Emile ne cessait de répéter à tout le monde : Je ne connais pas cet homme... je ne sais pas ce qu'il veut dire... c'est un fou... mais je vais laver dans son sang l'affront qu'il m'a fait.

Et, après avoir plusieurs fois répété cela, il avait choisi deux témoins parmi les personnes de la société, et était sorti pour se battre.

La confusion, l'inquiétude, et, au milieu de tout cela, la curiosité, régnaient dans toute la société ; on se formait en groupes ; on se parlait tout bas, et ceux qui devant Emile Delaberge avaient eu l'air de croire qu'il ne connaissait pas M. Guerreville, se disaient à demi-voix : C'est pourtant fort singulier... cet étranger avait l'air fort respectable, et il paraissait bien sûr de ce qu'il avançait.

Madame Armand, l'ancienne gouvernante de Pauline.

Enfin Stéphanie rouvrit les yeux ; son premier mouvement fut d'embrasser sa mère, puis elle lui dit tout bas :

— Renvoie tout le monde... Après ce qui s'est passé je ne puis pas... je ne veux pas me marier aujourd'hui... oh ! je t'en prie, renvoie tout le monde ; je voudrais être seule pour pleurer à mon aise.

Madame Dolbert s'était empressée de satisfaire aux désirs de sa petite-fille ; elle avait fait comprendre qu'après ce qui venait d'arriver, le mariage était nécessairement reculé : car Emile était allé se battre, et, dans le cas même où il serait vainqueur, on ne doit pas songer aux plaisirs et à l'amour quand on vient de verser le sang de son semblable.

La société avait compris les raisons de madame Dolbert, et chacun s'était retiré en se promettant d'aller s'informer chez Emile Delaberge des suites de son duel avec l'étranger.

Restées seules, ces dames se livraient à leurs conjectures. La bonne maman n'osait dire à sa fille toutes les craintes, tous les soupçons qui s'élevaient dans son esprit ; elle commençait à trembler que sa Stéphanie ne fût malheureuse en épousant Emile.

De son côté, Stéphanie ne pouvait se défendre d'une secrète terreur ; elle avait examiné celui qui allait devenir son époux au moment où l'étranger l'avait appelé *Daubray* : alors les traits d'Emile s'étaient contractés, et leur expression avait porté l'effroi dans le cœur de la jeune fille.

Cependant l'amour parlait encore pour Emile, et l'inquiétude ajoutait aux tourments de Stéphanie ; car on n'avait pu lui cacher que son prétendu était allé se battre avec l'homme qui l'avait si grièvement insulté.

La jeune fille et son aïeule comptaient les minutes, les instants ; elles n'osaient pas s'interroger, elles craignaient de se communiquer leurs pensées, lorsque enfin un valet se présenta ; il apportait une lettre d'Emile ; elle était adressée à madame Dolbert, et ne contenait que ces mots :

— Madame, je viens de châtier l'insolent qui m'avait insulté ; il ne sera pas de longtemps en état de recommencer ses folies. Quant à moi, je n'ai pas même une égratignure. Veuillez rassurer ma chère Stéphanie ; je sens qu'il serait inconvenant de me présenter devant elle en sortant de me battre ; mais demain j'aurai l'honneur d'aller vous voir, et j'espère que mon bonheur n'est pas différé pour longtemps.

— Il est vainqueur ! s'écrie Stéphanie avec un mouvement de joie.

— Et il paraît que cet inconnu est grièvement blessé, dit madame Dolbert en poussant un léger soupir.

— Oh ! maman, ne vaut-il pas mieux que ce soit Emile qui triomphe ? car enfin, puisqu'il n'avait jamais vu cet homme... qui est venu l'insulter sans motif...

La bonne maman se taisait et semblait attristée. En ce moment, on entend quelques sanglots étouffés qui partent du fond de l'appartement ; on se retourne et l'on aperçoit Zizine, la pauvre petite, que l'on avait entièrement oubliée au milieu de tout ce désordre, mais qui n'avait pas perdu de vue sa jeune protectrice, qui s'était toujours tenue à quelques pas d'elle, et qui, maintenant rassurée sur la santé de Stéphanie, attendait dans un coin le moment où elle pourrait aller l'embrasser.

— Zizine... ma chère Zizine ! dit Stéphanie en courant vers la petite, mon Dieu !... dans mon chagrin je t'avais oubliée... Mais qu'as-tu donc, pourquoi pleures-tu maintenant ?... tu vois bien que je suis mieux, moi.

— Oh ! oui, dit la petite en s'efforçant de retenir ses sanglots, mais c'est que je suis fâchée... que M. Guerreville soit blessé...

— Comment !... que dis-tu ?... quel est ce M. Guerreville ?...

— C'est ce monsieur... qui s'est battu... avec M. Emile... Je n'aurais pas voulu que... ni l'un ni l'autre se fissent du mal...

— Et quoi ! Zizine... tu sais le nom de cet étranger ?...

— Oh ! oui, car je le connais bien, moi, cet étranger... je n'ai pas encore osé vous le dire... je craignais...

— Oh ! parle, parle... dis-nous ce que tu sais... dis-nous bien tout !

Le Café des Comédiens. — M. Gros-Amour.

La grand'maman et sa petite-fille placent Zizine entre elles deux, et attendent avec impatience que l'enfant s'explique ; la petite se hâte de les satisfaire :

— Ce monsieur que vous avez vu a été le sauveur de mon père... Lorsque j'étais encore avec lui rue Montmartre, dans un petit grenier, mon pauvre père était depuis longtemps malade, il ne pouvait plus travailler et nous étions bien malheureux. Eh bien, un jour ce monsieur est venu... je crois qu'il cherchait des logements... Il m'a vue passer... il est monté dans notre grenier... et puis il a consolé mon père, et en sortant il m'a fait signe de le suivre, et m'a mis tout plein d'argent dans mon tablier en me disant : Tiens, petite, porte cela à ton père, qu'il se guérisse et ne se chagrine plus... Oh ! madame, quand on est si bon, quand on aime tant à faire du bien, est-ce qu'il est possible qu'on soit fou ?

Madame Dolbert et Stéphanie semblent vivement émues, et toutes deux disent à la petite :
— Continue, que sais-tu encore ?
— Dame... mon père aurait bien voulu remercier son bienfaiteur, mais il ne savait ni son nom, ni son adresse. Vers cette époque, vous eûtes la bonté de m'aimer... et je vins demeurer avec vous... Mais un jour enfin, mon père rencontra ce monsieur dans la rue ; il le remercia bien, comme vous pensez !... C'est alors que ce monsieur dit à mon père son nom et son adresse en l'engageant à aller le voir, et mon père m'a conté tout cela... le soir où il me rencontra en cabriolet... quand j'allais le voir croyant qu'il était malade.... Enfin, aujourd'hui, si M. Guerreville s'est trouvé ici... oh ! j'en suis bien fâchée... mais c'est pour moi... qu'il était venu.
— Pour toi ?
— Oui, ma bonne amie. M. Guerreville avait vu hier mon père qui l'avait chargé de parler à vous, madame ; quand M. Guerreville s'est vu dans le salon avec tant de monde, il a été tout surpris, et il m'a dit : Je voulais voir madame Dolbert, mais puisqu'on se marie ici, j'ai mal choisi mon temps... et je reviendrai. Puis, en disant cela, il m'a serré la main, et il s'éloignait... lorsque... lorsque M. Emile est entré dans le salon... et... et... vous savez alors tout ce qui s'est passé.

Le récit naïf de Zizine ne permet pas de douter qu'elle ne dise la vérité. Maintenant, comment croire que M. Guerreville déraisonne, ou que ce soit de sa part un plan combiné pour nuire à Emile ; on se rappelle l'air respectable, la tournure noble de M. Guerreville, et l'on se dit : S'il n'en a point imposé... Emile est donc un misérable qui lui a ravi sa fille, et qui, plutôt que d'avouer son crime, vient encore de lui donner un coup d'épée.

Ces réflexions, Stéphanie et sa mère les faisaient en silence, mais déjà leurs regards se comprenaient ; enfin, madame Dolbert s'écrie :
— Ma Stéphanie, après tout ce qui s'est passé ici ce matin... après l'éclat fâcheux de cette affaire... ne penses-tu pas que nous ferions bien de quitter Paris et d'aller passer quelque temps à ma campagne ?
— Oh ! oui, ma bonne mère... mais Zizine viendra avec nous ?...
— Cela va sans dire...
— Le veux-tu, Zizine ?
L'enfant hésitait, en balbutiant :
— Mais mon père...
— Ton père !... crois-tu qu'il te dirait de me quitter lorsque j'ai du chagrin... lorsque je suis malheureuse ?...
— Oh ! non, non... vous avez raison... je ne vous quitterai pas... dit Zizine en sautant au cou de Stéphanie.
Et, le soir même, madame Dolbert, sa petite-fille et Zizine, partaient pour la maison de campagne de Beaumont.

En se présentant le lendemain matin chez celle qu'il avait dû épouser la veille, Emile Delaberge est fort étonné d'apprendre que ces dames sont parties pour leur maison de campagne. Mais, sans perdre de temps, sans s'arrêter à de vagues conjectures, Emile remonte dans son cabriolet, fouette son cheval et part sur-le-champ pour Beaumont.

— En moins de deux heures le fringant coursier avait franchi la distance, et bientôt M. Delaberge mettait pied à terre et entrait dans la maison de madame Dolbert.
Stéphanie est dans le salon près de sa grand'mère, lorsque Emile se présente brusquement en s'écriant :
Eh ! mon Dieu, mesdames, pourquoi donc ce départ précipité ? on croirait que vous avez fui de Paris... Eh quoi ! sans me prévenir, sans daigner m'avertir !... il me semble que ce qui s'est passé ne peut en rien vous causer d'alarmes... et la manière dont tout s'est terminé devrait vous rassurer entièrement.

Pendant qu'Emile parlait, madame Dolbert le regardait attentivement, elle aurait voulu pouvoir lire dans le fond du cœur de cet homme auquel elle craint maintenant de confier l'avenir de sa fille. Stéphanie, au contraire, tenait ses regards fixés vers la terre, et semblait éviter de rencontrer ceux de son prétendu.
La froideur, l'embarras de ces dames n'échappent point à Emile, qui se jette sur un siége, en disant :
— Mais qu'avez-vous donc... ma chère Stéphanie ? est-ce ainsi que vous recevez votre époux ?... car j'allais l'être lorsqu'un événement inexplicable est venu retarder mon bonheur...
— Pardonnez-moi, dit Stéphanie, mais je suis encore si troublée... si étonnée de tout ce qui est arrivé !...
— Je le conçois... mais ce n'est pas une raison pour éviter mes regards... Chère Stéphanie, oublions tout cela... c'est un songe... un nuage qui est venu un moment troubler une journée de fête... mais il est passé... et parce qu'un homme... que je ne connais pas... qui est fou... ou qui me prend pour un autre, vient me faire une scène absurde... il me semble que cela ne doit en rien changer vos sentiments pour moi. Je suis certain que votre respectable mère a été la première à vous en dire autant...
— Moi, dit la bonne maman, je vous avoue, monsieur Delaberge, que je ne puis encore m'expliquer cette scène.... Comment ! vous n'aviez jamais vu... vous ne connaissiez pas cet homme qui... prétend que vous avez enlevé sa fille ?...
— Il m'est entièrement inconnu.... Probablement une grande ressemblance l'a trompé... cela se voit souvent... Vous avez bien entendu qu'il me nommait Daubray... Est-ce que je me suis jamais appelé Daubray ?
— Du moins nous ne vous avons jamais connu sous ce nom-là... Cet homme avait pourtant l'air respectable...
— Respectable ! un homme qui vient comme un fou... un extravagant, porter le trouble dans une maison... se livrer aux dernières violences... Ah ! madame... est-ce donc ainsi que l'on vient demander raison d'une offense !... alors même qu'on est outragé... Mais, je vous le répète, et je pense que ma parole vous suffit, je ne connais pas... je n'avais jamais vu ce monsieur qui m'a barré le passage au moment où j'allais conduire votre fille à l'autel.
— Eh bien, monsieur, nous ne savons plus que vous alors, car nous connaissons cet... étranger... qui n'en est plus un pour nous, nous savons qu'il se nomme Guerreville.

En entendant prononcer ce nom par madame Dolbert, une pâleur livide couvre le visage d'Emile, il veut en vain maîtriser l'émotion qu'il éprouve, il essaie même de sourire ; mais alors l'expression de sa figure a quelque chose de si faux, que Stéphanie détourne bien vite ses regards, et devient toute tremblante, car dans cet homme qui est devant elle elle ne reconnaît plus celui qui a su toucher son cœur.
— Ah !... vous savez que cet homme... ce monsieur s'appelle Guerreville ? dit Emile en affectant un air calme ; et comment donc savez-vous cela ?
— C'est un hasard bien singulier... Zizine connaît ce monsieur...
— Zizine !... Ah !... c'est par elle.
Emile se retourne et lance un regard foudroyant vers la petite, qui est à quelques pas de lui.
— Ce monsieur Guerreville, reprend madame Dolbert, a été le bienfaiteur de Jérôme... le père de Zizine. La petite a su son nom

Prenant deux énormes bâtons qu'il avait laissés derrière la haie, Jérôme les présente à Emile en lui disant : — Choisissez !

par son père, auquel ce monsieur l'avait dit en lui donnant son adresse. Enfin, c'était de la part de Jérôme, et pour nous parler au sujet de Zizine, que ce monsieur était venu ici... Vous voyez qu'il n'avait nullement prémédité la scène qu'il vous a faite...

— Ah!... c'est fort singulier... Je vous le répète, il faut qu'une ressemblance malheureuse l'ait abusé. Mais c'est assez nous occuper de cet homme... et de cette affaire qui est terminée. Permettez-moi, madame, de vous rappeler que j'allais m'unir à votre fille quand cet événement est arrivé... Songez que mon amour pour Stéphanie a déjà bien assez souffert par ce retard... et veuillez me dire, madame, quel jour nous prenons pour célébrer notre hymen... Si vous préférez que notre mariage se fasse à la campagne, j'y consens... mais que Stéphanie soit ma femme enfin... et il me semble que demain... ou dans deux jours au plus tard...

— Oh! monsieur... vous nous laisserez bien quelque temps pour nous remettre... et, après tout ce que ma Stéphanie a souffert... permettez que nous attendions quelques semaines pour songer à ce mariage.

— Quelques semaines!... s'écrie Emile en se levant d'un air irrité, et pourquoi donc ce retard à mon bonheur?... Songez, madame, que je pourrais m'en offenser... Vous sembleriez ajouter foi aux calomnies absurdes que l'on a débitées sur mon compte... En vérité, il est bien extraordinaire que l'on ajoute plus de foi aux récits... d'une enfant... qu'à la parole d'un homme tel que moi... Parce que la fille d'un porteur d'eau vous a dit que celui qui m'a insulté avait jadis donné quelques écus à son père... il semble que ce monsieur... Guerreville soit devenu un personnage fort respectable!... et que l'on doive craindre de l'offenser... Madame, telle ne saurait être vraiment votre pensée... vous ne devez point me punir des folies d'un autre. Je me suis conduit en homme d'honneur, j'ai vaincu celui qui m'avait insulté... Maintenant je viens réclamer la main de Stéphanie... elle m'est promise... Je ne pense pas, madame, que vous ayez l'intention de manquer à la parole que vous m'avez donnée.

— Monsieur Delaberge, dit madame Dolbert, vous ne sauriez vous formaliser des craintes, de l'extrême prudence d'une grand'maman. Le bonheur de ma Stéphanie n'est point une chose que je veuille légèrement compromettre... S'il en était autrement, la personne avec qui vous vous êtes battu guérira, je l'espère... Alors il faudra bien qu'elle s'explique... sans doute elle reconnaîtra qu'elle s'était trompée en vous accusant... et rien ne s'opposera plus à votre union avec ma fille.

— Il suffit, madame, répond Emile en s'efforçant de cacher sa colère, je vois que j'essaierais en vain de rien changer à votre résolution... Je m'éloigne... j'attendrai que des réflexions plus sages aient dissipé vos soupçons... et que vous m'ayez rendu la justice qui m'est due... Je reviendrai... dans quelques jours... alors j'espère que l'impression produite par cette aventure sera dissipée... et que vous m'écouterez plus favorablement.

En achevant ces mots, Emile fait un profond salut à Stéphanie et à sa grand'mère, puis il quitte le salon en affectant un air triste, mais résigné. Sorti de la maison, ce n'est plus le même homme, il froisse, il déchire son chapeau entre ses mains et se jette dans son cabriolet en murmurant :

— C'est encore à cette petite fille que je dois l'accueil que l'on vient de me faire... par tout ce qu'elle a dit sur M. Guerreville, elle a changé les dispositions de ces dames... Ah! cette enfant sera donc toujours placée devant moi pour m'empêcher d'atteindre le but que je me propose!... Il semble que ce soit mon mauvais génie!... On veut attendre que M. Guerreville soit guéri pour lui demander des explications... Mais on attendra en vain, je l'espère... il ne doit pas guérir du coup dont je l'ai frappé.

— Il s'en est allé fâché!... dit Stéphanie en se jetant dans les bras de sa mère après le départ d'Emile.

— Ma chère enfant, s'il n'a rien à se reprocher, sois certaine qu'il me pardonnera d'avoir reculé votre mariage... s'il en était autrement... oh! alors, chère Stéphanie, n'aurais-je pas eu bien raison de ne point te le donner pour époux?

Stéphanie n'ose plus plaider la cause d'Emile; elle a trouvé dans ses yeux une expression qu'elle ne peut définir et qui l'a effrayée. Elle se contente de soupirer et d'embrasser Zizine en la pressant contre son cœur.

La petite fille est bien fâchée d'être la cause de tout ce qui est arrivé :

— Tu ne m'aimeras plus, dit-elle à Stéphanie, car sans moi, M. Guerreville ne serait pas venu chez vous... et il ne se serait pas disputé avec M. Emile.

— Chère petite, dit la bonne maman en embrassant aussi Zizine, loin de t'en vouloir, nous devrons bien te remercier, peut-être... car il est possible que tu aies préservé ma Stéphanie d'un grand malheur. Mais, maintenant, comment avoir des nouvelles de ce M. Guerreville ?

— Par mon père, madame; oh! s'il sait que son bienfaiteur est blessé, je suis bien sûre qu'il n'est pas un jour sans aller le voir.

— Elle a raison, dit Stéphanie; Jérôme pourra nous donner des nouvelles de monsieur... Attendons quelques jours... sans doute il reviendra voir sa fille... S'il ne venait pas, bonne maman, nous enverrions à Paris pour le prier de venir nous parler...

— Oh! oui, ma bonne amie, et mon père accourrait tout de suite, j'en suis sûre.

Deux jours se passent. Jérôme n'était point venu à Beaumont, et le lendemain on avait décidé qu'un domestique irait à Paris prier le porteur d'eau de se rendre à la campagne de madame Dolbert. Mais vers le matin du troisième jour, comme Zizine descendait dans la chambre de Stéphanie, elle aperçoit un homme traversant à grands pas la cour et se dirigeant vers la maison. L'ayant reconnu, elle court au-devant de lui, et avant qu'il ait eu le temps de monter l'escalier, Jérôme pressait l'enfant dans ses bras.

— Ma chère petite, qu'il y a donc longtemps que je ne t'avais embrassée!... dit l'Auvergnat en serrant Zizine contre son cœur. Ah! sapredié... ça me taquinait de te savoir loin de Paris...

— Mon père! mademoiselle Stéphanie avait du chagrin... elle pleurait... est-ce que je ne devais pas aller avec elle?

— Si, mon enfant, si, tu as bien fait.

— Vous savez sans doute tout ce qui s'est passé... entre M. Guerreville et le prétendu de ma bonne amie?

— Oui!... oui! je sais qu'ils se sont battus...

— Mais venez donc, mon père, venez donc, ces dames brûlent d'envie de vous voir, de vous questionner.

Et l'enfant entraîne Jérôme, qui se laisse conduire, dans une pièce où il trouve madame Dolbert et Stéphanie. On accueille fort bien l'Auvergnat, on le force à s'asseoir; puis la bonne maman lui répète tout ce que Zizine leur a dit au sujet de M. Guerreville, et lui demande si c'est bien la vérité.

— Oui, madame, dit Jérôme, ce M. Guerreville est le plus brave homme que je connaisse!... J'avais été le trouver chez lui le soir... la veille de cette maudite affaire... et je lui avais conté... tout bonnement... que si mademoiselle Stéphanie épousait ce beau monsieur qui ne paraissait pas le sujet de ma Zinzinette... je craignais que ma petite ne fût plus aussi heureuse chez vous.

— Ah! Jérôme...

— Pardon, excuse, madame; mais, que voulez-vous, c'était mon idée; si bon donc que c'est pour m'obliger que ce bon monsieur consentit à venir chez vous... Il paraît que la vue de ce M. Delaberge l'a mis en fureur... Ah! dame, je ne sais pas ce que celui-ci lui a fait, on ne me l'a pas conté... mais M. Guerreville assure que c'est un misérable... ça me suffit à moi pour n'en pas douter... M. Guerreville n'est pas capable de dire des mensonges!

— Jérôme, savez-vous que M. Delaberge est un homme honoré, considéré dans le monde,... et...

— Eh bien! qu'est-ce que ça prouve tout ça?... qu'il est riche... qu'il est puissant... c'est possible!... mais pour le reste, on s'en inquiète fort peu. D'ailleurs, dans quelque temps, vous pourrez interroger M. Guerreville lui-même...

— Il se pourrait!... il va donc mieux?...

— Ah! morbleu!... s'il n'allait pas mieux, est-ce que je serais ici, moi!... Mais, grâce au ciel, il est sauvé... Hier au soir son médecin... son ami plutôt, car c'est bien un véritable ami, celui-là! m'en a donné l'assurance en me serrant la main... Oh! alors j'ai dit à ce bon docteur : Je m'en vais, et quand je reviendrai voir M. Guerreville, je veux lui apporter de bonnes nouvelles qui achèvent sa guérison...

— Comment, quelles nouvelles?

— Oh! rien! ça c'est une idée... un projet que j'ai dans la tête!... Enfin je me suis bien vite mis en route pour venir embrasser ma Zizine... Ah! je suis content maintenant!... et je puis retourner à Paris. Mais, croyez-moi, madame, ne mariez pas mademoiselle votre fille avant d'avoir vu M. Guerreville... car vous pourriez faire une chose dont vous vous repentiriez toute votre vie... Excusez si je vous dis ça... c'est l'intérêt que je vous porte qui me fait parler ainsi... et quand vous connaîtrez M. Guerreville... et puis son ami le docteur Jenneval... car je vous les amènerai tous deux, oh! alors, madame, vous verrez que ce sont de braves gens, et qui ne diraient pas de mal d'un homme sans être sûrs de leur fait.

Jérôme salue et s'éloigne; mais arrivé dans la cour, il embrasse encore Zizine, qui le conduit jusqu'à la porte, et là il lui dit à demi-voix :

— Adieu, ma Zizine... adieu, ma chère petite... En disant à mademoiselle Stéphanie tout ce que tu savais, tu l'as préservée d'un grand malheur..... et c'est, je crois, bien heureux pour ces dames que M. Guerreville se soit trouvé là au moment où tout allait se terminer... Oh! mais, comme disait ma pauvre femme, tu es l'ange tutélaire de tout le monde... Tu m'as empêché d'être rôti, tu empêches la bienfaitrice de devenir la femme d'un mauvais sujet, et qui sait tout le bien que tu feras encore?... Au revoir, ma chère enfant!

Et le porteur d'eau s'éloigne à grands pas, mais non sans se retourner souvent pour sourire à la petite fille, qui est restée devant la maison, et n'y rentre que lorsqu'elle ne peut plus apercevoir Jérôme sur la route.

Chapitre XXI. — Tout ce qu'a fait Jérôme.

En arrivant à Paris, le premier soin de Jérôme est de se rendre chez M. Guerreville pour s'informer de son état.

C'est le docteur qui reçoit l'Auvergnat, il lui serre la main cordialement en lui disant :

— Le mieux continue... je sauverai mon ami, j'en réponds à présent.....

— Ah ! monsieur le médecin... quel brave homme vous faites !...

— Mais la convalescence sera fort longue... d'autant plus que mon pauvre ami a au fond du cœur un profond chagrin de n'avoir pu se venger de ce misérable Delaberge... Etre vaincu par celui qui nous a outragé... c'est l'être doublement !... A peine si mon ami a pu parler, et ses premières paroles ont été le serment de recommencer le combat dès qu'il en aurait la force... Mais d'ici là... Je parviendrai peut-être à le calmer...

— Oh ! oui... oui... moi, je conçois que M. Guerreville n'est pas satisfait... mais patience... tout cela changera, j'espère... Cet Emile Delaberge a donc fait bien du mal à M. Guerreville ?...

— Il l'a outragé dans ce qu'il avait de plus cher... c'est lui qui lui a ravi le bonheur, qui l'a condamné à des larmes éternelles... Mon cher Jérôme, mon ami, je n'en doute pas, vous contera toutes ses peines... il n'aura pas de secrets pour vous.

— Oh ! je n'ai pas besoin qu'on m'en dise plus pour être certain que ce M. Delaberge est un misérable...

— Mais, vous pouvez voir M. Guerreville, il ne dort pas en ce moment, et votre présence ne peut que lui faire plaisir...

— Non... non, monsieur le docteur... je vous remercie... je ne veux pas voir M. Guerreville avant de... avant que... enfin, suffit ! j'ai mon idée, voyez-vous... c'est un serment que je me suis fait à moi-même... et je veux me le tenir.

— Je ne vous comprends pas, Jérôme.

— C'est possible, monsieur le docteur, mais vous me comprendrez plus tard. En attendant, soignez toujours mon respectable bienfaiteur... et pour le reste reposez-vous sur moi. Au revoir, monsieur.

Et Jérôme s'éloigne laissant Jenneval qui cherche à deviner le sens des paroles mystérieuses de l'Auvergnat.

— Maintenant, se dit le porteur d'eau lorsqu'il est dans la rue, il ne s'agit plus que de savoir la demeure de ce M. Emile Delaberge. Je n'ai pas voulu la demander à ce bon docteur, de peur qu'il ne se doutât de mon projet... d'ailleurs il ne la sait peut-être pas... Je n'ai pas osé non plus la demander chez madame Dolbert... Oh ! mais je la trouverai ; un homme riche, ça ne se loge pas dans un trou de souris... Oh ! je saurai bien trouver ce monsieur... Paris est grand, mais j'ai de bonnes jambes, et je ne crains pas la fatigue !

Jérôme se met en route, il parcourt la ville, il court, il s'informe, il prie quelques commissionnaires de ses amis de l'aider dans ses recherches. Pendant trois jours elles n'amènent aucun résultat ; mais enfin le quatrième le porteur d'eau trouve ce qu'il désirait ; on lui montre un hôtel habité par M. Emile Delaberge, dans la rue de Clichy.

Aussitôt Jérôme se dirige vers cette habitation. Il frappe à la porte cochère, il entre et dit au concierge :

— Est-ce bien ici que loge M. Emile Delaberge ?

— Oui, répond le concierge en jetant un regard dédaigneux sur l'Auvergnat.

— Est-il chez lui ?

— Qu'est-ce que cela vous fait ?

— Comment ? qu'est-ce que cela me fait... apparemment que cela me fait quelque chose, puisque je vous le demande.

— Monsieur n'y est pas.

— Ah ! c'est différent... voilà une réponse... eh ben, alors... je reviendrai.

Et Jérôme s'en va, mais satisfait de savoir enfin où loge celui qu'il veut voir, et ne doutant pas qu'il ne parvienne bientôt à le rencontrer.

Le lendemain, sur les neuf heures du matin, l'Auvergnat retourne chez M. Delaberge.

— Monsieur n'y est pas, lui dit l'impassible concierge dès qu'il l'aperçoit.

— Comment, déjà sorti ?

— Oui.

— Quand reviendra-t-il ?

— Je n'en sais rien ; monsieur n'a pas d'heures fixes pour rentrer. C'est selon son bon plaisir.

Jérôme s'éloigne de mauvaise humeur. Il retourne le soir, il retourne le lendemain, et le concierge dit toujours :

— Monsieur est sorti.

Huit jours s'écoulent ainsi sans que Jérôme soit plus heureux ; enfin, n'y tenant plus, un matin, il entre dans la loge du suisse, et, le regardant entre les deux yeux, il lui dit d'un ton courroucé :

— Monsieur le portier, je crois que vous vous fichez de moi, à la fin !...

Jérôme était un homme grand et robuste ; le concierge a peur, et il répond plus poliment :

— Monsieur, je vous demande pardon... mais il faut bien que j'exécute les ordres qu'on me donne.

— Et quels sont-ils, ces ordres ?

— C'est que monsieur fait presque toujours dire qu'il est sorti ou qu'il n'est pas visible, quand ce ne sont pas des personnes qu'il attend.

— Je comprends ! et, à coup sûr, il ne m'attend pas. Mais moi, il faut que je le voie, que je lui parle, entendez-vous, portier, il le faut... je ne sors plus de cette maison sans avoir vu votre maître : j'y suis résolu... Voyez si vous voulez que je brise tout ici... ou indiquez-moi où je trouverai M. Delaberge.

— Monsieur... je vous certifie qu'il n'est pas ici...

— Vous mentez encore...

— Non, monsieur, oh ! cette fois c'est bien la vérité, monsieur est parti hier au soir pour la campagne avec Dupré, son valet...

— Pour la campagne ?...

— Oui, je crois avoir entendu nommer Beaumont.

— Il suffit, je vais l'y rejoindre alors... Mais si vous m'avez menti, songez que je reviens ici vous assommer.

— Je vous ai dit l'exacte vérité, monsieur.

Jérôme quitte l'hôtel, retourne chez lui prendre ce qu'il juge lui être nécessaire, puis se met en route à pied avec son bâton à la main. Mais l'Auvergnat marche d'un pas si ferme, si rapide, qu'avant la chute du jour il est arrivé près de la maison de campagne de madame Dolbert.

Jérôme s'arrête, il est incertain sur ce qu'il doit faire, mais il aperçoit un jardinier à la porte de la maison, et il s'approche de lui :

— Vous êtes au service de madame Dolbert ?

— Oui, monsieur ! répond le paysan en saluant.

— Savez-vous... si un monsieur de Paris est venu chez ces dames depuis hier ?

— Oh ! non, monsieur, depuis hier... et même depuis plusieurs jours ces dames n'ont reçu aucune visite... Oh ! j'en sommes ben sûr... Je travaillons en face de la porte.

— Merci, mon ami.

Jérôme s'éloigne en se disant :

— Le monsieur n'a pas été voir ces dames... cependant ce n'est pas pour rien qu'il sera venu dans cette campagne... Oh ! morgué, cette fois je serons ben maladroit si je ne le trouvons pas.

Jérôme entre dans le village ; il s'informe de la meilleure auberge : elles ne sont pas nombreuses dans le pays. Pendant qu'il jase avec une paysanne, un monsieur passe devant lui : sa mise, sa tournure, sa figure, tout frappe l'Auvergnat, qui se dit :

— Oh ! ce doit être là mon homme.

C'était bien en effet Emile Delaberge qui, après avoir passé plusieurs jours à Paris dans l'irrésolution, tantôt voulant oublier Stéphanie, tantôt jurant qu'elle serait à lui, avait enfin appris avec terreur que la blessure de M. Guerreville n'était point mortelle, et que celui dont il avait cru n'avoir plus rien à redouter ne tarderait pas à être rendu à la vie.

Emile prévoit que son mariage est à jamais rompu si M. Guerreville revoit madame Dolbert ; mais comment empêcher qu'ils ne se voient, puisque la grand'maman de Stéphanie n'a pas caché son désir de se trouver avec lui.

— Ils ne refuseront Stéphanie, se dit Emile en frémissant de colère. Eh bien... s'ils ne veulent pas qu'elle soit ma femme... j'emploierai d'autres moyens... mais elle sera à moi. Partons pour Beaumont... Il ne doit pas être si difficile de s'introduire dans la maison que ces dames habitent... Oh ! je réussirai... j'ai toujours réussi dans tout ce que j'ai fermement voulu.

Et M. Delaberge était parti avec son valet de chambre Dupré. Il était allé se loger dans une auberge écartée, au bout du village, et revenait examiner de loin la demeure de madame Dolbert, lorsque Jérôme l'avait aperçu.

Emile rentre où il s'est logé ; il appelle son domestique et lui dit :

— Rien de si facile que de s'introduire chez ces dames ! C'est vraiment un jeu d'enfant. Tes épaules me serviront à monter... Tu m'as dit que la chambre de Stéphanie est celle qui fait l'angle et donne sur la route ?...

— Oui, monsieur, je m'en suis assuré.

— Il me suffira de grimper sur le mur du jardin, de là j'atteindrai facilement la fenêtre... Tes épaules me serviront à monter... Le reste ira tout seul. C'est fort drôle d'être obligé d'en venir à l'escalade pour s'introduire près d'une femme que l'on allait épouser... Mais, ma foi, on m'y force... Et ensuite... c'est eux sans doute qui me supplieront de l'épouser ; mais il n'est plus certain que ce sera ma volonté. Ainsi ce soir... à dix heures... je sortirai bien avant toi, pour que cela ne paraisse pas concerté... A dix heures précises, tu seras à l'endroit que je viens de t'indiquer.

— C'est convenu, monsieur. Mais dix heures, n'est-ce pas trop tôt ?

— Eh non ! à la campagne, tu ne sais donc pas que la grand'maman Dolbert est couchée à neuf heures ? Oh ! à dix, tout le monde est depuis longtemps endormi dans sa maison.

Ces arrangements terminés, Emile Delaberge se fait servir le meilleur dîner qu'il soit possible de se procurer dans une auberge de village; et, lorsqu'il a achevé son repas, il sort et s'enfonce dans la campagne.

Mais un homme avait attendu que le voyageur sortît enfin de l'auberge; cet homme, c'est Jérôme, qui s'est mis en embuscade de manière qu'Emile Delaberge ne puisse sortir sans qu'il le voie; il le suit de loin dans la campagne. Il attend pour l'aborder que la nuit soit plus sombre, car il ne veut pas que personne puisse les voir ni les déranger. Enfin, Emile vient d'entrer dans un sentier désert fort éloigné de toute habitation. L'Auvergnat double le pas, et, prenant par la traverse, se trouve bientôt près d'Emile, auquel il se présente tout à coup en écartant une haie qui le séparait de lui.

— Un mot, monsieur, dit Jérôme en se plaçant devant Emile et lui barrant l'étroit chemin du sentier.

— Apprenez qu'un homme de mon rang ne se bat pas avec un je ne sais qui !

— Un je ne sais qui !... un je ne sais qui !... s'écrie Jérôme en se rapprochant encore d'Emile et le regardant de tout près. Ah ! c'est vrai, je suis un je ne sais qui, moi, parce que je porte une veste... que je loge dans un grenier, et que je gagne mon pain à la sueur de mon front !... Mais vous... Oh ! vous n'êtes pas un je ne sais qui !... vous avez de la fortune... vous faites de l'embarras !... et de plus, vous êtes un insolent... un gredin... et un lâche encore, à ce que je vois !...

— Drôle !... s'écrie Emile furieux, ah ! tu me payeras cher cet outrage !...

— Ah ! à la bonne heure !... Voilà que vous vous échauffez, enfin... c'est bien heureux !... Allons vite... à la besogne.

Et prenant deux énormes bâtons qu'il avait laissés derrière la haie, Jérôme les présente à Emile en lui disant :

— Choisissez.

— Je ne me bats pas avec un bâton ! répond Emile en haussant les épaules.

— Et pourquoi donc cela, mon beau monsieur ?

— Parce que je n'ai jamais fait usage de... de telles armes !

— Eh bien ! vous commencerez aujourd'hui... Oh ! ils sont solides, je vous réponds qu'ils ne plieront pas, ceux-là.

— Vous voyez bien que vous voulez abuser de vos avantages en me proposant ce combat... vous êtes habitué à vous servir d'un bâton... moi, je n'en ai jamais touché... la partie serait-elle égale ?...

— Et qui vous empêche, monsieur le petit-maître, de manier un bâton comme moi ?... J'ai cinquante ans, vous n'en avez que trente, il me semble que cela égalise bien ce que j'ai de plus du côté de l'habitude... Allons, morbleu, prenez !...

Le Café des Comédiens. — Mademoiselle Mimie la Dugazon avale un verre de punch d'un trait pour guérir son enrouement.

— Que me voulez-vous ? répond le jeune homme, auquel l'apparition subite d'un homme, le soir et dans un chemin écarté, inspire une secrète défiance.

— Oh ! d'abord, rassurez-vous, je ne suis pas un voleur, et je n'en veux nullement à votre bourse...

— Que me voulez-vous donc ?

— Vous êtes bien M. Emile Delaberge, n'est-ce pas ?

— Sans doute.

— Alors je veux me battre avec vous.

— Vous battre avec moi ! répond Emile en souriant dédaigneusement, je ne me bats pas contre tout le monde.

— C'est possible, mais vous vous battrez avec moi.

— A quel propos ?... pour quel motif ? Je ne vous connais pas... je ne vous ai jamais vu...

— Eh bien ! je suis Jérôme, porteur d'eau de mon état... et honnête homme, je m'en flatte. Moi, je vous connais ; je sais que vous vous êtes battu, il y a quelque temps, avec M. Guerreville... J'ignore quel outrage vous lui aviez fait... Mais il dit que vous êtes un misérable... et quand un homme d'honneur dit cela, il faut que ce soit vrai. Enfin, vous lui avez donné un grand coup d'épée dont il a manqué mourir. Ce M. Guerreville est mon bienfaiteur, et je viens le venger. Comprenez-vous, à présent ?

— Ah !... M. Guerreville vous a choisi pour son défenseur !...

— M. Guerreville ne m'a pas choisi ; M. Guerreville ne se doute pas de ce que je fais aujourd'hui, car il me l'aurait peut-être défendu, vu qu'il espère se rebattre avec vous dès qu'il en aura la force. Mais c'est moi qui me suis promis de venir vous trouver, et de gagner la partie qu'un brave homme a perdue. Allons ! j'espère que voilà assez de raisons ; battons-nous maintenant.

— Non, je ne me battrai pas avec vous... que je ne connais pas... Encore une fois, laissez-moi passer, monsieur.

— Ah ! pas de bêtises... vous ne vous en irez pas...

— La rue de Révolé ? dit un grand voyageur qu'à son accent on reconnaît pour un Anglais.

— Voici les armes dont je me sers habituellement, dit Emile en tirant de sa poche une paire de pistolets : celles-ci égalisent vraiment les forces... car il n'y a pas besoin d'avoir un poignet d'Hercule pour tirer une détente de pistolet... Eh bien, mon drôle, voilà qui vous déconcerte un peu... cela ne vous sourit plus autant que vos bâtons !...

— Ah ! vous allez voir si je recule devant aucune arme ! s'écrie Jérôme ; si je vous traitais comme vous le méritez, je commencerais par vous arracher ces pistolets et vous assommerais avec mon gourdin... mais je ne suis point un lâche comme vous, et j'accepte ces armes-là... Pourvu que je vous tue et que je venge M. Guerreville !... que m'importe avec quoi ?.... Allons, donnez-moi un de vos petits joujoux de poche !...

Jetant de côté les deux bâtons, Jérôme n'attend pas qu'Emile lui présente les pistolets, il lui en arrache un des mains, et se mettant à trois pas de lui, arme son pistolet et vise en disant :

— Y sommes-nous ?

— On ne se bat pas ordinairement de si près ! répond Emile, dont le courage semble faiblir devant les manières expéditives de l'Auvergnat.

— Oh! il ne faut pas nous manquer... il fait très-sombre, et je n'ai pas envie de tirer au hasard... Allons, morbleu!... dépêchons. Je vais frapper du pied... à la seconde fois, nous tirerons ensemble...

Jérôme tient son arme et donne un premier signal; Emile s'est empressé d'armer son pistolet; l'Auvergnat lève à peine le pied pour donner le second et dernier signal, qu'Emile lâche la détente de son arme... la capsule seule part.

— Ah! le mien ne ratera pas, j'espère! s'écrie Jérôme, et, au même instant, son coup part; Emile reçoit la balle dans la poitrine et tombe presque sur son adversaire.

— Je pense qu'il a son compte! dit Jérôme en jetant à terre son pistolet, mais, morbleu! si le sien n'avait pas raté, je crois que je la dansais, car il s'était un peu pressé de tirer... Monsieur... je vais vous envoyer votre domestique, il vous reportera à votre auberge...

— Misérable! s'écrie M. Guerreville, tu feins de méconnaître la voix d'un père qui vient te redemander son enfant?

— Par grâce, Jérôme, dit Emile d'une voix faible et en essayant de se soulever, par grâce, emportez-moi vous-même... Mon domestique n'est pas à l'auberge. A la vue que je me sens blessé à mort... Je voudrais avoir encore le temps d'écrire quelques lignes à M. Guerreville... que j'ai indignement offensé... Vous direz à l'auberge que vous m'avez trouvé dans ce sentier... et je vous promets de ne pas dire que c'est avec vous que je me suis battu.

— Soit!... Je le veux bien. Oh! d'ailleurs, je ne crains pas de m'exposer, moi... mais si vous vous repentez, c'est le principal, et je ne refuse pas de vous secourir.

Aussitôt Jérôme se baisse, et prenant le blessé dans ses bras, parvient à le hisser sur son épaule; puis, chargé de ce pesant fardeau, il se met en marche pour le village, tandis qu'Emile essaie avec son mouchoir d'arrêter le sang qui coule en abondance de sa blessure.

L'Auvergnat est enfin arrivé à l'auberge. A la vue du voyageur baigné dans son sang, chacun presse Jérôme de questions; Emile a encore la force de répondre :

— Je me suis battu en duel.... mon adversaire a fui... Ce brave homme m'a trouvé... et a eu la force de me porter jusqu'ici.

On transporte le blessé sur son lit; on court chercher un médecin; mais Emile demande, avant tout, de l'encre et du papier. Il veut profiter du peu de force qui lui reste pour tracer quelques lignes ; il y parvient en surmontant ses souffrances, puis il donne son billet à Jérôme, en lui disant tout bas :

— Portez cela à M. Guerreville... vous l'avez vengé... et vous avez aussi sauvé Stéphanie Dolbert... car je devais m'introduire cette nuit dans sa chambre... dans l'espoir de lui ravir l'honneur... Cependant, avant de mourir... j'aurais voulu... lui dire un dernier adieu... la voir encore...

— Je vais passer chez ces dames, dit Jérôme, on saura ce qui vous est arrivé... quel est votre désir... Oh! je ne doute pas qu'on ne vienne vous soigner. Adieu, monsieur, tâchez de guérir, si c'est possible... Moi, je retourne à Paris, où j'espère rendre tout à fait la santé à M. Guerreville.

Jérôme impatienté entre dans la loge du suisse, et lui dit d'un ton courroucé :
— Monsieur le portier, je crois que vous vous fichez de moi, à la fin !

En achevant ces mots, Jérôme prend le billet que lui présente Emile, puis sort de l'auberge au moment où un médecin y arrivait.

M. Guerreville presse Zizine dans ses bras; il ne peut se lasser de la regarder, car dans cet enfant c'est sa Pauline qu'il revoit.

Le porteur d'eau se rend, comme il l'a promis, chez madame Dolbert; mais, au moment d'y entrer, il aperçoit le domestique de M. Delaberge, qui, suivant les ordres de son maître, l'attendait sous la fenêtre de Stéphanie.

— Vous attendez en vain votre maître, dit Jérôme en s'adressant à Dupré. Il vient de se battre au pistolet, et n'a plus que peu d'instants à vivre ; allez apprendre cette nouvelle chez madame Dolbert... M. Emile Delaberge voudrait les voir avant de mourir.

Le valet reste tout saisi de ce qu'il vient d'entendre ; avant qu'il soit revenu de son étonnement, Jérôme est déjà sur la route de Paris, car l'Auvergnat est tellement pressé d'arriver chez M. Guerreville, qu'il triple le pas et laisse bien loin derrière lui la plupart des voitures qui se rendent à Paris.

Malgré toute la diligence que Jérôme a pu faire, il est une heure du matin lorsqu'il rentre dans Paris. L'Auvergnat hésite sur le parti qu'il prendra ; à une heure aussi avancée se rendra-t-il chez M. Guerreville ? Il faudrait peut-être réveiller toute la maison pour se faire ouvrir, il faudrait troubler le repos de celui qui est à peine convalescent et auquel le docteur a recommandé les plus grands ménagements. Jérôme sent que, malgré tout son désir de voir M. Guerreville, il faut remettre sa visite au lendemain.

Le porteur d'eau rentre dans son modeste domicile, mais il ne ferme pas l'œil de la nuit. Il a le billet qu'Emile Delaberge lui a remis pour M. Guerreville ; mais, quoique cette lettre ne soit pas cachetée, Jérôme ne se permettrait pas d'y jeter les yeux, il croirait commettre une action blâmable.

Enfin le jour luit. Jérôme compte les minutes, les instants. A six heures, il sort et se dirige vers la demeure de M. Guerreville, en se disant :

— S'il dort encore, eh ben ! j'en serai quitte pour attendre son réveil.

C'est Georges qui ouvre à l'Auvergnat, et il ne peut s'empêcher de lui dire :

— Vous voilà de bon matin, monsieur Jérôme.

— C'est vrai, monsieur Georges, mais voyez-vous, quand on a de bonnes nouvelles à donner, je crois qu'on n'arrive jamais trop tôt. Avant tout, comment va M. Guerreville ?

— Très-bien... Oh ! il n'y a plus aucun danger... il s'est levé un peu hier... et en ce moment il dort encore profondément.

— Il dort... alors je respecterai son sommeil... Je vais attendre qu'il s'éveille... mais dès qu'il ouvrira les yeux vous m'avertirez, monsieur Georges.

— Oh ! je vous le promets.

Jérôme s'assied dans un coin de la salle à manger ; plus d'une heure s'écoule, M. Guerreville dormait toujours d'un sommeil doux et paisible.

— Morgué ! disait Jérôme, je suis content qu'il dorme si bien !... et pourtant je ne serai pas fâché quand il s'éveillera... mais j'attendrai... Oh ! j'attendrai, car le repos doit hâter sa guérison.

Une demi-heure s'écoule encore ; quelqu'un arrive : c'est le docteur Jenneval qui vient savoir comment son ami a passé la nuit. En apercevant Jérôme il va lui tendre la main, et lui dit :

— Que faites-vous là ?...

— J'attends que M. Guerreville s'éveille.

— Vous voulez donc bien le voir aujourd'hui ?

— Oui... car j'ai fait... ce que je m'étais promis... et je viens lui dire quelque chose qui lui fera plaisir... Ça ne peut pas lui faire de mal, n'est-ce pas, monsieur le docteur ?

— Non, sans doute.

En ce moment on sonne chez M. Guerreville, et bientôt Georges vient annoncer que son maître est éveillé.

— Entrons, dit Jenneval, et il pénètre dans la chambre à coucher de son ami, suivi de l'Auvergnat, qui est tout ému et tremble comme un enfant au moment d'éprouver un grand plaisir.

— Bonjour, mon cher Jenneval, dit M. Guerreville en tendant la main au docteur ; puis apercevant Jérôme, qui s'avance sur la pointe des pieds :

— Eh ! c'est vous, mon cher Jérôme ! venez donc, mon ami, je suis bien aise de vous voir ; je sais que vous êtes venu souvent vous informer de ma santé... mais je n'ai pas compris pourquoi vous ne vouliez jamais entrer... Aviez-vous peur d'être importun ?... Me jugez-vous assez mal pour croire que je serais peu touché de votre visite ?...

— Oh ! non, mon monsieur, non, ce n'est pas tout ça, mais voyez-vous... j'avais fait un serment... et j'ai voulu le tenir...

— Un serment, Jérôme ?

— Oui, monsieur, car enfin, si vous vous êtes battu... si vous avez été blessé, et que vous avez manqué de mourir, je me suis dit, moi, que j'en étais la cause, vu que tout ça ne serait pas arrivé si je ne vous avais pas prié d'aller chez madame Dolbert...

— Jérôme, ne vous reprochez pas cela ! c'est un service que vous m'avez rendu, vous m'avez fait retrouver quelqu'un que je cherchais depuis bien longtemps ; le sort des armes ne m'a pas été favorable cette fois... mais j'espère qu'une autre...

— C'est inutile, monsieur Guerreville, vous n'avez plus besoin de vous battre avec M. Emile Delaberge. Je me suis chargé de vous venger... et grâce au ciel, j'ai réussi complètement.

— Que voulez-vous dire, Jérôme ? s'écrie M. Guerreville en se levant à demi sur son lit.

— Je veux dire que j'avais fait serment de ne pas vous revoir avant de vous avoir vengé de celui qui, dit-on, a fait votre malheur. Oh !... depuis quinze jours je courais après lui, et ce n'est pas sans peine que j'ai pu trouver l'occasion que je cherchais !... mais enfin, hier au soir, elle s'est présentée. J'ai rejoint M. Emile à la campagne, près de chez ces dames... dans un sentier isolé. J'ai entamé la conversation. Il ne voulait pas se battre avec moi, d'abord ! mais je l'y ai forcé... Je lui ai proposé le bâton, il m'a refusé ; il m'a présenté des pistolets, j'ai accepté ; nous avons tiré... d'assez près, et il a reçu son affaire... une balle dans la poitrine... Oh ! s'il vit encore ce matin, ça m'étonnerait beaucoup.

— Jérôme !... Jérôme !... il se pourrait !... Vous m'avez vengé !...

— Oui, monsieur ; pardonnez-moi d'avoir agi sans votre permission... mais c'était plus fort que moi !... je ne pouvais pas y tenir !...

— Ah ! vous êtes un brave homme ! dit Jenneval en prenant la main de l'Auvergnat.

— Eh ! mon Dieu, monsieur le docteur, je trouve une occasion de reconnaître ce que M. Guerreville a fait jadis pour moi... N'était-ce pas tout simple d'en profiter ?

— Bon Jérôme, dit M. Guerreville, cet Emile Delaberge était, en effet, bien coupable... Mais pourtant avant qu'il mourût... j'aurais voulu... Oh ! s'il avait pu m'avouer ses torts !

— Il les a reconnus !... ses premiers mots ont été pour convenir qu'il avait été bien coupable envers vous... Puis il a voulu écrire quelques lignes... et il m'a bien recommandé de vous les donner... Voilà son papier... Oh ! je l'ai là...

— Se pourrait-il !... Emile aurait avoué enfin... Oh ! donnez, Jérôme, donnez vite...

— Mon ami, dit le docteur en s'approchant du lit, je crains qu'une trop forte émotion...

— Non, Jenneval... non, ne craignez rien, j'aurai du courage, depuis longtemps je suis préparé à tout ; mais l'incertitude est le plus cruel des tourments.

Jérôme a fouillé dans sa poche, il en a tiré le papier qu'il avait enveloppé avec soin ; il le donne à M. Guerreville : celui-ci le prend en tremblant, et se hâte de le lire... puis de grosses larmes tombent de ses yeux, et il ne peut que s'écrier :

— Oh ! le misérable !... j'avais bien deviné son odieuse conduite.

— Que vous écrit-il enfin ? dit Jenneval.

— Je vais vous lire ce qu'il a tracé d'une main tremblante ; mais avant, mon ami, je veux que Jérôme sache combien cet Emile était coupable, qu'il connaisse toute sa conduite avec moi... Ecoutez-moi, Jérôme, et jugez si ma haine était juste. J'avais une fille que j'adorais, c'était l'espoir de ma vieillesse... c'était mon avenir, mon bonheur... dans ma fille j'avais placé toute mon existence. Elle était jeune, belle, sensible... Cet Emile s'introduisit dans ma maison sous un nom supposé... Il parvint à séduire ma fille... à égarer sa raison en lui faisant croire que je ne consentirais jamais à son bonheur... L'infâme !... il ne voulait pas l'épouser... il ne voulait que la déshonorer !... Enfin il me l'enleva... et toutes mes recherches furent vaines. Je ne pus découvrir ce qu'il avait fait de mon enfant... Pendant les premiers temps, ma fille m'écrivit, elle me promettait de revenir... avec son époux... Ah ! sans doute, elle se flattait encore que son séducteur l'épouserait ; mais bientôt les lettres cessèrent... et depuis neuf ans... je n'ai eu aucune nouvelle de ma fille...

— Neuf ans ! s'écrie Jérôme qui semble à chaque instant porter plus d'intérêt au récit de M. Guerreville, neuf ans !... c'est singulier.

Sans faire attention à l'exclamation de Jérôme, M. Guerreville continue son récit :

— Vous devez juger de ma douleur, de mon désespoir... Je courus en vain de tous côtés... rien... aucune nouvelle de ma fille, ni de son ravisseur... mais jugez de ma surprise... de mon indignation en reconnaissant dans cet Emile Delaberge celui qui, sous le nom de Daubray, s'était introduit chez moi... Le misérable !... il allait se marier... Ah ! mon premier mouvement fut de le redemander ma fille... L'infâme... il eut l'air de ne pas me connaître ! Je le forçai à se battre ; vous savez quelle fut l'issue de ce combat. Aujourd'hui... au moment de mourir, le remords est enfin entré dans son cœur... Mais il ne me rend pas ma fille... Tenez, voici ce qu'il m'écrit... Ecoutez... écoutez bien...

M. Guerreville reprend le papier, et lit d'une voix entrecoupée par les larmes :

« Je fus bien coupable, monsieur ; mais, au moment d'expirer, je reconnais mes fautes... Oui, j'ai enlevé votre chère fille, et je l'ai conduite secrètement à Paris... mais je n'ai jamais eu l'intention de l'épouser. Au bout de six mois... las de ses plaintes... je l'abandonnai... Mais ce qu'il y a de plus indigne, c'est qu'alors elle allait être mère... »

— Mère ! s'écrie Jérôme en se frappant le front.

« Et ce titre sacré ne toucha point mon cœur. Ah ! je suis un monstre ! Depuis ce temps... je ne sais ce qu'est devenue votre fille, je ne la revis jamais... Aujourd'hui on vient de me venger... Je vais mourir, et je sens que je suis indigne de pardon ! »

— Ma pauvre fille !... ma chère enfant ! s'écrie M. Guerreville après avoir achevé de lire. Oh ! sans doute, elle sera morte de désespoir... mais elle allait être mère... Oh ! mon Dieu ! je n'aurais pas tout perdu, si du moins vous m'aviez laissé son enfant.

— Mon ami, mon ami, de grâce, calmez-vous ! dit le docteur en prenant les mains de M. Guerreville, oui, la conduite de ce Delaberge fut horrible... mais, du moins, Jérôme vous a vengé ; et... mais voyez donc comme il est agité, ce brave homme... votre récit lui a fait une bien vive impression.

En effet Jérôme ne pouvait plus tenir en place ; il allait, venait, prononçait des mots entrecoupés en regardant M. Guerreville d'un air attendri ; puis essuyant les gouttes de sueur qui tombaient de son front, s'efforçait en vain de retenir des larmes qui obscurcissaient sa vue.

— Jérôme, mon ami, qu'avez vous donc? dit M. Guerreville en fixant l'Auvergnat avec inquiétude, vous versez des larmes, je crois?...

— Ah ! mon bon monsieur... ne me plaignez pas... celles-ci sont douces... ce sont des larmes de joie... de bonheur... Ah ! mon Dieu ! s'il était possible !... oh ! mais je serais trop heureux... je n'ose encore le croire...

— Expliquez-vous donc, mon ami ?

— Ah ! c'est que je ne peux pas... j'étouffe... mais avant de parler... il faut que je coure chez moi... chercher les papiers... les lettres qui prouveront... Oh ! Dieu merci, j'ai toujours tout conservé avec soin... Attendez-moi... attendez-moi ; oh ! je ne serai pas long.

Et Jérôme sort en courant comme un fou. M. Guerreville et le docteur se regardent, ils ne comprennent rien à la conduite du porteur d'eau ; mais ils n'en attendent qu'avec plus d'impatience son retour.

Dix minutes ne se sont pas écoulées, que Jérôme revient haletant, couvert de sueur et de poussière ; il court s'asseoir contre le lit de M. Guerreville, en lui disant :

— Maintenant, monsieur, écoutez-moi, je vais m'expliquer mieux. Il y a près de neuf ans à présent... oui... c'était dans le mois d'octobre, ma pauvre femme vivait encore ; nous venions de louer une petite mansarde dans une maison de la rue Saint-Martin. Un jour, en rentrant chez nous, ma femme me dit : Nous avons au-dessous de nous pour voisine une jeune femme qui est ben gentille... mais qui semble ben triste, ben malheureuse... elle est sur le point de devenir mère... et ses yeux annoncent qu'elle ne fait que pleurer. J'ai dans l'idée que c'est quelque jeune fille qu'un mauvais sujet aura séduite, puis qu'il aura abandonnée.

— Oh ! mon Dieu ! s'écrie M. Guerreville en interrompant Jérôme, cette pauvre femme... c'était peut-être...

— Attendez... attendez... et du courage, monsieur... Je dis à ma femme : Va voir cette pauvre dame, ne crains pas de lui offrir tes services si elle en a besoin, entre voisins il faut s'aider... Ma femme ne demandait pas mieux. Elle alla donc offrir à la jeune voisine de l'aider, de lui faire ses commissions. Celle-ci fut sensible aux bons procédés de ma femme, et, tout en causant, elle ne cessait de lui dire : Dès que mon enfant sera au monde et que j'aurai recouvré assez de force, je retournerai près de mon père... mon père que j'ai abandonné !... mais qui me pardonnera, car il est si bon... Oh ! oui, près de lui je ne serai plus malheureuse...

— Ah ! c'était elle... c'était elle... ma Pauline... ma fille... oh ! oui, c'était elle qui devait parler ainsi.

— Mon ami... du courage, dit le docteur, tant d'émotions... je crains...

— Oh ! docteur, laissez-le parler... achevez, Jérôme.

— Enfin, ma femme consolait cette jeune dame tant qu'elle le pouvait... Elle voyait bien que celle-ci pleurait aussi un ingrat qui l'avait abandonnée, mais dont jamais pourtant elle ne prononçait le nom !... Quelques jours s'écoulèrent... Voilà qu'une nuit la jeune dame est plus souffrante... elle allait devenir mère... Je cours chercher une sage-femme... Enfin, après de cruelles douleurs, la jeune voisine met au monde une petite fille... bien chétive, bien faible, et qui semblait déjà souffrir comme sa mère ; ma femme ne quittait pas la pauvre jeune dame. Le lendemain de sa délivrance, celle-ci, qui ne se sentait pas bien, veut écrire à son père. Craignant d'être longtemps faible, elle désirait lui confier sa fille, lui recommander son enfant. Elle commence une lettre... mais elle pleurait en l'écrivant... enfin, elle n'a pas la force de l'achever... ses souffrances augmentent, bientôt le délire la prend pour ne plus la quitter... et le lendemain,

— O mon Dieu ! ma pauvre enfant !... Mais cette lettre... cette lettre, Jérôme.

— Oh ! je l'ai... C'est cela que je viens d'aller chercher chez moi... Malheureusement la jeune dame n'avait pas eu la force de mettre l'adresse, sans quoi, vous sentez bien que je l'aurais portée à son père, moi... Tenez... tenez, la voici.

Jérôme présente à M. Guerreville une lettre commencée, celui-ci n'a pas plutôt jeté les yeux dessus, qu'il pousse un cri, et la porte à ses lèvres en s'écriant :

— Ma fille... ma fille !... Oh ! c'était bien elle... C'est bien sa main chérie qui a tracé ces caractères !...

Puis M. Guerreville lit d'une voix entrecoupée par les sanglots :

« Pardonnez-moi, mon bon père ; votre Pauline fut bien coupable, mais le ciel l'en a déjà bien punie... Je suis mère... je viens de mettre au monde une petite fille... Aimez-la, comme vous m'aimiez, et... si je ne devais plus vous revoir... »

— Pauvre enfant ! sa main n'a pu en écrire davantage... Elle est morte !... morte... sans que j'aie pu l'embrasser.

M. Guerreville va de nouveau se livrer au désespoir, lorsque Jérôme lui prend le bras en lui disant :

— Monsieur... monsieur... oubliez-vous que votre Pauline n'est pas morte tout à fait, qu'elle a laissé une fille... une autre elle-même ?

— En effet, Jérôme... Mais cette enfant.

— Cette enfant ? Eh morbleu ! j'en ai pris soin, moi... Je l'ai traitée comme si c'eût été ma fille, sa mère étant morte sans laisser aucun renseignement sur sa famille... La pauvre enfant !... que serait-elle devenue ; mais Jérôme était là... et ne devinez-vous pas que cette petite Zinzinette...

— Il se pourrait !...

— Oui, monsieur... oui, c'est la fille de votre pauvre Pauline... Je ne disais à personne que je n'étais pas son père... à propos de quoi parler d'un peu de bien que l'on a fait... Mais c'est pour cela que j'avais consenti à me séparer d'elle... Car je pensais que c'était pour son bonheur, et que je n'avais pas le droit de m'y refuser.

— Jérôme... mon cher Jérôme !... Ah ! vous êtes un Dieu pour moi !

M. Guerreville a ouvert ses bras à l'Auvergnat, qui s'y précipite, et pendant quelques instants ils restent ainsi enlacés.

Enfin, ce premier moment passé, on tâche de se calmer, de se reconnaître ; M. Guerreville voudrait se lever pour aller sur-le-champ chercher Zizine ; mais le docteur s'y oppose ; le malade ne consent à rester tranquille qu'après que Jérôme lui a promis de partir à l'instant avec un cabriolet pour aller à Beaumont reprendre Zizine.

— Mais, dit M. Guerreville, si cet Emile existe encore, gardez-vous bien de lui dire que cette enfant est sa fille !... Le lâche ! il a abandonné la mère, il n'est pas digne de jamais presser sa fille dans ses bras.

— Oh ! soyez tranquille, dit Jérôme, ce n'est pas à lui que je confierai ma petite ! Ce n'est pas pour lui que je l'ai élevée, et que j'en ai pris soin depuis neuf ans.

Le brave Auvergnat ne veut pas se reposer davantage ; Georges est allé chercher un cabriolet, et par ordre de son maître y monte avec Jérôme. Le cocher sait qu'il aura tout ce qu'il voudra, pourvu qu'il arrive promptement ; on brûle le pavé : à onze heures du matin on est à Beaumont.

Jérôme fait arrêter devant la demeure de madame Dolbert. Il va entrer, le concierge l'arrête en lui disant :

— Ces dames sont à l'auberge du village, il y a là M. Emile Delaberge qui s'est battu en duel... Il est bien mal... si mal, qu'on n'a pu le transporter ici... Ces dames lui donnent leurs soins.

— Et Zizine ?...

— Elle est avec ces dames.

Jérôme se dirige aussitôt vers l'auberge, il entre : à l'air attristé de chacun, il prévoit le blessé ne doit pas être mieux : une servante lui indique la salle basse dans laquelle est Emile, en lui disant :

— Si vous voulez le voir encore, dépêchez-vous... car le médecin assure qu'il ne passera pas la journée.

Jérôme entre doucement dans la chambre. Auprès d'une fenêtre, madame Dolbert essayait de consoler Stéphanie qui versait des larmes ; car en faisant à celle qui devait épouser Emile l'aveu de toutes ses fautes passées, et même de l'attentat qu'il méditait encore, Emile avait su, par son repentir, ranimer l'amour qu'elle avait eu pour lui ; mais ce qui émeut le plus l'Auvergnat, c'est de voir la petite Zizine à genoux devant le lit du blessé.

— Approche, ma pauvre petite, dit Emile d'une voix faible, je ne t'aimais pas... je ne t'ai jamais adressé un mot d'amitié... Aujourd'hui, je ne sais pourquoi... mais c'est du plaisir à te voir... Zizine... pardonne-moi aussi... et prie le ciel pour qu'il me fasse grâce...

L'enfant pleurait tout en priant. En ce moment Jérôme s'avance, il fait signe à madame Dolbert d'emmener sa Stéphanie : ce n'est pas sans peine que la bonne maman parvient à entraîner sa fille loin de l'auberge, à la dérober au triste spectacle de la mort de celui qui devait être son époux.

Lorsque madame Dolbert et sa fille ne sont plus là, Jérôme s'approche d'Emile, et lui montrant Zizine qui est toujours à genoux, lui dit tout bas :

— Puisse en faveur le ciel vous pardonner tout le mal que vous avez fait à sa mère !...

— Sa mère ! murmure Emile, ô mon Dieu... il se pourrait !... cette enfant !...

Il n'a pas la force d'en dire davantage, il saisit une main de Zizine qu'il veut porter à ses lèvres, mais aussitôt ses yeux se ferment pour ne plus se rouvrir.

Jérôme prend alors la petite dans ses bras et se hâte de quitter l'auberge. Il se rend chez madame Dolbert, et lui apprend qu'Emile a cessé de vivre.

— Maintenant, dit Jérôme d'un air de triomphe, je vais conduire Zizine chez son père.

— Chez son père ! s'écrient en même temps madame Dolbert et Stéphanie, tandis que l'enfant passe ses bras autour du cou de l'Auvergnat en lui disant :

— Mais c'est toi qui es mon père... Est-ce que tu ne veux plus que je sois ta fille ?...

— Oh ! chère petite, je t'aime bien comme si tu étais mon enfant...

mais maintenant il faut que tu saches la vérité... Je ne suis pas ton père... j'ai pris soin de ton enfance... Tu m'en as bien payé par tes caresses et ton amour... Pauvre Zizine!... J'avais vu mourir ta mère... et je n'avais aucun renseignement qui pût me faire trouver tes parents... Il était donc ben naturel de me dire ton père... Mais aujourd'hui le ciel a permis que je le découvre... Ta mère, chère petite... ta mère était la fille de ce bon M. Guerreville... qui fut notre bienfaiteur; il la cherchait, il la pleurait depuis neuf ans... Mais il n'a pas tout perdu, puisqu'il te retrouve... Tu vas remplacer sa chère Pauline... car tu es sa fille aussi, toi!... et tu l'aimeras bien, n'est-ce pas?... Tu tâcheras, à force de tendresse, de lui rendre enfin ce bonheur dont il est privé depuis si longtemps...

— Oh! oui, j'aime bien M. Guerreville... dit Zizine en pleurant, mais je veux aussi que tu sois toujours mon papa!...

Stéphanie, qui a tout entendu, presse la petite sur son cœur, en lui disant : — Ainsi... je perds tout à la fois... l'amour, l'amitié... tout ce qui devait charmer ma vie... mes espérances pour l'avenir!

— Oh! console-toi, ma bonne amie, dit Zizine, M. Guerreville est bien bon aussi... il sait tout ce que tu as fait pour moi, et il me permettra de te voir souvent... N'est-il pas vrai, Jérôme?

— Oui! j'en réponds... nous serons tous heureux maintenant... Mais votre grand-papa vous attend, ma Zinzinette... Il y a neuf ans qu'il pleure, ce brave homme, et il est bien temps d'aller le consoler.

Jérôme n'en écoute pas davantage, il emporte la petite, et monte avec elle dans le cabriolet, où il la place sur ses genoux, car le bon Auvergnat veut profiter des derniers instants où il peut encore traiter Zizine comme sa fille; mais tout le long de la route, il ne cesse de répéter à l'enfant.

— Tu appelleras sur-le-champ M. Guerreville ton père... toujours ton père... Oh! cela lui fera tant de bien de s'entendre appeler ainsi, ce cher monsieur!... cela achèvera bien vite sa guérison!

Enfin, on est à Paris, on s'arrête devant la demeure de M. Guerreville. Il s'était levé et mis à la fenêtre; le docteur n'avait pu lui refuser cela. En apercevant Zizine descendre de voiture, sa vue s'est obscurcie, des larmes mouillent ses yeux, il retombe presque sans connaissance sur son fauteuil. Mais il revient à lui en entendant une douce voix lui dire :

— Mon père, voulez-vous embrasser votre fille?

Alors quel pourrait peindre le bonheur, le ravissement de cet homme qui, depuis neuf ans, ne s'était pas entendu donner ce nom!... Il presse Zizine dans ses bras, il la couvre de caresses, il ne peut se lasser de la regarder; car dans cet enfant c'est aussi sa Pauline qu'il revoit.

— Brave Jérôme, dit M. Guerreville lorsqu'il retrouve la force de parler, je vous dois tout mon bonheur!... Ah! mon ami, ne me quittez plus... Je veux que vous abandonniez votre état, je veux que vous passiez le restant de vos jours dans le repos et l'opulence.

— Moi, me reposer! dit Jérôme. Eh! pourquoi donc? je ne suis pas malade!... Quitter mon état... Oh! non, monsieur Guerreville, permettez-moi de rester toujours porteur d'eau... et rien que porteur d'eau... Vous ne m'en recevrez pas avec moins de plaisir, et moi j'en serai plus satisfait... Ah! quand je n'aurai plus la force de porter mes seaux... alors je ne dis pas!... Je viendrai vous demander un petit gîte... dans un coin... Vous me permettrez toujours d'embrasser ma Zinzinette... Voilà tout ce qu'il me faut pour être heureux!

Pour toute réponse, M. Guerreville presse l'Auvergnat dans ses bras, et la petite fille lui saute au cou.

On dit que les grandes émotions sont dangereuses, mais celles produites par le plaisir font rarement du mal. Huit jours après cet événement, M. Guerreville était entièrement guéri; mais aussi sa petite-fille ne l'avait pas quitté un moment; et elle était si gentille, si douce, si aimante, qu'il ne pouvait se lasser de lui dire :

— Chère enfant, tu m'as rendu tout ce que j'avais perdu!

Madame Dolbert avait ramené Stéphanie à Paris. Entre gens de bien on se lie et on s'aime vite. M. Guerreville se trouva heureux de pouvoir témoigner à madame Dolbert et à Stéphanie sa reconnaissance de tout ce qu'elles avaient fait pour Zizine. Une douce intimité s'établit entre eux, et par ce moyen Zizine ne cessa pas de voir sa jeune protectrice.

Jérôme venait souvent embrasser celle qu'il avait nommée sa fille, et la vue du bonheur de Zizine le récompensait de tout ce qu'il avait fait pour elle.

Le docteur Jenneval, cet ami sincère et dévoué, dont les soins assidus avaient rendu M. Guerreville à la vie, semblait aussi être de la famille, et, au bout de quelque temps, son caractère aimable et la gaieté de son esprit firent perdre à Stéphanie le souvenir de son premier amour.

Vadevant quitta Paris un beau matin pour se rendre à Alger, afin d'assister au mariage de ses cousines Devaux, qui avaient enfin captivé deux Bédouins.

Un jour Jenneval vint trouver son ami, puis, le prenant à part, lui dit : — Votre filleule, la fugitive, est revenue sans M. Adalgis, mais madame Grillon assure qu'il y a un certain M. Lélan qui est très-disposé à l'épouser; enfin, notre jeune artiste Jules, après avoir joué sans succès dans quelques villes de province, est revenu à Paris près de sa mère, dont l'époux cependant ne veut pas lui pardonner son escapade.

— Mon ami, dit M. Guerreville, puisez dans ma caisse, faites tout ce que vous jugerez convenable... Je doterai Agathe, et je donnerai à Jules de quoi s'établir... Je désire leur bonheur; mais que je les aime... que je les chérisse comme mes enfants... ah! cela ne m'est pas possible!... Croyez-moi, docteur, nous n'éprouvons les sentiments d'un père que pour ceux qui nous donnent ce titre si doux, et que nous ne craignons pas nous-mêmes de nommer hautement nos enfants.

LES ENFANTS DE MAITRE PIERRE,

OPÉRA-COMIQUE EN TROIS ACTES,

PAR

PAUL DE KOCK.

PERSONNAGES.

LE COMTE ERNEST, jeune seigneur du château d'Armance.
MAITRE PIERRE, garde forestier et inspecteur des bûcherons.
HENRI, fils de maître Pierre.
DUMONT, régisseur du château.
SUZETTE, fille de maître Pierre.

EUGÉNIE, comtesse d'Armance.
CATHERINE, jeune paysanne, servante de maître Pierre.
BUCHERONS.
PIQUEURS et SUITE DU COMTE.
VILLAGEOIS, VILLAGEOISES.

La scène se passe en Franche-Comté, près de la Suisse.

ACTE PREMIER.

Le théâtre représente une forêt. Sur la gauche, est la maison du forestier. A gauche, au fond, une colline qui conduit à la grande route. Sur le devant, à droite, l'entrée d'un petit jardin fermé par une haie.

SCÈNE I.

SUZETTE, BUCHERONS, PAYSANS.

Suzette est assise sur un banc; elle travaille à des paniers, pendant que les bûcherons arrangent du bois en piles, et que d'autres en abattent; les femmes s'occupent à différents travaux.

CHOEUR DE BUCHERONS.
Allons, du courage!
Poursuivons gaiement nos travaux.
Ce soir, sous l'ombrage,
Nous goûterons un doux repos.

SUZETTE *en travaillant.* De ma tâche aussi je m'acquitte.
Cependant, je ne sais pourquoi,
Le temps s'écoule bien plus vite
Quand mon frère est auprès de moi.

UN BUCHERON *à ses camarades.* Vous connaissez de maître Pierre
Et la justice, et la bonté,
Mes amis, pour la satisfaire,
Redoublons tous d'activité!...

SUZETTE. Chacun ici cherche à lui plaire,
On le chérit dans ce pays;
De ses vertus, voilà le prix!
Oui, tout le monde aime mon père!

LES BUCHERONS *reprennent.* Allons, du courage, etc.

SCÈNE II.
SUZETTE, CATHERINE, BUCHERONS.

CATHERINE *descendant la colline et portant une botte de paille.*

C'est à la danse du village
Que Lisette a perdu son cœur;
Des filles c'était la plus sage,
Fuyant devant un séducteur.
Mais l'amour guettait la bergère...
Et, depuis qu'elle a vu Colin,
Tra la la, tra la la, tra la la lère!
Oui, depuis qu'elle a vu Colin,
Lisette s'arrête en chemin.

SUZETTE. Catherine, as-tu vu mon frère?
CATHERINE. Oui, mam'zelle, il va revenir
SUZETTE. Sans lui, pour moi, point de plaisir!
CATHERINE *jetant sa botte près de la maison.*

J'avons ben travaillé, j'espère!...
Quand le dimanche, sur la place,
Notre bal allait commencer,
Mam'zelle Lizon se disait lasse,
Et ne voulait jamais danser.
Elle faisait un brin la fière!
Mais d'puis qu'ell' danse avec Colin...
Tra la la, tra la la, tra la la lère!...
Depuis qu'elle danse avec Colin,
Ah! Lisette est toujours en train.

(*Aux bûcherons.*) Sans plus tarder il faut vous rendre
Près du vallon, au bout du bois;
Les travaux qu'on doit entreprendre
Vont commencer par là, je crois.

LES BUCHERONS ET LES VILLAGEOISES *en s'éloignant.*
Allons, du courage, etc.

SCÈNE III.
SUZETTE, CATHERINE.

SUZETTE. Catherine, tu as donc laissé mon frère près d'ici?
CATHERINE. Oui, mamzelle, là-bas, près du vieux moulin. Oh, il ne tardera pas à arriver. Mais moi, je m' suis dépêchée de revenir à la maison pour savoir si c't' étrangère... c'te femme que nous logeons depuis hier, vous a raconté c' qu'elle est, et d'où elle vient.
SUZETTE. Non, Catherine; et tu sais bien que mon frère nous a défendu de la questionner... Il dit que pour obliger les gens on ne doit pas avoir besoin de les connaître.
CATHERINE. Ah ben oui!... mais, sans les questionner, on peut les faire jaser un brin... C'est pas l'embarras, depuis quelque temps, mamzelle, vous ne jasez guère vous-même!... Vous n'êtes plus si causeuse, si gaie... enfin, si joyeuse qu'autrefois!...
SUZETTE. Tu as raison, je ne me reconnais plus. Je deviens maintenant rêveuse... Je me surprends quelquefois ayant envie de pleurer.
CATHERINE. M'est avis, cependant, que vous n'avez aucun sujet de tristesse!... Maître Pierre, vot' père est ben le meilleur des hommes; vot' frère, M. Henri, vous chérit!... Quand vous voudrez vous marier, oh! pardi! vous n'aurez qu'à choisir!.. Eh ben, quoi qu'il vous faut donc de plus?... Tenez, voyez, moi, qui n' suis qu'une pauvre fille! j'chante toute la journée! je n'suis jamais rêveuse, parce que je n' pense à rien; aussi je n'ai pas d' souci, pas d' chagrin!... Eh ben, faites comme moi, mamzelle, faites comme moi!... Mais, v'là quelqu'un qui saura vous égayer... M. Henri descend la colline.
SUZETTE, *avec joie.* Mon frère!...
CATHERINE. Je rentre voir si l'étrangère n'a besoin de rien... (*A part.*) Et je vais tâcher qu'elle me conte son histoire.
(*Catherine entre dans la maison; Henri paraît sur la colline.*)

SCÈNE IV.
SUZETTE, HENRI.

HENRI. Bonjour, ma chère Suzette.
SUZETTE. Tu as été bien longtemps éloigné... Je m'ennuyais déjà de ne pas te voir.
HENRI. Ce n'est pas ma faute, va!... car je ne suis heureux et content qu'auprès de toi!...
SUZETTE. Et moi, je n'ai aucun plaisir, quand mon frère ne le partage pas.
HENRI. Chère sœur... Tiens, il ne faut jamais nous quitter.
SUZETTE. Nous passerons toute notre vie près de mon père... Mais cependant, s'il voulait te faire voyager, comme il en a quelquefois le projet...
HENRI. Je lui dirais que je préfère cette forêt aux plus beaux pays du monde... Mais, toi, s'il voulait te marier... et à quelqu'un de la ville?...
SUZETTE. Me marier!... Je ne le veux pas... m'éloigner d'ici!... c'est impossible!... Est-ce que je pourrais être bien ailleurs!...

COUPLETS.

Je chéris ce séjour tranquille,
J'y goûte les plus doux plaisirs;
A vivre en paix dans cet asile,
J'ai toujours borné mes désirs.
Quel autre lieu pourrait me plaire?
Ici, mon cœur est satisfait!
Pour être heureux, crois-moi, mon frère,
Ne quittons pas notre forêt.

A l'ombre de ces beaux chênes,
S'écoulèrent nos jeunes ans;
Ils ont vu nos premières peines,
Et protégé notre printemps.
Ils ont vieilli sur cette terre.
Que leur feuillage embellissait!
Imitons-les : crois-moi, mon frère,
Ne quittons pas notre forêt.

HENRI. Oh non! nous ne la quitterons jamais!... Mais j'entends mon père.

SCÈNE V.
SUZETTE, HENRI, PIERRE.

HENRI ET SUZETTE *allant au-devant de Pierre, qui arrive chargé d'instruments de labourage.* Bonjour, mon père...
PIERRE. Bonjour, mes enfants... (*Il jette ses outils à terre.*) Ouf... voilà de la besogne de faite!...
HENRI. Quoi, mon père, vous venez encore de travailler à notre champ?
SUZETTE. Vous vous fatiguez dès le matin... Vos garçons pourraient faire cet ouvrage.
PIERRE. Me fatiguer, dites-vous?... Eh morbleu! l'homme n'est-il pas né pour le travail? Je suis dans la force de l'âge, et je resterais oisif, quand mes bûcherons arrosent la terre de leur sueur!... Ah! je ne rougirais d'y penser!... Eh d'ailleurs, ce travail n'est-il pas un plaisir!... Quand je suis un peu las... comme dans ce moment, par exemple... je reviens près de vous... je vous presse dans mes bras... (*Henri et Suzette courent dans ses bras.*) comme cela... Je vous embrasse... Et voilà qui me redonne des forces pour toute la journée!...
HENRI. J'espère suivre votre exemple, mon père, je travaillerai comme vous!...
PIERRE. Tu feras bien, mon garçon. Quand j'épousai feu votre mère, mes enfants, je n'avais rien, ni elle non plus; cependant vous vintes au monde; il fallait vous élever... Morgué!... votre vue doubla mon courage!... je n'avais point de travail, je m'engageai, je partis... Quand je revins, vous étiez déjà grands; vous commenciez à courir dans la forêt; ma femme avait trouvé de l'occupation; bref, la fortune nous a souri; en m'acquittant bien de mes devoirs, je me suis fait estimer de chacun; on m'a nommé inspecteur de cette forêt, et, vous le voyez, si je suis maintenant heureux près de vous, c'est à mon travail que je le dois.
SUZETTE. Aussi tout le monde vous aime dans le pays.
PIERRE. Laissons cela... Dites-moi : comment se trouve cette étrangère qui est venue hier au soir nous demander l'hospitalité?
SUZETTE. Elle paraît ce matin entièrement remise de sa fatigue.
PIERRE. Vous lui avez donné tout ce qu'il lui fallait?
SUZETTE. Oui, mon père.
PIERRE. Fort bien. Cette femme-là, malgré les vêtements simples qui la couvrent, ne me semble pas née au village!...
HENRI. Je pense comme vous, mon père; elle a une tournure et des manières bien différentes des nôtres!...
SUZETTE. Mais elle paraît bien douce... bien aimable; elle nous a témoigné tout plein d'amitié!
PIERRE. Vraiment?
HENRI. Oui; et elle nous a demandé plusieurs fois si nous avions des frères et des sœurs.
PIERRE. Ah! ah! il paraît qu'elle s'intéresse à ma famille...
HENRY. Mais, tenez, la voici, mon père.

SCÈNE VI.
SUZETTE, HENRI, PIERRE, EUGÉNIE.

(*Eugénie sort de la maison du forestier; elle est vêtue en simple villageoise.*)
PIERRE. Madame, je vous salue.
EUGÉNIE. Je vous cherchais, monsieur, pour vous remercier de tous les soins que depuis hier on m'a prodigués dans votre maison.
PIERRE. Oh! ça ne mérite pas de remerciments; nous n'avons rien fait que de très-naturel.
EUGÉNIE. Vos aimables enfants ont pour moi tant d'attentions.
PIERRE. Ils suivent le mouvement de leur cœur, voilà tout; le principal, c'est que vous paraissez vous trouver mieux ce matin.
EUGÉNIE *regardant Suzette et Henri.* Oh! oui... Depuis que je suis dans votre demeure... je me sens très-bien...
PIERRE. En ce cas, madame, restez-y longtemps, ça nous fera grand plaisir à tous...
CATHERINE *en dehors.* Not' maître... not' maître...
PIERRE. Mais que nous veut Catherine?...

SCÈNE VII.
SUZETTE, HENRI, PIERRE, EUGÉNIE, CATHERINE.

CATHERINE *accourant tout essoufflée.* Not'maître... Ah! vous ne savez pas une grande nouvelle?...
PIERRE. Qu'est-ce donc? pourquoi tout ce bruit!
CATHERINE. Vous allez avoir une visite... et une belle visite vraiment. Monseigneur... M. le comte Ernest chasse aujourd'hui dans la forêt....
EUGÉNIE *à part.* Le comte Ernest!...
PIERRE. Je sais cela... Après,...
CATHERINE. Oui; mais ce que vous ne savez pas, c'est qu'il s'arrêtera et se reposera chez vous.
PIERRE. Et qui t'a dit cela?
CATHERINE. Un des premiers valets du château qui m'a aperçue dans le jardin, et m'a crié de loin de vous prévenir... Ah! que nous allons voir du monde!... monseigneur, les piqueurs, les cors de chasse... ça doit être superbe!...
PIERRE. Je me serais bien passé de cet honneur!.. Il faut tout disposer chez nous; mes enfants, rentrez, je vous rejoindrai bientôt. Toi, Catherine, va du côté de la route, afin de nous avertir dès que tu apercevras la chasse.
CATHERINE. Oui, not' maître, j'y cours... (*A part.*) La chasse qui vient chez nous... Ah dieu! c'est-il heureux!.. (*Elle s'éloigne par la colline.*)
HENRI *à Suzette.* Depuis quelque temps, monsieur le comte vient bien souvent de ce côté... Je gage que c'est encore pour te parler.
SUZETTE. Et que veux-tu donc qu'il ait à me dire?
PIERRE. Allons, rentrez, mes enfants.
HENRI ET SUZETTE. Au revoir, madame.
EUGÉNIE. Sans adieu, mes chers amis. (*Henri et Suzette rentrent dans la maison; Eugénie les suit des yeux avec intérêt.*)

SCÈNE VIII.
EUGÉNIE, PIERRE.

EUGÉNIE. Vous avez des enfants charmants!...
PIERRE. C'est vrai qu'ils sont aimables; et puis un bon cœur, des sentiments honnêtes...
EUGÉNIE. Ils sont à vous... tous les deux?...
PIERRE. Oui, madame; oui, tous les deux... Je n'ai jamais eu que ceux-là... (*A part.*) C'te femme-là est un brin curieuse.
EUGÉNIE. Et... leur mère?...
PIERRE. Je l'ai perdue... il y a quatre ans environ, peu de temps après la mort de notre vieux seigneur. J'étais alors en voyage ; forcé d'aller inspecter des bois immenses... je fus deux mois absent. C'est pendant ce temps que ma pauvre Thérèse... Ah! tenez, ne parlons pas de ça!... (*Il s'essuie les yeux.*)
EUGÉNIE. Pardon, si j'ai renouvelé vos chagrins; je dois vous paraître indiscrète; mais ce n'est point une simple curiosité qui me porte à vous questionner; un intérêt bien puissant m'attire en ce pays: il y a dix-huit ans que je l'ai quitté... j'en avais seize alors...
PIERRE. Oh! depuis ce temps, le château a changé de maître, et celui que nous avons...
EUGÉNIE. Eh bien?... le seigneur actuel?
PIERRE. Ah, c'est un jeune homme... étourdi... assez bon cœur... mais un peu emporté, à ce qu'on prétend. Quelle différence d'avec ce jeune Alfred, le fils du comte d'Armance!... comme on l'aimait! Pauvre jeune homme! l'amour causa tous ses maux!... la fille d'un vieux militaire avait touché son cœur, il osa l'épouser malgré la défense de son père; et dans sa colère, celui-ci bannit son fils de ces lieux.
EUGÉNIE *à part.* Cher Alfred!...
PIERRE. Nous avons bientôt appris la mort de ces pauvres jeunes gens... et il y a quatre ans que les biens du vieux comte ont passé à un de ses parents éloignés ; si bien qu'il ne reste plus d'ancien serviteur au château, que le régisseur Dumont.
EUGÉNIE. Mais Alfred n'eut-il pas deux enfants... fruits de son union infortunée?...
PIERRE. Oui, un garçon et une fille ; mais ils sont morts en bas âge ; sans cela ils auraient droit à l'héritage de leur père.
EUGÉNIE *à part.* Ils sont morts, dit-il!...
PIERRE. Excusez, madame, si je vous quitte ; mais le temps se passe : monsieur le comte peut arriver d'un moment à l'autre ; et je serais bien aise qu'il trouvât tous nos bûcherons rassemblés ; je vais le prévenir.
EUGÉNIE *l'arrêtant.* Pierre... je vous reverrai... j'aurai à vous parler encore... et peut-être alors... m'expliquerai-je davantage...
PIERRE. Quand vous voudrez, madame ; je serai toujours à vos ordres. (*Il s'éloigne.*)

SCÈNE IX.
EUGÉNIE seule.

Cet homme paraît sincère... Un espoir trompeur m'aurait-il ramenée dans ce pays!... Cher Alfred! en te perdant, en perdant les gages de notre amour, j'avais juré de ne plus revenir dans les domaines du comte d'Armance!... mais cette lettre, qu'une amie fidèle m'a fait parvenir, a ranimé mon courage et fait battre délicieusement mon cœur. Si j'en crois cet écrit, Germain, le valet de chambre de mon époux, nous a trompés. O mon Dieu!.., il se pourrait!... un de mes enfants existerait!... Ah! je n'ose espérer tant de bonheur!... Mais comment avoir les preuves qui me manquent?... comment savoir quel est l'enfant qui me reste, et si Pierre n'est pas complice de sa femme?...

CHANT.

Un doute affreux trouble mon âme!
O mon Dieu, prends pitié de mes cruels tourments!...
Hélas! comment prouver par quelle indigne trame
On a su me priver de l'un de mes enfants!...

 Doux sentiment de la nature,
 Viens, ah! viens éclairer mon cœur!...
 Fais-moi découvrir l'imposture
 Et rends une mère au bonheur.
Ici je les ai vus tous deux...
Est-ce mon fils?... est-ce ma fille?
Je cherche à lire dans leurs yeux...
Dans leurs regards la bonté brille...
Mais c'est leur amour que je veux.
 Près de l'un si je m'avance,
 Prête à lui tendre les bras...
 Mon cœur hésite et balance...
 La crainte arrête mes pas...

 Doux sentiment de la nature
 Viens, ah! viens éclairer mon cœur!...
 Fais-moi découvrir l'imposture,
 Et rends une mère au bonheur.

On vient; ce sont eux... Ah! chaque fois que je les aperçois, j'ai peine à cacher tous les sentiments qui m'agitent!... (*On entend le son du cor.*)

SCÈNE X.
EUGÉNIE, HENRI, SUZETTE, PIERRE, puis CATHERINE.

SUZETTE *sortant de la maison.* Henri... Henri... viens donc sur cette colline... nous pourrons apercevoir la chasse...
HENRI. Oh! je ne suis pas pressé de voir tout ce monde.
CATHERINE *descendant la colline.* Not' maître!... v'là la chasse!... je l'ons vue!...
EUGÉNIE. Le comte Ernest ne m'a jamais vue... Eh! qui pourrait, après ma longue absence et sous le costume, reconnaître l'épouse d'Alfred!
CATHERINE. J'ai fait la révérence à tout le monde... Ah! c'est-i joli! Monsieur le comte m'a regardée, et m'a dit : Bonjour, ma belle enfant.
PIERRE. Ainsi tu penses qu'ils vont venir...
CATHERINE. Oui, not' maître... Tenez... v'là déjà quelqu'un du château.
PIERRE. Ah! c'est M. Dumont, le régisseur.

SCÈNE XI.
EUGÉNIE, HENRI, SUZETTE, PIERRE, CATHERINE, DUMONT.

DUMONT. Bonjour, maître Pierre.
PIERRE. Salut à monsieur le régisseur.
DUMONT. Où sont vos aimables enfants?
PIERRE. Les v'là... saluez-donc, vous autres...
HENRI *à part.* Encore un homme que je n'aime guère.
DUMONT *s'approchant de Suzette et de Henri.* Bonjour, ma petite Suzette... toujours gentille... et toi, mon garçon, toujours espiègle, n'est-ce pas?
HENRI. Ah! c'est selon... il y a des jours...
EUGÉNIE *à part.* Comme il les regarde!...
DUMONT. Maître Pierre, cette famille-là vous fait honneur, veillez bien sur elle.
CATHERINE *à part.* Tiens!... est-ce que ça regarde, monsieur le régisseur?
PIERRE. Je vous remercie, monsieur Dumont, de l'intérêt que vous leur portez... (*A part.*) Ah ça! que diable a-t-on aujourd'hui à s'inquiéter de mes enfants!
DUMONT *regardant Eugénie.* Quelle est cette femme?
SUZETTE. Une étrangère qui a bien voulu accepter un logement chez nous.
DUMONT *avec mépris.* Ah! j'entends... quelque mendiante...
PIERRE *vivement.* Monsieur Dumont!
HENRI *avec feu.* Tant qu'elle voudra bien partager notre asile, elle n'aura besoin des secours de personne.
PIERRE. Bien, mon fils.
DUMONT. Oui, c'est bien... jeune homme... je suis pour l'humanité, moi.
CATHERINE *à part.* Oui, quand ça ne lui coûte rien...

SCÈNE XII.

EUGÉNIE, HENRI, SUZETTE, PIERRE, CATHERINE, DUMONT, LE COMTE, PIQUEURS, BUCHERONS, VILLAGEOIS.

CHŒUR DE PIQUEURS *qui arrivent les premiers.*
    Vivent les plaisirs de la chasse !
    Parcourons les monts et les bois ;
    Du gibier découvrons la trace,
    Et mettons le cerf aux abois.

LE COMTE *arrivant*. Je goûte une nouvelle ivresse,
    Dans ces vallons, dans ces forêts,
    Loin des grandeurs, de la mollesse,
    Ici je trouve mille attraits.

CHŒUR.   Vivent les plaisirs de la chasse ! etc.

DUMONT *au comte*. Monseigneur, voici la famille
    De votre premier inspecteur.

LE COMTE *à part*. Ah ! depuis longtemps dans mon cœur
    Sont gravés les traits de sa fille !
    (*A Pierre.*) De tels enfants vous font honneur.

PIERRE *saluant*. Vous êtes bien bon, monseigneur.

LE COMTE *à part en regardant Suzette*.
    Quel doux regard ! qu'elle est jolie !
    Ah ! je l'adore, je le sens.

PIERRE *à part*. Voilà monseigneur, je l' parie,
    Qui s'occupe aussi d' mes enfants !

LE COMTE.   Dans votre maison, maître Pierre,
    Je vais entrer me reposer.

PIERRE.   Monsieur l' comte est certain, j'espère,
    Du plaisir qu'il va nous causer.

ENSEMBLE.

LE COMTE *à part*. Quel plaisir, quelle ivresse,
    Me promet ce beau jour !
    Oui, mon cœur bat sans cesse,
    Et d'espoir et d'amour.

HENRI, SUZETTE *à part*. En ces lieux on s'empresse
    De fêter son séjour ;
    D'où vient donc la tristesse
    Qui m'agite en ce jour ?

PIERRE, CATHERINE, DUMONT, *chœur*.
    En ces lieux on s'empresse
    De fêter son séjour ;
    Quel plaisir, quelle ivresse,
    Nous promet ce beau jour !

PIERRE *aux piqueurs*. Messieurs, je vous invite
    A suivre monseigneur ;
    Du bon vin, un bon gîte,
    Délassent le chasseur.

LE CHŒUR.   Amis, on nous invite
    A suivre monseigneur ;
    Du bon vin, un bon gîte
    Conviennent au chasseur.

LE COMTE.   Oui, dans cette simple retraite,
    Je suis charmé de m'arrêter ;
    Auprès de l'aimable Suzette,
    Quel plaisir on doit y goûter !

HENRI *à part*. Dans ses regards brille une vive flamme,
    Quand il considère ma sœur.

EUGÉNIE.   Ah ! quel trouble agite mon âme !

CATHERINE.   Ah ! que c'est honnête un seigneur !

(*Ils reprennent l'ensemble ; tout le monde rentre chez maître Pierre.*)

ACTE DEUXIÈME.

Même décoration.

SCÈNE I.

HENRI *seul, sortant de la maison d'un air rêveur.*

Monseigneur ne paraît pas prêt à partir... c'est singulier, comme il se plaît chez nous... il regarde Suzette... puis il soupire... Ah ! je me serais bien passé de sa visite !... tout le monde me donne de l'humeur... Quand je vois un jeune homme parler à ma sœur... mon cœur se serre... je deviens triste... pourquoi cela ? Je l'ignore... je ne sais ce que j'éprouve...

COUPLETS.

    D'où vient donc le trouble secret
    Qui règne en mon âme inquiète ?
    Souvent en regardant Suzette
    Je veux parler... et suis muet.
    On me dit que l'amour fait naître
    Mêmes désirs, même langueur...
    Mais je ne dois pas le connaître...
    Je ne veux aimer que ma sœur !

    J'entends dire que la beauté
    Séduit et captive notre âme !
    Que nous trouvons près d'une femme
    La plus douce félicité !...
    C'est l'amour seul qui la fait naître,
    C'est lui qui donne le bonheur !...
    Mais je ne dois pas le connaître...
    Je ne veux aimer que ma sœur.

SCÈNE II.

HENRI, CATHERINE.

CATHERINE *sortant de la maison et tenant un panier*. Ah ! mon Dieu ! queu train !... queu bruit ça fait ces chasseurs ! je ne me retrouve plus dans tout ce monde-là ; ils m'ont demandé des fruits... et puis... ah ! ma fine, je l'ai oublié. Ah ! vous v'là, monsieur Henri ? comment, vous ne restez pas près de monseigneur ?

HENRI. Oh ! il peut bien se passer de moi !...

CATHERINE. Tiens, comme vous dites ça... on croirait que sa présence ne vous réjouit pas... il est pourtant ben gentil, monsieur le comte, et ben poli !... demandez plutôt à mamzelle Suzette...

HENRI. A ma sœur ?...

CATHERINE. Oh ! c'est qu'il lui a dit plus d' vingt fois qu'elle était charmante... aimable... gracieuse... Dame, ces jeunes gens du grand monde, ça sait tout plein de jolies choses pour dire aux demoiselles !

HENRI. Et Suzette l'écoute... avec plaisir sans doute !

CATHERINE. Mais j' crois ben qu' ça ne peut pas lui faire de peine, de s'entendre dire qu'elle est jolie... Tenez, voyez-vous... les filles font semblant de ne pas écouter les compliments... mais elles n'en perdent pas seulement un mot, allez...

HENRI *à part*. Quel supplice !... Éloignons-nous, et attendons dans la forêt que M. le comte quitte notre maison. (*Il s'éloigne.*)

SCÈNE III.

CATHERINE *seule*.

Eh ben... le v'là qui s'en va dans la forêt !... Mon Dieu ! qu'est-ce qu'il a donc aujourd'hui, monsieur Henri !... Depuis l'arrivée de c't' étrangère, i' m' semble aussi que not' maître n'est pas si gai !... je voudrais ben savoir c' que c'est que c'te femme-là... mais quand j' veux lui demander d'où elle vient, c'est elle qui me questionne sur les enfants de not' maître, qui m' demande leur âge, leux noms, c' qu'ils ont fait, c' qu'ils ont dit... et puis ci et puis ça... Mais queuque ça peut donc lui faire !...

(*Elle entre dans le jardin, mais reste en scène et cueille des fruits.*)

SCÈNE IV.

CATHERINE, DUMONT.

DUMONT *à part, sortant de la maison*. La petite a tourné la tête à M. le comte... Allons, nous ferons encore quelques folies pour celle-là. Tant mieux, ma fortune s'arrondira plus vite... Ah ! voici Catherine, la servante du forestier ; cette jeune fille sait tout ce qui se passe dans la maison... Faisons-la jaser, et sachons si l'on n'a aucun soupçon... (*Haut.*) Te voilà, Catherine ?

CATHERINE. Ah ! v'là M. Dumont !...

DUMONT *s'appuyant sur la haie du jardin*. Eh bien !... comment se gouverne-t-on dans cette forêt ?

CATHERINE. Comment on se gouverne ?...

DUMONT. Oui, comment vont les travaux, les plaisirs... les amourettes ?... Conte-moi cela, j'aime beaucoup à t'entendre...

CATHERINE. Bah ! est-ce que je parle ben ?

DUMONT. Ta naïveté... ta franchise me plaisent... D'ailleurs, comme régisseur de ces domaines, je dois savoir tout ce qui se passe... (*A part.*) Et m'assurer si rien n'a transpiré...

CATHERINE. (*Elle sort du jardin.*) Oh ! ça, c'est juste. Mais, voyez-vous, chez nous, c'est tous les jours la même chose ! on se lève... et puis on déjeune... on travaille... et puis on dîne, on goûte... et puis on se repose... enfin, on rentre, on se couche... on dort, et le lendemain ou recommence... Ah ! mon Dieu, v'là toute la cérémonie...

DUMONT *lui prenant la main*. Ah ! ah ! elle est vraiment gentille, cette petite Catherine !...

CATHERINE. Il n'y a que le dimanche... Par exemple, c'est autre chose !... Oh ! dam', ce jour-là, c'est ben différent !

DUMONT. Diable !... que fait-on ce jour-là ?...

CATHERINE. Ah ! j' vas vous conter ça :

COUPLETS.

    Dès le matin, à sa toilette,
    On ajoute queuqu' agrément ;
    On met sa belle colierette,
    Son tablier le plus galant.
    Afin de faire une conquête,
    C'est à qui se mettra le mieux ?
    Car, voyez-vous, c'est à la fête
    Qu'un' fille trouve un amoureux.

    On s' rend ensuit' près de la danse,
    On se promène avant le bal ;

Puis dans le rond chacun s'élance
Quand de l'orchestr' vient le signal.
Aussitôt que l' violon s'apprête,
C'est alors que l'on est joyeux !...
Car, voyez-vous, un jour de fête,
On danse avec son amoureux.

La dans' finit, c'est ben dommage !
Cela devrait toujours durer.
Quand la nuit vient, vers le village
On voit chacun se retirer.
Mais queuqu' fois en route on s'arrête,
Quand on r'vient gaiement deux à deux...
Car, voyez-vous, après la fête,
On cause avec son amoureux.

DUMONT. Allons, allons, c'est très-bien... je ne vois pas grand mal à tout cela... on cause avec son amoureux... hem ! hem ! tu n'en manqueras pas, friponne !... Ah çà, et maître Pierre, est-il toujours aussi gai, aussi content qu'autrefois ?...
CATHERINE. Oh! tout de même !
DUMONT. Il chérit toujours ses enfants ?...
CATHERINE. Pardi !... c'est ben naturel !
DUMONT. Il les aime également tous deux ?
CATHERINE. Oh ! mon Dieu ! il n'y a pas de différence... (A part.) Sont-ils drôles aujourd'hui, avec les enfants de notr' maître !
DUMONT à part. Bon, je vois que je puis être tranquille.
CATHERINE. Ah çà, vous n'avez plus rien à me demander ?
DUMONT lui caressant le menton. Non, non... espiègle...
CATHERINE. Eh ben, en ce cas, j' vas ben vite porter ces fruits, car je m'amuse à babiller pendant qu'on m'attend ; et dam', c'est que j' veux voir encore monseigneur et tous ces chasseurs qui m'appellent ma belle enfant. (Elle rentre.)

SCÈNE V.
DUMONT seul.

Allons, tout va bien, Dumont, et ta fortune est assurée... Patience, le château me reviendra... Avec ce jeune fou, qui se ruine le plus gaiement du monde, je ne redoute pas que l'on examine mes comptes ! et s'il osait jamais se montrer mécontent, je n'ai qu'un mot à dire... La crainte d'être dépouillé de sa fortune le rendrait, je gage, soumis comme un enfant. Heureux hasard, qui m'a fait l'unique dépositaire de ce secret important !... C'est à moi que Thérèse a envoyé ses aveux... et quant à la déclaration de Germain, notre étourdi, qui ne s'occupe que de ses plaisirs, n'a pas lu ce papier. Je puis donc être tranquille ; maître Pierre, je le vois, n'a aucun soupçon ; le comte Ernest ne sait rien ; seul, je suis possesseur de ce précieux secret, et il restera caché dans mon sein... à moins que mon intérêt n'en ordonne autrement. Chut, voici monseigneur.

SCÈNE VI.
LE COMTE, DUMONT.

LE COMTE. Ah ! je te cherchais, Dumont.
DUMONT. M. le comte paraît bien agité...
LE COMTE. Je suis furieux... Tu sais que c'est dans l'espoir de parler à Suzette que j'ai ordonné cette chasse... Croirais-tu qu'au milieu de ces villageois, de tout ce monde, il m'a été impossible de lui dire un mot... Allons, Dumont, cherche, imagine... il faut absolument que je lui parle.
DUMONT. Calmez-vous, monseigneur, vous lui parlerez... votre rang, vos richesses suffiront pour tourner la tête à cette jeune fille.
LE COMTE. Mes richesses !... vraiment, je suis encore tout surpris de me trouver seigneur de ce domaine... Sais-tu, Dumont, que la fortune du comte d'Armance m'est arrivée fort à propos ?
DUMONT. Je crois, monseigneur, que la fortune ne peut jamais arriver autrement.
LE COMTE. Je n'avais rien... que des dettes ; parent éloigné du comte, je ne me croyais point appelé à recueillir son héritage : mais toute la famille meurt ; le père de chagrin, Alfred d'amour, et sa femme... Ah çà, est-il bien certain que sa femme n'existe plus ?
DUMONT. Oh ! très-certain, monseigneur ; sans cela, pensez-vous qu'elle n'aurait pas fait quelques démarches pour s'assurer si le comte avait pardonné à son fils ?
LE COMTE. Allons, puisqu'il faut que je sois riche, sachons jouir de ma fortune... je la mène déjà grand train... n'est-ce pas, Dumont ?
DUMONT. Vous avez raison, monseigneur ; à votre âge, il faut s'amuser !... On compte plus tard !...
LE COMTE. Oui, quand on n'a plus rien, par exemple. Ah, coquin !... Voilà bien la réponse d'un régisseur.
DUMONT. Monseigneur... Voici la petite.
LE COMTE. Elle est seule... je pourrai lui parler... Eloigne-toi, Dumont.
DUMONT. Oui, monseigneur...
(Dumont s'éloigne par la droite, Suzette sort de la maison, le comte se tient un peu à l'écart.)

SCÈNE VII.
LE COMTE, SUZETTE.

LE COMTE à part. Elle approche...
SUZETTE. Que cela me semble étrange de voir tant de monde !... Je n'ose pas parler devant tous ces gens-là !...
LE COMTE s'avançant. Et devant moi, Suzette ?...
SUZETTE. Ciel !... monseigneur !..
LE COMTE lui prenant la main. Eh quoi !... vous semblez effrayée ?
SUZETTE. Non, monseigneur... mais le respect... que nous vous devons...
LE COMTE. Mais pourquoi donc trembler ainsi ?...

DUO.

Rassurez-vous, aimable enfant ;
Auprès de moi, pourquoi cette contrainte ?...
Bannissez une injuste crainte,
Et laissez naître un plus doux sentiment...
SUZETTE. Si, près de vous je suis muette,
Daignez m'excuser, monseigneur ;
Mais vous parler est un honneur
Auquel je ne sommes pas faite.
LE COMTE. Ah ! Suzette ! chère Suzette !
Daignez lire au fond de mon cœur.
SUZETTE. Je me sens troublée, inquiète...
Que me voulez-vous, monseigneur ?

ENSEMBLE.

LE COMTE.	SUZETTE.
Oui, tout en vous m'enchante,	Ah! ma frayeur augmente,
Mais calmez cet effroi ;	Je ne sais pas pourquoi ;
Ah ! soyez moins tremblante ;	Hélas ! je suis tremblante,
Suzette, écoutez-moi.	Monseigneur, laissez-moi.

LE COMTE. Au fond d'une forêt, ma chère,
Vous ne pouvez passer vos jours.
SUZETTE. Ici, je suis près de mon père,
Et je veux y rester toujours.
LE COMTE. Vous devez briller à la ville,
Y goûter des plaisirs nouveaux.
SUZETTE. Non, je préfère cet asile
A vos palais, à vos châteaux.
LE COMTE à part. Ah ! que j'aime son innocence,
Son aimable naïveté !...
SUZETTE à part. Quel embarras j'éprouve en sa présence !
LE COMTE à part. Déjà son cœur paraît plus agité !...

ENSEMBLE.

LE COMTE.	SUZETTE.
Oui, tout en vous m'enchante ;	Ah! ma frayeur augmente,
Mais calmez cet effroi !	Je ne sais pas pourquoi ;
Je vous trouve charmante,	Hélas ! je suis tremblante,
Suzette, écoutez-moi.	Monseigneur, laissez-moi.

SCÈNE VIII.
LE COMTE, SUZETTE, HENRI.

HENRI au fond, descendant la colline. Suzette... avec monseigneur...
LE COMTE. Oui, Suzette, je vous le répète, vous êtes charmante, je vous adore... et si vous vouliez m'écouter, je serais au comble de mes vœux...
HENRI au fond, à part. Qu'entends-je ?...
SUZETTE. Monseigneur, je vous en prie... laissez-moi rentrer.
LE COMTE. Non, non... je ne vous quitterai pas ainsi ; il me faut au moins un baiser...
HENRI courant se mettre entre Suzette et le comte. Non, morbleu, je ne le souffrirai pas !...
LE COMTE. Que signifie ce ton ?... vous osez...
HENRI avec force. Protéger ma sœur contre qui que ce soit !
LE COMTE. Oubliez-vous à qui vous parlez ?... (A part.) Mais je suis bien bon de m'amuser à répondre à ce paysan. (S'approchant de Suzette sans regarder Henri.) Adieu, Suzette. On a troublé notre entretien... mais je vous reverrai, j'espère.
SUZETTE faisant la révérence et regardant Henri, pour qu'il se contienne. Monseigneur...
LE COMTE. Adieu, Suzette... d'honneur vous êtes adorable...
(Il lui sourit, puis passe devant Henri en lui lançant un regard de dédain. Il rentre dans la maison.)
SUZETTE. Ah ! il est parti enfin !...
HENRI. Morbleu ! il a bien fait. Ah ! si ce n'était pas monseigneur !...
SUZETTE. Pourvu que tu ne l'aies pas fâché contre toi.
HENRI. J'ai fait mon devoir, je ne crains rien.

SCÈNE IX.
LE COMTE, SUZETTE, HENRI, PIERRE.

SUZETTE courant à Pierre, qui arrive. Ah ! mon père... vous allez me rassurer.

PIERRE. Qu'est-ce donc?... qu'avez-vous, mes enfants?...
HENRI. C'est monsieur le comte qui s'avise de parler d'amour à Suzette, et qui s'étonne de ce que cela me déplaît!
PIERRE à Henri. Mon ami, je ne pense pas qu'un jeune homme bien né puisse chercher à porter le trouble dans une famille; s'il en était autrement!... morbleu! je ne serais pas longtemps son forestier... Mais allez, mes enfants... rentrez...
SUZETTE. Vous nous renvoyez, mon père?
PIERRE. Oui... j'ai besoin d'être seul... allez...
HENRI. Viens, ma sœur, viens au jardin... (A part.) Du moins, il ne la verra pas. (Ils entrent dans le jardin.)

SCÈNE X.
PIERRE seul.

Je ne suis pas aussi tranquille que je veux le paraître... ce que Henri vient de me dire de monsieur le comte... et cette étrangère qui m'accable de questions... et toujours au sujet de mes enfants... Thérèse m'aimait, elle n'a jamais aimé que moi. Oh! pour ça, j'en suis sûr. (Il rêve. Catherine sort doucement de la maison, et s'approche de Pierre avec mystère.)

SCÈNE XI.
PIERRE, CATHERINE.

CATHERINE à demi-voix. Not' maître...
PIERRE. Eh bien! que me veut-on?... Monseigneur s'éloigne-t-il bientôt avec tout son monde? serons-nous tranquilles enfin?
CATHERINE. Ah! dam', je n' connais pas les intentions de monseigneur... i' s' promène à grands pas dans l' jardin... en faisant des yeux... Ah! il n'avait pas ces yeux-là quand il est arrivé!...
PIERRE. Est-ce pour me dire cela que tu viens me trouver?
CATHERINE mettant un doigt sur sa bouche. Chut!... c'est pour queuque chose de mystérieux... et de secret, que je dois vous demander, quand vous serez seul...
PIERRE. Eh bien!... parle donc...
CATHERINE. L'étrangère... vous savez ben, c'te dame qui loge chez vous d'puis hier... all' veut vous parler... en particulier...
PIERRE. A moi? Qu'elle vienne, je suis prêt à l'entendre.
CATHERINE. Oh! c'est qu'il paraît que c'est sérieux, car elle m'a ben recommandé de vous dire cela à vous seul, puis de veiller à ce que M. le comte, M. Dumont, ni personne enfin ne puisse vous entendre.
PIERRE. Bah?... voilà qui est singulier!... N'importe! va lui dire que je l'attends, et fais tout ce qu'elle t'a recommandé.
CATHERINE. Ça suffit, not' maître. (Fausse sortie, elle revient à Pierre.) Vous ne savez pas ce qu'elle veut vous dire, not' maître?...
PIERRE. Non, sans doute!
CATHERINE. Eh ben... ni moi non plus... Mais quoiqu' ça, je gage qu'elle va encore vous parler de vot' fille et de vot' garçon!... C'est ben drôle qu'elle en revienne toujours là-dessus... De quoi qu'elle se mêle?... car enfin, not' maître, vos enfants sont vos enfants... et c'est pas c't' étrangère qui peut être leur père...
PIERRE. Taisez-vous... et allez avertir cette dame...
CATHERINE. Eh bien! j'y vais, not' maître. Oh!... mais c'est égal, j'gage que c'est d' ça qu'elle veut vous parler... vous me l' direz... n'est-ce pas?... (Pierre la regarde) Ah! mon Dieu! v'là qu' j'y vais, not' maître!... (Sur le pas de la porte.) Mais vous me le direz... (Elle rentre.)
PIERRE seul. Elle veut avoir avec moi un entretien secret... elle craint que M. le comte n'en soit instruit!... Cette femme-là m'inspire je ne sais quel sentiment de respect... La voici!...

SCÈNE XII.
PIERRE, EUGÉNIE.

EUGÉNIE à part, en entrant. L'instant est arrivé... ne différons plus...
PIERRE. On m'a dit, madame, que vous désiriez me parler en secret; me voici prêt à vous entendre. Si je puis vous être utile, ne craignez pas de mal placer votre confiance.
EUGÉNIE. Oui, honnête Pierre, vous pouvez beaucoup pour moi!... Ce que l'on m'a dit de vous depuis que je suis dans votre maison, la franchise qui règne dans vos discours, tout m'assure que vous ne tromperez pas mon attente; non, vous n'êtes point le complice de ceux qui m'ont ravi le premier des biens!
PIERRE. Moi, le complice de quelqu'un!... Ah! jamais, jamais, pour une mauvaise action. Mais, de grâce, expliquez-vous.
EUGÉNIE. Vous avez connu le jeune Alfred, le fils du comte d'Armance! vous aviez pour lui de l'attachement.
PIERRE. Pour mon jeune maître!... Ah! le plus tendre, le plus sincère attachement!... il nous aimait, lui! il ne s'occupait que de notre bonheur! aussi son souvenir est gravé là, par notre reconnaissance... il ne s'effacera jamais!...
EUGÉNIE. Si celle pour qui il a bravé le courroux de son père se présentait devant vous?
PIERRE. La comtesse d'Armance?... l'épouse de l'infortuné Alfred?... Ah! que ne peut-elle entendre l'expression de nos regrets, de notre amour! nous la chéririons comme nous chérissions notre jeune seigneur... Mais, hélas!... vain espoir!... elle n'existe plus!...
EUGÉNIE. Elle existe... mais bien malheureuse!...
PIERRE. Ah! si je puis la servir... mon sang, ma vie... tout lui appartient!... parlez!... où est-elle?
EUGÉNIE. Devant vous.
PIERRE frappé de respect. Vous, madame!... l'épouse de mon bon seigneur! (Il se jette à ses genoux, et prend une de ses mains.) Ah! permettez que ma joie... mon respect...
EUGÉNIE. Que faites-vous, Pierre?... à mes genoux!... et si l'on vous apercevait!... Relevez-vous, mon ami, la prudence l'exige.
PIERRE se relevant. Mais comment se fait-il? ce bruit de votre mort... votre longue absence.
EUGÉNIE. N'avais-je pas perdu tout ce qui peut attacher à la vie?... Exilée avec mon époux, j'appris bientôt la mort de mes enfants, et Alfred lui-même expira dans mes bras.
PIERRE. Pauvre mère!... et quel motif vous a donc ramenée dans ce pays?
EUGÉNIE. Si j'en dois croire une amie fidèle, Germain, le valet de mon mari, nous a trompés: c'est à lui qu'en fuyant Alfred avait confié mon fils et ma fille; ils étaient nés le même jour, et leur extrême jeunesse réclamait encore les plus grands soins.
PIERRE. Ils ne seraient pas morts?...
EUGÉNIE tirant une lettre de son sein. Cette lettre m'assure qu'un des deux existe.
PIERRE. Un des deux!... et lequel?...
EUGÉNIE. Hélas! je l'ignore!...
PIERRE. Mais cet enfant... qu'en a-t-on fait?...
EUGÉNIE. Ah! Pierre!... c'est à vous maintenant que je vais porter un coup terrible!...
PIERRE. Comment!... que voulez-vous dire?...
EUGÉNIE. Armez-vous de courage, et lisez cet écrit...
PIERRE prenant la lettre avec émotion. En quoi donc cet écrit peut-il me regarder?... Voyons... je ne sais... je tremble malgré moi... Allons, allons... lisons... (Lisant.) « Madame, je m'empresse de vous faire part d'une découverte bien importante : Germain, l'ancien valet de votre époux, vient de mourir chez moi à son auberge. Avant d'expirer, il a envoyé un paquet cacheté au château d'Armance. J'ai trahi mon maître, a-t-il dit; je lui ai fait croire que ses deux enfants avaient péri, mais c'était pour obtenir une récompense du vieux comte. Un de ses enfants existe; je l'ai remis à Thérèse, l'épouse de maître Pierre... qui... moyennant un peu d'or, a consenti à le faire passer pour celui qu'elle venait de perdre. » Ah! mon Dieu!... serait-il possible!... Oh! non, non... ce sont bien mes enfants... je le sens... je me suis trompé... (Il regarde la lettre.) Il y a bien cela... Ah! morgué, j'étouffe... je n'ai plus la force de continuer...
EUGÉNIE. Mon ami, calmez-vous... remettez-vous...
PIERRE finissant la lettre. « Le malheureux est mort, sans pouvoir m'en dire davantage. Hâtez-vous de vous rendre à la maison du forestier et faites restituer à votre enfant la fortune de son père. » Ah! madame!... se pourrait-il?... Mais non... encore une fois, ça ne se peut pas!...
EUGÉNIE. De grâce, rappelez-vous bien les dates, les événements... où étiez-vous à cette époque?
PIERRE. A l'armée; nous étions pauvres alors! je fus cinq ans éloigné de Thérèse... (Réfléchissant.) O ciel!... Cette aisance que je trouvai à mon retour, et qu'elle me dit provenir du fruit de son travail... Ah! je frémis de penser...
EUGÉNIE. Et... lorsqu'elle mourut.
PIERRE. Attendez... attendez... que je me rappelle... Depuis longtemps, en effet, Thérèse n'était plus la même; je la voyais souvent triste... rêveuse... et je lui en faisais la guerre. J'étais absent, lorsqu'elle mourut. Eh mais... quelle circonstance!... mes enfants m'ont appris que, peu de temps avant sa mort, elle a envoyé une lettre au château; le régisseur y était seul alors. A mon retour, je lui ai demandé ce que ma femme avait pu lui écrire. C'est, m'a-t-il répondu, la prière de vous conserver votre place de garde forestier.
EUGÉNIE. Ah! plus de doutes! ce papier renfermait les aveux de Thérèse!...
PIERRE. En effet... tout semble l'annoncer... (Pleurant.) Allons... je vois... l'un des deux est votre enfant!...
EUGÉNIE. Mon ami... vous versez des pleurs...
PIERRE. Ah! pardon, madame; mais, écoutez donc... on a un cœur aussi.... et... ça ne peut pas se passer tout de suite... N'importe.... L'honneur parle; acceptez ma douleur, croyez que je n'en mettrai pas moins de zèle à vous servir... Si ma femme fut coupable, c'est à moi de réparer sa faute.
EUGÉNIE. Homme généreux! Ah! je n'ai d'espoir qu'en vous!... Mais comment avoir les preuves qui nous manquent!... Si le comte et ce Dumont ont juré de nous le dérober, jamais je ne saurai jamais...
PIERRE. Fiez-vous à moi pour connaître la vérité. Notre bonheur à tous deux est attaché à la découverte de ce secret; et, morbleu! je saurai bien faire parler les coquins qui nous trompent!... Mais, chut! on vient...
EUGÉNIE. C'est Suzette et Henri...
PIERRE. Je n'ose plus dire mes enfants!

SCÈNE XIII.
PIERRE, EUGÉNIE, HENRI et SUZETTE sortant du jardin.

FINALE.

PIERRE. Venez... approchez, mes enfants.
EUGÉNIE *à part*. Ciel ! entends ma voix qui t'implore !...
PIERRE *pressant contre son cœur Henri et Suzette.*
  Ah ! de vos bras caressants
  Je veux m'entourer encore !...
SUZETTE, HENRI. Parlez, dites-nous, mon père,
  Le sujet de votre douleur.
EUGÉNIE et PIERRE, *à part*. Comment découvrir ce mystère !....
(*Pierre embrasse Suzette, puis Henri.*)
EUGÉNIE *à part*. Il cherche... il consulte son cœur !...
PIERRE *après les avoir embrassés.*
  Près de chacun d'eux il me semble
  Éprouver le même plaisir !...
  (*Il fait signe à la comtesse, qui s'approche de ses enfants.*)
EUGÉNIE *à part*. Je le devine, mais je tremble.
HENRI et SUZETTE. Près de nous pourquoi donc frémir ?
EUGÉNIE *après les avoir embrassés tous deux.*
  (*A Pierre.*) Hélas !... comme vous il me semble
  Éprouver le même plaisir...

ENSEMBLE.

EUGÉNIE et PIERRE *à part*. Ah ! je sens combien je les aime;
  Mais entre eux qui me guidera !
  Je ne puis, dans mon trouble extrême,
  Définir ce que je sens là !...
HENRI, SUZETTE *à part*. Non, chacun d'eux n'est plus le même;
  Leur peine m'afflige déjà.
  Je ne puis, dans mon trouble extrême,
  Définir ce que je sens là.
SUZETTE *à Eugénie*. Vous connaissez, j'en suis certaine,
  Ce qui l'afflige en ce moment;
  De grâce, dites-nous comment
  Nous pourrions adoucir sa peine !
EUGÉNIE. Chère enfant !... je n'ose parler !...
HENRI *à Pierre*. C'est à nous à vous consoler...
  Pourquoi persister à vous taire !
  Daignez céder à nos vœux !
PIERRE. Vous m'aimez autant tous les deux ?
SUZETTE et HENRI. Oui, nous vous chérissons, mon père.
EUGÉNIE *à part*. Tous deux l'aiment comme leur père,
  Chaque mot accroît mes tourments !
PIERRE *à part*. Chacun d'eux me nomme son père !
  Mon cœur se brise à leurs accents !

ENSEMBLE.

PIERRE et EUGÉNIE. Oh ! je sens combien je les aime !
  Mais entre eux qui me guidera !
  Je ne puis, dans mon trouble extrême,
  Définir ce que je sens là.
HENRI et SUZETTE. Non, chacun d'eux n'est plus le même,
  Leur peine m'afflige déjà.
  Je ne puis, dans mon trouble extrême,
  Définir ce que je sens là.

SCÈNE XIV.
PIERRE, EUGÉNIE, HENRI, SUZETTE, CATHERINE, puis LE COMTE, DUMONT, PIQUEURS, BUCHERONS, PAYSANS.

CATHERINE. V'là monseigneur... il va partir.
LE COMTE *à sa suite*. Bientôt le jour va finir;
  Qu'à me suivre l'on s'apprête...
  (*A part.*) Faut-il s'éloigner de Suzette !
  Ah ! j'ai peine à me contenir.
DUMONT. Je lis dans son âme inquiète,
  Il fera tout pour l'obtenir.

ENSEMBLE.

CHŒUR. Monseigneur est agité;
  Son air est sombre et sévère.
LE COMTE. Ah ! mon cœur est agité;
  La quitter me désespère.
EUGÉNIE, PIERRE, HENRI et SUZETTE.
  Ah ! mon cœur est agité,
  Quel tourment et quel mystère !
DUMONT *bas*. Mon projet est arrêté,
  Agissons avec mystère.
  (*Bas au comte.*) Quoi ! monseigneur va partir !
LE COMTE. Je l'adore, et je dois fuir.
DUMONT. Il suffit... laissez-moi faire,
  Je saurai bien vous servir.
LE COMTE. Comment...

DUMONT. Chut ! il faut se taire,
  (*A part.*) A mon but je parviendrai.
HENRI *bas*. Sur ma sœur je veillerai !...
EUGÉNIE *bas à Pierre*.
  Pourquoi cacher ce qu'ici je réclame?
  Pourquoi différer plus longtemps?
PIERRE *bas*. Contraignez-vous encor, madame,
  Pour le bonheur de ces enfants.

ENSEMBLE.

LE COMTE *à part*. Par mon rang, par ma richesse,
  Elle doit m'appartenir...
  (*Haut.*) Hâtez-vous, que l'on s'empresse,
  De ces bois il faut partir.
EUGÉNIE, PIERRE, HENRI et SUZETTE.
  Malgré moi, mon cœur s'oppresse;
  Mais sachons nous contenir.
  (*Haut.*) D'obéir chacun s'empresse,
  De ces bois ils vont partir.
DUMONT, CATHERINE, LE CHŒUR.
  D'obéir chacun s'empresse !
  D'obéir que l'on
  Rien ne peut nous les retenir.
  Avant que le jour ne baisse,
  De ces bois ils vont il faut partir.

ACTE TROISIÈME.

Le théâtre représente une salle basse du château; des portes latérales conduisent aux appartements. Au fond, une vaste galerie fermée par des vitraux, et donnant sur les jardins.
La scène est éclairée par des bougies placées sur une table.

SCÈNE I.
LE COMTE seul.

(*Les bougies ne jettent plus qu'une faible clarté. A travers les vitraux du fond, l'on aperçoit le jour qui commence à paraître. Le comte se promène avec agitation, allant de temps à autre regarder dans la galerie, et s'arrêtant pour écouter.*)

AIR.

Ils ne reviennent pas, déjà la nuit s'avance;
Ah ! chaque instant ajoute à mon impatience.
  En proie aux remords, à l'amour,
  Quels tourments agitent mon âme !
  Cédant à l'ardeur qui m'enflamme,
  J'espère, et tremble tour à tour.
  Suzette est si jolie !
  Ah ! j'en fais le serment ;
  Je veux, dès ce moment,
  Lui consacrer ma vie.
  Quoi ! laisser tant de charmes
  Dans le fond des forêts !
  Peut-on voir tant d'attraits
  Sans leur rendre les armes ?
  Non, non, je ne suis plus le maître
  Des transports que je ressens là !
  C'est Suzette qui les fait naître,
  Son cœur me les pardonnera.

Quelquefois je crains d'avoir été trop loin... je me repens d'avoir cédé aux conseils de Dumont. Je sens que je ne possède que depuis peu de temps ces richesses qui font tout mon ; mais mon cœur n'a pas encore appris à étouffer ses remords... On vient ! Ah ! je vais enfin savoir...

SCÈNE II.
LE COMTE, DUMONT.

LE COMTE. C'est toi, Dumont ! Eh bien ?
DUMONT. Nos gens sont de retour enfin ; mais ils connaissent peu la forêt, ils s'étaient égarés : c'est ce qui a causé ce long retard.
LE COMTE. Mais instruis-moi donc... Suzette ?
DUMONT. Elle est ici.
LE COMTE. O bonheur !
DUMONT. Mais ce n'est pas sans peine ! Forcés d'attendre que tout le monde fût retiré, ils ont enfin escaladé la fenêtre de la petite ; mais je ne sais par quelle fatalité elle n'était pas seule : Catherine se trouvait auprès d'elle ; en la laissant, tout était découvert; ma foi, nos gens n'ont pas trouvé d'autre moyen que de les enlever toutes deux.
LE COMTE. Malheureux !... quoi, Catherine ?
DUMONT. Que voulez-vous, monseigneur ! il le fallait ! Au reste, sa

présence ne servira pas peu à calmer les craintes de Suzette, car c'est un démon que cette petite Catherine, et elle a juré qu'elle ne quitterait pas sa maîtresse.

LE COMTE. Suzette est ici !... je veux la voir.

DUMONT. Si vous m'en croyez, monseigneur, vous emmènerez bien vite cette jeune fille loin d'ici, dans une ville enfin où elle ne pourra être aperçue par ces maudits bûcherons.

LE COMTE. Cours, et amène-la. (*Lui donnant une bourse.*) Tiens, prends cet or; mais recommande à tes gens le plus profond silence !

DUMONT. Soyez tranquille, monsieur le comte. (*A part.*) Bon ! il emmènera sa petite et je resterai seul au château.

LE COMTE *seul*. Elle va venir ! J'éprouve un trouble, une agitation... Que va-t-elle dire, que va-t-elle penser en me voyant ? Les voici !

SCÈNE III.
LE COMTE, SUZETTE, CATHERINE.

SUZETTE *accourant pâle, échevelée, suivie de Catherine; elles se jettent aux genoux du comte.*

AIR.

Ah ! faites cesser mes alarmes !
Prenez pitié de ma douleur !...
Monseigneur, vous voyez mes larmes,
Daignez être mon protecteur.

On m'arrache de ma chaumière ;
On veut me ravir à mon père,
Et me priver de son amour.
Mais loin de lui, loin de mon frère,
Pourrais-je exister un seul jour ?
De qui suis-je donc la victime ?
Je sens augmenter mon effroi...
Qu'ai-je donc fait ?... quel est mon crime ?...
Parlez... parlez... dites-le-moi !

Ah ! faites cesser mes alarmes,
Prenez pitié de ma douleur,
Monseigneur, vous voyez mes larmes,
Daignez être mon protecteur.

ENSEMBLE.

LE COMTE *à part*. Ah ! comment calmer ses alarmes !
Je suis ému de sa douleur,
Et je sens, en voyant ses larmes,
Les regrets déchirer mon cœur.

CATHERINE. Ah ! faites cesser nos alarmes !
Ayez pitié de sa douleur.
Monseigneur, vous voyez nos larmes,
Ah ! soyez notre protecteur.

CATHERINE. Ah ! monseigneur, faites-nous rendre justice ; enlever ainsi deux pauvres filles !... Ah ! n'est-il pas vrai que vous n'avez pas ordonné ça ?...

SUZETTE. Pourquoi m'avoir amenée de force dans ce château ?

CATHERINE. Oui, pourquoi nous traiter comme ça ?

LE COMTE. Ah ! Suzette, si l'on vous offrait dans un séjour brillant tout ce qui peut embellir la vie ; si un homme riche et puissant mettait à vos pieds sa fortune et son amour, pourriez-vous regretter encore votre triste forêt ?

SUZETTE. Qui !... moi !... habiter un château, et vivre loin de mon père et de Henri !... Ah ! jamais, jamais !... Séparée de ceux que j'aime, le plus beau palais me semblerait une prison !... Ah ! monseigneur, laissez-moi retourner dans notre chaumière ; ce n'est que là que je puis connaître le bonheur !...

LE COMTE *à part*. Elle m'attendrit !... ses accents pénètrent jusqu'à mon cœur !...

CATHERINE. Ah ! mam'zelle... j'vois ben maintenant que c'est à vous seule qu'on en veut... mais j' bénis le ciel qui m'a fait me trouver auprès de vous. Rassurez-vous, Catherine ne vous quittera pas ; puisque, au lieu de vous protéger, monseigneur veut vous faire du chagrin, ayez confiance en ceux qui vous aiment... et qui sauront ben vous le prouver autrement qu'en vous arrachant des bras de votre père...

SUZETTE. Non, Catherine, non ; monseigneur ne veut point nous faire de peine... (*Au comte.*) Ah ! vous allez me rendre à mon père !... (*On entend un bruit confus en dehors. Le jour paraît entièrement.*)

LE COMTE *à part*. Qu'entends-je !... quel bruit ! quelles clameurs !...

CATHERINE. Ah ! mam'zelle, entendez-vous ?... Ce sont eux... les bûcherons... Ah ! je savais ben, moi, qu'ils ne nous laisseraient pas ici longtemps.

SUZETTE. Oh ! bonheur !... j'ai reconnu la voix de mon frère... Ah ! monseigneur, je vous en supplie, laissez-moi le voir, lui parler.

LE COMTE. Suzette, je vous le jure, vous reverrez votre père ; mais il ne faut pas que l'on vous trouve ici maintenant... De grâce, entrez dans cet appartement.

CATHERINE. Non, mam'zelle, non, il n' faut pas nous cacher.

SUZETTE. Ah ! Catherine... craignons d'exciter sa colère... et celle de Henri... Vous me promettez de me rendre à mon père ?...

LE COMTE. Oui, Suzette... oui..,

CATHERINE. Et moi, je vous promets de mettre le feu au château, si on ne nous rend pas la liberté.

LE COMTE *les poussant vers l'appartement à gauche*. Entrez... entrez. (*Il fait entrer Suzette et Catherine dans l'appartement à gauche, où il les enferme. Le bruit augmente en dehors.*)

DUMONT *accourant par la galerie*. Ah ! monseigneur, entendez-vous ce bruit? les bûcherons sont là.

LE COMTE. Qu'ils viennent ; je saurai leur apprendre à respecter ces lieux.

SCÈNE IV.
LE COMTE, DUMONT, HENRI, BUCHERONS.

(*Les bûcherons entrent en foule, Henri est à leur tête ; les croisées du fond sont ouvertes, et on aperçoit les jardins.*)

CHANT.

LES BUCHERONS. Monseigneur, écoutez-nous,
Mettez fin à notre peine.

LE COMTE *avec fierté*. Dans ce château quel motif vous amène ?
Parlez, que me demandez-vous ?

HENRI. Ma sœur est ici prisonnière,
On veut la cacher à nos yeux ;
Mais la tendresse de son frère
Saura l'arracher de ces lieux.

LE COMTE. Cet excès d'audace m'étonne !
De vos chagrins je ne suis point l'auteur.
Sortez d'ici, je vous l'ordonne.

HENRI *avec fierté*. Non, je ne sors point sans ma sœur.

SCÈNE V.
LE COMTE, DUMONT, HENRI, PIERRE, BUCHERONS.

PIERRE *courant à Henri*. Mon fils... Ah ! calmez ce courroux !...
(*Au comte.*) Monsieur le comte, excusez sa colère...
(*Aux bûcherons.*) A l'instant éloignez-vous !

LES BUCHERONS. Obéissons à maître Pierre ;
Allons, amis, retirons-nous.

PIERRE *au comte*. Monseigneur, veuillez me permettre
De vous parler seul un moment.

LE COMTE. J'y consens.

HENRI *à part*. D'où peut donc naître
Chez mon père un tel changement ?

LE COMTE et DUMONT *à part*. En ce château que vient-il faire ?

HENRI *à part*. Au comte il parle sans colère...
Il ne témoigne aucun courroux !

LES BUCHERONS *en s'éloignant*. Obéissons à maître Pierre ;
Allons, amis, retirons-nous.
(*Ils s'éloignent lentement.*)

SCÈNE VI.
LE COMTE, PIERRE.

LE COMTE. Nous sommes seuls, que voulez-vous ?

PIERRE. Monsieur le comte, ma fille m'a été ravie ; quelques bûcherons prétendent que ce sont vos gens qui l'ont conduite par vos ordres dans ce château ; mais je n'en crois rien, moi, monsieur. Enlever un enfant à son père, priver sa vieillesse d'appui, de consolation !... chercher peut-être à séduire une fille innocente ! ah ! cette pensée ne peut entrer dans l'âme de celui que sa naissance, sa fortune, ont appelé à protéger, à défendre les malheureux, et non à se servir de son pouvoir pour satisfaire ses passions.

LE COMTE *à part*. Qu'ai-je fait ?

PIERRE. Mais bientôt, je l'espère, Suzette et Catherine me seront rendues, bientôt je presserai ma fille dans mes bras ; si son ravisseur a cédé à un moment de faiblesse, les larmes de Suzette auront touché son âme, et il va se hâter de réparer une faute dont je suis certain qu'il se repent déjà.

LE COMTE. Oh ! oui... oui... je le pense comme vous.

PIERRE. N'est-il pas vrai, monseigneur ? Ah ! je le vois, vous vous mettez à sa place, vous sentez que ces plaisirs, ces richesses dont il voulait éblouir mon enfant ne peuvent tenir lieu d'un père, d'une famille, de l'honneur de toute la vie... Ah ! voilà les biens qu'on ne saurait remplacer... Et ils ne méritent pas d'être époux et pères, ceux qui ne savent point respecter les droits de la nature et les titres les plus sacrés.

LE COMTE *à part*. Quelle leçon !... et combien je l'ai méritée ! (*Haut.*) Pierre, vous êtes coupable, je le sens. Ah ! j'ai pu braver les cris, les menaces de quelques paysans ; mais je ne résiste pas à la voix de la nature... (*Ouvrant le cabinet.*) Suzette, venez embrasser votre père...

SCÈNE VII.
LE COMTE, PIERRE, CATHERINE, SUZETTE.

SUZETTE *courant à son père*. Mon père !...

CATHERINE. Maître Pierre... ah ! c'est à c't' heure que je ne craignons plus rien.
LE COMTE. Oui, Pierre, je l'avoue ; c'est moi...
PIERRE *l'interrompant.* Je le savais ; monseigneur ; mais j'avais bien jugé votre cœur... Et le secret que je vais vous révéler vous prouvera la confiance que j'ai en votre honneur...
LE COMTE. Un secret... parlez... expliquez-vous.
PIERRE. Une femme dans la misère, un enfant privé du nom et de la fortune de ses aïeux, n'ont d'espoir qu'en vous, pour retrouver ce qu'une indigne trahison leur a ravi.
LE COMTE. Une femme ?... un enfant ?...
PIERRE. Oui, monseigneur ; l'épouse du malheureux Alfred, de celui dont l'immense fortune est devenue votre partage, la comtesse d'Armance, enfin...
LE COMTE. Qu'entends-je !... Elle existerait !...
PIERRE. Elle est ici... dans ma chaumière...
CATHERINE *bas.* Tiens !... c'était une comtesse.
LE COMTE. Et cet enfant ?...
PIERRE *lui donnant la lettre.* Veuillez lire, monseigneur... Cette lettre a pu seule décider madame la comtesse à revenir dans ce pays.
LE COMTE *tout en lisant.* Grand Dieu !... il se pourrait !... J'ai peine à revenir de ma surprise !...
PIERRE. Vous le voyez, monseigneur ; toutes les preuves de cette trame odieuse ont été envoyées dans ce château. Votre régisseur les possède.
LE COMTE. Dumont ?...
PIERRE. Lui-même, monseigneur ; la comtesse n'a d'espoir qu'en vous pour retrouver son enfant. Je sais qu'en le servant vous perdrez la fortune brillante du comte d'Armance !... Mais comme je ne pense pas que l'on puisse transiger avec l'honneur, je n'ai point douté un instant de votre loyauté, et je remets entre vos mains le seul titre qui reste à des infortunés.
LE COMTE. Je serai digne de votre confiance. Allez chercher la comtesse ; il me tarde de la voir, de lui parler.
PIERRE *courant vers la galerie.* Venez... venez, madame... J'ai tout dit à monseigneur.

SCÈNE VIII.
LE COMTE, PIERRE, CATHERINE, SUZETTE, EUGÉNIE, HENRI

EUGÉNIE. Se pourrait-il !...
HENRI *à Suzette.* Ma Suzette !... je te revois !...
LE COMTE. Oui, madame ; bannissez toutes craintes... Ah ! je veux faire oublier mes erreurs ; et c'est en vous rendant votre fortune, et en vous aidant à retrouver l'enfant qu'on vous a ravi, que je réparerai la faute que je viens de commettre...
EUGÉNIE. Ah ! monsieur le comte ! vous faites renaître l'espoir dans mon âme. Mais comment découvrir ce mystère ? comment savoir lequel des deux a droit à mon amour ?
HENRI ET SUZETTE. Que veut-elle dire !
LE COMTE. Dumont seul possède ce secret.
TOUS. Dumont !
LE COMTE. Il s'avance vers nous... Attendez... c'est le ciel qui m'inspire... Oui, j'entrevois un moyen... Laissez-moi lui parler...
EUGÉNIE. Je frémis... que va-t-il faire ?
CATHERINE. Ah ! mon Dieu ! queu mystère !
LE COMTE. Silence ! le voici...

SCÈNE IX.
LE COMTE, PIERRE, CATHERINE, SUZETTE, EUGÉNIE, HENRI, DUMONT.

(*Le comte fait passer d'un côté Pierre et ses enfants, de l'autre Eugénie ; il reste au milieu d'eux. Dumont vient lentement par la galerie.*)
DUMONT, *au fond, s'arrêtant pour examiner les personnages.* Que vois-je ! Suzette rendue à ses parents !... la famille du forestier rassemblée !... Que veut dire tout cela ?...
LE COMTE. Approchez, Dumont ; votre présence nous est nécessaire...
DUMONT *s'avançant près du comte.* Me voici à vos ordres, monseigneur... (*Bas au comte.*) Mais comment se fait-il que Suzette...
LE COMTE *bas à Dumont.* Ce n'est plus d'elle qu'il s'agit !... écoute, et songe à me sauver du danger qui me menace...
DUMONT *bas au comte.* Un danger !...
LE COMTE *bas à Dumont.* Le plus grand de tous... Chut ! on nous examine...
DUMONT *à part.* Que veut-il dire ?... Aurait-on découvert ?...
LE COMTE *montrant Eugénie.* Madame vient de se présenter devant moi, comme comtesse d'Armance...
DUMONT. Madame !... (*A part, examinant Eugénie.*) Se pourrait-il !...
LE COMTE *à Dumont d'un air d'intelligence.* La reconnaissez-vous ?

DUMONT. Nullement, monseigneur.
EUGÉNIE. Une longue absence et mes malheurs ont dû changer mes traits ; mais je possède les actes qui vous prouveront que je suis la veuve de l'infortuné Alfred.
LE COMTE *feignant l'incrédulité et l'ironie.* Ce n'est pas tout, madame, prétend qu'on l'a trompée en lui annonçant la mort de ses enfants, elle assure que l'un d'eux existe, que Thérèse, la femme de maître Pierre, l'a élevé et fait passer pour le sien.
HENRI ET SUZETTE. O ciel !...
CATHERINE. Ah ! mon Dieu !
LE COMTE. Enfin elle fabrique le plus beau roman !... l'histoire la plus invraisemblable ! (*Bas à Dumont.*) Si cela est prouvé, je suis ruiné ! et la fortune du comte est perdue pour moi !...
DUMONT *bas au comte.* Rassurez-vous, elle ne peut avoir de preuves ; laissez-moi faire !... (*Haut.*) Pour avancer un fait de cette importance, il me semble, monseigneur, qu'il faut d'abord s'expliquer plus positivement. Madame prétend que l'un des enfants de maître Pierre est le sien ; mais encore faut-il nous dire lequel ?...
EUGÉNIE *à part regardant le comte qui lui fait signe de le nommer.* Grand Dieu !... quel est donc son dessein ?...
LE COMTE. Répondez, madame.
EUGÉNIE. Quoi... vous voulez...
LE COMTE. Il le faut...
EUGÉNIE *hésitant toujours et regardant alternativement Suzette et Henri.* (*A part.*) O mon Dieu !... (*Haut.*) C'est... c'est ma fille.
DUMONT *bas au comte avec joie.* Elle ne sait rien !...
LE COMTE. Tu en es bien sûr ?...
DUMONT. Très-sûr, monseigneur !...
LE COMTE *courant à Henri.* Voilà le fils d'Alfred... Henri, embrassez votre mère !...
HENRI *courant dans les bras de la comtesse.* Ma mère !...
DUMONT *frappant du pied avec colère.* Hom ! monseigneur était pour eux !...

FINALE.

EUGÉNIE.
O moment plein de charmes !
Je retrouve mon fils !
Désormais plus de larmes,
Tous mes maux sont finis.

ENSEMBLE.

LE COMTE, CATHERINE. O moment plein de charmes !
Embrassez votre fils ;
Il va sécher vos larmes,
Tous vos maux sont finis.
SUZETTE, PIERRE *embrassant Suzette.* De ce jour plein de charmes,
Je goûte aussi le prix ;
Désormais plus d'alarmes,
Nos chagrins sont finis.
HENRI.
O moment plein de charmes !
Quoi ! je suis votre fils !
Désormais plus de larmes,
Vos chagrins sont finis.
LE COMTE *à Dumont.* Vous qui me soupçonniez d'une indigne bassesse,
De ce château soyez prêt à partir.
(*Dumont s'incline et s'éloigne.*)
EUGÉNIE *au comte.* Je vous dois mon bonheur.
(*Montrant Henri.*) Partagez sa richesse ;
Daignez, seigneur, y consentir.

SCÈNE X.
LE COMTE, PIERRE, CATHERINE, SUZETTE, EUGÉNIE, HENRI
VILLAGEOIS, BUCHERONS, GENS DU CHÂTEAU.

LE COMTE *aux villageois.* Mes amis, venez rendre hommage
Au fils de votre ancien seigneur.
LE CHŒUR. Ah ! pour nous quel heureux présage !
Henri serait notre seigneur.
HENRI *à Eugénie.* Et Pierre ? et Suzette ?... ah ! madame,
Je ne saurais vivre sans eux !
LA COMTESSE. Cher Henri, j'ai lu dans ton âme ;
Vous serez mes enfants tous deux.
Je bénirai l'amour sincère
Que vit naître votre printemps.
PIERRE *les unissant.* Ah ! du moins de cette manière,
Ils seront toujours mes enfants.
CHŒUR. O moment plein de charmes !
Ce jour lui rend son fils !
Désormais plus d'alarmes,
Leurs chagrins sont finis.

GUSTAVE BARBA, LIBRAIRE-ÉDITEUR,
8, Rue Cassette, 8.

CATALOGUE GÉNÉRAL.
LITTÉRATURE, HISTOIRE, VOYAGES.

LES OUVRAGES MARQUÉS D'UN * PEUVENT ÊTRE ESTAMPILLÉS.

LA FONTAINE.
*Fables, illustrées par Bertall. 90
FLORIAN.
*Fables, illustrées par Bertall 50
MOLIÈRE.
*Œuvres complètes, illustrées par Janet-Lange, 1 volume, broché . . . . . 4 »
Le même, relié en toile, doré sur tranche. 6 »
*Le même, orné de 10 gravures sur acier, prix, broché. . . . . 5 »
Le même, relié en toile, doré sur tranche. 7 »
CHAQUE PIÈCE SE VEND SÉPARÉMENT, SAVOIR :
Vie de Molière, par E. de la Bédollière.
L'Étourdi, comédie en 5 actes. 20
Le Dépit amoureux, comédie en 5 act. . 20
Don Garcie de Navarre, com. en 5 a.
Les Précieuses ridicules, com. en 1 a. . 20
L'École des maris, comédie en 1 acte.
Sganarelle, comédie en 1 acte. 20
L'École des femmes, com. en 5 actes.
La Critique de l'École des femmes, comédie en 1 acte. 20
La Princesse d'Élide, prologue, comédie-ballet en 5 actes.
Les Fâcheux, préface, prologue, comédie-ballet en 3 actes. 20
Don Juan, ou le Festin de Pierre, comédie en 5 actes.
Le Mariage forcé, comédie en 1 acte. . 20
Le Misanthrope, préface, com. en 5 a. . 20
Le Médecin malgré lui, com. en 3 a.
L'Impromptu de Versailles, comédie en 1 acte. 20
Le Tartuffe, préface et placets, comédie en 5 actes. 20
Amphitryon, prologue, dédicace, com. en 3 actes. 20
L'Avare, comédie en 5 actes. 20
Georges Dandin, comédie en 3 actes.
L'Amour médecin, prologue, comédie-ballet en 3 actes. 20
Monsieur de Pourceaugnac, comédie-ballet en 3 actes.
Le Sicilien, com.-ballet en 1 acte. . . 20
Mélicerte, pastorale.
Pastorale comique.
Les Amants magnifiques, comédie-ballet en 5 actes. . . . .
Le Bourgeois gentilhomme, comédie-ballet en 5 actes. 20
Psyché, prologue, trag.-bal. en 5 act.
Les Fourberies de Scapin, c. en 3 a.
La Comtesse d'Escarbagnas, comédie en 1 acte. 20
Les Femmes savantes, com. en 5 a. . 20
Le Malade imaginaire, com. en 3 ac.
Poésies div., le Val-de-Grâce, ... 20
Collection des chefs-d'œuvre de Molière, 10 grav. en taille-douce dessinées et gravées par A. Riffaut. 4 »

VOLTAIRE.
*Histoire de Charles XII, illustr par Foulquier. 70
BOILEAU.
*Œuvres poétiques, illust. par Bertall. » 90

RACINE.
*Œuvres complètes, illustrées par Pauquet, un volume album. 2 50
CHAQUE PIÈCE SE VEND SÉPARÉMENT, SAVOIR :
Vie de Racine, par E. de la Bédollière. » 20
La Thébaïde, tragédie en 5 actes. . . » 20
Alexandre, tragédie en 5 actes. . . . » 20
Andromaque, tragédie en 5 actes. . . » 20
Les Plaideurs, comédie en 3 actes. . . » 20
Britannicus, tragédie en 5 actes. . . . » 20
Bérénice, tragédie en 5 actes. . . . . » 20
Bajazet, tragédie en 5 actes. . . . . . » 20
Mithridate, tragédie en 5 actes. . . . » 20
Iphigénie, tragédie en 5 actes. . . . . » 20
Phèdre, tragédie en 5 actes. . . . . . » 20
Esther, tragédie en 5 actes. . . . . . » 20
Athalie, tragédie en 5 actes. . . . . . » 20

CORNEILLE.
*Œuvres complètes, illustrées par Pauquet, 1 volume album. 2 50
CHAQUE PIÈCE SE VEND SÉPARÉMENT, SAVOIR :
Vie de Corneille, par Emile de la Bédollière. . . . . » 20
Le Cid, tragédie en 5 actes. . . . . . » 20
Horace, tragédie en 5 actes. . . . . . » 20
Cinna, tragédie en 5 actes. . . . . . » 20
Polyeucte, tragédie en 5 actes. . . . » 20
Le Menteur, comédie en 5 actes. . . » 20
Pompée, tragédie en 5 actes. . . . . » 20
Rodogune, tragédie en 5 actes. . . . » 20
Héraclius, tragédie en 5 actes. . . . . » 20
Don Sanche, tragédie en 5 actes. . . » 20
Nicomède, tragédie en 5 actes. . . . » 20
Sertorius, tragédie en 5 actes. . . . . » 20
Racine et Corneille reliés en 1 vol. toile, doré sur tranche. 7 00

REGNARD.
*Œuvres complètes, illust. par Janet-Lange, 1 vol. album. 1 90
*Voyages. . . . . » 70
ON VEND SÉPARÉMENT :
Notice sur Regnard, par H. Lucas. . »
Le Bal, comédie en 1 acte. . . . . . » 20
Le Joueur, comédie en 5 actes. . . . » 20
Le Distrait, comédie en 5 actes. . . » 20
Les Folies amoureuses, com. en 3 a. » 20
Le Mariage de la Folie, divert. 1 a. » 20
Le Retour imprévu, com. en 1 acte. » 20
Les Ménechmes, comédie en 5 actes.
Epître à M***. . . . . » 20
Le Légataire universel, com. en 5 a. »
La Critique du Légataire, c. en 1 a. . » 20
Voyages de Regnard.
  La Provençale.
  Voyage de Laponie.
  Voyage de Flandre et de Hollande.
  Voyage de Danemark.
  Voyage de Suède.
  Voyage de Pologne. 70

BOITARD.
*Le Jardin des Plantes, illustré par Grandville. Description de la Ménagerie et du Museum d'histoire naturelle. — Introduction historique, par J. Janin, 1 vol. broché . . . . . 4 »
*Le même, relié en toile, doré sur tranche. 6 »

AUG. CHALLAMEL.
Histoire de France, illustrée par Bellangé, 1 vol. broché. . . . . 4 »
CET OUVRAGE EST DIVISÉ EN QUATRE PARTIES QUI SE VENDENT SÉPARÉMENT, SAVOIR :
Histoire de Napoléon 1 10
— de la Révolution. 1 10
— de Paris. 1 10
— de France. 1 10

BRILLAT-SAVARIN.
*Physiologie du goût, ill. par Bertall. 1 10

LOUIS GARNERAY.
*Voyages et aventures, ill. par l'aut. 1 50
*Captivité; Mes Pontons, illustrés par Janet-Lange. . . . . » 90

LAS CASES.
*Le Mémorial de Ste-Hélène, illustré par Janet-Lange, 1 vol. broché . . 4 »
Le même, relié en toile doré sur tranche. 6 »

O'MEARA.
*Mémorial de Ste-Hélène (seconde partie du), 1 vol. broché . . . . . 4 »
Le même, relié en toile, doré sur tranche. 6 »
ON VEND SÉPARÉMENT :
*Napoléon en exil, 1 vol. broché . . 2 10
*Batailles de Napoléon, 1 vol. broch. 2 10

HOFFMANN.
*Contes fantastiques, ill. par Bertall. 1 10
— nocturnes, ill. par Foulquier. 1 10
*L'Élixir du Diable, ill. par Foulquier. 1 10
*Contes des frères Sérapion 1 10
*Le volume broché . . . . 4 »
Le même, relié en toile, doré sur tranche. 6 »
*Contes mystérieux, ill. par Foulquier. 1 10

DANIEL FOÉ.
*Robinson Crusoé, illust. par Janet-Lange. 1 30

Mme STOVE.
*La Case du père Tom, ill. anglaises. 1 50
Grande édition de luxe, 8 fr.; relié. 10 »
Edit. de cabinet, in-8°, 3 fr.; relié . 4 »
— in-12, grav., 2 f.; relié. 3

HILDRETH.
*L'Esclave blanc, ill. par Janet-Lange. 1 10

Mme DE MONTOLIEU.
*Le Robinson suisse, illust. par Janet-Lange. 1 20

WALTER SCOTT.
Illustré par Janet-Lange.
*Quentin Durward. 1 30
*Rob Roy. 1 10
*Ivanhoé. 1 30
*Le Capitaine Dalgetty. . . . . . . » 20
PREMIER VOLUME, BROCHÉ . . . . . . 4 »
Le même, relié en toile, doré sur tranche. 6 »

LITTÉRATURE, HISTOIRE, VOYAGES.

*La Fiancée de Lammermoor 90
*Le Puritain. 1 10
*La Prisonnière d'Edimbourg. . . 1 30
*Le Pirate 1 10
    DEUXIÈME VOLUME, BROCHÉ. . . . . . 4 »
Le même, relié en toile, doré sur tranche 6 »
*La Jolie Fille de Perth 1 30

LÉON PLÉE.
Abd-el-Kader, illust. par Janet-Lange 1 10

PERRAULT.
*Le Cabinet des Fées, nouv. Livre des enfants, illustré par Gérard Seguin et Watier. 1 10

DESBAROLLES.
*Deux Artistes en Espagne, illustrés par Giraud. 1 10

MICHIELS.
*La Traite des nègres, illustrée par Janet-Lange. . . . . » 90

MAYNE REID.
Illustré par Janet-Lange.
*Les Chasseurs de chevelures. . . . 1 30
*Les Tirailleurs au Mexique. . . . 1 10
*Le Désert. . . . . » 90
*Les Chasseurs de bisons. 1 10
    PREMIER VOLUME, BROCHÉ. . . . . . 4 »
Le même, relié en toile, doré sur tranche. 6 »
*Les Forêts vierges. . . . . » 90
*La Baie d'Hudson. 1 10
*Les Enfants des bois. . . . . . . » 70
*Le Chef blanc. . . . . » 90

MISS CUMMING.
*L'Allumeur de réverbères, illustré par Janet-Lange. 1 50

SOLON ROBINSON.
*Les Mystères de New-York, illust. par Janet-Lange. . . . . » 90

RAOUL BOURDIER.
*Mémoires de Barnum, illustrés par Janet-Lange. 1 30
*L'Émigrant, illustré par Pauquet. . 1 10
*Les Chercheurs d'or, ill. par G. Doré. 1 10

BRANTZ MEYER.
Le Capitaine Canot, ill. par Pauquet. 1 30

BÉNÉDICT RÉVOIL.
*Les Aztecs, illustrés par Pauquet. . » 70

BENJAMIN GASTINEAU.
*La France en Afrique, illustrée par G. Doré. 1 30

VICTOR PERCEVAL.
*Mémoires d'un jeune cadet, illustrés par G. Doré. 1 70

CHARLES DE BUSSY.
*Histoire de St-Vincent de Paul, illustrée par Janet-Lange . . . . » 90

RICCIARDI.
*Histoire d'Italie, illustrée par Mettais. 2 10

ACHILLE FILLIAS.
*Histoire de Suède, illust. par Mettais. 1 50

HAUSSMANN.
*La Chine, illustrée par Mettais. . . 1 70

CLAUDE GENOUX.
Histoire du Piémont, illustrée par Janet-Lange. 1 30
Mémoires d'un Enfant de la Savoie, illustrés par Bertall. . . . . . . » 70

STEPHENS.
*Luxe et Misère, illust. par Duvaux. 1 50

PERCY SAINT-JOHN.
*Le Robinson du Nord, illust. angl. 1 10

É. DE LA BÉDOLLIÈRE.
*Les Fabulistes populaires, illustr. par Bertall. . . . . » 70
*Le Dernier Robinson, illustré par Foulquier. . . . . » 30
*Neufchatel et les Conférences de Paris, illustrés par Mettais. . . . 1 30
*La Guerre de l'Inde, (1re série) ill. anglaises. 1 50
*Biographie de Béranger. . . . . . » 10
L'Attentat du 14 janvier 1858, ill. par Ch Mettais. 1 30

DE LA ROCCA.
*Biographie de la famille Abbatucci » 50

HISTOIRE DE LA GUERRE D'ORIENT
ILLUSTRÉE PAR JANET-LANGE,
ORNÉE DE CARTES GÉOGRAPHIQUES PAR A. H. DUFOUR.

Les Turcs et les Russes, par Lamarche, 2 cartes géographiques. . . . 1 30
*La Russie et l'Europe, p. Kauffmann, 1 carte géographique. 1 30
*Sébastopol, par E. de la Bédollière, 1 carte géographique. 1 30
*Histoire de Crimée, par R. Bourdier, 1 carte géographique. . . . . . . » 70
    PREMIER VOLUME, BROCHÉ. . . . . . 4 »
Le même, relié en toile, doré sur tranche. 6 »
*Inkermann, par E. de la Bédollière, suivi de la Biographie de Nicolas 1er, par R. Bourdier, 1 carte géograph. 1 30
*Malakoff, par E. de la Bédollière. Plan de Sébastopol. 1 50
*Histoire de Pologne, par Chodzko. Carte de la Pologne. 1 50
    DEUXIÈME VOLUME, BROCHÉ. . . . . 4 »
Le même, relié en toile, doré sur tranche. 6 »
*Kinburn, par E. de la Bédollière. Plan de Nicolaieff, Kerson. . . . 1 50
*Le Congrès de Paris, par E. de la Bédollière. 1 30
*Histoire de Turquie, par L. Chodzko et R. Bourdier, 1 carte géograph. 1 50
    TROISIÈME VOLUME, BROCHÉ . . . . 4 »
Le même, relié en toile, doré sur tranche. 6 »

CHRONIQUES POPULAIRES.
TOUCHARD LAFOSSE.
Les Chroniques de l'Œil-de-bœuf, illust. par Janet-Lange, 2 vol. broch. 8 »
— rel. en toile, doré sur tran. les 2 v. 12 »
Le même, 8 séries brochées à 1 10

Mémoires de la belle Gabrielle, ill. par Janet-Lange, 1 vol. alb. broché. 2 10
Le même, 2 séries brochées à 1 10
Mémoires du cardinal Dubois, ill. par Janet-Lange, 1 vol. alb. broché. 2 10
Le même, 2 séries brochées à 1 10
Ces deux ouvrages réunis en 1 vol. relié en toile, doré sur tranche. . 6 »
Mémoires de Mme Dubarri, ill. par Janet-Lange, 1 vol. broché. . . . 4 »
— relié en toile, doré sur tranche. . 6 »
Le même, 4 séries brochées à 1 10
Mémoires du maréchal-duc de Richelieu, illustrés par Janet-Lange et Foulquier, 1 volume broché. . . . 4 »
— relié en toile, doré sur tranche. . 6 »
Le même, 4 séries brochées à 1 10

GEORGETTE DUCREST.
Mémoires sur l'impératrice Joséphine, illustré par Janet-Lange et Foulquier, 1 vol. album broché. . 2 10
Le même, 2 séries brochées à 1 10
Mémoires de Mme de Genlis, illust. par Janet-Lange et Foulquier, 1 vol. album broché. 2 10
Le même, 2 séries brochées à 1 10
Les deux ouvrages réunis, reliés en toile, doré sur tranche, 1 vol. . . 6 »
Mémoires contemporains, illustrés par Janet-Lange et Foulquier, 1 vol. album broché. 2 10
Le même, broché en 2 séries. 1 10

OUVRAGES DIVERS.
A. DUFOUR.
*Atlas populaire de la géographie universelle de Malte-Brun, dressé et divisé par nationalités, 110 cartes réunies en 1 fort vol. cartonné. . . . . 22 »
*Atlas de la France illustrée de Malte-Brun, 105 cartes réunies en 1 fort volume cartonné. . . . . . 21 »
*Chaque carte se vend séparément. . » 20
Les cartes doubles. . . . . » 40
*Nouveau Guide dans Paris et ses environs, avec cartes, cartonné. . 1 50
Plan de Paris, cartonné . . . . . . » 50
— des environs de Paris . . . . . » 30
— de Versailles, cartonné . . . . . » 30
— de la forêt de St-Germain . . . » 30
— du bois de Boulogne . . . . . . » 30
— de la forêt de Fontainebleau . . » 30

OUVRAGES CULINAIRES.
*Le Cuisinier impérial et le Glacier impérial réunis, 1 beau vol. cart. 6 »
*L'Écuyer tranchant, 1 vol. broché. 6 »

LE LIVRE DE LA JEUNESSE.
PREMIÈRE SÉRIE :
Fables de la Fontaine. . . . . . . » 90
Fables de Florian. . . . . » 50
Les Fabulistes populaires. . . . . » 70
Œuvres de Boileau. . . . . » 90
Histoire de Charles XII. . . . . . » 70
Nouvelles genevoises
    PREMIER VOLUME, BROCHÉ. . . . . 4 »
Le même, relié en toile, doré sur tranche. 6 »
DEUXIÈME SÉRIE :
Robinson Crusoé. 1 30
Le Robinson suisse. 1 90
Le Robinson américain. . . . . . » 90
Le Dernier Robinson. . . . . . . » 30
    DEUXIÈME VOLUME, BROCHÉ. . . . . 4 »
Le même, relié en toile, doré sur tranche. 6 »
TROISIÈME SÉRIE :
Le Robinson du Nord. 1 10
Le Cabinet des Fées. 1 10
Luxe et Misère. 1 50
Les Aztecs. . . . . » 70
    TROISIÈME VOLUME, BROCHÉ. . . . 4 »
Le même, relié en toile, doré sur tranche. 6 »
QUATRIÈME SÉRIE :
Fleur de mai. . . . . » 50
L'Allumeur de réverbères. 1 50
L'Émigrant. 1 10
Le Capitaine Canot. 1 30
    QUATRIÈME VOLUME, BROCHÉ. . . . 4 »
Le même, relié en toile, doré sur tranche. 6 »

www.ingramcontent.com/pod-product-compliance
Lightning Source LLC
LaVergne TN
LVHW020946090426
835512LV00009B/1728